来自总裁助理的建议

企业柔性治理

李钢 ◎著

图书在版编目（CIP）数据

来自总裁助理的建议——企业柔性治理/李钢著．—北京：经济管理出版社，2020.8
ISBN 978-7-5096-7258-7

Ⅰ.①来… Ⅱ.①李… Ⅲ.①企业管理 Ⅳ.①F272

中国版本图书馆 CIP 数据核字(2020)第 128900 号

组稿编辑：王　洋
责任编辑：曹　靖　王　洋
责任印制：黄章平
责任校对：王纪慧

出版发行：经济管理出版社
（北京市海淀区北蜂窝 8 号中雅大厦 A 座 11 层　100038）
网　　址：www. E-mp. com. cn
电　　话：（010）51915602
印　　刷：唐山昊达印刷有限公司
经　　销：新华书店
开　　本：720mm×1000mm/16
印　　张：25.25
字　　数：453 千字
版　　次：2020 年 9 月第 1 版　　2020 年 9 月第 1 次印刷
书　　号：ISBN 978-7-5096-7258-7
定　　价：68.00 元

序

总裁：您好！

时间过得真快，转眼我离开公司已经有几年了，我一直十分挂念咱们公司，人是有感情的，虽然我没有公司的股份，但是，毕竟在公司工作了这么多年，我们共同经历的那些年应该说很艰苦，使我学会了很多。您最近身体还好吗？是不是还那么忙？咱们公司现在的经营情况怎么样？是不是还有发不出工资的情况？兄弟们跟了您这么多年，还需要您多多照顾。

离开公司这几年我很认真地看了几本书，仔细回顾了在您那里，以及在其他地方的一些工作经历，总体而言是失败的多，成功的少，结果令人很不满意。为了避免重复这样的状况，不犯同样的错误，少走弯路，我归纳了企业必须掌控的核心要素，形成了本书，我认为企业只有下大力气处理好这些核心问题，才能在最大程度上降低不必要的损耗，持续稳健地成长。

在本书中特别要关注两个问题：一是把西方的企业管理方式与中国文化相融合，二是提高企业管理舒适度。著名作家王蒙曾发表过一篇小说，名叫《坚硬的稀粥》，小说很幽默，也很有深意，说的是一个家庭厌倦了稀饭咸菜的早饭以后，更换了黄油面包、牛奶、鸡蛋等各种早餐，但最终又回到稀饭，时至今日，肯德基和麦当劳等洋快餐在早餐中都增加了稀粥，由此可见稀粥之坚硬。因此，在企业治理领域也必须采用把马克思主义的普遍真理与中国革命的具体实践相结合的方式，这样才能在稀粥咸菜和黄油面包之间保持平衡。对于企业治理舒适度的问题，我一直有这样的想法，就是让员工到公司上班成为一种享受，而不是一种痛苦的折磨，这个问题始终困扰着我，很多时候员工和高层们在公司里各说各话，相互不理解，相互不信任，所做的无用功多于有用功，经常是吃力不讨好，我试图找到这个问题的答案，在企业中建立一种各方面都能接受的运营方式，是否可行，有待实践的检验。

在这里我想用“高品质”来阐述我对企业未来的理解，我们都知道只有高品质的产品才能在市场上生存，我认为企业也是一样，如果企业本身品质不高，遇到的问题和困难就会有很多，所以，注重企业本身的“品质”建设可能更为重要。为帮助大家明白高品质企业，在本书中我描述了一个“逻辑”企业，目的是脱离现实的干扰，看看最理想的企业应该是什么样的，如果本书描述得不正确，企业可以自行修改，直到满意为止，这样才能明确共同的方向。

编写本书主要是为了寻找一种更为有效和符合实际情况的企业治理方法，并尽可能应用于企业的各个阶段和各种环境，这样企业可以减少或消除不必要的内外消耗，始终沿着正确的方向前进，具体而言有三个作用：首先是凝聚企业的共识。这种共识是指企业的各个层次的人员都认可相同的目标，而这一目标和方向通过一套公认的解释机制渗透到企业的各个方面和环节，消除各种异议。凝聚共识是企业一切工作的基础，如果各怀心思，势必增加企业工作的难度和成本。其次是采用正确的企业约束机制。现在企业主要采用财务数据作为考核各个方面的依据，这样做的优点是比较准确，缺点是只约束了企业的最终结果，对于整个过程缺乏约束和考核，当形成财务数据时一切都晚了，因此需要把约束机制向整个流程的前段移动，尽可能提前消灭问题。最后是构造一种面对金融市场和投资者的客观评价企业的方法。与投资者沟通困难是阻碍企业获得必要的社会和市场资源的主要因素，企业方面的考虑和投资者的考虑往往是两回事，双方都难以接近对方的思维方式，关键在于对于投资回报和风险的认知，本书试图构造一种双方都能接受的方式。

以前通用的说法叫作企业管理，我觉得用“治理”更为贴切，管理的含义是一种安排和协调，企业的确不能缺少管理，但这不是问题的全部，建筑在管理之上的是治理，其关键的使命是引导，引导企业追求美好的未来。从以往的经验看，企业中最重要的是能否用美好的未来吸引全体成员，形成一种合力，那些成功的商业领袖对于各自企业的精神引领起着关键作用，听他们的讲演是一种享受，也是很大程度上的精神慰藉。本书描述了一种理想的企业治理方式，可能在现实中难以全部实现，但这是一种对美好的向往，它用于构造企业全体成员的信仰，这将给予我们精神上的力量。

对于以上观点在本书中进行了详细的解析，试图构造出一个完整和清晰的轮廓，以便对您今后的工作有所帮助，使企业提高效率，降低风险，节约资源。当然，具体的实施需要您根据企业的情况，做出具体的重构和调整。相信在您的领导下，企业会稳步发展，迈向成功。

目　录

第1部分　柔性化治理

第 2 部分 治理系统

第3部分　柔性治理的实现

第 1 部分　柔性化治理

孙子曰：兵者，国之大事，死生之地，存亡之道，不可不察也。

故经之以五事，校之以计，而索其情：一曰道，二曰天，三曰地，四曰将，五曰法。道者，令民与上同意，可与之死，可与之生，而不危也；天者，阴阳、寒暑、时制也；地者，远近、险易、广狭、死生也；将者，智、信、仁、勇、严也；法者，曲制、官道、主用也。凡此五者，将莫不闻，知之者胜，不知之者不胜。

第1章　构建高品质的现代企业

1.1　国内低品质企业的历史根源

如果你住在幼儿园的旁边，早上就会经常听到小孩因为不愿意去幼儿园而发出的哭声，虽然不是每个小孩都要哭，但大多数小孩心里还是不愿意去幼儿园的。其实我们也一样，起床和上班对我们每个人来说都是一件痛苦的事，只不过作为成年人不愿意轻易表达出来而已。在我们的文化中并没有为现代生活建立相应的空间，包括适合企业的文化，现在的一切都是外力强加给我们的。

中国近代社会的发展：中国被现代化

1840年英国对中国发动了第一次鸦片战争，开启了中国的近代史，中国由此进入了半封建半殖民地的状态。从此，中国开始经历苦难，这种苦难是极为深重的，在往后的100年间，中国经历了被侵略、签订屈辱条约，割地、赔款……直至中国在抗日战争中取得胜利，这一过程才宣告结束。

回顾这一过程，教训是深刻的，它在每个中国人的内心深深地刻上了历史的烙印，形成了永远难以抹去的伤疤。时至今日，只要受到一定的刺激，新仇旧恨就会一起涌上心头，有时会造成一些行为过激，这些是可以理解的，更为重要的是我们要避免历史的重演，为此，必须从两个角度做出努力：第一，奋起直追；第二，深刻反思。

奋起直追是指全方位的国力提升，为此，170多年来付出了极为艰苦的努力，历尽艰难，我们都会记住这些历史的时刻：教育救国、实业救国、抗日战争、两弹一星、北京奥运会、亚投行，这些都是中国国力成长的里程碑，它标志着我们曾经取得的辉煌，也定义了一个又一个新的起点。

深刻反思是指全面深入思考当年中国进入半封建半殖民地的原因，仁人志士始终没有放弃相关的努力，许多人为此献出了生命：戊戌变法、推翻帝制、新文化运动、中国共产党成立、中华人民共和国成立、改革开放、深化改革，通过这些历程使中国人民的认识逐步与世界接轨，但是代价是沉重的。

鸦片战争是由英国发动的，为此中国割让了香港；2015 年 3 月 12 日英国声明加入亚投行，标志着一个由中国人唱主角的时代的开始。在这 170 多年中，中国发生了巨大变化，取得了辉煌成绩，这部分原因是我们引进西方的文化、科技和管理技术，学习西方先进经验的结果。这种方式相对简单、风险较小、具有后发优势，我们常听到，西方用多少年实现的东西，我们在很短的时间就实现了，这是因为前者走过的弯路和失败，我们没必要再走一次。这种方式的优点是省时省力，缺点是缺少自己的东西。但是，我们必须认识到，无论是在国力建设方面，还是在意识成长方面，中国与世界最高水平逐步接近，我们的参照系正在消失，以前我们只需要照着别人取得的结果效仿就可以，但是现在变得越来越困难，我们不得不用自己的大脑思考问题。

原因与根源

虽然中国的软弱和被欺凌已经成为历史，但如果不充分吸取教训，历史还会重演，因此，我们需要深刻地分析形成这一历史悲剧的原因，从表面上看，主要原因如下：

首先，西方的文化具有强烈的侵略性，与中国是长期大一统的国家完全不同，直至第二次世界大战结束，西方始终处于割据状态，加上宗教纷争，因此，战争不断，造就了西方文化中的侵略性。

其次，西方的武器和装备先进是造成中国屡受侵略的重要原因。在战争中，军事实力的基础就是军事装备，战略战术都是建立在装备的基础上的，如果双方的装备水平不在一个层次上，战略和战术再先进也难发挥出来。因此在那段时间里，等待中国的只有失败。

最后，通过侵略和掠夺形成了正向利益链条，西方社会通过先进的科技和工业技术制造出了先进的武器，用先进的武器进行侵略，通过在被侵略国家掠夺获得利益，用这些利益再去发展先进的科技和工业技术。时至今日，这种企图并未放弃，只是具体的操作形式发生了变化。

从以上各点可以看出，形成中国自鸦片战争以来的苦难的原因是复杂的，有着深刻的历史和文化背景，但是，关键的一个因素是西方社会所拥有的先进的生

产力，西方社会已经进入工业社会，而中国当时处于农业社会，这两种社会形态有着尖锐的冲突，主要表现在以下方面：

（1）生产方式：西方社会是群体生产，我们是家庭生产。

（2）生产工具：西方社会使用复杂机器，我们使用简单工具。

（3）技术体系：西方社会使用科学原理，我们使用经验传承。

（4）交换方式：西方社会使用社会交换，我们是自给自足。

西方工业化社会有非常细致的社会化分工，每个人都在一个具体岗位上扮演一个角色，整个社会通过各个角色的不同功能和体现构成价值链，这种价值链通过机器和信息设备的放大和强化，使社会财富呈指数倍数的成长；而中国在鸦片战争之前实行的是小农经济，以家庭为单位，通过自给自足获得收益。

西方工业社会使用机器生产，以电力或机械装置为动力，是人力和畜力所无法比拟的，现在又使用了信息设备，替代了部分脑力劳动，生产效率不断提高，而农业社会使用简单工具，效率极为有限，对于小农生产可以适应，但相对于工业生产，生产效率无法相比。

西方工业社会发展的一个重要因素是科学技术的发展，科学技术通过一套规范的描述方式解释事物的内在规律，用规范和标准约束产品的制造，为大规模高质量的生产奠定了基础，而经验传承依靠师傅带徒弟的方式传递技艺，形成的结果是同一个东西有了无数种做法，每一种既相似又不同，很难机械化复制，因此规模有限。

西方工业社会由于所生产的产品并不是自己使用，因此，必须通过社会交换取得自己需要的生活物资，这样，每个人必须在整个社会体系中扮演一个角色，体现出自身的价值，以取得优势；而在自给自足的社会，自己生产自己的一切，吃穿用住，一切都是自己制造，自己使用，这就构成了一种自我封闭，使社会体系非常不发达。

当时中西方社会的差距造成了双方在实力上的悬殊，这是造成近代中国苦难的一个深层次原因。中国拥有非常先进的农耕文明，由于太先进了，所以，不太关心外部世界的发展和变化，结果造成了 1840 年开始的历史悲剧，随后，中国逐步觉醒，逐步改变了一切，但是，给我们造成灾难的一切并未离我们远去，中国的工业化进程并没有完成，与过去不同的是，现在的冲突大量出现在企业内部，使企业中的每个人都在经受痛苦。

我们正在体验挣扎的滋味：只要在职场中就会体验到挣扎，员工觉得老板幸福，觉得老板非常有钱，应该很幸福；而老板觉得员工幸福，没有压力，到时候就拿钱。其实，各有各的难处，根本原因是整个社会仍然处于一种调整状态，各种因素不断变化，使人们缺乏安全感，企业随时会倒闭，工作的收入与飞涨的社会成本不成比例；各个阶层的利益关系不均衡；创业风险很大，失败者感到无助，投资风险巨大。原来认为固定资产是靠得住的，有固定资产就会有收益，现在，有固定资产还要有市场，才能产生收益，而市场带有巨大的不确定性，很多企业已经风光不再；同时，技术发展了，一些行业的兴起引起了另一些行业的衰落，这是优胜劣汰的自然法则，但是对于企业和职工却是非常残酷的。

我们对未来感到迷茫，由于整个社会快速发展，形成了社会上的企业的不安全感，整个国家在持续发展，但是企业，特别是民营企业却在整个社会的发展中剧烈波动，成功者是少数，而失败者的概率非常大，以北京中关村为例，从1985年到现在，始终保持着每天有若干家企业诞生，每天有差不多相同数量的企业关闭，最后能坚持下来的企业寥寥无几，使很多人带着希望而来，带着失望而归，奋斗了一番最终又回到原点。

我们对现在所处的位置感到彷徨，整个社会缺乏信任，致使交易成本很高，让所有人都感到左右为难，一方面，大量的中小企业缺乏资金，举步维艰；另一方面，投资者又找不到恰当的项目，企业内部也充满着不信任，各个层次的员工之间，以及同一个层次的员工之间充满着微妙的气氛，除非退休回家，否则就在一种不和谐的气氛中生存，让人感到不知所措。

未来的出路

在汉朝，当封建社会基本稳定之后，提出罢黜百家，独尊儒术，以孔孟之道构建封建社会的基本价值观，形成了两千多年稳定的封建社会，其中君君臣臣父父子子和三纲五常的基本价值观起到了非常重要的作用。但是，这一切被现代社会的新的生产方式彻底冲垮，如果没有一套完整的与社会状况和生产方式相适应的价值体系约束，社会将很难稳定和谐，我们需要面向现代化进行价值体系和文化再造，封建社会以家庭为基本生产单位，因此，其价值体系以维护家庭的稳定为核心；而现代社会，以企业为基本生产单位，需要以维护企业的稳定和均衡发展为中心，为此，为企业构建新的价值体系需要平衡以下关系：

（1）中外文化的平衡。

（2）社会与企业的平衡。

（3）投资者、企业、员工间的平衡。

5000年的中国历史，积累了丰富的文化资产，这是一笔巨大的财富，完全

扔掉是不允许的；但是，世界发生了变化，直接使用已经不可能，而且面对着西方的侵略性文化，中国古代文化显得过于保守，积极程度有限。例如，中庸之道，我们对别人讲中庸，但西方社会的基本思路是有便宜就占，以竞争为基本原则，力争独霸整个市场，不跟你讲中庸与和谐；可是，中国文化有其深刻的哲理，对中国重新塑造在世界的形象有着重要的意义，例如，美国自越南战争以来一系列的失败的根本原因是违背了《孙子兵法》的基本原则，《孙子兵法》在开篇中就阐述："兵者，国之大事，死生之地，存亡之道，不可不察也，上兵伐谋，其次伐交，其次伐兵，其下攻城。"在其他手段没用用尽的情况下就发动战争，结果可想而知。因此，我们需要在现代化生产方式的基础上，以中华文化为核心，构建出一套新的价值观体系，自立于世界民族之林。

企业通过三方面与社会发生合作关系，即政府及管理机构、客户及合作机构、社会环境。除此之外，就是竞争关系。企业与社会密不可分，企业需要建立一套与社会和谐相处的管理体系，以平衡企业与社会中各方面的关系，这种关系的基础是法律，企业必须遵守法律，在法律允许的范围内运作。然而，仅仅遵守法律是不够的，法律是社会准则的底线，企业必须有更高的要求，这种要求就是要营造一种对企业成长和发展更为有利的氛围，让企业在社会中处于一种有利和谐的地位，形成一种良性的互动。企业在社会中的和谐地位及良性互动是企业生存与发展的基础，没有这一基础企业将处境艰难，忙于解决各种问题，大量耗费企业的能力与资源，甚至带来灭顶之灾，台湾出现的地沟油事件就是最好的例证。

家和万事兴，企业也一样，需要处理好企业内部相关的各方面关系，这是最容易被忽视的问题，也是许多问题的根源所在。投资者在企业中投入了资金，希望取得回报；员工在企业中付出了劳动和智慧，希望获得报酬；企业的管理者一方面肩负着投资者的重托，另一方面承担着员工的期待，希望加快企业的发展；问题的关键在于投资者、企业管理者、员工需要瓜分同一块蛋糕，这就是营业收益。为了更为合理地分配营业收益，需要制定一套管理机制，这个管理机制需要平衡两个因素，一个是企业内部的因素，也就是员工收益、企业再投入、利润分配各占多少比例；另一个是外部因素，包括销售价格、采购价格、资金利息等能够影响企业内部资金配置的外部因素，如果企业的营业效益高于平均水平，问题容易解决，如果低于平均水平，则问题较大。

价值观是一种文化，需要得到相关人员的认同，成为人们自觉遵守的行为准则。现代社会是以企业为中心，以资本为纽带，形成了整个社会新的生产模式，所以人们的价值观也要与此相适应。在中国，成功的企业都有成功的企业文化，这些企业文化成功的关键因素是树立了核心价值观，并成为企业生存与发展的基石。目前的问题是，这些成功的企业文化没有统一的规范，千差万别，也没有结构性的描述，不能传承和传播。为了适应现代社会的要求，我们需要建立一套被社会普遍接受的企业文化体系，作为整个社会价值观的基础，这种企业文化需要符合以下特征：

（1）中学为体，西学为用。

（2）以人为本，构建和谐。

（3）面对现实，谨慎积极。

5000 年来，中国积累了非常丰富和灿烂的文化遗产，这些文化遗产虽然受到了现代文化的冲击，但其深刻的思想内涵仍然是中华民族成长和发展的基石，我们不能因为受到冲击就完全丢弃，用邯郸学步的方式构建企业的文化价值观结果会适得其反，我们必须深刻理解中华文化的深刻内涵，融合西方企业价值体系的先进之处，形成符合中华文化特征的企业文化价值观，更为方便地被广大民众所接受。

社会的核心组成元素就是人，其他的一切都是为人服务的，在企业中也是一样，人力资源要素越来越重要，这是随着技术进步的必然结果，无论是企业管理、产品研发、业务运营都需要一支专业的团队，那种“三条腿的蛤蟆难找，两条腿的人有的是”的时代已经一去不复返了。现代企业中的员工，不但需要受过良好的教育，而且需要具有丰富的实践经验和操作能力，因此，人力资源的管理难度不断增加，核心的任务是留下该留下的人，去掉该去掉的人。但是人不是一成不变的，会有波动。在中国，大规模裁员成功的案例不多，反而往往是企业走下坡路的开始，因此，我们需要建立更为人性化的管理策略，塑造以人为本，构建和谐的价值观。

中国地域辽阔，文化、社会等因素各不相同，同时还在成长和发展的过程中，不同的生产方式，先进与落后纵横交错。因此，在社会价值观，特别是在企业价值观的建设过程中不能一味地追求先进和完美，必须面对现实，必须与社会当前的现状与发展水平相吻合。企业是非常现实的，企业所在的社会环境也是实实在在的，如果企业价值观和文化可以真正地发挥作用，需要与企业的现实状况相结合。同时，兼顾未来的发展，关键是要采用稳步推进的方式，企业既要向前发展，又不能让发展失去控制，扎扎实实走好每一步。

仅有价值理念本身是没有意义的，一个企业是一个完整的生产体系，每个人

在企业中扮演不同的角色，各有各的任务，因此，价值观必须通过一个实施体系，才能与企业具体实践相结合，这个实施体系需要符合实用、简洁、高效、平和的要求。

实用是价值实施体系的最基本特征，这个实施体系必须能够有效地贯彻企业的基本价值观，能够将企业的价值观与企业的整个运作体系的各个方面的要素相融合，让企业的价值观充分融合。

简洁是指企业价值实施体系需要在结构上和使用方法上简单易用，容易理解。如果一个体系或系统复杂烦琐，无法让人理解，而且使用困难，就会失去存在的价值，这也与中国的文化传统和一般习惯相违背。

高效是指企业价值观实施体系的高效率和高效益，企业价值观体系必须反应灵敏，可以快速贯彻企业价值观并及时反映企业方方面面的情况；高效益是指企业价值观实施体系成效显著，快速有效地达到目标。

平和是中国文化的精髓所在，平和并不是指无所作为，而是尽可能考虑对方的感受，以对方能接受的方式进行，企业价值观实施体系的本意是发展企业，不能采用简单、粗暴的方式，把好事变成坏事。

企业建立以价值观和实施体系为基础的企业文化是持续稳健发展的重要基础和前提，这些得到了越来越多人的认可。但是，构建一个思想体系并且贯彻实施是一项巨大的工程，需要一个过程，同时也需要进行艰苦的工作，人们的思想意识是非常不容易改变的，为此，必须充分做好思想准备。

前景：社会主义企业3.0

现在很多人把公有制经济说得一无是处，认为应该快速和彻底地私有化，然而，苏联和俄罗斯的实践已经证明此路不通，世界上没有绝对的好和绝对的坏，只有恰当和平衡，任何一个体制只要符合当前社会的需求才是合适的。当前，最突出的现象是大学毕业生用脚进行了投票，认为国有企业最受欢迎，这样优秀人才便会不断向国有企业集中，在此趋势下，国有企业必然会持续发展，民营企业会更加困难，这种趋势与许多人的期待相反，在我们做出决定之前，我们需要对国有企业和民营企业的优缺点进行分析。

国有企业：

优点：①许多国有企业有深厚的历史积淀，在改革开放前就已经很有规模，占据了重要的位置，别人难以撼动；②资产容易处置，国有企业之间的重组和合并比较容易，因此，可以通过重组使其实力变得足够强大；③企业领导受到制约，不能为所欲为，使其减少了犯错误的可能性。

缺点：①资产运作效率低；②反应速度慢；③慵懒和懈怠气氛浓厚。

民营企业：

优点：①资金运作效率高，利润率高；②机制灵活，反应速度快；③勇于开拓和探索，在新兴行业，民营企业发展速度快。

缺点：①先天不足，一切都是从零开始，资本实力弱；②对掌门人的依赖大，掌门人优秀，企业就发达，掌门人有缺点，企业就有缺点；③内部关系复杂，企业稳定性差，企业流动率高。

国有企业与民营企业的优缺点对比分析见图 1－1。

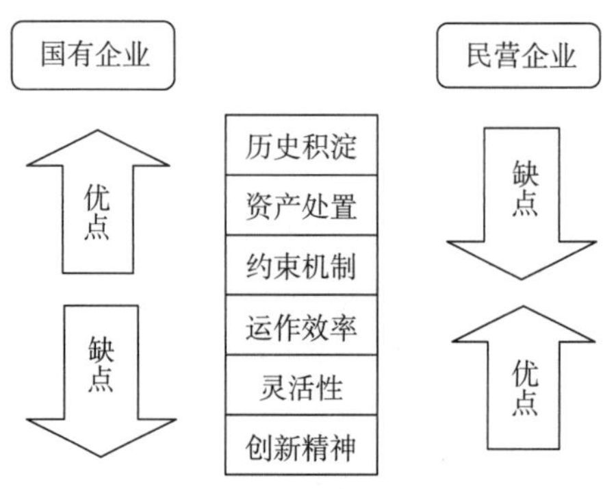

图 1－1　国有企业与民营企业的优缺点对比

从相关分析可以看出，国营企业与民营企业的优缺点正好相反，因此，理想的企业应该将二者的优势相结合，逐步减少个人在企业中“一股独大”的局面。因此，我们可以将这种理想企业命名为新一代社会主义企业，这样社会主义企业就经过了 3 代，第一代是计划经济，问题相当突出，因此，开启了改革开放，可以称其为社会主义企业 1.0；目前是社会主义企业 2.0，很多问题已经得到解决，但是无论是民营企业还是国营企业，问题还是非常明显；现在，我们寄希望于下一代企业，我们可以称其为社会主义企业 3.0，这类企业应该具备以下特点：

（1）利益结构合理。

（2）企业健壮。

（3）凝聚力强。

（4）社会满意。

比较理想的企业的内在特征见图 1－2。

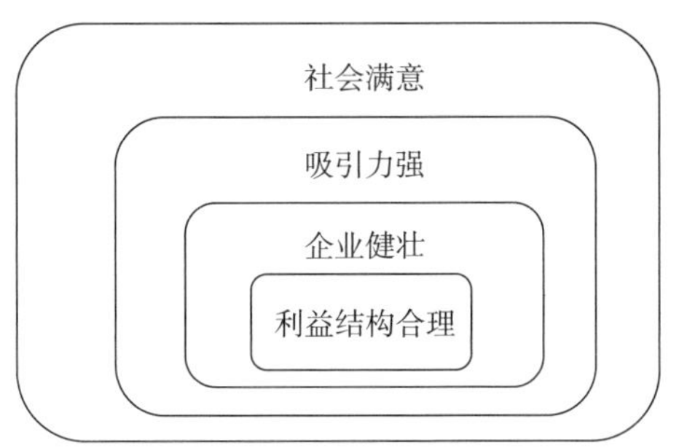

图1－2 理想企业的内在特征

在社会主义企业1.0时代，企业的利益结构完全模糊，只有全民所有和集体所有两个分类，“全民”和“集体”具体是谁则完全不知道，造成了企业管理的虚无，成了谁掌权企业就是谁的，带来了管理上的一系列问题。在改革开放过程中，这一局面得到很大改善，也就是社会主义企业2.0时代，股权已经完全清晰，并且成为国家的骨干，但是，结构还不合理，投资者、企业管理者、员工之间的利益关系仍然不平衡。因此，在社会主义企业3.0时代，我们追求一种更为合理的利益结构，企业员工股、国有股或者公众股超过60%，个人或机构最大股份不超过10%，这样使企业中的管理者与员工之间形成某种相对的平衡，从各个角度使企业处于一种平衡状态，构建企业稳定和发展的基础。

企业健壮是一种良好的状态，也是社会主义企业3.0时代追求的一个重要目标，企业健壮是指企业处于一种良性运转状态，企业的资本、组织、业务处于良好状态，具体体现在企业发展方向正确，且发展空间巨大；产品成功，企业拥有若干个在市场上畅销的产品，为企业带来丰厚的收益；管理有效，企业能够有效地实施管理，能够有效掌控全局，能够对未来做出有效的预测，使企业按照预定的目标前进。

企业的凝聚力是企业成长和发展的重要基础，企业流动性高，小企业招工难，造成了企业的整体稳定性差，严重阻碍了企业的发展。在社会主义企业3.0的体制内必须有效地解决这一问题，应该实现如下目标：工作稳定，这种稳定是双向的，企业不会随便开除员工，员工也不会随便离开企业，形成一种理想的状态。企业与员工之间需要进行双向磨合，随着员工在企业工作时间的增加，企业对于员工的后续保障也要增加，将双方紧密地整合在一起。企业要善待员工，这里善待的含义是平等对待员工，而不是把员工看成长工或家奴，这是社会主义企业3.0的一个非常重要的特征，需要努力实现。有成长机会是指不能纯粹地使用员工，应该在各个层面提升员工的能力，使其获得成长和发展的机会，使企业和员工得到双赢。

企业是社会的一个组成部分，一个优秀的企业不仅需要自身状况良好，还需要与整个社会和谐相处，这有两个境界，第一层次是遵纪守法，这是对企业最基本的要求，企业绝对不能做出对社会有害的事情。第二层次是需要各个方面满意，首先是政府满意，在中国，政府引领整个国家的发展，企业应该与政府实现良性互动，协助政府实现其发展目标；其次是产业伙伴满意，企业存在于一个产业链中，企业需要与上下游产业链和谐相处，除合作伙伴外，还有业界伙伴，企业需要友善对待这些企业，不能树敌太多；最后是需要当地和周边环境满意，远亲不如近邻，企业需要友善地对待周边的方方面面，使企业在一个良好的氛围中运行。

根据《孙子兵法》的观点，战争的胜利取决于综合实力，战略和战术都建立在综合实力的基础上，中国不被人欺负的前提是先进的军事装备和雄厚的经济基础，这一切取决于有一大批实力强大的企业为后盾，而企业强大的核心要素是其先进的价值观体系，以及由此派生的综合能力。老子说，地法天、天法道、道法自然，经营企业与农牧业生产具有某种共性，也需要顾及自然和环境，在美国地广人稀，适合自由放牧，而中国人多地少，适合精耕细作。经营企业也一样，中国更适合社会主义体制，面对 13 亿人民，能使人民安居乐业是最大政治，西方那样完全的自然放任是行不通的。

1.2 企业管理的文化困境

列夫·托尔斯泰说：“幸福的家庭是相似的，不幸的家庭各有各的不幸。”同样，面对企业我们也可以这样说：良好的企业是相似的，有问题的企业各有各的问题。的确，企业面临的问题很多。

当代中国企业的困惑

据赛迪顾问的资料①，截止到 2012 年底，全国工商注册的中小企业总量超过

① 北京赛迪经略企业顾问有限公司. 2013 年中国中小企业管理健康度蓝皮书［R］. 2013.

4200万家，比2007年增长了49.4%，占全国企业总数的99%以上；同时，中小企业也贡献了58.5%的GDP、68.3%的外贸出口额、52.2%的税收和80%的就业，在促进国民经济平稳较快增长、缓解就业压力、实现科教兴国、优化经济结构等方面，均发挥着越来越重要的作用。

2013年，企业数量排名前10位的行业中，中小企业数量总计27.6万家，占全部企业数量的61.6%，劳动密集型产业、技术投资较少的产业仍是中小企业的经营和投资主要方向，而高新技术、战略性新兴产业等高附加值产业的中小企业数量很少。

赛迪顾问在调研中发现，中小企业的技术装备较为落后、产品或服务技术含量不高、产品附加值较低、技术创新少、低端产能重复投资偏多等现象和问题依然突出且普遍存在。

现阶段，我国人力资源成本上涨已是大势所趋。人才市场在跨越“刘易斯拐点”之后，人力资源无限供给的特征逐步消退，人力资源价格上涨。高端人才更多流向大中城市、大中型企事业单位，导致中小企业很难获得发展所必需的核心人才；同时，中小企业也因自身经营风险和不稳定性偏高等因素，为同等水平人力资源支付了更高的人力成本，进一步增加了企业经营压力和风险。另外，“劳动力结构性短缺”现象也具有一定普遍性。

目前中国中小企业的信息化进程尚处在传统管理信息系统的初级阶段，对信息化管理的价值认识不充分、信息化建设缺乏必要规划和合理目标导向、专业人才匮乏、企业资金成本压力、管理基础不完善等问题，仍是阻碍中小企业有效挖掘、利用经营信息数据的重要因素。

而新兴的人工智能、大数据、云计算、移动互联、物联网和社交网络技术的迅猛发展将企业管理带到一个如何变革的十字路口。信息化建设初级阶段的中小企业如何应对新兴信息技术对商业模式的冲击、如何利用新技术新媒体实现企业跨越式发展，需要企业管理者的经营理念发生深度变革，需要企业家具备战略管理思维以适应外部环境变化，需要企业完善和规范内部管理，保障战略规划的实施和发展目标的实现。

问题的根源

2000年武汉工业学院学报上的一篇文章①描述了中小企业存在的问题，当时

---

① 钟生成．我国中小企业管理现状及主要问题［J］．武汉工业学院学报，2000（4）．

统计中小企业为1000万家，到2013年为4200万家，数量增加了，但是，其他数据和问题与赛迪顾问的文章中描述的内容几乎一样，十几年过去了，问题一点改善都没有，证明我们还没找到其中的根源，其根源在于我们所固有的传统思维方式和价值观与现代产业社会的需求之间存在着巨大的差距，这种差距体现在以下方面：

（1）财主的思想。

（2）秀才的能力。

（3）账房的管理方式。

（4）土地私有的社会期待。

皇帝的形象在中国根深蒂固，并通过各级官员和财主延伸到各个角落，虽然推翻了帝制已经100多年了，皇帝的形象却没有一同消失，这种形象和财主的思维方式被不自觉地带入企业中，一些企业的第一把手的一切都如同皇帝一般，办公室最大最豪华，讲话一言九鼎，具有绝对的权威，似乎永远正确，而且就是不学习也会自然知道世界上的一切，对待员工和下属百般刁难和苛刻。在这种情况下，企业的成功与否完全取决于老板自身的素养。

自古中国就鼓励读书学习，这形成了中国人喜欢读书的习惯，万般皆下品，唯有读书高，读了书就会有出息，有前途。在这种文化熏陶下，在任何艰难困苦的条件下，都有认真读书的人。然而，问题是读书从来没有与实际应用有机地结合起来，这就形成了知识很丰富，实际应用能力很差的现象普遍存在。另一个问题是不会根据外界的情况调整和重新组织自己的知识，如果遇到周边环境的变化就会出现不太适应的情况，这与现代社会的要求差距很大。

账房式管理是中国自古以来都存在的管理方式，账房只负责记账和银钱的收发，现在资金的收发都是通过银行，这与过去的票号完全相似，因此，也比较熟悉，但是，除此之外的资本运作，策略和运营、组织建设等就难以在企业中实施，这种账房式的管理最突出的问题是管理单一，使企业形成一种靠天吃饭的局面，企业为什么发展起来没人知道，为什么失败也没人知道，这也导致企业犯过的错误不断重犯。

小农经济的基础是土地，而经营土地的方式是只要认真耕作，加上老天爷配合，就会有好收成，明年就不会饿肚子，然而现代社会的情况完全不同，有了收成固然好，但是这不是问题的关键，最重要的是能否将土地中的收获通过在市场上的经营变成钱，这才是问题的关键。因此，起决定作用的是市场的需求，企业中的一切都是围绕着市场需求进行的，没有市场需求，就没有企业的一切。

从上面的分析可以看出，在思想意识上我们距离工业和社会化大生产的需要还有很大的距离，也是形成今天如此众多问题的根本原因，如果想要解决这些问题，就需要寻找出一种新的思维方式，这种方式要在过去的思维方式的基础上进行某种转向，将整个社会的普适价值观引入一个新的方向。

企业内部的认识

社会和文化的因素对企业产生了深刻影响，由于没有基本的共识，不同的人以各自的方式将各自的意识和思维方式带入企业，形成了整个企业在意识上的分化。这种意识上的分化在企业的实际运作中的体现就是整个企业对内和对外的沟通和交流成本极高，企业无法形成统一的意见，相互之间没有任何信任，严重阻碍了企业的发展。以下是企业中各方面的主要认知：

（1）投资者：回收投资。

（2）治理者：稳住企业。

（3）管理人员：能否升职，是留是走。

（4）员工："老板真混蛋。"

投资者期待投资取得回报本无可厚非，是投资者应有的权利，但是问题是目前投资者的期待与企业现实情况之间差距巨大，投资者的期待是短时间、高回报。而这对于大多数企业是非常不现实的，实际业务运转往往需要一个过程，与投资者在 3 年内就可以上市的想法差距非常大，不能在企业最需要资金的时候帮助企业，投资往往是锦上添花，而不是雪中送炭。

治理者是指企业的负责人，如 CEO。在企业初创阶段，治理者可能与企业投资人是同一个人。但是，随着市场资本的进入，身份会逐步分离，逐步向一个治理者的身份转变，治理者受到企业中诸多问题的困扰，主要精力往往在应付各种各样的问题上，很难顾及方方面面，如果一切顺利，则企业会朝着预定的方向顺利发展。但是，大多数情况是企业的问题解决不完，形成恶性循环，使治理者的压力不断增加，因此，稳定企业成了主要任务。

管理人员主要是指企业中各个部门的负责人，以及已经在企业中工作一定时间的业务骨干，这些人已经熟悉企业的业务，企业也认为其适合该岗位，是企业的中流砥柱，但是，现实情况却比较复杂。在许多企业中，管理人员往往是最容易流失的人员，而且这些人一旦流失就是企业的损失，造成这种现象的原因是多方面的，关键问题是管理人员与企业之间的相互信任的问题，如果企业期望员工长时间留在企业，就应该减少随时解雇管理人员的权力，信任是双方面的，双方都需要做出让步，这方面大型骨干国企做得比较好，所以吸引人才的能力强。

“老板真混蛋”这句话不文明，但是，在相当程度上反映出员工的真实心理，只是员工平时不愿意表达出来而已。这种感受往往通过三个方面影响员工：首先，薪金，企业给员工加薪或多或少带有被动的成分，与社会高昂的生活成本不成比例，这奠定了不满意的基础；其次，工作环境，大部分企业都很难为员工提供舒适的工作环境，同时与管理人员和企业治理者的工作环境对比强烈，员工很难满意；最后，各种管理制度很少从被管理者本身的情况考虑，不仅如此，各个层次的管理人员不断加码，使员工感到更加不舒服，形成了员工的不满情绪，这种不满情绪反作用到企业，就形成了一股强大的抗拒情绪，直接体现就是企业的高流动率，深刻地动摇了企业的基础。

凡此种种，可以用貌合神离来描述，这就是当前企业的现状，在这里很难用语言描述其中的感受，但是，我们可以通过这样的描述表达我们的期望。在适当的环境中，在某种力量的作用下，所有电子朝一个方向运动，就形成了电流，是一种强大力量，而各个电子自由运动的时候，力量就会相互抵消，处于一种静止状态。

企业治理理论与实践

企业的治理和管理有明显区别，管理侧重于具体的业务操作，而治理侧重于决策，治理加管理形成了企业整体运作体系。一般来说，企业治理比管理更为重要，治理的思路决定了管理的方法，目前，企业的整体运作体系都是在摩擦和碰撞之中自然形成的，这种方式需要付出极高的经济和社会成本，因此，我们需要总结经验，形成符合中国国情的管理方式，基本素材有两个：西方现代管理方式和中国古代文化思想。

西方管理理论是我们主要的学习方向，企业在不断地消化吸收，但是效果比较一般。一般来说有两难：第一，贯彻实施难，组织学习、制定制度、引进工具、强按着牛脖子喝水，贯彻实施难度很大，耗时费力，效果一般；第二，保持难，即使贯彻实施了，过一段时间就会走样，最后逐步弱化，直至失去作用。出现这些问题的原因是西方管理理论在中国有“水土不服”的现象。中华民族是一个智慧型民族，对于外来约束力量不会直接对抗，而是采用积极防御的方式，这样会逐步弱化强敌，最终消失，西方管理方式在进入中国之前已经经过了日本和韩国的调整，加入了大量的东亚文化元素，但是在中国还是遇到许多问题，主要有：

（1）是方法，不是目标。

（2）适合现代西方社会。

（3）适合大企业。

（4）适合典型性的行业。

在西方形成了一套程式化的体系结构，是现代工业成长和发展的基础，通过把复杂的内容分解，弄清原理，形成规律，然后加以复制，形成批量化的工业产品，西方试图把这种方法应用于管理方面，在西方效果是明显的，但是，在中国遇到了问题。中国人普遍是受目标驱动的，在不明白原因的情况下。中国人不喜欢被动服从，当采用西方管理方法出现在企业工资收入低于社会平均水平时，整个企业队伍就会走向崩溃。

现在西方管理理论是以西方文化为基础的，与中国的儒家文化有很大差距，关键问题有两个，一个是西方文化的进攻性，另一个是商业特征，这些都是儒家文化所没有的。因此，实施起来非常不适应，例如，西方管理体系强调竞争和市场占有率，这些在中国很难操作，因为中国足够大，人口足够多，对手不计其数，如果想要在这种环境下取得市场的绝对占有率难度非常大，往往是取得非常困难，丢失非常容易，不如做好自己更为现实。

西方管理理论的精髓是流程化和精细化，效果是明显的，但是问题是这种方法的成本非常高，如果产品自身复杂，则需要一个庞大的体系才能将过程细化到最理想的程度，而支撑这种庞大的体系需要足够大的市场规模，以便销售数量庞大的产品，这对于大多数企业来说，都是望尘莫及的。这样就形成了两极分化，跨入规模的企业越来越好，没跨入规模的企业越来越差。

西方的管理理论适合工业化和机械性高的产业，如加工工业，对于文化韵味要求高的产业就显得不适应，如餐饮业，餐饮企业实施工业化和规模化后成本降低，质量提高，但是问题是其中的韵味也不如以前，另外一些行业产品化程度低也无法实现，如理发等服务行业。

中国古代文化是企业治理的另一个可能的选择，但是已经过时，中国5000年的历史积累了丰富的文化，是中华民族最宝贵的资产，也是自立于世界民族之林的基础，这些文化的核心部分是正确的，包含了深刻的哲理。但是，时过境迁，整个社会已经发生了巨大的变化，这些中国古代文化的应用基础已经发生了巨大的变化，直接指导我们的日常生活已经不可能了。同时，中国古代文化存在另一个缺陷，就是描述得非常概括，可以有多种理解方式，这一方面造就了中国文化的生命力和适应性，另一方面是缺乏相应的约束体系，这样就形成了结果的多样性和差异。例如，《孙子兵法》中的上兵伐谋，其次伐交，其次伐兵，其次攻城，非常英明和正确，但是，问题是对于其中各个要素的解释可以千差万别，缺乏一个规范的解析系统，即使使用了，也很难保证效果。有很多人试图将中国文化应用于现代企业治理和管理，但仅仅是开始，后面的路还很长。

解决方法：塑造新的治理理论

我们要塑造一种新的，更适合中国现况的企业治理和管理理论，这将是一个缓慢的持续过程，我们期待，通过中国化的企业理论开创一个更适合企业发展的新时代，这种治理理论需要具备以下特征：

境界：这套新的企业治理理论以追求平稳、和谐、可持续为出发点，企业以追求自身的社会价值为使命，力图通过自身的独特特征优势服务社会，与客户、合作伙伴以及业内同行，甚至整个社会和谐相处。

结构：新的企业治理理论体系具有一个相应的支撑结构，这个结合与企业的运作结构相吻合，并且具有相应的伸缩能力，能够与企业的规模相适应，通过这个结构体系可以将企业的价值观渗透到企业的方方面面，切实指导企业的日常工作。

体验：新的企业治理理论追求一种平和的体验，使所有相关的人感到平稳和舒适，恰当地处置各方面的权利、责任和利益。使企业总体实现平衡，尽最大可能减少不必要的冲突和颠簸，大幅度缩减因为无用功和内耗所引起的成本和精力。

效果：新的企业治理理论追求一种均衡和可持续的效果，以寻求企业的长期和持续发展为企业的基本使命，追求一种均衡、稳健、合理、持续的盈利，并将企业的营业收益充分惠及企业的所有相关人员，虽然这种惠及可能非常微小，但是却能够滋润人们的心田。

对于企业治理理论的预期如图 1－3 所示。

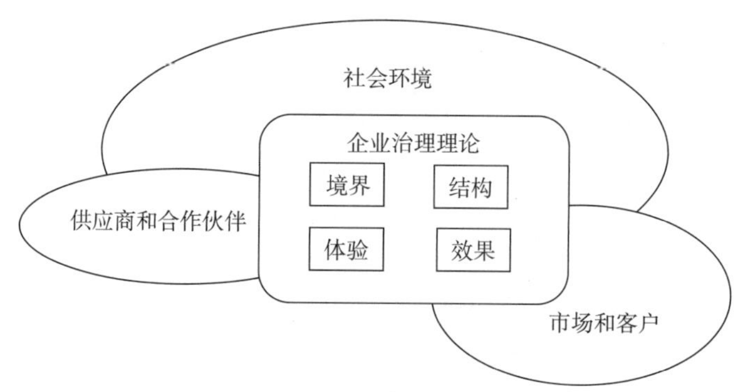

图 1－3　对企业治理理论的预期

目前，这还是一个美好的愿望，实现还需要一个很长的过程，但是前途是光明的，道路是曲折的，只有在科学的道路上持续攀登的人，才有希望到达光辉的顶点。

1.3　成功者的启示

在国内，企业界有不少的传奇人物，他们获得了成功，我们应该总结他们取得成功的经验，找到其中的共性，形成中国现代社会的企业价值观。

中国的商业领袖

自改革开放以来，已经涌现了许多成功的商业领袖，虽然比例很低，但是这些名字如雷贯耳，创造出一个又一个动人的故事，书写出一篇又一篇辉煌的业绩。当然，这些时代宠儿并非都功德圆满，许多如流星一样一闪而过，也有一些经历了风雨，但是始终保持不败。

柳传志：被称作“中关村教父”，是中关村的传奇人物，是创造联想今天业绩的重要奠基人，在联想的发展史上做出三个关键性的决策：第一，发展联想电脑，奠定了联想的产业基础；第二，神州数码的拆分，解决了自有产品和代理产品之间的矛盾；第三，收购 IBM 的个人电脑业务，使联想走向国际。

张瑞敏：是著名电器供应商海尔的创办人，解决了国有企业成长和发展中的一系列问题，在海尔中营造了一种积极向上的气氛，从电冰箱做起，逐步覆盖了家电行业的各个分支，并在国际市场上不断探索，形成了海尔今天在行业中的地位。

任正非：华为的创办人，从 2008 年开始，一步步将华为建立成世界排名第一的电信设备供应商，解决了电信设备制造领域中的一系列关键问题。在中国制造领域中，首先建立了独立的产品体系，同时，创造了华为股权激励机制，奠定了华为发展到今天的重要基础，这种股权激励机制虽然不够规范，致使华为至今不能上市，但是只有发展才是硬道理，效果是明显的。

马云：淘宝电子商务帝国的创办人，马云在中国电子商务处于最低潮的时期，解决了电子商务在中国发展的一些关键性的障碍，如网上支付问题、商品评价等问题，并且创造了淘宝模式，使大量的中小企业寻找到了发展的机会，今天，电子商务蓬勃发展与马云的贡献是分不开的。

成功企业与商业领袖的关系

在中国甚至亚洲，成功企业与商业领袖之间似乎建立了某种确定的关系，翻开每个成功企业的历史，都有商业领袖的身影，以及他们发挥的关键性的作用，产生这些商业领袖的时间往往是百废待兴的历史转折时期。这些商业领袖往往起到了特殊和关键性的作用，这反映出商业领袖的关键作用在于，当外部总体环境对企业相对不利的时候，可以通过企业内部机制的建设，构造出一种相对完善的内部环境，使企业得到发展。

这些商业领袖往往是企业的灵魂，得到了整个企业内的全部人员的认同与尊重，形成了企业的关键性的领导力量，可以有效地指挥企业的运作，在此基础上形成的决策比较容易在企业中实行。

这些商业领袖能够力挽狂澜，企业的发展与商业领袖在关键时刻发挥的关键作用有极大的关系，这些企业往往凭借着商业领袖的关键性决策在关键时刻化险为夷，从众多的同类企业中脱颖而出，最终站在金字塔的顶端，关键因素是这些商业领袖所持有的价值观的正确性。

这些商业领袖往往是企业稳定的基石，首先他们能够团结自己身边的核心团队成员，构成企业的坚硬内核，并通过这个内核向外一层层地团结企业的员工，形成稳定坚实的企业基础力量，并伴随着企业的发展逐步融合新生力量，扩大企业的核心队伍，使企业稳步发展。

商业领袖的公约数

商业领袖之所以可以成为成功企业的核心，与其自身所具有的人格魅力分不开，商业领袖分布在各个不同的企业，个人特征也千差万别。当我们与这些商业领袖进行深入接触，并有了切实体验之后，我们会发现其中的共性，他们都体现出了巨大的人格魅力，这源于他们所拥有的基本价值观和建立在这些价值观上面的各方面的优秀特征，这些特征使他们成为每一艘商业巨轮的掌舵人，并保持着正确的航向，商业领袖们所具有的特征体现在以下方面：

威信：在企业或行业中受到普遍尊重和信任。

判断力：在关键时刻做出关键决定。

感染力：几乎是所有商业领袖共有的特征。

威信是指威望与信誉，威望来自领导能力，领导能力是组织、沟通、协调等操作方法的综合运用所形成的有效结果，关键是使被领导的人得到一种舒适和协调，能够顺利地开展工作，发挥出各自的特长，而不必要让被管理者自己去面对风险和不确定；信誉则更多地来自商业领袖所拥有的价值观的外在体现，需要从以下层次上实现，首先要被大家确认是一个好人，在此基础上建立与各方面的信任关系，经常做出正确的决定，即使有错误也能及时纠正，不会形成灾难性的后果。简言之，商业领袖会被企业内的各个方面的人充分信任，并愿意服从其领导。

判断力是在关键时刻做出关键决定。解决关键问题是商业领袖所共有的特征，成功的企业能够有今天的成绩，与商业领袖做出的关键性决策有着直接关系，也是他们能够成为商业领袖的原因，这种判断能力来自三个方面：团队的专业能力、决策机制、决策人正确的价值取向。团队的专业能力是决策正确的基础，团队专业能力是商业领袖做出正确判断的基础条件，做出判断所依据的基础信息和分析依据都是企业中各个方面提供的，如果这些基础信息准备良好，就会得出正确判断的基础；判断形成机制是另一个关键要素，决定做出前需要经过充分的论证和讨论，认真倾听各种意见，对做出正确的判断有非常大的帮助；最后就是决策人的价值取向，想要做出正确的判断，心正是第一要素，要求决策人在进行决策的时候不能有各种杂念，只有这样，才能做出正确的决定。

感染力几乎是所有商业领袖共有的特征，通过这种感染力把自己的想法完全充分地传递到企业的方方面面。这种感染力有书面和语言等表达方式，书面表达体现在企业的各种文件中，语言表达则在会议和交流的过程中体现出来。通过商业领袖的感染力的充分发挥使员工接受企业基本价值观和行为准则，逐步融入到企业中来，提升企业的凝聚力。

企业成功的原因

目前，在中国比较成功的企业不是国有企业，就是社会性企业，这些企业的成功都有其深刻的内在机制，这种内在机制我们可以称为“道”。按照老子在《道德经》中的描述：“道法自然。”道是对客观规律以及社会外部环境的一种尊重和敬畏；按照《孙子兵法》中的解释：“道者，令民与上同意，故可与之死，可与之生，而不危也。”道是一种共识，也是一种信仰，是企业中一种共同奋斗的精神动力，按照毛主席的话说“人是要有一点精神的”，在企业就是一种对共同价值观的认同和对于未来前景的共同向往。在企业中，“道”可以通过两种方式建立：一种是通过商业领袖创建，另一种是通过长时间的发展积累而成。无论是哪种方式，“道”是企业的精神支柱，它的作用可以概括为以下几点：

（1）道的约束。

（2）道的平衡。

（3）道的延续。

道的约束作用非常突出，在企业中，一般是上级约束下级，国有企业中的最高负责人受到了上级机关的约束，行为受控，因此会有所顾忌；那些有商业领袖的企业，商业领袖创造出了企业的核心价值观，对企业形成引导作用；而私人投资企业就完全没有约束，行为完全靠自觉，这就是许多私营企业难以发展的根本原因，企业能否成长与企业能否树立正确价值观有着非常重要的关系。

在社会中，企业需要平衡各方面的关系，包括企业与整个社会环境的关系，企业与上下游企业，以及业内同行的关系，企业内部方方面面的关系。如果有一种机制可以正确地处置各个方面和角度的关系，则为企业创造了一种良好的生存和发展的氛围，减少了许多不必要的麻烦，“道法自然”正是描述这一原则，我们必须对客观世界心存敬畏，尊重一切客观规律，将其融合到有利于自己的一方，只有这样才能无往而不胜。

树立正确的发展观是企业持续发展的关键要素，这种发展观是以正确认识自己为核心的，需要摆正自己的位置，清晰自己的优势，为企业选择一条可持续的发展道路，发展道路的正确性是问题的关键，如果过于保守，则会失去机会，如果过于冒进，则会带来风险。例如，同仁堂的古训：“品味虽贵，必不敢减物力；炮制虽繁，必不敢省人工。”描述出了同仁堂的基本发展观，也确定了同仁堂在业界的地位，这一准则形成了对同仁堂所有行为的自然约束，也塑造了同仁堂的企业价值。

道的建造

目前，企业的核心价值观基本上都是自然形成的，很少有意识地去建设，这种自然形成的企业价值观的优点是源自企业的实践，与企业的实际情况高度吻合，可问题也非常明显，产生的效率低，代价太大，在似有似无之间。由于目前企业的核心价值观是自然产生的，其核心是企业中的一些习惯性的做法和判断准则，这需要非常长的时间去累积和形成，所以，效率非常低。这些核心价值观的形成往往是企业遇到了困难和危机之后，在应对过程中形成的，还有可能经历了多次失败，这样为此付出的代价就非常大，而且，还可能一失足成千古恨，永远没有改正的机会了。在很多情况下，一朝天子一朝臣，在更换了新的领导后，新

领导按照自己的意愿重新来过，试图建立自己的价值观，而这又会与现有的企业价值观形成冲突，在经过冲突和磨合之后才能趋于稳定，这就给企业形成不稳定因素。根据这些情况，从企业自身的长远利益考虑，有必要明确、主动地去建立企业的核心价值观，减少不必要的代价，企业核心价值观的建造需要关注以下问题：

（1）平衡社会关系。

（2）凝聚企业共识。

（3）稳步发展企业。

道需要确定企业在整个社会中的正确定位，是企业基本价值观的核心，孙子曰：知己知彼，百战不殆；不知彼而知己，一胜一负；不知彼不知己，每战必败。知彼包括了解市场的整体格局、技术发展方向和趋势、同行的状况、上下游企业的分布和状况等；知己包括了解自己的技术、市场、资金和组织的状况；在充分了解这些内外情况的基础上，就可以明确自己企业的定位，并以此确定企业如何与社会上的方方面面相处。

道需要在基本企业定位的基础上凝聚企业内部的共识，既包括企业内部的各个方面，也包括企业内部的各个层次，还包括企业的过去、现在和未来。企业中任何一个细节都很重要，不能忽视，需要兼顾方方面面的利益和诉求，就如同人的身体一样，一点小小的不适，如果忽略，就可能酿成大病，而积极应对解决了问题，则可以省去后续的许多麻烦。

确定企业的发展步伐和节奏是确定企业价值观的关键问题，这首先取决于企业内外的状况和格局，也要考虑企业自身的能力，最理想的状况是持续和稳健，这在实际运作中实现难度很高。任何市场无论其规模有多大，总有饱和的时候，如果企业发展速度过快，其间许多方面工作不扎实，一旦市场饱和就会出现问题，这是因为企业向上成长时许多问题会被掩盖，一旦发展停滞，问题就会暴露出来，如果处理不当，就会形成恶性循环。因此，企业需要经得起诱惑，稳住自己的阵脚，从长远利益出发，这一点联想集团到目前为止做得还不错。

1.4 让企业从低品质中解脱

应该说，形成企业困境的根本原因是没有找到合适的方向和道路。在很多时候，企业都是在下意识地做出选择，是否顺利发展完全是靠运气。我们不能重新改写历史，也不可能推倒我们的文化，削足适履的治理方式对于企业是很痛苦的，我们需要找到一种适合中国文化和历史背景的企业治理理论。

融合中国文化背景

中国文化博大精深，是一座取之不尽的宝库，有很多有用的成分可供挖掘，但是本身也有与世界发展不协调的地方，毕竟世界进入了新的历史阶段，然而旧思维方式仍在深刻影响着我们，为此，我们必须在传统与现代之间营造一种新的文化氛围，这虽然不能用数学的方法验证，但是在企业治理实践中却在逐步向这一方向靠拢，马云提出的"客户第一、员工第二、股东第三"的管理原则说明了这一方向。

小农经济、中庸、皇权、成王败寇等构成了中国传统文化的内核，相对于2000年的封建社会，100多年的中国现代社会极为短暂，虽然许多传统思想与现代社会已经极为不适应，但是目前是无法彻底摆脱的，毕竟传统意义上的农民在中国占比接近50%。如果作为普通劳动者这些相关特征尚不明显，那么进入企业中层和高层后，其深刻的历史和文化背景就会显现出来，而这种文化背景与企业的现代化和工业化的分工合作模式冲突明显，这就是现在企业各种矛盾的深层次原因所在。

一言九鼎与契约精神之间的差距巨大，且相互矛盾，这构成了中国企业治理中的最基本矛盾。现代企业中技术和管理已经相当复杂，远远超过了企业核心治理者所能控制的范围，与他人分享和合作不可避免，必须以恰当的方式安排这些合作者和分享者的位置。

摒弃不适合中国环境的管理观念

邯郸学步给我们很多启示，《庄子·秋水》中有这样的描述："且子独不闻夫寿陵余子之学行于邯郸与？未得国能，又失其故行矣，直匍匐而归耳。"这段话的大意是燕国寿陵地方有几个年轻人结伴到赵国去学习邯郸人的走路姿势，结果不仅没有把赵国人的走路姿势学到手，反而连自己原来的走法也忘记了，只好爬着回去。现代企业体系是从西方传递过来的，主体是好的，对企业的发展有很大的帮助，但是也有一些"水土不服"的问题，有些内容并不是完全不对，而是在中国需要经过一定的调整，并结合中国的实际情况进行重新构造。

在目前的管理理论中，竞争和市场占有率是企业努力的核心，企业应该积极

扩大市场占有率，尽可能去压制竞争对手，以保持市场的领先地位。在现实生活中，竞争是存在的，但有一个条件，就是竞争发生在两个完全近似的企业之中，现在技术进步带来了企业运营方式的变化，企业之间非常容易构成自己的独立特征，对于企业间直接竞争起到了弱化的作用，如电子商务与电器卖场应该属于不同行业，不存在竞争关系，但是却产生了替代关系。这给我们的启示是企业最重要的是做好自己，而不是把别人能否威胁自己放在第一位。

营业额在很多时候被用来作为评价企业的唯一指标，如世界500强企业就是在世界范围内按照营业额的数值对企业进行排名，然后选择其中的前500名营业额最高的企业，营业额对于企业非常重要，但也有很多其他的意义。从企业外部用营业额看企业是对的，但在企业内部，用营业额当作唯一衡量企业的指标就不对了，营业额是企业价值链的尾端，而不是头部，因此营业额是通过销售人员取得的，但不是销售人员独立创造的，是通过企业内部价值链中的每一个环节不断为产品增值形成的，要想使企业获得理想的销售额，必须从价值链的源头开始，把每个环节都做好，这需要建立一个目标系列，用来控制整个价值链之中的每个环节。

全面质量管理也是一个外来产物，对于提高企业的质量有很大帮助，但是这个外来产物在中国的企业中也有“水土不服”的问题，经过这几十年的不断调整，加上信息系统的帮助，现在已经柔和很多，但是还有许多别扭之处，当企业规模足够大的时候问题不大，但是当企业规模相对较小的时候，就显得很累赘和烦琐。一个街边小店肯定无法采用全面质量管理，但是不等于不要质量。另外，质量管理人员的身份尴尬，既非官又非民，而且因为经常得罪人而吃力不讨好，现在虽然不能完全取消这种方式，但是应该做出调整，应该采用一种更有建设性的方法。

提到雇用，非常容易让人联想到地主雇用长工，给人以非常不舒服的感觉，现在的问题是在雇用者和被雇用者之间存在着一道很深的鸿沟，这道鸿沟使整个企业的人心涣散，即使当前没有问题，也对企业的未来构成威胁。现在已经到了品质和创新的时代，然而问题是既然员工只是与当月的工资有关系，那么为什么要为企业的未来去开拓和创新，即使老板对于未来有所承诺，但是这个承诺可信吗？流动率过高和员工的人心涣散已经成了企业的通病，对企业造成非常不利的影响，现在需要树立新的观念，这就是每个人都是企业中必不可少的成员，应该得到企业的充分的关心和信任，让员工逐步融入企业。

理性地治理企业

《守株待兔》给了我们很好的启示，《韩非子·五蠹》中记载：战国时宋国有一个农民，看见一只兔子撞在树根上死了，便放下锄头在树根旁等待，希望再得到撞死的兔子。有些事情是偶发事件，不可作为常理成为努力工作的方向，作为企业，需要踏踏实实地做好自己当前的工作，能够出现意想不到的奇迹固然好，不出现也是平常，我们应该把目标确定在通过努力可以实现的目标之上。

人间奇迹经常被我们津津乐道，对于许多人是一种激励，许多人带着这样的美好梦想投入商海，期待着自己也取得同样的人间奇迹，应该明白，这些动人的故事有真实的成分，但更多的是媒体和艺术家的渲染。在真实的企业世界中，这些奇迹是极个别的，随着社会的发展，可能性逐步降低，现在机会已经很小，虽然不是不能创建新的企业，但企业要一步步成长，这是一个非常艰辛的过程，要做好各方面的准备，更为重要的是要做好承担失败和挫折的准备。

“人定胜天”也是我们经常听到的故事，成功者往往被描述成战胜了巨大的困难，最后取得了成功，老子在《道德经》中有这样的论述：“人法地，地法天，天法道，道法自然”，万事万物都有自己的内在规则，人们需要理智地对待，能不能承受艰苦是一回事，企业能不能成功是另一回事。在企业中更需要的是面对现实，进行冷静和客观的判断和分析，走代价最小的路，争取最好的结果。

“神与人”是我们在企业运营中经常遇到的问题，许多人每天十分恭敬称呼：“张总”“王总”，当听这些称呼时间长了以后就会逐步使自己相信：自己是神，无所不能。其实是一种错觉，从目前看到的成功故事看，成功者的一个共同特点是会借助企业内的各种力量，巧妙地将这些力量引导到一个正确的方向，这才是企业成功的关键。治理者需要客观地认识自己，客观地认识企业的外部环境，客观地认识自己所在的企业，做出对各个方面都有益的选择，让各个方面都成为自己的合作力量，而不是企业的阻力。

形成高品质企业的方法

形成高品质企业的关键是采用恰当的企业治理方法，充分适合企业的需求，市面上可提供的企业治理方法很多，但是没有哪个方法是完全正确和适合所有企业的。因为企业自身的业务特征不同，发展阶段不同，所处的环境不同，现在用工程和技术的方式管理企业，用数学的方式判断企业的未来和前景是行不通的，就像一件衣服难以适合所有的人，每个人必须选择适合自己身材和外部环境的衣

服。企业的治理也是一样，必须寻找适合自己的治理方式，是否适合需要满足以下条件：

（1）有利于企业的成长和发展。

（2）可以获得与企业内外及相关的各个方面的支持。

（3）符合国家的法律法规，对社会有利。

每个企业必须知己知彼，清楚地了解自己，也清楚地了解客观世界的环境，在企业的承受能力之内发展自己。在现实的企业治理中，失败难以避免，但是，关键的是不能做一锤子买卖，必须为自己留有余地，踏踏实实地走好每一步。

寻求共识是企业成功的一个重要基础，包括企业核心治理团队的共识、全体中层人员和骨干的共识、全体员工的共识、客户的共识、合作伙伴的共识等，这需要企业不断地调整自己，并把自己放在一个恰当的位置，要善待各个方面。

走正路是任何一个企业所必须坚持的，一个企业做点坏事然后取得一些好处并不难，但是要彻底消除这些坏事的痕迹就很难了，一旦形成污点是不会彻底地消除的。随着社会法制化的发展，企业犯规的成本越来越高，因此，企业必须走正路，用正当的方式发展企业，千万不要自作聪明。

对于企业来说，最重要的是要形成正确的理念和价值观，这体现在企业治理原则和治理目标之中，一个正确的企业治理原则和治理目标必须不断地强化和扩展企业的基础，不断地完善企业的组织和运营，以稳步的方式和节奏发展企业。

1.5 企业的柔性治理

伴随着企业注册制度的改进，一个人要想建立一家企业非常容易，代价非常低，问题是如何让这家企业发展壮大，永远兴旺发达，这才是真正的考验，其中关键的问题是企业的“领路人”如何把企业引领到康庄大道上。企业的柔性治理架构就是企业的一个无形但又确实存在的“领路人”，它指引企业按照正确的方向和节奏前进。企业柔性治理架构是塑造高品质企业的一种探索。

什么是企业柔性治理架构

企业的柔性治理架构是一种综合性多层次的企业治理方法，它拥有一个极小的内核结构，并通过大多数的共性特征力求这一内核变得坚强有力和广泛适用，希望这个内核可以与企业不同的发展阶段和不同现实情况相融合，构造出具有企业个性特征的内核和架构。因此，企业柔性治理架构侧重于企业治理合理内核的建立，其余的外延特征则伴随着企业的成长自然延伸，这个企业的理性内核由以下四个基本元素组成：

（1）企业的基础。

（2）企业的理念。

（3）企业的组织和运作。

（4）企业的发展节奏。

这四者之间的关系如图1－4所示。

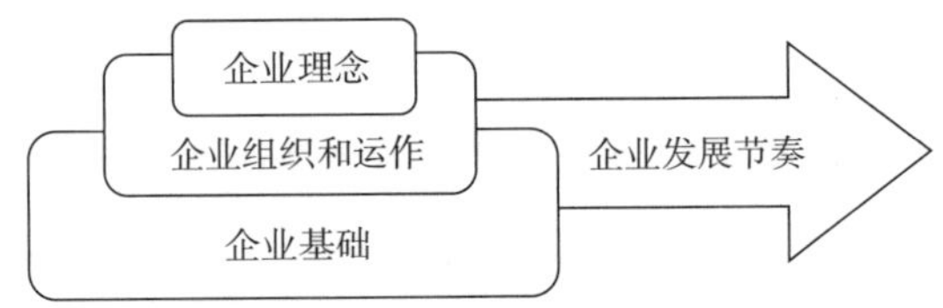

图1－4　企业柔性治理架构的组成

提出企业柔性治理架构是为了构造一种简单易行，并符合中国现实情况的企业治理方式，把企业的内核和基础搭好，而不是过早地引入大量复杂烦琐的管理技术，更为重要的是，指明一条明确的成长道路和自己现在位置，以便搞清楚现在和未来应该怎样做。

如果要想理解企业柔性治理架构，首先要理解企业治理的概念和含义，治理是指对企业的实际控制，治理与管理不同，管理需要经过策划、计划、执行、评价等具体过程后最终解决问题；而治理不像管理那样需要提出设想和规划，只需要在设想或计划形成之时做出肯定或否定的答案，而为什么做出这样的答复，则会因人而异，这就形成了各个企业的各种问题，解决问题的方法就是柔性化治理。

理论上说，企业治理的最高准则是企业章程，然而，这种西方式的咬文嚼字式的冗长论述在企业中的任何人都会视而不见，在现实的企业治理中毫无作用，起作用的是企业实际控制人的价值观。非常不幸，中国有2000多年的小农经济史，皇帝的印象根深蒂固，对于企业实际控制人来说，他的话就是真理，是绝对正确的，而员工不敢当面顶撞，于是就用脚做出选择，当老板对员工说“你不想干可以走人”的时候，企业想留下的人也会走，最终造成了企业的不稳定，这就是目前民营企业面临的困境。由于产品企业最重要的资产是员工，所以问题就更

加突出，而柔性化治理就是要解决这一困境，在企业中建立“公理”，在企业中做到相对平等，将实际控制人关进规则的笼子里。

企业治理是指企业核心权力的来源、结构以及行使原则，企业治理处于企业的核心地位，在企业的治理之下是企业的管理，在管理之下是企业的基础操作。按照现在的法律和惯例，企业的治理权力来自企业的资产所有权，包括资产所有者自行治理企业和委托他人进行企业治理；治理企业的权力包括工作任务决定权、资金和资产处置权、企业人事处理权；行使企业治理权的原则是努力促使企业资产的保值增值，也就是保证企业平稳有序地发展和成长；如果企业规模非常小，则由企业治理者直接管理企业，如果有一定规模，则需要建立企业的管理机构，在治理人的授权之下进行企业的日常管理，企业规模越大，企业的管理机构也就越大；企业管理的任务是指导和控制企业日常运作，包括企业的生产、销售、服务以及产品研发。

企业治理的最根本目标是企业资产的保值增值，也就是企业资产规模的持续扩大和企业价值的持续提升，这一切取决于企业的盈利能力，企业盈利能力来自企业日常业务。因此，企业治理的首要任务是推进企业业务的发展，企业的治理是通过企业的管理来实现对企业业务操控的，这种操控被分成两种方式，一种是静态的，另一种是动态的。静态的是管理规则，一旦制定出来就相对稳定；动态的就是计划，按照一定时间周期制定，例如，一个月、一个季度，或一年甚至更长时间。由于企业治理的主要任务是业务治理、资本治理和组织治理，因此，管理也分为三个方面：业务计划和管理规则、预算和财务制度、组织建设计划和人事管理规定。由于业务分为多个环节，所以，业务还分成研发计划和管理规则、生产计划和管理规则、营销计划和管理规则等，规则和计划的制定过程会千差万别，根据企业的具体情况会有所不同，但是，都必须通过治理机制的批准才能生效执行，治理机制通过这些规则和计划发挥作用。

柔性治理架构的运行机制

实践是检验真理的唯一标准，企业柔性治理架构必须能够在真实的企业中实际发挥作用，才有被采用的价值，这需要与目前企业中的实践相吻合，也就是要符合企业目前在具体工作中的体验，这样才可能真正地在企业的实践中落实柔性治理架构。

首先我们需要建立治理功能和执行功能的概念，在企业的逻辑架构中，我们定义了3个系统和12个功能，企业的这些功能分成两类：一类是具有决策功能的，如计划、资金、组织、治理核心等；另一类是执行决策或为决策提供建议的，如产品系统中的功能和运营系统中的功能，前者称作治理功能，后者称作执行功能。

柔性治理架构需要通过前提环发挥作用，首先企业必须建立在相应的基础之上，这个基础就是出色的治理团队、突出的企业生存优势、充足的资金、良好的企业组织、有效的风险控制 5 个基础要素。这些要素是不可能凭空存在的，这些基础的存在前提是企业在日常运营、产品开发、设施建设等 8 个执行功能方面有出色的表现，而这些执行功能的出色表现的前提是企业的计划、资金、组织等治理功能提供必要的保证，而企业治理功能能够为企业中的各项操作功能提供保障的前提就是企业存在的 5 个基础条件。

柔性治理架构除了前提环外，还有一个反向的操作环，企业的治理功能依据企业的基础条件制定企业计划、预算、组织规划等治理文件，企业产品系统和运营系统的各个功能部分依据这些治理文件开展工作，形成日常运营结果、产品设计和新建设的运营设施，而这些工作成果强化了企业的基础，日常运营使企业的资金增加，产品设计增加了企业的无形资产，运营设施增加了企业的固定资产，企业通过这些活动提高了各种能力。

柔性治理架构的正向循环和反向循环前提是各个企业功能部分的出色自我操作，这种操作的表现需要通过企业治理目标来进行评价。为了实现企业治理目标的要求，企业的各个功能模块必须严格执行各自的治理原则，企业治理目标和治理原则是通过企业级、系统级分解到各个企业组织功能模块之中，各个功能模块除了各自的出色表现外，还需要保持各个功能模块之间的平衡和协调，这就要通过均衡控制线进行控制和协调。整个柔性治理架构的运转机制如图 1 –5 所示。

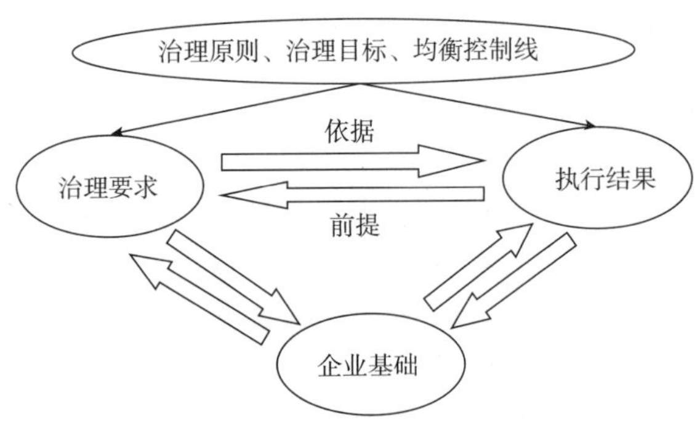

图 1 –5　柔性治理架构的运转机制

整个柔性治理架构表现出一种严格的配合机制，如果相关的某个方面不符合预期，则整个企业都无法顺利运行，这就是牵一发而动全身。从这里我们可以看出低品质企业产生的根源，整个企业是一个有机体，整个企业有出色表现的基础就是每个部分都有出色的表现，这样我们就能够比较恰当地解释企业相关各方承担的责任，对于投资者来说，必须为企业投入充足的资金，少投入或者不投入就想获得回报的想法过于乐观，是一种美好的愿望；企业要实现自己的承诺，必须在确定的时间取得确定的成果，因为投入不是天上掉下来的，需要有确定的回报；面对着投入和企业的沉重使命，所有的创业者都需要谨慎，需要谋定而后动，要有确实的把握把企业带入正常的循环，否则，不要轻易踏上企业之路。

柔性治理架构的特征

企业柔性治理架构是相对于僵硬的企业架构而言的，它是一套方法论，从企业有什么、期望什么、怎样操作、如何做好4个角度建造和治理企业，力图适合中国企业的现实，从治本的角度解决问题。改革开放以来，整个经济得到了快速发展，然而大多数企业的日子都过得并不舒适，老板难受，员工也难受，现在我们需要寻找其中的原因，找一种更为适合的企业生存方式，这就是为什么要提出企业柔性治理架构，目的是通过增加企业的柔性来使企业生存得更为舒适。企业柔性治理架构的内在特征关系见图1-6。

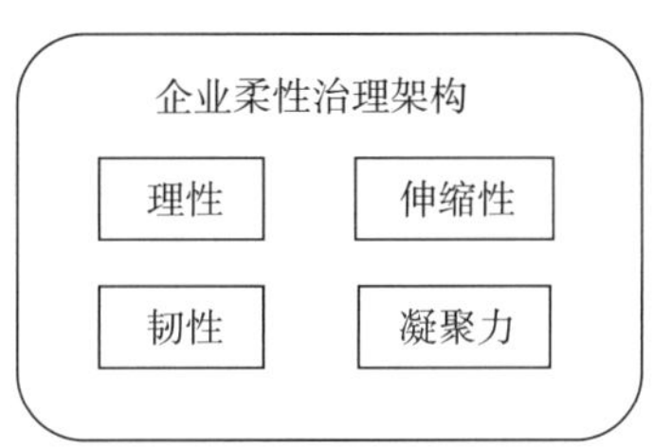

图1-6 企业柔性治理架构的内在特征关系

理性是企业柔性架构中的第一个核心特征，理性是相对于冲动而言的，无论是投资，还是技术发展，理性越来越重要。改革开放之初，敢想敢干是主流，然而随着市场发展空间逐步被挤占，技术发展空间逐步被压缩，理性更为重要。理性是建立在充分思考的基础上的，而思考的方法就是知己知彼，用恰当的方式和恰当的力度出手。

韧性是企业柔性架构中的第二个核心特征，韧性是相对于脆弱而言的，韧性就是要对失败和挫折做好充分的准备，一锤子买卖是对孤注一掷的商业行为的一种描述，也体现了顾前不顾后的决策方式，企业柔性架构就是凡事最多使五分力，剩余的力量留作失败后修复自己，然后再战。

可伸缩性是企业柔性架构中的第三个核心特征，可伸缩性是指能够适合不同阶段和不同类型的企业的治理和管理需要，这要求能够抓住企业的关键点，繁文缛节的管理方式并不是最好的管理方式。

凝聚力是企业柔性架构中的第四个核心特征，凝聚力实际上是企业的一种平衡，它把企业中的各种要素调整到适合自身的位置，让其发挥应有的作用，企业是一个整体，所有部分都不可缺少，和谐地相处才是正确的方向。

将企业建立在坚实的基础之上

企业柔性治理架构的首要因素就是把企业所具有的基础摆在一个突出位置，企业的基础条件说明了企业有什么，怎样利用好企业现有的条件，是影响企业生存和发展的一个重要因素。采用柔性治理的目的是要摆脱企业的低品质现状，消除企业中的各种麻烦和问题，而其中关键的一步是恰当地处理企业发展与基础的关系，这需要做到以下两点：

（1）将企业的各种行为约束在企业基础所能提供的能力之内。

（2）不断增加企业的各项基础。

这就像一个人一样，不能过度劳累，不能过度透支体力，另外，要锻炼身体，增强体质。企业出于美好的愿望会提出超过自己能力的目标，这对企业并没有好处，企业的基础包含以下因素：

（1）有一个足够专业和强有力的治理核心团队。

（2）有出色的生存优势。

（3）现金流状况良好，资金充裕，技术能力和运营能力强大。

（4）有出色的组织协调机制和治理策略。

（5）操作稳健，企业内外无明显的风险和隐患。

企业的这些基础，伴随着企业的建立与发展的全过程，在创建的时候必须清楚和客观地认识自己的基础条件，不能把希望建立在奇迹出现的基础上，必须脚踏实地地稳步前进。在企业成立之后，需要善用企业的基础条件，并不断地改进和增强企业的基础。

用规矩约束所有人

企业柔性治理架构的另一个要素就是制定约束企业中所有人的规矩，用规矩约束所有人是要解决企业想做什么的问题。造成企业低质量的一个很重要的原因是与企业相关的各个方面都朝着各自期望的目标努力，因此，不仅不能产生合力，还会相互制约和相互掣肘。

为了解决这个问题，需要为企业建立规矩，约束所有人，其实每个企业各自的规矩都很多，但是这些规矩有不足之处：第一，随意性很强；第二，说得多，做得少；第三，与实践脱节。为了解决这些问题，需要采用一种新的和符合企业现实情况的规则建立方式，这就是企业治理原则和企业治理目标，二者分别从操作和监督的角度描述企业治理规则。

企业治理原则和治理目标必须简明扼要，且要切中要害。要使企业治理原则真正发挥作用，必须做到：①能够被各个方面认可和接受，包括企业治理核心团队、企业的中层干部和骨干员工、企业的客户、企业的各个合作方，以及政府和社会上的方方面面；②能够真正地被执行，这要求符合企业的实际情况，并且能发挥作用；③能够取得预期的效果，真正地发挥作用。

企业逻辑结构与物理结构的完美统一

企业柔性治理架构的关键点在于构建一个功能完整的企业架构，哪怕只是一个街边小店。逻辑结构和物理结构是软件技术中的术语，所谓逻辑结构，是指用概念方式描述的结构，物理结构则是真正在软件中使用的结构，逻辑结构带有理想性特征，物理结构带有现实性，将这两个概念应用在企业中是为了解决理想和现实之间的差异问题。

企业必须有一个组织结构，这个结构的组成元素是企业中的每个人。因此，我们必须回答一个问题就是企业的结构应该是怎样的，这个结构中的每个人都该如何工作，为了从根本上解决这个问题，我们描述了一个企业的逻辑结构，这个结构的组成是：

（1）一个企业需要有12个功能，分别是治理核心、计划、资金、组织、市场分析、产品规划、产品设计、设施和市场布局、设施建设、日常运营、品质管理、优化改进。

（2）企业中的这12个功能分属于治理系统、产品系统、运营系统，功能与功能之间、功能与系统之间通过横向的链式关系和纵向的体系关系相连接，使企业构成一个整体。

（3）企业中的纵向和横向连接关系传递的是工作任务要求和企业管理要求，如果这些要求用书面形式描述，就是任务描述文件和管理描述文件，任务描述文件由产品规划、设施和市场建设规划、日常运营安排组成，管理文件由计划、预算、组织计划组成，前者描述了工作内容，后者描述了企业对于前者工作内容的不同角度的要求和提供的条件。

（4）企业中的每个功能分别承担任务描述文件和管理描述文件的起草策划、审核批准、操作执行的功能。

这一理想化的逻辑结构如何落实到现实中的企业是另一个关键，现实中的问题往往与企业的功能设计不重合，以及企业中的不同人员对企业功能理解差异有关系，采用逻辑结构与物理结构分别设计的方法可以有效地消除这一问题，并适合各种企业的各种情况，企业可以是一个街边小店，也可以是万人规模的大企业，这是柔性治理架构的柔性特征之一。

按照恰当速度前进

企业柔性治理架构的关键性保障措施是企业按恰当的节奏前进。为抢占市场而急于求成是企业经常遇到的另一个问题，总是希望抢占市场先机，这种操作方式有其优点，但是带来的后遗症很多，结果得不偿失，这并不是一个很好的选择，正确的选择应该以以下方针为基础：

（1）需要认识到企业发展是一个过程，需要逐步成熟，其中每一步和任何环节都不可或缺，必须扎扎实实做好。

（2）凡事要留余地，目标设计不能把人员、资金、时间安排得太满，要留有余地，要为失败做好准备，要保证失败后还有补救的机会。

如果一个产品或业务一哄而起，在拼成本和速度，最好不要参与，需要另辟蹊径，塑造出自己的特点，形成自己的生存优势，稳步地推进企业的均衡发展。

第2章　企业治理原则

2.1　为什么需要治理原则

企业中每个人个性的不同，造成了企业中的各种差异因素，然而企业需要共同行动，这必须建立在共同认知的基础上，以便在思想上达成共识，行动上形成协调，这些共识和协调的基础就是企业治理原则，它由企业控制者提出，需要得到企业执行人员的认同，最终形成企业的基本默契。

基于原则的企业治理

与西方社会不同，中国社会更讲究人情，感情在整个社会中占有极为重要的地位，这是中国“情理法”社会的重要特征，因而形成了中国以“朋友关系”结构为特征的社会关系结构，在国内的企业也必须服从这一社会结构关系。对于企业而言，感情不可能独立和悬空地存在，需要某种附着体和表现形式，因此，“理”的载体“原则”就在企业中占据了突出的位置，为了使企业得到很好的发展，构建恰当的企业治理原则就成了问题的关键，企业治理原则需要符合企业的内在规律，这个规律的核心要素就是企业的构成要素和运载机制。

企业的内在逻辑关系与运作特征决定了企业需要总体治理原则，在企业的日常运营中，经常遇到的是各种各样的具体情况，如果我们想顺利地治理企业，摆脱各种具体麻烦的纠缠，就需要从更深的层次上理解企业，抽象出企业的核心要素。企业的各种治理要素见图2－1。

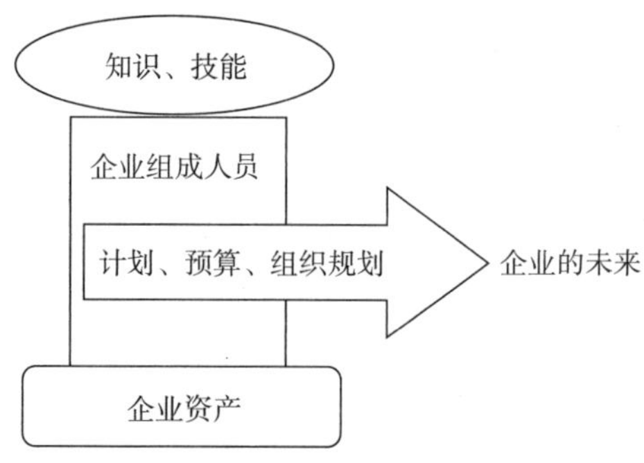

图 2－1　企业治理要素的概念

企业的核心元素是企业组织的组成结构和相应运行机制，二者构成了企业整体结构中的所有内容，企业组织是从静态的角度描述企业，是企业的构成要素，而运行机制是从动态的角度描述企业，是企业的机制要素，如果一个企业要顺利地生存和发展，必须使企业中的构成元素和机制元素按照一种理想的方式运行，从企业自身内容的角度对这种规律的描述就是企业的治理原则，因此，企业治理原则是企业内在规律的一种表达形式。

企业中人的因素是第一位的，人的情感要求是一种很重要的生理需求，在人的生存和安全问题解决后，情感的满足就显得尤为重要，当人们处在企业中的时候，情感的需要必须与企业的内在机制形成某种平衡关系，既不能过分忽视人的情感，使企业没有“人情味”，也不能过于强调人的情感，而无视企业的内在机制，因而使企业显得很软弱，正确的企业治理原则是处在二者之间的恰当位置。

人的因素、企业组织、企业运营之间需要某种平衡，以便让企业的组织、企业的日常运转与企业员工都能够满意，既不过分地考虑企业组织和运营的需要，也不过分放纵员工，这个平衡点就是企业治理原则，这是整个企业达成的共识，对整个企业都有约束力。

企业治理原则的社会属性

在社会中，企业是最主要的经济组织形式，发挥着至关重要的作用，构成了社会的重要基础，企业的稳定和发展关乎社会的稳定和发展，然而社会上的企业各色各样，千差万别，加上中国进入市场经济的社会环境时间不长，缺乏经验和理论的支持，在新旧因素的影响下，出现了各种各样的问题，这些问题必然会延伸到企业，使企业出现不健康的状态，对企业形成困扰。“十年树木，百年树人。”市场经济建设不是一朝一夕就可以完成的，需要一个漫长的过程，为此，我们必须做好充分的思想准备，这种准备的一个重要环节就是必须构造一套适合中国文化的企业管理方式，面对千千万万的企业，继续采取过去那种“逢山开路，遇水搭桥”的方式已经难以为继，中国正在进入新的时代。

员工是企业的最基本组成元素，所有员工都是社会的一分子，带来了各自的社会烙印，不同的员工在企业中从事不同的工作，每个人都有不同的一面，生态的、历史的、社会的等，在这里我们重点讨论人在企业中的特征，在企业中，每个人都通过一些属性进行描述，包括标识性属性、职位、责任、权利、义务、能力、价值、报酬等，依据企业中每个人在企业中承担的任务来划分，企业中的人可以分成以下四类：

（1）企业的治理者，即老板，负责企业的治理，也就是领导企业。

（2）管理人员，即各个级别的总监和经理，从事各种各样的管理工作。

（3）技术人员，即各种各样的工程师，负责产品规划、产品设计、运营设施规划和建设、运营维护、品质建设等各种技术性工作。

（4）普通员工，负责企业中生产、销售、技术服务、运营支撑等工作。

这些人共同组成了企业，每个人都是企业必不可少的组成部分，由于每个人的社会地位和成长环境的差异，不可以避免地将各种不同的社会因素带入企业，要保证这些人能够共事，就需要在企业中建立某种平衡，这种平衡受三个因素的影响：社会氛围的影响、企业的看法、个人的自我认识。企业中的许多问题就是由于这种认识的不平衡引起的，保持这种平衡的关键要素是企业要采取适当的角度，均衡各方面的需求。

社会关系是企业生存的基础，企业的社会关系是指企业社会上相关各个方面的关系，包括与政府的关系、与上下游企业的关系、与客户的关系，以及与周边环境和邻里之间的关系。企业如何处理这些社会上的关系取决于企业如何看待自己在社会上的定位，应该是很和谐地处理这些关系，可是维持这些关系也需要支付成本，至少要维持一种正常的状态，例如，遵纪守法就是维持与政府的正常关系最简单的方法。如果是大企业，事关自己的品牌和口碑，需要特别关注自己的社会形象，一旦有损将会付出极高的代价，一般会投入一定的资源处理与社会的关系。而小企业本来声音就弱，不容易取得信任，一旦形象受损，将会受到极大的损失，甚至是灭顶之灾。

企业治理原则需要平衡企业与社会的关系，包括整个企业与社会的关系和企业中的员工与社会的关系，企业不是生活在真空中，不可能无所顾忌和为所欲为，企业中的员工更是社会的组成部分，需要在社会中有尊严地生活，企业必须满足相关需要，这是员工全身心投入企业的基本条件，企业与社会的关系，以及员工与社会的关系都需要企业治理原则予以平衡。

企业治理原则对于运作支撑

不同的人用不同的角度从企业获得收益，客户是通过使用企业的产品解决自身需要解决的问题；股东需要从企业获得利润，以获得回报和收益；员工需要从企业获得报酬，作为在企业中付出的巨大劳动回馈，这些都是企业需要特别关注的焦点和企业的核心运作要素，也是企业能够存在的基本立足点。

盈利是企业成立的基本目的，投资者投资于企业就是为了赚钱，这种投资回报应该大于银行的存款利息。企业必须满足投资者的要求，产生足够的利润，利润来自销售收入中除去成本和交税的部分，而销售收入来自企业的产品按照一个比较好的价格销售，并且要达到一定的数量，使产品的成本足够低。

盈利的基础来自产品和市场，营业收入来自于企业的产品在其目标市场上的销售，企业要想取得理想的营业业绩，必须有良好的产品和足够规模的市场。产品是企业中各个部分通过产品规划设计、生产销售、服务支持等业务活动形成的工作业绩总和，市场则是沟通产品与客户的渠道，市场可以是物理存在的市场，也可以是虚拟的市场，如网络市场。

从企业员工的角度看，员工对于企业的期望有三个：首先，期望从企业得到一笔很好的收入，起码要达到社会平均水平，最好高于这一水平；其次，有比较好的工作条件，离家近点，工作舒服点；最后，获得比较好的社会地位。而从企业的角度看，满足员工要求是可以实现的，前提是员工能够胜任企业赋予员工的使命，企业通过将所有的员工完成的任务组合起来，完成企业投资者赋予企业的使命。

企业产品和市场来自企业计划、资金、组织等活动，产品和市场涉及企业的方方面面，每个员工只负责其中的一个环节，只有经过全体员工的共同努力才能形成良好的产品和市场。为此，企业需要建立管理机制，包括计划、资金、组织，计划约定每个员工的工作任务，资金管理企业的资金，包括收入和支出，组织负责维护企业的组成结构，保证其处于良好的状态。

此外，治理企业是有风险的，如逆水行舟，不进则退，随着时间的推移，企业的固定资产和流动资产会按一定速度折旧，如果市场发生变化，会使产品失去销路，可能使企业的固定资产和流动资产变得一文不值，企业的知识和无形资产的载体是企业员工，如果员工对企业不满意，可以离开企业，企业的流动资产和能力就会受到损失，而稳定企业资产价值和员工的关键就是企业的稳定和成长，这需要对外得到客户的充分信任，确保产品有良好的销路，对内管理好资产和员工。

企业生存的基础是持续地运行，在运行过程中各种可预测和不可预测的情况持续发生，然而时不我待，很多情况需要当机立断，在企业达到一定规模或者相关的产品和技术比较复杂时，每个员工做出的即时决定就会有所差异，甚至更多地考虑个人利益和安全，与企业的预期相违背，产生的后果是制约了企业的发展，这就是船大难掉头，而企业治理原则可以有效地解决这一问题，其中所有内容都是基于整个企业的共识，使企业运行在过程中增加凝聚力，减少内耗，特别是企业发展不顺利的时候。

2.2 企业治理原则的概念

企业治理原则是企业的治理者提出的一种结构化的企业核心理念，它直接面对企业的实质内核，并符合企业的实际需要，可以主观设计，就像使用程序语言设计计算机软件一样，企业治理原则与企业结构模型和企业治理目标共同构成企业柔性治理架构的实施主体，而企业治理原则是企业柔性治理架构的核心部分。它的主要目的是为了防止风险和灾难，保证企业和资产的稳定和持续成长，满足员工和投资者的期待。

规矩

“规矩”一词应该这样解释，规、矩，校正圆形、方形的两种工具，多用来比喻标准法度。“不以规矩，不能成方圆”是句俗语，常用于强调做任何事都要有一定的规矩、规则、做法，否则无法成功。它本来来自木匠术语，“规”指的是圆规，木工干活会碰到打制圆窗、圆门、圆桌、圆凳等工作，古代工匠就已知道用“规”画圆了；“矩”也是木工用具，是指曲尺，所谓曲尺，并非弯曲之尺，而是一直一横成直角的尺，是木匠打制方形门窗桌凳必备的角尺。

对于任何一个组织来说，规矩都很重要，用于保证整个组织有序的运营。同仁堂的规矩是：“品味虽贵，必不敢减物力；炮制虽繁，必不敢省人工。”这一规矩树立了同仁堂的品牌价值。

为了保证企业顺利运营，需要有规矩，以便约束企业中的每个人，保证企业中的每个人都朝着一个方向努力，形成期望中的目标，如果没有规矩，企业中的每个人各行其是，最终的结果难以想象。规矩要符合一定的要求，首先要简单、精练、易理解和记忆，同时需要约定企业中最重要的关注事项，能够在最为关键的地方起约束作用；其次需要组织内的每个人都掌握，并且从内心认同，形成组织的共识；最后切实可行，能够在组织的实际运行过程中得到有效贯彻和执行，不存在执行障碍。

规矩与法律是有差别的，法律是由国家和立法机构制定的，是公民社会基本行为的准则，违反法律就要受到国家强制机构的制裁，用另一种方式理解，法律是划分好人和坏人的标准，而规矩是建立在法律之上的一种规则，是人们在遵守法律的前提下，对于某一方面的行为的约束规则，企业的规矩就是对企业中全体人员的约束机制，它引导企业中的每个成员向企业需要的方向努力，违反规矩不一定违反法律，但是，企业不能容忍违反规矩的现象出现，企业会做出一定的处理，一个在企业中的人，或者是遵守企业的规矩，或者离开企业，不能既在企业中，又不遵守规矩。

企业治理原则的定义

企业治理原则是企业的规矩，它是若干条原则性的描述，这些原则性描述阐述了企业的基本价值观，是企业所有人都必须严格遵循的行为准则，体现了企业的基本行为取向，企业所有的行为都要依据这些原则行事，企业治理原则的特征如下：

（1）主动构造的企业价值观。

（2）蕴含着优秀企业的成功经验。

（3）企业的基础共识。

企业治理原则在企业和社会中的定位见图 2－2。

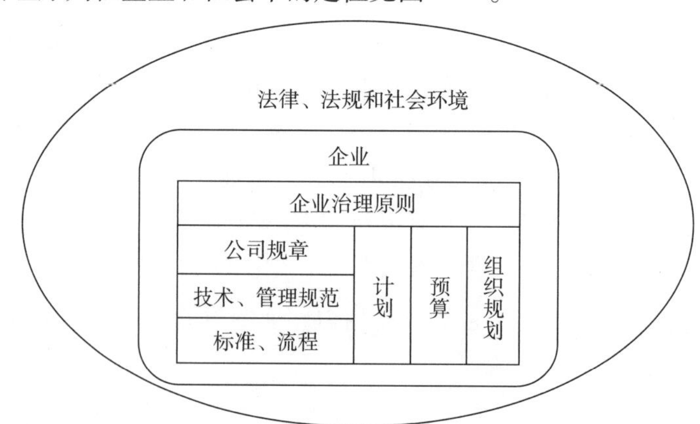

图 2－2　企业治理原则在企业和社会中的定位

企业治理原则是主动构造的企业价值观，以往国有企业的企业价值观的形成主要靠历史的积淀，社会企业和私有企业的企业价值观主要是实际控制人自身价值观的体现，这种方式的问题是很难成为均衡、和谐、平衡的企业核心治理原则，往往存在着各种各样的问题，使企业受到各种影响，而企业治理原则是主动设计和构造的，即使有问题也可以主动加以修正。

目前，许多成功企业中商业领袖都具有一个共同特征，就是具有强大的感染力，具有非常好的口才和表达能力，这种感染力和表达能力，可以非常充分地传播自己的观点，让企业中的员工能够理解自己的主张，然后在行动上加以配合，以带动企业的发展，以往我们对于这些企业的成功经验很难进行系统的归纳，更不可能有一种简单明确的方式进行宣示。因此，很难对一般企业有所帮助，企业治理原则就是对这些成功理念的总结和升华，通过企业治理原则的方式可以融合各种先进的经验，表达企业的想法，宣示自己的主张和愿景，以便提升企业的向心力。

企业的治理原则是企业的基础共识，这种共识包含企业与社会、与市场、与合作伙伴的关系的平衡，也包含了企业各个层次人员之间的平衡，既要简单明确，又要确实可行，形成这种共识会有相当的难度，但是，没有共识的企业会有出现各种重大问题的可能性。因此，形成共识会降低企业治理和管理的难度，平衡方方面面的利益诉求。

为什么要制定企业治理原则

首先，只要企业是由多个人共同创立的，治理原则的建立就有其必要性，这是为了明确企业的正确的发展方向，这个方向是共同创办人之间的一种在思想价值观方面的共识。其次，需要与社会趋势相吻合，保证企业沿着正确的发展方向前进，例如：共产主义和社会主义是中国共产党选择的发展方向，为此制定的党的纲领和章程就是全党需要遵守的最高原则，在企业中也一样，在实际的工作中可能会遇到各种各样的情况和问题，事先难以完全防范，在这时共同信赖的企业治理原则就成为做出判断的依据，保证企业朝着正确的方向前进。

制定企业治理原则是中国企业发展到现阶段的，逐步走向成熟的必由之路，这种方式意在解决中国企业乃至东亚企业所具有的深层次矛盾，这些矛盾源自东方文化与西方式企业管理机制之间的不匹配和不平衡，从企业的深层次上构建企业的灵魂，进而摆脱对西方管理方式进行简单的外在模仿的依赖，走出一条适合东亚文化的发展道路，让现代化企业真正扎根中国大地，采用柔性化企业治理模式，制定企业治理原则的必要性体现在以下三个方面：

（1）理顺内部关系的关键点。

（2）适合中国人的思维模式。

（3）解决企业当前问题的途径。

企业治理原则首先应该是企业治理核心成员的共识，也是相互之间能够有效合作的基础，没有这个基础，企业治理核心成员之间就不会进行愉快的合作；同时，企业治理原则也是运作企业的基本准则，企业在人员管理、资产管理、技术管理和社会关系管理方面面临着诸多问题和各种突发情况。以前大多数企业都采用就事论事的治理方式，只关心已经出现问题的地方，这种做法的后果就是旧的问题没解决，新的问题又出现，使企业领导顾此失彼，其他问题不断出现，造成了恶性循环，问题不断增加，永远解决不完；企业治理原则要彻底改变这一做法，它从根本上逐步塑造企业的基本价值观，成为判断是非的核心准则，其他一切规则都是以此为基础，在此基础上统一各方面的想法，逐步解决各种各样的问题，彻底理顺内部关系。

中国有着非常发达的农业文明，儒家文化正是这种文明的集中体现，但是，这种文明受到了来自西方工业文明的冲击，这种冲击造成了生产组织形式、生产工具、生产技术、产品生产目的方面的不适应。在古代中国，儒家文化以家庭为中心，整个价值观的塑造以维护家庭的稳定为核心；而今天，需要企业以企业为核心构造价值观，企业的价值观需要以维护企业的持续稳定的发展为使命，这就是企业治理原则的任务。

中国人与西方人的思维方式差异明显，西方人喜欢以法律的方式进行治理和管理，如与西方签订的合同等法律文件由专业的律师编写，非常冗长，所有事项规定得非常详细，工作量极大；而中国喜欢精练，高度概括，如中国的传世经典孙子的《孙子兵法》、老子的《道德经》，都只有几千字，但其中蕴含的哲理却十分深厚，企业治理原则正是考虑了中国人的这种思维模式，尽可能精练和概括。

中国企业面临诸多的问题，这些问题源自尚未形成一套符合中国社会的企业思维方式，目前的企业思维方式有大量来自传统的农业社会，显得非常不协调，这种不协调体现在企业治理者对于企业的视角、企业技术人员的职业素养、企业的管理思路，以及企业目标的设定方面存在着缺陷，与现代企业的要求存在差距，企业治理原则的设立就是通过沟通和协调的方式逐步缩小差距。

2.3　企业治理原则的内容

企业治理原则是一组原则性的描述，用于阐述企业的核心价值观，由于企业所处的行业、企业的规模、阶段、资本状况、人员特征等不同，因此企业的治理原则没有一定之规，需要根据企业的具体情况制定。制定治理原则是一个过程，为了便于大家理解，这里我们提供了一个样板，我们尽可能脱离具体的业务行业和技术背景，企业的规模也假设为中型企业，企业治理原则的内容如下：

原则一：构建强有力的企业生存优势。

原则二：让企业处于稳健和顺畅的状态。

原则三：保证每个产品都成功。

原则四：选择空间足够且易操作的市场领域。

原则五：与社会环境保持协调。

原则六：不断优化和强化企业的整体形象。

原则七：不断提升、优化产品和运营设施的水准与布局。

原则八：关心和善待员工。

原则九：稳步提升企业的治理能力。

原则十：持续优化、提升企业研发和运营能力及水平。

原则十一：为企业生存和发展配置足够的资源。

原则十二：建立明确、规范、可执行的技术和管理规则。

原则一：构建强有力的企业生存优势

企业的生存优势是企业与市场的关键性结合点，是企业的产品或服务具备某种极为显著的特点，这种特点促使客户将本企业放在相对于其他企业更为优先的位置，并产生对于企业和产品的信赖关系，该特点越突出，给企业带来的优势就越明显，为此，企业需要刻意地强化和突出这一优势。

企业的生存优势是企业根本所在，也是企业存在的理由，如产品有特点，服务好、质量好等，客户正是因为企业的优势而购买企业的产品，这一优势需具有独特性，也需具有显著性，客户非常容易体察到，且只在本企业发现；这一优势最好其他企业难以模仿，以便长久保持，这种优势最好不是通过降价取得的，相反，应该以高出行业的价格出售产品，以提高企业的收益。

原则二：让企业处于稳健和顺畅的状态

企业处于稳健和顺畅状态的直接体现是企业各个方面都在进行良好工作，而且相互之间配合默契，各种预期和目的都顺利实现，企业平稳有序发展。这种顺畅源自企业内部出色的协调机制，如有效地使用信息网络，或者优秀的协调人机制。

企业处于稳健和顺畅的状态说明企业的治理有很高的水平，整个企业基于一种恰当的协调机制进行有效的运转，企业各个部分都在有效地工作，这是企业治理所追求的一种理想状态，也是企业的各种目标和各个方面预期能够实现的基础，这首先源自治理核心团队对于内外各种情况的准确判断和把握，也源自企业中的各个岗位可以有效地进行工作，更为重要的是，企业建立了有效的协调机制，可以将整个企业融为一体，使企业获得客户的充分信任和支持，愿意与企业保持稳定的关系。

原则三：保证每个产品都成功

企业要保证每个产品都是成功的产品，在市场上取得理想的效果，至少与自己企业以往的产品相比要有显著的进步，要做到少而精，千万不要多而滥，最为理想的状态是若干个产品都成功，且表现均衡。

每个产品市场调研、产品规划、产品设计、投产到市场推广需要经过一个相当长的过程，需要耗费大量的人力物力，因此，需要保证产品在市场上的成功，否则，会给企业带来巨大的损失。首先，产品的布局要谨慎认真，要经过深思熟虑，要保证每个产品确实有存在的必要，有显著的特征，将可能存在的不确定性降到最低；其次，要充分考虑产品的市场价值，为产品在市场上的成功奠定良好的基础；再次，要保证整个产品运作过程的高质量和高水平，为此，需要精心操作每个环节，力求完美；最后，也是最关键的一点，需要提前进行产品的价值设计，确保可以在市场上取得良好的经济效益。

原则四：选择空间足够且易操作的市场领域

市场空间是客户群体的规模，客户规模越大，对企业的产品越有利，一个企业可能同时在若干个市场空间进行操作，企业要选择不会出现饱和的市场空间，防止因为市场的饱和对企业生存构成的威胁。

企业依靠市场生存，没有市场就没有企业。因此，市场的选择对于企业的意义重大，一旦市场饱和就意味着产品生命的终止，也就意味着在产品和运营方面投入与积累全部失去价值，市场饱和也成了企业生存的最大威胁。以房地产市场为例，香港由于土地资源稀缺，楼市需求强烈，而内地的二三线城市由于土地供应充足，市场很快饱和；同时，市场的操作难度对于企业也非常重要，如果市场操作难度过高，则会大量消耗企业的能力与资源，使收益下降。因此，企业进入市场前一定要谨慎，要对市场进行认真的考察，形成的计划要进行验证，市场有风险，进入需谨慎。

原则五：与社会环境保持协调

企业不能完全凭主观意志去塑造自己所处的环境，与社会环境保持协调是指企业为了创造有利于自己的环境，必须采取主动的措施与社会环境的各个方面和谐相处，包括与政府的关系、与企业所在社区环境的关系，以及与关联企业的关系。

企业在处理与社会环境的关系方面包含三个层次：第一个层次是不损害社会环境关系，如遵纪守法、不扰民、不污染环境、不拖欠货款等；第二个层次是和平相处，对社会环境保持足够的尊重，不故意做出不良的举动，如果有问题或分歧及时解决；第三个层次是进行积极主动的建设性工作，为社会做一些有益的事。与社会环境和谐相处对企业长远发展有重要的意义，可以降低对企业不必要的干扰，同时，企业是社会的组成部分，有责任和义务为社会的建设做出贡献，也树立了企业的正面社会形象。

原则六：不断优化和强化企业的整体形象

企业的整体形象是从外部对企业的观察和认知，也是整个社会对企业的认同，是企业确立其市场地位和生存优势的基础条件，优秀的企业形象可以使企业获得各个方面的信任，获得稳步发展的机遇。

对于企业来说，在市场上有地位和没有地位差距很大，如果有市场地位，则新产品很容易被推广，而没有市场地位，则无论是新产品或旧产品，都会处境艰难，因此，企业必须创造一个极为积极正面的形象，让客户和社会的各个方面都对企业保存这种积极正面的印象，对企业建立充分的信任，这是一项长期和耐久性的工作，向前推进的速度会很缓慢，客户不会轻易地相信某一企业和它的产品，取得客户的信任需要企业全方位的努力，但是破坏企业在市场上的地位却非常容易，只要有一个小小的错误就会使企业处于万劫不复之地。因此，企业必须谨慎小心，扎扎实实地做好每项工作，把握住所有关键控制点，持续提升企业在市场中的地位。

原则七：不断提升、优化产品和运营设施的水准与布局

产品和运营设施是指产品系统和运营系统的硬件，也就是具体的研发场地设备和各种运营设施，如研发中心、实验场地、营销网点、服务网点、生产设施、物流设施等，需要根据业务的需要设计这些运营设施的布局，并且不断提升这些设施的综合水准。

“工欲善其事，必先利其器”。研发中心、实验场地、营销网点、服务网点、生产设施、物流设施等研发和运营设施都是企业进行日常研发和运营的基础，企业的收益与这些设施的状况息息相关，有很好的运营设施，企业有可能赚钱，有可能不赚钱，但是，没有很好的运营设施，企业一定不能赚钱。运营设施的评价分成两点，一是布局；二是设施水准。企业运营设施的布局要合理，要保证各种运营设施安排在合理的位置，对运营有充分的支持，要能够保持比较高的运行效率；另外，运营设施必须达到比较高的水平，具有比较高的先进性，高水平的生产设施是先进产品的前提条件，优雅的营业环境和良好的服务设施是吸引客户的重要基础，这些都是建立在定期对运营设施进行评价的基础上的。

原则八：关心和善待员工

关心和善待员工是指在企业的整体治理体系中把员工放在一个重要的位置上，充分满足他们的希望和要求，为他们的成长提供相应的指导。善待员工是企业组织系统最为基础的工作，由于员工管理涉及企业的每个部门，所以各个部门都要积极配合和支持。

随着企业涉及的技术的复杂性的提高，以及员工来源的逐步减少，关心和善待员工成了企业最重要的任务。“三条腿的蛤蟆难找，两条腿的人有的是”的时代已经过去了，具有专业才能的人，是企业最重要的资源，也是企业发展和成功的关键，企业人员的稳定程度成了企业状况的一个关键性指标，关心和善待员工包含了三层含义：首先，通过良好的待遇吸引和留住优秀人才；其次，通过有效的管理使员工为企业创造价值；最后，通过各种机制使员工获得成长的机会，成为企业成长和发展的受益者。所以，给员工股份已经成为企业越来越广泛的做法，从而证明了这一议题的重要性。

原则九：稳步提升企业的治理能力

企业的治理能力是指企业中的各个方面贯彻和执行企业治理核心和治理系统指令的能力，这要求这些指令符合企业的实际情况和今后趋势，被企业中的各个方面接受，同时，这些指令也必须符合市场和外部环境的情况，使企业获益。

企业最根本的任务是在市场上取得营业收入，企业在市场上的成功取决于企业中的每个环节都表现出色，同时需要沿着正确的方向前进，这完全依靠企业治理系统所具备的治理能力，能够有效地管控企业，更为具体的是指企业的管理文件和任务文件的水平和质量，以及执行后的效果。通过管理文件和任务文件所体现的企业治理能力是企业治理核心，还包括整个治理系统对于企业和企业所处的各个方面的正确理解以及企业所具备的资源和能力的恰当使用。因此，能够构建出整个企业的价值链条，并使这个链条保持一种平稳和顺畅的运营状态，以便带动企业在市场上获得成功。

原则十：持续优化、提升企业研发和运营能力及水平

企业的研发和运营能力是指企业的产品系统的工作能力，以及运营系统中的制造部门的工作能力，这种能力包含四个元素，即相关知识的掌握程度、知识的运用程度、协调控制机制和结果的控制程度。

研发和运营是企业的基础，研发和运营能力决定企业开拓市场的程度，企业的研发和制造能力的高低还直接决定了企业在市场上的表现。这些能力通过两个方向展示，一个是硬件，另一个是软件。所谓硬件，是指企业所拥有的研发设施和运营设施，以及在设施中的设备，拥有先进的研发仪器设备和先进的制造设备，为研发和制造能力的形成和提高创造了很重要的因素，没有这些先进的设施，很难形成先进的产品；更为重要的是软件层面的能力建设，也就是如何运用这些设备形成先进的产品，包括具备的研发和生产的技术知识，这些知识与研发和运营设施设备结合形成产品的能力，研发和运营过程的控制和协调机制，以及最终形成的产品的先进程度。

原则十一：为企业生存和发展配置足够的资源

企业的资源是指企业所拥有的资金，以及通过资金转化而来的各种资产和支持条件，如企业所拥有的各类人才、企业拥有的各类资产、企业所拥有的各种知识产权等，主要用于为企业的各项活动提供支持。

资金和资源是决定企业一切行为能力的基本限制条件，企业无论想要做什么，基础就是要有足够的资源，在资源条件一定的情况下，企业能做的就是通过认真细致的工作尽可能做得更好一些，取得更好的结果。对于企业的资源最主要的是要开源和节流，开源是尽可能扩大资金的来源，除从企业的营业收益中获得资源外，还可以考虑利用资本市场提供资源，以便为企业的各项工作提供足够的资金，节流是尽可能节约和降低成本，在员工和企业工作条件能够保证的情况下，尽可能发现企业所拥有的各个环节中可以节约支出的机会，这些一般会有许多可能性；除开源节流外，还有一项需要特别注意，就是量力而行，企业在投入资金之前一定要谨慎，必须充分考虑各项因素，如果资金和资源不能保证，则不要轻易启动项目，如果半途而废，则会造成所投入资金的巨大浪费。

原则十二：建立明确、规范、可执行的技术和管理规则

作为有效的管理手段，技术规则和管理规则对于任何企业都必不可少，需要注意的是，技术规则和管理规则的实际效果，不要有名无实。企业中的计划、资本和组织都是规则的制定者和执行的监督者，需要认真关注规则的明确、规范、可执行。

对于任何企业来说，技术规则和管理规则都是必需，即使是个体户也要为自己设定一些规矩，有些技术和管理规则是规范的，以书面和规范的格式出现，而有些企业的技术和管理，则是通过习惯成自然的形式出现。因此，对于技术和管理规则需要在明确、规范、可执行上下功夫。首先，技术和管理规则要明确，规则本身需要明确，要明确具体的管理对象和管理要求。其次，描述要明确，不能有对于同一项规则不同的人有不同的解释的情况出现。再次，要规范，技术和管理规则必须保持其严肃性，格式和形式需要统一，规则制定过程要确定，不能具有随意性，一旦制定了，就要坚决执行。最后，要注意技术和管理规则的可执行性，在规则制定时必须考虑规则的执行，使制定规则成为一件非常严肃的事，要杜绝制定了规则后，又提出各种理由不执行的情况出现。

2.4　企业治理原则的应用

在任何一个企业，无论身处逆境还是一帆风顺，企业治理原则都在发挥作

用，问题的关键在于是否有意识地主动构建明确的企业治理原则，还是下意识地执行某种默认的企业治理原则，其实企业出现这样或那样的问题，深究起来都是企业治理原则发生问题。找到问题的核心因素，摆脱这一困境，主动构建企业治理原则，并成为企业的共识就显得非常必要。

将治理原则融入企业架构

主动制定明确的治理原则的目的是使企业获得更好的发展，这就需要采取相应的措施推进治理原则具体的落实，其中首要环节就是要使企业治理原则完全融入到企业架构之中，成为企业日常活动的组成部分。

治理原则融入企业架构的原因是非常容易理解的，企业架构存在的基础条件之一就是具有明确的治理原则，企业架构中包含3个系统、12个功能、6个操作文件，将这些组成元素组合在一起就是企业治理原则，否则，整个将是一盘散沙，各行其是，逐步产生各种各样的问题，最终崩溃。治理原则指明企业的前进方向，是整个企业对于自己行为正确与否的准则，符合治理原则的行为就是正确的，否则，就是错误的，应该加以纠正，避免各种失误的出现。通过治理原则的约束，整个企业中的各个方面将形成合力，这就是企业中的各个方面共同朝一个方向努力，相互之间相互配合和支撑，形成一股潮流，而不是相互摩擦，相互掣肘，阻碍企业的发展。

企业架构由3个系统、12个功能、6个文件组成，在此之下还有更细的分工，企业规模越大，分工越细，如果治理原则只是空洞的概念，与企业的具体实践毫无关系，就难以发挥其应有的作用，这就需要将企业治理原则与企业架构进行充分的融合，这种融合的方式就是依据企业逐层细化，将企业治理原则融合到3个系统之中，依据企业治理原则分别制定各个系统的治理原则，然后再将各个系统的治理原则融合到各个功能之中，依据系统治理原则制定各功能的治理原则，最后各功能依据自立原则调整相应的操作规则，完成治理原则与整个企业架构的融合。

企业治理原则与企业架构的融合需要做到恰到好处，因此，相应的工作需要细致认真，在整个社会充分专业化的今天，企业的构成日益复杂，企业治理原则与企业架构的融合需要充分考虑这种复杂性，尽可能将整个企业的共识与各个专业的具体工作特性完美结合，使企业中每个工作岗位都自觉不自觉中朝着企业期望的方向持续努力。

治理原则与企业基础的相互支持

企业治理原则必须与企业的实际情况相适应，每个企业都有各自的特点，因此不存在一成不变和适合所有企业的治理原则，每个企业的独特特征的关键因素就是企业的基础，虽然许多基本理念是一致的，但是，企业不同的基础条件决定了企业各自所具有的特征，而各自的独特特征又要求相应的治理原则。企业从初创，到站稳脚跟、发展壮大等不同阶段所面对的问题不同，因此要有相适应的治理原则。衔接企业不同发展阶段的结合点是企业的蜕变，蜕变的关键就是企业治理原则的调整，以及根据企业治理原则的调整而形成的一系列的调整，治理原则与企业基础的这种互动关系形成的原因是二者是企业发展的两个支撑方面，企业基础是企业发展的静态基础，形成了企业架构和工作内容等一系列企业基本元素，而企业治理原则是对企业行为的约束，是一种动态的约束条件，二者都是为了企业能够更好地发展，只是从不同侧面给予了各自的支持。为了企业的发展，企业治理原则与企业基础要相互适应和相互协调，将二者之间的矛盾和冲突降至最低，有力地支持企业的发展。

企业需要根据其基础条件所形成的企业发展阶段设计相应的治理原则，需要特别说明的是，远大理想和当前阶段的企业治理原则是两个问题，理想是一步步实现的，当前的关键是做好现在的事。因此，需要有适合当前情况的企业治理原则作为对整个企业的约束，然后逐步调整，向理想目标一步步迈进。

企业治理原则与企业基础的相互适应和配合的目的是促进企业的成长，而企业的成长则会加强企业的基础，企业的发展会使企业的治理团队能力更强、企业的生存优势更突出、企业的资金更充裕、企业更具有吸引力以及企业抵抗风险的能力更强，进而提升整个企业的境界和内涵，进一步促进企业的发展。

治理原则与发展节奏

采用恰当的发展节奏是企业得到稳步发展的关键，这要求适应企业当前的企业实力和整体市场环境，不设立过高的目标，企业凡事都需要留有余地，恰当地使用自己的资金、技术等各方面的能力，还要求企业充分规避各种可以预见的风险。企业治理原则全面地阐述了企业需要在不同层面和不同层次努力的方向，因此，全面、准确地执行企业治理原则是让企业按照合理节奏发展的关键因素，这需要在治理原则中采用稳健发展的策略，然后是具体的落实，形成的结果就是整个企业的稳步发展。

保证企业按照合理节奏发展的一个重要条件是高质量执行治理原则，企业治理原则是一个相互关联的整体，将其与企业基础和治理架构融合后构成了一个完整的立体架构，它渗透到企业的方方面面，随着企业的发展壮大，这一立体架构内容就更加丰富，而同时产生漏洞和问题的机会也随之增加，出现的各种问题是影响企业发展节奏的主要原因，为了保证企业以恰当的节奏前进，堵塞一切漏洞是必须进行的，这就需要高标准地执行企业治理原则，而这种高标准来自企业治理原则与企业结构和基础的充分适应，也就是治理原则本身的高标准。

第3章　企业治理目标

3.1　企业治理目标的使命

无论是否去刻意设计，企业肯定是有目标的，让老板发财是一个目标，完成国家赋予的使命也是一个目标，考察企业目标的好坏，需要满足如下条件：能否被企业中的所有人员接受；能否客观地反映企业的实际情况；能否积极地促进企业的发展；能否被客户和社会认同。

基于现实和认同的企业治理目标

企业的实际控制人，无论其是否拥有企业中的股份，都对企业负有责任，而且责任重大，因此需具备很多条件，如良好的人品、全面的知识、敏捷的思维、高超的处事技巧、丰富的阅历等，这些特征有些是自然天性，有些是后天培养的，有些是在实践中磨炼的。一个企业拥有一个完美的实际控制人是一件极为幸运的事，企业的未来多了一份保障。但是，通常情况下，很少有这份幸运，任何一个人总会存在这样或那样的问题，所以我们需要建立一套良好的机制加以保障，对于企业的实际控制人是这样，对于整个企业也是这样。因此，我们有了企业治理原则，在不同角度提出要求，但是只有要求是不够的，我们必须明确我们所要达到的目标，用这些目标去检查企业所做的工作，检查离设想的目标有多远，这并不是针对企业的一般员工的，对于企业的管理人员、治理核心成员以及投资者都是一样。

由于中西方文化背景不同，对于约束的理解也是不同的，由于中国长期处于小农经济的自给自足的格局，生产是自己生活所必需，所以不存在外界约束的问题，因此，直到现在中国人其实非常不喜欢被约束，但是，中国有崇拜强者的文化，所以，在企业中的实际控制人需要具备某些“大哥”的气质才能领导企业，如果在纯自然的情况下，造就这种“大哥”非常困难，这就是今天许多企业面临的困境，也就是面服心不服，使企业与员工离心离德。为此，我们需要建立公平的约束机制，它对企业中的所有人员都是一致的，也就是“己所不欲，勿施于人”，这样“大哥”可能会容易许多，企业的约束机制需要做到如下要求：

（1）对人的治理：齐心合力。

（2）对资产的治理：保值增值。

（3）对知识的治理：持续深化。

（4）对社会关系的管理：平稳和谐。

随着社会的发展以及技术的进步，人员因素在企业的重要性日益提高，机器可以承担人的体力劳动，计算机可以承担简单和重复性的脑力劳动，剩下的就是创造性的劳动，而创造性的劳动的基本动力就是人的热情。因此，如何激发员工的主动性和工作热情成为问题的关键。在现代的企业中，员工的选择权增大，员工随时可以用脚做出选择，企业的高流动性成了企业最严重的问题。在企业中对员工的管理首先需要实现责、权、利之间的平衡，这种平衡除每个员工自身的平衡外，还有实现企业内部，以及企业与社会之间的平衡，这种平衡的关键是整个企业的组织设计，必须设计一个良好和恰当的企业组织架构，以及在此架构中每个角色的任务；有了良好的组织结构之后，就是督导员工尽职尽责，在企业中每个岗位都非常重要，每个员工都必须完成分配给自己的任务；企业是一个整体，相互之间的配合必不可少，这种配合除企业的要求外，还要培养员工的合作意识。但是这些不会在企业中自然形成，需要通过明确的企业目标去引导，使企业的员工逐步步入企业的价值轨道，将自身的预期与企业的预期相融合。

目前，企业中的一切治理都是通过对资产的管理实现的，“一支笔”成了企业的管理核心，这种资本治理方式与现代社会的发展存在非常大的差距。在现代社会中资本市场越来越发达，因此，要求企业对企业资产的治理方式有很大的改进，首先，在企业中最重要的是保持企业现金流的正常流动，也就是收入大于支出，企业有足够的资金支撑业务的正常运转，企业的业务计划必须据此目标来进行设计，同样，企业的收支预算必须与企业的业务计划高度吻合，并留有余地，以备不时之需。其次，在企业有正常表现之后，下面的问题就是如何与社会上的资金市场进行对接，以扩大企业的资金来源，以提升企业的资本实力；在现金流正常与资本市场完成对接后，问题的关键就是企业的资本控制权的设计，在中国，中小企业的问题往往发生于此，普遍存在的问题是资本控制权过于集中，而且管理没有规则，这是企业所有问题的根源，其余职位形同虚设，而实际控制人的能力往往有限，这样就形成了恶性循环，使整个企业疲于应付。企业需要拥有合理的治理结构，合理地布局企业的权力结构，而权力需要约束，这种约束是建立在共同奋斗目标的基础上的。

在现代中国企业中，对知识的治理普遍不够重视，这与中国长期处于小农经济有很大的关系，企业一般非常不重视对知识的经营，然而，现代社会对知识的需要日益重要，企业对知识的依赖逐渐增加，目前，中国学习西方的方式，知识管理的基础是商标管理和专利管理，由于法律体制本身在中国不完善，所以，在现实中很难发挥特别大的作用，真正有作用的是企业机制化的运转能力对于知识的一种吸附作用，也就是企业所拥有的知识和技能是与整个企业的运转机制和市场紧密结合的。现在企业需要开始重视对于知识的管理，包括企业的产品、生产、市场、管理方面的相应知识的积累和保存，这通过相关的资料和档案积累会在一定程度上实现。此外，需要重视对知识价值的管理，知识只有发挥出价值才能对企业有帮助，这需要企业有意识地选择积累知识的方向，形成特色，知识的积累是企业整体目标的组成部分，一方面需要通过商标和专利等手段去固化企业知识财富，另一方面需要强化企业的知识管理意识，在企业的治理目标中明确知识财富的位置，有效地引导整个企业的知识操作行为。

对于员工、资本、知识是治理，因为如何操作完全取决于企业，企业拥有主动权，而对于社会关系企业只能是管理，因为，很多因素不完全能够由企业决定，企业能做的是积极应对，对于社会关系管理，企业能做的是：①明确自己的立场；②平静应对政商关系；③友善面对伙伴。明确自己的立场就是要摆正自己在社会上的位置，要清楚一点，企业是社会的一份子，而不是社会的主宰者，我们需要以平常之心看待社会；需要搞好与政府的关系，不能做违法的事，对于政府鼓励和倡导的事，需要根据自己企业的实际情况决定，千万不要勉强；多个朋友多条路，因此，需要友善面对各个方面的合作伙伴，一定要兑现承诺，与人方便自己方便。在企业治理目标中需要明确界定企业中所有员工的社会行为准则，不能因为个人的行为影响企业。

企业治理目标的实用化

想要正确地描述一个人是非常困难的，如果展示姓名、身份证号码等文字信息，显得过于抽象；如果还有身高、体重的身体信息也不能了解其能力状况；如果加上学历及工作经验，还不能全面展现其社会地位；如果加上资产和收入等信息，就比较全面了，但是这只反映他的过去，还不能体现其未来。鉴于这种情况，企业在招聘的时候需要有个人简历，还需要经过多次面试。描述企业也一样，需要从多个层面和角度进行描述，包括客观反映企业现状相关信息真实有效，操作方法简单易行。

客观反映企业现状是企业治理目标设计中的核心使命，企业是一个生命体，时时刻刻在持续运转，企业治理目标需要能够客观地反映出企业的状态，员工关心的是自己的收入，股东关心的是分红，二者都是企业状态的组成部分，不是企业的全部，如果需要客观和全面地反映企业的真实情况，需要从企业实时产生的大量业务数据中进行提炼，找出其中的关键点，精确地展现企业的状况。

真实有效是对企业治理目标的另一个关键性要求，目前企业主要采用营业额和利润等量化的考核目标，但是这种目标容易造假，而且只有在销售完成后才能产生，销售是整个企业流程的最后一个环节，而销售的成功取决于整个企业的所有环节的共同努力，以及企业外部环境的各种因素，一旦销售成绩不理想，将造成整个企业的不可控。企业治理目标不能仅靠少数数量指标，需要依靠若干个关键性指标的组合和相互约束。此外，企业治理目标需要具备足够的有效性，确实是企业关键环节的关键特征，可以充分体现企业的真实情况，有效地控制企业。

简单易行对于企业治理目标很重要，如果企业治理目标本身的使用方法非常复杂，一般员工难以理解和掌握就失去了实际应用的价值，最后流于形式，虽然精确地量化的考核指标非常重要，在很多时候多个直观的观察点的组合更有价值，在一般情况下，一两个指标容易造假和伪装，但是任何企业都难以同时在不同角度和侧面同时造假和伪装，只要有一定的企业运营经验，通过对企业的实地观察就可以得出企业的评价，至少能发现其中的问题。从企业的治理角度而言，能够非常容易地被整个企业大部分员工支持的治理方法更为有效。

企业治理目标的设计需要引起企业足够的重视，企业的一切活动都是围绕着确定的目标进行的，企业的总体目标需要逐层向下分解，最终落实到每个岗位，选择一个出色的企业目标对于企业的治理和运作非常重要，否则，各种麻烦会不断出现，给企业造成很大的困扰，企业甚至会失去方向。

3.2 什么是企业治理目标

企业治理目标是企业管理和考核的指标，包括量化的指标和非量化的指标，关键的特征是这组指标要同时表现企业的不同侧面，以便能够全面、客观地评价企业。企业治理目标是根据企业的情况人为设计的，出发点是希望投资者、企业治理方、企业员工都能有约束力，同时简单易行。

治理目标的概念

目前，对于企业业绩的考核采用的是一些数量指标，如产值、销售额、利润、人员数量等，这些数据能够准确地统计出来，但是不能更清晰地反映出企业的状况，不用对企业工作起到指导作用。例如，企业决策开发一个产品，市场调研用去半年，然后企业决定开发这个产品启动规划进程又耗时 3 个月，规划审查通过以后，开始启动设计和开发过程，耗时一年，开发成功以后开始转产，需要半年时间，这时生产出了产品，开始启动市场工作，又耗时半年，开始了正式的销售工作，一年后产生了理想的销售额，从最初的想法提出到产生最终的结果，耗时 3 年之久，过了 3 年再去评价当初的决策是否正确，过程是否规范等都为时过晚，因此，我们需要构造一种更为简单的业绩评价方法。

除评价滞后外，另一个问题是得出的结果很难反映出企业的一些内在和深层次的特征，对于实际的考核和管理也有难度。例如，得出今年的产值 3000 万元，利润 150 万元，不能说明任何问题，必须拿出过去 3 年的数据进行对比才能得出结论。同时，在中国，企业提供的数据的真实性值得怀疑，因此，需要从原始的账目开始整理，这就造成了对于企业的监督管理的成本极高，即使发现了问题，也为时已晚。另外，这种考核方法对实际管理的支持作用有限，收到钱才能算英雄。其实，整个价值的形成，从市场调研开始，其中需要经过很多环节和努力，把奖励主要给最末端销售人员会严重打击前端的人员，最后，造成企业的产品来源枯竭。而销售人员则很容易对付这些数字，销售成果固然好，销售不成功，有一百个理由解释原因，归根结底是其他部门的问题，可是，其他部门为什么要认真地为销售部门服务，帮助它们提高收入，而自己没有份。

为了解决这些问题，我们构造了一套新的指标系统，这套指标系统以关注企业的状态和健康为核心，试图通过解决企业的内在和深层次的问题逐步使企业的状态得到调整，使企业逐步恢复和增强活力。为了解决中国文化中“抽象”的问题，在指标体系中有若干个企业评价项目。为了克服西方管理体系中过于量化的问题，我们采用分级考核的方法，我们将指标分成 A、B、C、D 四个等级，这种方式可以大幅度降低对于企业的评价成本，只要与企业稍加接触，就可以得出大致的直观印象，虽然不能说很准确，但方向应该是正确的。

企业治理目标的定义

企业治理目标由若干条指标描述组成，这些指标采用定性描述的方式，每一项指标中给出了 A、B、C、D 四个定性的级别描述，描述出这一指标的不同实现程度，这些实现程度由好到差逐级列出；它与企业的治理原则相对应，是企业治理原则的指标性描述，用于检查企业治理原则的落实程度，由于企业治理原则从不同角度覆盖了企业的各个方面。企业治理目标又与企业治理原则相对应，所以企业治理目标的各个指标的合成结果可以反映出企业当前的状态，企业治理目标具有以下特征：

（1）组成和结构：企业治理目标由若干个指标项组成。

（2）描述方法：无论是治理目标本身，还是等级描述都力图简单明确。

（3）分数设置：便于描述出企业当前的状态情况。

由于治理目标与治理原则相对应，所以治理目标原则上需要与治理原则对称，选择的治理目标应该能够充分反映出治理原则的深层含义，并且充分反映出治理原则的实施效果，治理目标与治理原则最好是一对一，如果一项治理目标难以将治理原则界定清晰，可增加一项，但千万不可再多，以免使整个治理目标变得复杂和混乱。每个治理目标项分设若干个实现等级，每个等级描述出一个目标项的实现程度，按照优、良、中、差的方式，每个治理目标项可用 A、B、C、D 四个等级描述。

由于描述长度有限，所以，要求描述简单明确，意思要表达得清晰完整，目标等级描述中各个等级之间要有明显差距，同时要容易判定，不能具有二义性，同时，等级描述要严格限定语言内容，去掉一切不必要的成本，清晰地划分出治理目标的实现程度。

为了便于进行量化的结果分析，可以为每个治理目标项的每个等级设定一个分数，例如，最好的 A 等 4 分，B 等 3 分，C 等 2 分，D 等 1 分，假设设定了 12 个目标项，将每个目标项取得的分数相加，就形成企业总的得分，描述出企业当前的状态情况。

为什么需要设定企业治理目标

企业治理原则描述了企业的核心价值观，但是只有价值观是不够的，在企业中没有约束，任何人都不会自觉遵守和执行企业的治理原则，因此需要约束，要设定对于原则的执行效果的检查机制，这就是企业治理目标，治理目标是要为治理原则建立约束和核查机制，以便对企业所有的人进行约束，与企业章程中的详细描述不同，企业治理目标简单明确，便于实际执行，具有以下特点：

（1）服务于治理原则。

（2）定性为主、定量为辅。

（3）使用级差方式进行判定。

（4）要对日常工作有所帮助。

设定治理目标的任务就是要提高治理原则的可执行性，让人们更容易理解治理原则，了解治理原则的真正含义，便于员工更自觉地在日常工作中贯彻执行企业治理原则，将企业治理原则的深刻内涵落实到企业的日常工作中。

企业治理目标采用定性为主的评价方式，相对于定量评价方式，定性的评价方式不太直观，但是优点是很快能够获得直接的结论，操作比较简单，同时，如果对每个目标项都得出定性的认识，将所有这些企业治理目标项的结果汇总起来，则会形成一个对于企业相对客观的看法，这种方式在各种测评中经常使用。

由于企业是一个整体，到过企业的现场，就会得出直观的印象，企业很难在每个方面都造假，如果企业治理目标从企业内外的不同角度和侧面描述企业，对比所有指标就会发现问题，这样得出的结论与企业的实际情况更为接近。

3.3 企业治理目标的内容

与企业治理原则一样，为了帮助读者理解企业治理目标的原理和使用方法。我们设计了一套企业治理目标的样板，这套企业治理目标与前面的企业治理原则相对应，由于提供的是样本，我们只负责与本书中的企业治理原则相对应，在真实的企业实践中，需要企业根据自身的实际情况，以及企业的治理原则按照一定的制定规程去制定，以便符合企业的实际情况。企业治理目标的目标项如下：

目标一：产品平均盈利。

目标二：综合运营业绩。

目标三：企业发展空间。

目标四：社会环境。

目标五：运营设施和布局。

目标六：企业总体形象。

目标七：企业员工状态。

目标八：企业治理能力。

目标九：研发制造能力。

目标十：企业资本状况。

目标十一：操作管理机制。

目标十二：企业文化和传承。

目标一：产品平均盈利

A. 每个产品都非常优秀，利润丰厚。

B. 每个产品都表现良好，盈利明显。

C. 所有产品都能盈利。

D. 需要改进。

企业是靠产品盈利的，有了出色的产品才有企业的一切。因此产品必须在市场上有良好的表现，产品的良好表现就是产品以合理的价格出售，并且保持销售旺盛，因而使企业获得理想的收入；如果企业有多个产品，则应该使每个产品都获得成功，在市场上取得成功，如果只有一个产品成功，而其他产品都不成功，则会大量消耗企业的资源，影响企业的运转质量；如果产品成功了，则应该总结经验，将其应用到其他产品，以促使每个产品都成功，取得理想的利润。

目标二：综合运营业绩

A. 市场覆盖面持续稳步扩大，运营收益持续稳步增长。

B. 市场覆盖面有所扩大，运营收益有所增长。

C. 运营收益保持平稳或增长。

D. 需要改进。

运营状况是运营系统的运转状况，包含了生产、销售和服务的全过程，以及为生产、销售、服务配套的物流、运营设施规划和建设、品质控制和运营状况评价优化等部分，运营状态是指这些部分状态的总体表现，如果运营表现好，则运营的收益就显著向好。同时，营业规模也会成长，这是企业的生产、销售和服务都良好进行的一种综合反映，因为运营系统是一个链状运行，整个流程中有一个环节出现问题，都难以出现良好的状态。

目标三：企业发展空间

A. 企业发展空间巨大，市场在可预见的未来都不会饱和。

B. 企业发展空间很大，市场还没有饱和的可能性出现。

C. 市场饱和的迹象不明显，与企业特征有小矛盾。

D. 市场饱和趋势明显或发展空间规模有限。

在产品没有取得成功以前往往不考虑产品的后续发展空间，而产品成功以后，企业空间就成了大问题，一旦市场饱和，前面所有的努力都付诸东流，所以企业需要认真地对待企业发展空间问题。房地产市场就是非常容易饱和的市场，因为人们不会无休止地购买住房，除香港等特殊情况外，其余都会饱和，至少是相对饱和；但餐饮市场就会好很多，因为，人们每天都要吃饭，经营不好完全是企业内部的问题。在选择企业发展方向时，需要对发展空间做出认真的评价，要充分考虑对于企业后续发展的影响。

目标四：社会环境

A. 与各方和谐相处，且相互促进。

B. 关系平稳，和平相处。

C. 基本平静。

D. 需要改进。

企业不可能存在于虚幻世界，因此必须与社会发生关系，企业规模越大，布局分布越广，与社会的关系就越复杂，与此同时，人是企业中的重要元素，人是社会的基本组成元素，所以，企业通过员工与社会紧密结合。企业与社会通过三个角度发生关系：一是企业与政府的关系，企业必须承担相应的责任和义务，这些通过政府实现，企业必须按时交税，遵守政府制定的法律法规等，否则就会受到政府的惩罚，或者被政府关闭，如果表现突出，成为政府税收的主要来源或者当地的经济支柱，会受到政府的某些奖励和支持；二是企业与周边环境的关系，如果企业促进当地的就业或者带动当地的经济发展，无疑会受到当地的欢迎，如果企业造成环境污染，或者干扰周边居民的生活，就会产生矛盾，这对企业非常不利；三是企业与文化和社会环境的关系，如企业与当地有这样、那样的矛盾，或企业的管理方式或企业文化与当地有冲突都会对企业产生不利，否则，就会促进企业的发展。

目标五：运营设施和布局

A. 设施先进，布局极为有利，持续扩大优势。

B. 设施良好，布局有利，有优势。

C. 可以满足运营需要。

D. 需要改进。

运营设施包括生产设施、销售设施、服务设施、物流设施，相应的信息和管理系统，以及运营和管理机构。“工欲善其事，必先利其器。”有了良好的运营设施才能有理想的营业业绩。对于营业设施的评价可以从先进性、布局、便利程度，以及规模来衡量，首先是先进性，特别是生产设备的先进性，只有采用最新技术的生产设备，才能生产出最先进的产品，销售设施的先进性也非常重要，销售设施必须与时俱进，符合当前潮流，否则很难吸引顾客，同时，还需要装备一个先进的信息系统。此外，其他配套设施应该完整；运营设施的布局合理非常重要，特别是销售设施，位置必须恰到好处，能够吸引足够的客源，其他设施应该与销售设施配合合理；有了先进、布局合理的设施后还需要强调设施的便利性，必须使用方便，符合员工的能力水平，易于应用和掌握；还有就是规模，各种设施必须配套，整个设备的规模必须与企业的营业能力相适应，不能太多，也不能太少。

目标六：企业总体形象

A. 形象完美，获得各方面高度认可。

B. 形象正面，获得多数人的认可。

C. 形象正常，无明显问题。

D. 需要改进。

企业总体形象由企业不同角度、不同层面和不同层次的外在表现组成，是企业在社会上立足和发展的基础，需要企业去认真塑造。在现实社会中，一个具有良好企业形象与一个没有良好企业形象的企业差距巨大，企业形象就是企业的市场基础和客户对于企业的信任，一个有基础和受到信任的企业推广一个产品很容易，而一个没有基础和不受信任的企业推广产品的难度就很大。社会和客户对于企业形象的印象和理解是通过两个方面实现的：一是企业的形成宣传，如广告、企业互联网网站、参加展览会和公众活动等。二是客户体验，客户在与企业接触的过程中，通过企业的外在形象和具体行为给客户留下的印象，在企业形象方面具有相当程度的惯性，如果给客户留下了良好形象，只要稍加努力，企业形象就会越来越好；反之，如果企业出现问题，企业形象就会越来越坏，直至不可收拾。塑造企业正面形象很难，破坏起来很容易。

目标七：企业员工状态

A. 员工状态良好，积极向上。

B. 整个企业氛围良好，人员状态平静。

C. 人员表现正常。

D. 需要改进。

一个人的状况首先从他的精神状态中反映出来，如果神采奕奕，则说明状态很好，如果萎靡不振，则说明可能在哪些方面出现问题，企业也是一样，企业状况由员工的状况直接体现出来，如果状况良好，则说明企业发展顺利，如果状况不好，则说明企业存在问题，这是员工对于企业所处状态的反映，也是员工对企业满意程度的表现。首先，员工最注意的就是薪酬，如果员工的薪酬能够满足各自的心理期待，则员工就会表现出一种平稳；其次，企业对员工工作的要求，如果要求恰当，不是过于劳累，也不是没事干，员工就会表现出一些满足；最后，工作环境和工作条件，如果有良好的工作环境和条件，员工就会很满足。员工状态是企业组织建设效果的直接体现，员工对企业满意不满意差距非常大。因此，企业组织建设的任务艰巨，完成这一艰巨任务首先是企业的投入和支持，在获得企业的投入和支持的情况下就是如何进行具体的工作，这是对企业组织建设能力的考验。

目标八：企业治理能力

A. 治理能力很强，企业发展平稳。

B. 治理能力较强，有效治理企业。

C. 基本满足需要。

D. 需要改进。

企业治理能力是企业最为核心和基础的能力，它决定了企业的前进方向和速度，如果企业其他能力不足或有问题，可以通过企业自身的努力去调节和改善，如果企业治理能力出现问题，除非通过外部因素，否则，很难进行自我修正，会把企业引向灾难，企业的治理能力是企业治理核心和治理系统引领企业运行和发展的能力，它通过企业治理系统批准的计划、预算和组织规划体现，也就是这些

管理文件的水平和质量，这首先体现在这些管理文件被产品系统和运营系统接受和执行的情况，也体现在这些文件的执行结果和给企业带来的收益。

目标九：研发制造能力

A. 能力强大，积累丰富，可以充分满足不同产品的不同需要。

B. 能力较强，可以满足产品的实际需要。

C. 基本满足需要。

D. 需要改进。

研发和制造能力是企业的内在能力，需要通过企业的市场拓展能力和企业的市场基础发挥作用，反过来，企业的市场拓展能力和市场运营需要以企业的研发和制造能力为基础，二者是相互依靠的关系。与市场拓展能力相同，企业的研发和制造能力组成要素是知识、组织和资本，不同的是企业的研发和制造能力是可以设计的，研发和制造需要的知识在很大程度上可以通过学校和社会的教育获得，这些知识如何为企业所用就是企业组织和资本方面的问题。与市场拓展能力的不同点在于相关的设施，市场设施是市场拓展能力的工作成果，而研发和生产设施是明确了能力建设目标才去建设的设施，设施建成后必须发挥出相应的作用。创新是企业研发和制造能力提升的重要手段，并不是企业的设计和制造能力本身的内容，企业需要另外构造一支创新队伍支撑企业的研发和制造能力的成长，为研发和制造提供新的资源。

目标十：企业资本状况

A. 实力强大，积累丰富，可以充分满足需要。

B. 实力较强，可以满足实际需要。

C. 基本满足需要。

D. 需要改进。

资本状况是企业最重要的指标，没有资金一切都空谈，企业能否得到发展在很大程度上需要考虑企业的资本能力，企业的资本是否充足是企业能否发展的关键，企业的一切权利都是通过企业的资本实现的，投资者在企业的权益也是通过在企业中投资的比例来界定的，从企业角度来说，资金越多越好，但是，投入资本是有代价的，企业必须考虑资金投入后如何获得回报，能够获得什么样的回报，为此，投资方和企业就此形成一种对立，投资方希望尽可能获得多的回报，而企业希望获得更多资金用于企业的发展，员工则希望企业能够提高薪金和待遇。但是，有一点是相同的，都希望企业获得比较好的营业收入。因此，制定一个恰当的资本管理原则就成了问题的关键，这些原则包括：第一，需要一笔资金，这笔资金能够保证企业达到合理的营业规模，使企业获得稳定的营业收入；第二，企业要谨慎地使用资金，保证每笔资金都用得其所，可以获得理想的结果；第三，合理使用获得的利润，保持各个方面利益的平衡，以及近远期利益的平衡。企业的资本状态是通过稳健和平衡的方针来管理的，各个方面必须逐步建立相互之间的信任，投资者投入足够的资金，企业用资金实现良好的收益，员工则必须充分发挥自己的能力，只有这样才能保证企业资本状态的良好。

目标十一：操作管理机制

A. 明确、规范、覆盖全面，确实执行，行之有效。

B. 有明确、完整的操作管理机制，能够有效执行。

C. 操作管理行为基本规范。

D. 需要改进。

企业必须有规矩，每个人的行为必须受到约束，企业治理目标本身就是一种管理制度，可是，这种管理制度是一种柔性化的制度，需要更多的更为具体的制度来进行具体化，包括技术标准、营销规则和管理规章。企业的规章制度可以细致入微，也可以笼统概括，这取决于企业的实际需要，如果企业规模比较大，人员比较多，分工细致，则可以制定详细的技术和管理规则，如果企业规模有限，则技术和管理规则应该力求简单有效，只要能够管住关键点，保证产品和企业的正常即可。企业的技术和管理制度最重要的是要有效、可行，同时要覆盖全面，如果只是一纸空文，则完全没有必要浪费时间和精力，因此，技术和管理规则的制定和形成是制定方和执行方共同努力的结果，需要双方配合完成，制定方一定要小心谨慎，需要充分考虑执行方的能力，千万不能一厢情愿，强加于人，这样往往会适得其反。

目标十二：企业文化和传承

A. 鲜明、理性、得到充分验证，习惯成自然。

B. 基本得到认可，能够有效贯彻。

C. 符合社会普遍规范。

D. 需要改进。

企业文化越来越受到重视，许多人认为企业文化是企业能够成长和发展的关

键要素。企业文化是企业的一种共识，也是一种习惯，企业具有优秀的文化是企业的一种财富，它可以塑造企业的某些独特的优势，也是企业一种不可仿制的内在特征，如果要成为企业的优势，企业文化必须具有先进性、独特性、实效性、可传承性。企业文化的先进性来源于全体企业成员和相关人员的共识，对企业的发展和成长有确实的引领作用；独特性，企业文化必须与其他企业的文化明显区别，适合企业自身的特征和发展需要，能够使企业显著地区别于其他企业；实效性，企业文化必须能够发挥其应有的作用，能够为企业带来实际效益；可传承性，企业文化必须能够经得起时间的考验，经得起各种各样的冲击，不因外部环境的变化而变化。

3.4　企业治理目标的特性

企业治理目标是与企业治理原则相对应的，企业治理原则给出了企业的各个方面的基本准则和行动方向，使企业明确了什么是正确的，而企业治理目标与企业治理原则相对应，形成一种约束条件，引导企业的各个方面不断修正和调整自己的行为，保证企业治理原则的落实和执行。

企业治理目标的构成原理

企业治理目标是一种全新的企业控制方式，与以前的量化指标方式有了很多改进，由于量化指标需要在整个业务流程的最后得出，所以，即使发现任务没有完成，时间已经过去，错误无法挽回，这样给企业的管理造成很大的问题，企业员工可以对企业制订的计划看作不存在，因为到时间没有完成可以提出100条或1000条理由，为了防止问题的出现，不得不提高最为关键环节员工的待遇，这就造成了整个企业的不平衡，关键问题是通过量化的数据得出感性的结果。而企业治理目标则彻底颠覆了这种方式，它用感性的认识得出量化的结果，它将企业看作一个有机整体，只有在整个企业都健康运转的情况下，才能得出理想的结果，因此，企业治理目标是以观察整个企业的不同侧面和不同层次的状态为基础，即时调整和解决不良问题，避免小问题累积成大问题，而且该方法简单，可以直接观察和体验就可以得出企业不同层面和部分的运营状况，及时采取防范措施，彻底解决企业亚健康的问题。

企业无论用什么方式，必须设置一些目标作为管理依据，如现行的产值、利润就是这种目标，形成企业的目的就是为产生产值和利润，这种管理目标必须具备两个特点：第一，需要反映企业的实际状况；第二，企业的管理目标必须客观、简单实用。反映实际状况的含义是，所制定的企业目标必须能够反映出企业目前的运行状况，反映企业是处于成长、平稳或衰退中的何种状态，企业根据这些目标反映出的情况验证企业的行为是否正确，查找问题，采取措施并解决问题；企业管理目标的客观、简单、实用是指企业管理目标所应该具有的特征，客观是指企业管理目标必须真实地反映企业情况，简单是指取得这些目标的方法不能太复杂，实用是指企业管理目标必须与企业具体业务有强大的关联性，通过对这些目标的控制可以调节整个企业；产值和利润完全符合这些特征，存在的问题是全面性和时效性，产值和利润是运营的最终结果，不能反映出运营过程中的状况，不能反映即时的情况，只能反映上个阶段的工作情况；因此，我们需要设计一套更为全面和快捷的企业管理目标体系来管理企业。

企业治理目标正是这样一套管理目标，它是对现在的产值利润管理目标的一种升级，产值和利润是一种量化的管理目标，特点是准确，可以通过精确的计算获得，企业的状况不仅仅反映在企业的产值和利润上，企业是一个有机整体，在不停地运转，因此，各种信息不断地被反馈出来，如果我们能够抓住其中的一些关键点，则可以提高对企业的洞察力，防患于未然，也就是预防为主，治病为辅。

企业是一个整体，各个部门都是为着共同的目标企业的利润而努力奋斗，由于一个企业中拥有许多不同的部门，所以，相互之间就产生了关联关系，这种关联关系可以分成两种，环状关系和链状关系。所谓环状关系，就是一个部门需要与相邻的两个部门相互依赖，企业治理系统就是典型的环状关系，企业治理系统除治理核心外，还有计划、资本以及组织部门，计划部门需要资本部门提供资金，需要组织部门提供人员，以制定和实施计划；组织部门需要计划部门提供工作任务，需要资金部门提供各种资金，以维持组织的运转；资金部门需要计划部门提供收益，需要组织部门提供对于人员的约束，以保证资金的高效率运转；三者相互依靠构成了环状关系。这种环形关系要求其中各个部分首先保持各自是按照预定目标做好自己的工作，其次是提供良好的配合，这是以企业治理目标为基本参照。

除环状关系外，企业中还有链状关系，企业的产品系统和运营系统就是链状关系，产品系统负责产品的设计和开发，需要经过市场调研、产品规划、产品设

计和产品样机等环节，形成产品完整设计；运营系统负责企业日常业务的运营，需要经过运营设施布局规划、运营设施建设、运营管理运作、品质管理、运营效果评价和优化等环节，最终形成营业利润。这种关系要求以最终目标为核心向前逐步传导责任。

面对由环状和链状关系组成的企业，为了维持企业的运转，必须非常简单迅速地实施对企业的监控，以保证企业的运营和产生良好的经济效益，而管理的起点是对企业状态的监控，通过企业对企业状态的监控发现问题，然后加以解决，保证企业顺利运行，这样，企业状态监控就成了一个关键问题，具体的监控方式有两种：一种是监控所有细节；另一种是关注关键点。关注所有细节是目前采用的方法，代表是全面质量管理，以统计理论为基础，通过关注每个细节来控制最终产品的质量，目前证明行之有效，特别是在信息技术的支持下，能够有效实现目标，但是这种方法也有缺点，首先是过程烦琐，从规则的制定、贯彻实施、检查修订，每一步都需要进行大量的工作，大幅度增加了成本，另外就是僵化，一旦形成体系，调整起来难度很大，因此，这种方式必须有大规模的生产为支撑，产量必须达到很大批量才能形成经济效益，而且后续调整难度很大。关注关键点的做法是采用企业治理目标管理机制，通过分层次的方法管理企业中的日常运营，不直接管理到企业细枝末节；通过分层次设立关键点的方式有效控制企业，对细节的调整由企业的具体岗位自行处理，这就形成了相当大程度的灵活性，充分发挥企业各方面的力量。

企业治理目标可以发挥其相应的企业状态监控作用的原因就是企业整体性和内在关联作用，具体说就是点和面的互动关系，整个企业可以分成系统，系统又可以分成功能块，然后按地域或产品分成具体的组织，如将部门再细分成组，这就形成了纵向的层次关系和横向的流程关系，这样企业就形成了多层次的业务单元，每个业务单元就是相对独立的操作体，对于每个操作体需要管理的事有很多，但是，无论具体事务如何多，都有一些关键性的节点，可以控制点，如产品设计只要控制住需求、成本以及交付时间等要点就可以控制住整个产品设计过程，以此类推，我们可以找出每个业务操作体的控制点，之后在这些控制点的基础上提炼上一层的控制点，这样经过逐层提炼就会形成企业最高层的控制点，这就是企业治理目标，企业治理目标就是通过分层次的关键要素的逐层聚合形成了对整个企业的控制和引导作用。因此，在实际业务运作中，企业制定的企业治理目标需要经过逐层分解和验证，再将验证的结果逐层汇聚，这样经过几上几下的过程才能形成。

企业治理目标的构造原则

如果要想企业治理目标可以在实际的业务运营中发挥应有的作用，必须保证其制定和形成过程的规范。一般来说，所谓规范和含义是制定组织、制定流程、规程格式、检查和验收等内容。企业治理目标的制定要根据企业的实际情况，但是，需要遵循以下一些原则：

（1）选择原则。

（2）分层原则。

（3）级别原则。

治理目标一定要选取有全局性的关键点，这需要对企业当前和未来业务全部流程进行详细分析，这些关键点一定要能够反映关键性的控制作用，做到切实有代表性。

上一层的治理目标必须有下一层的治理目标作支撑，这样形成一种层次结构，在此结构中每个层次的人员都有若干个对其进行约束的管理目标，如果企业中的每个员工都完成了各自任务，就可以保证企业的顺利运行。

每个治理目标必须设立控制级别，各个级别之间需要拉开层次，一般来说以优、良、中、差的级别划分比较合理，其中的关键点是“中级”的设置，需要保证该点的业务需要，也要保证所有员工只要认真工作就能完成。

3.5 企业治理目标的应用

通过企业治理目标可以全面、直观地了解企业，虽然企业之间千差万别，企业具体的治理目标需要企业根据实际情况自己制定，这里可以通过现有的样本来体验一下，结合每个人的经历体验企业治理目标的使用效果。

应用方式的选择

企业治理目标有多种应用方式，可以应用于正式的管理目的，如定期报告、各种业绩评价等，也可以作为一般性的观察，用于了解企业的情况，这是由于企业治理目标是采用定性为主、定量为辅的方式，可以通过对企业的直观观察形成对整个企业的评价，主要的应用方式有：

主观感受。这是一种简单的企业治理目标应用方法，事先准备一张企业治理目标清单，在对企业进行考察后，对每个目标项进行选择，然后评分，对评分进行累加后形成最后结果，这种方法的优点是简单快速，缺点是不够严谨，主要应用于对企业的初步了解和动态情况掌握，以及企业情况摸底等。

对比。对比分析是一种稍微正规一些的企业治理目标的应用方式，具体操作方法是找一组人，每人形成一份对于企业治理目标的评价结果，将每个人的结果累加后求平均值，这种方式相对于主观感受的方式严谨了不少，还继续保留了操作简单的特点。

量化。这是一种相对正规的方式，为每个企业治理目标的每个目标项设立一个计算公式，将计算公式与企业的信息管理系统相整合，通过信息系统产生的各种管理信息，采用计算的方式取得企业治理目标的统计结果，这种量化方式的优点是准确和客观，但缺点是与直观感受有一定的差距。

量化体验

治理目标总体上与治理原则相对应，用于评价治理原则的实施效果。在目前提出的样板中，总体的治理目标通过12个具体目标体现，每个具体目标提供4个体验等级，每个体验等级用直观感受的方式描述该等级应该有的体验，这种方法操作简单，容易形成明显的结果。具体的应用方法是为每个等级设定分值，如A为最高级4分，D为最低级1分，其余两个等级分别是2分和3分，对12个目标项逐项选择等级，将分值附加到每个项目选中的等级中，最后累加分值就形成了结果。

为了感受企业治理目标的实际效果，我们把企业治理目标中的不同等级的评价内容整合起来，这样我们可以感觉一下企业内在特征，通过这些特征我们可以看到企业应该努力的方向，以及这些方向与企业真实情况的差异。

最好企业：如果评分结果在49～56分，说明企业状态非常好，各个方面表现出色，企业业绩理想，下面展示一下所有等级为A级的情况：

目标一：产品平均利润：每个产品都非常优秀，利润丰厚。

目标二：综合运营业绩：市场覆盖面持续稳步扩大，运营收益持续稳步增长。

目标三：企业发展空间：企业发展空间巨大，市场在可预见的未来都不会饱和。

目标四：社会环境：与各方和谐相处，且相互促进。

目标五：运营设施和布局：设施先进，布局极为有利，持续扩大优势。

目标六：企业总体形象：形象完美，获得各方面高度认可。

目标七：企业员工状态：员工状态良好，积极向上。

目标八：企业治理能力：治理能力很强，企业发展平稳。

目标九：研发制造能力：能力强大，积累丰富，可以充分满足不同产品的不同需要。

目标十：企业资本状况：实力强大，积累丰富，可以充分满足需要。

目标十一：操作管理机制：明确、规范、覆盖全面，切实执行，行之有效。

目标十二：企业文化和传承：鲜明、理性、得到充分验证，习惯成自然。

一般企业：如果评分结果在 29 ~ 48 分，说明企业处于正常运转状态，企业业绩基本理想，同时有一定的改进和提升空间，下面展示一下所有等级为 C 级的情况：

目标一：产品平均利润：所有产品都能盈利。

目标二：综合运营业绩：运营收益保持平稳或增长。

目标三：企业发展空间：市场饱和的迹象不明显，与企业特征有小矛盾。

目标四：社会环境：基本平静。

目标五：运营设施和布局：可以满足运营需要。

目标六：企业总体形象：形象正常，无明显问题。

目标七：企业员工状态：员工表现正常。

目标八：企业治理能力：基本满足需要。

目标九：研发制造能力：基本满足需要。

目标十：企业资本状况：基本满足需要。

目标十一：操作管理机制：操作管理行为基本规范。

目标十二：企业文化和传承：符合社会普遍规范。

问题企业：如果评分结果在 14 ~ 28 分，说明企业的问题很多，这类企业可能属于初创企业，也可能是已经出现了很大问题，下面展示一下所有等级为 D 级的情况：

目标一：产品平均利润：需要改进。

目标二：综合运营业绩：需要改进。

目标三：企业发展空间：饱和趋势明显或发展空间规模有限。

目标四：社会环境：需要改进。

目标五：运营设施和布局：需要改进。

目标六：企业总体形象：需要改进。

目标七：企业员工状态：需要改进。

目标八：企业治理能力：需要改进。

目标九：研发制造能力：需要改进。

目标十：企业资本状况：需要改进。

目标十一：操作管理机制：需要改进。

目标十二：企业文化和传承：需要改进。

第4章　企业的逻辑结构

4.1　企业的逻辑概念

每个企业都有自己的特点，这构成了企业的千差万别，然而不同的企业之间还是有共性的，有着相似的内在关系，我们定义了一个企业的逻辑架构，它抽象了企业的共性，以便更好地落实企业治理原则和治理目标。

企业的抽象

一个企业需要完成不同的任务，如销售、生产、研发、服务、财务等，每项任务需要一个功能模块来承担。每个功能模块是企业的一个有机组成部分，由设施、人员、任务、流程、管理等内容组成；企业中包含不同类型的功能模块，所有的功能模块组合起来，构成一个具有完整功能的企业。企业一般需要以下这些功能模块：

（1）治理核心，在现实中是“总裁办公室”或“总经理办公室”，由企业的高级管理人员和他们的助手组成，负责整个企业的治理。

（2）计划机构，负责企业计划的制定和计划执行效果的评价。

（3）资产管理机构，负责管理企业的资产，包括资金和资产。

（4）组织机构，负责管理企业中的部门建设和人员管理。

（5）市场研究机构，负责研究企业的市场，发现市场变化和捕捉市场机会。

（6）产品规划机构，负责产品的规划和定义。

（7）产品设计机构，负责产品的设计和开发。

（8）市场规划部门，负责企业的各种运营设置的规划和布局。

（9）设施建设部门，负责企业各种运营设施的建设和维护。

（10）业务运营机构，负责日常业务的运营，其中包括生产、销售、服务，以及物流和支撑等部分，是企业产值和利润产生之地。

（11）品质管理机构，负责管理企业的产品和服务的品质。

（12）运营效果评价机构，负责评价运营效果，及时发现问题，进行必要的优化和改进。

企业中的每项功能可以单独组建一个部门，也可以几项功能组合成一个部门，或者一个功能拆分到几个部门中去，一切都要看企业的具体需要，可是企业中的每项功能不可能单独存在，需要与其他功能相互配合才能完成企业的整体使命，在企业中关系错综复杂，但是归纳起来主要有两种：一种是垂直关系；另一种是链式关系，也就是一种横向关系。在企业中，最常见的垂直关系就是上下级关系，这是一种企业内部人员之间的关系，每个基层员工都有自己的领导，基层员工的领导之上还有领导；在各个功能模块之间也是一样，存在着一种上下级的层次关系，上级的功能模块需要对下级功能模块中的部分业务进行指导，如资本管理、组织管理等部门显然处于整个企业中的高位，而运营部门显然处于低位，需要接受财务对其资金相关的业务的领导，以及接受组织部门对组织建设工作的领导；在企业中，还存在着一种功能模块之间的相互关系，就是横向关系，也就是相互协作的关系，企业中一个功能模块的成果，是另一个功能模块的工作起点。例如，产品规划部门的工作成果是产品设计部门的工作要求，运营设施建设部门建成的运营设施是日常运营部门的工作起点，连接企业间各个功能模块的是业务流程，每个业务流程定义了从业务开始到业务结束之间的每个环节，如果企业中的若干个功能模块通过一个业务流程组合起来，就形成了企业之中的不同功能模块之间的链式关系。我们把企业功能模块间纵向的关系称作体系，企业功能模块间横向的关系称作系统。企业中的各项功能按照各自特征和关联关系可以分别归入 3 个系统：

（1）治理系统。

（2）产品系统。

（3）运营系统。

企业治理系统包含治理核心功能、计划功能、资金功能，以及组织功能，其中治理核心功能相当于由总经理和助手组成的“总经理办公室”，计划功能相当于企业的计划部或运行管理部等机构，资金功能相当于企业的资金和财务管理部门，组织功能相当于企业中人力资源管理部门。

产品系统是企业的力量来源，企业的产品系统由企业中的市场分析功能模块、产品规划功能模块和产品设计功能模块组成，在现实的企业中有多种具体的实现方式，如市场情报中心、产品管理部、总工办、技术管理办公室、开发部、设计中心、研究院，可以把三项功能融合在一个部门中，也可以把三项功能安排在不同的部门中，具体安排要靠企业的规模和所执行的策略决定。

运营系统是企业的基石，运营系统包括运营设施规划、运营设施建设、业务运营、品质管理、运营效果评价和优化五个功能模块。在企业中，运营管理部、生产部、销售部、技术服务部、物资部、采购部、生产调度室、储运中心等都属于这一系统，与运营系统比较接近的企业组织形式是区域的运营部门。企业架构的组成见图4－1。

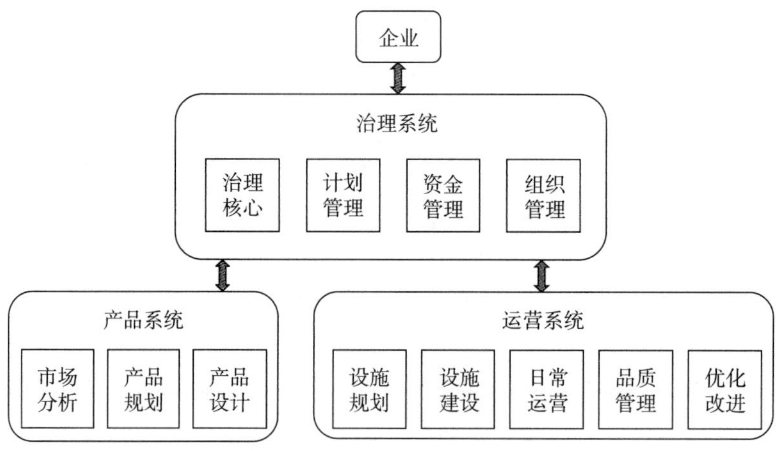

图4－1　企业架构的组成

整个企业是一个有机体，每个系统和功能都不能单独存在，需要与企业中的其他部分进行有效的配合，才能发挥出自己的价值，从这个意义上而言，企业中的每个部分，以及每个人员都是平等的，企业需要认真对待。同时，由于企业所处的阶段和环境不同，具体的组织形式和结构千差万别，需要从企业具体情况出发，但是其内在逻辑结构是相同的，无论多大或多小，都需要具备所有的功能，可能有些功能很少使用，但是，这并不表示该项功能不存在。从某种意义上说，总裁或总经理承担了相应的职责，这就是企业实际治理者的困难所在，需要应付各种各样的问题。

企业的运转机制

从直观的角度看，企业由人员、设施和资本构成，企业的生存意味着企业相关设施的存在，企业的人员在其中工作，企业在银行的账户正常；企业的发展意味着企业相关设施在扩充规模，或者建立新的设施；企业员工的规模在扩大；企业在银行的资金规模在成长。这些都是企业的外在和直观的表现，从企业内部看，企业的生存和发展状况如何需要通过企业的五大基础来描述，而企业的五大基础是通过企业的日常活动来维持和发展的。

企业的五大基础是指企业的生存优势、资金流状况、企业组织状况、企业决策以及企业风险控制。企业的存在和发展是以市场为基础的，客户与企业产品或服务的结合需要充分的理由，这个理由就是企业的生存优势，它由企业的产品和服务中的内在关键性优势构成，企业的价值是基于此建立的。企业的市场是通过企业的具体经营活动来支撑的，而企业中所有的经营活动都必须有资金的支持，为此，企业必须保持企业资金流的正常或成长。出色的企业是通过出色的工作实现的，这需要企业中的每个员工都能够充分发挥作用，其中起关键作用的是企业的内部协调机制，企业需要某种协调机制将分布在各个岗位上的员工整合起来，按照一定的先后顺序相互配合，这种协调可以通过企业网络或流水线等机械方式来实现，也可以通过管理规则或者专职的协调人等人工的方式实现，其协调的效率和品质，决定了整个企业的效率和品质。

火车跑得快，全凭车头带，企业出色的市场表现、高水准的资金流表现、高效率的运作是与企业治理核心团队的出色领导分不开的，企业治理核心团队的组织指挥与其所具有的知识、能力、工作水准、对于行业的理解以及经验丰富程度等多方面的因素有着直接的关系，更为重要的是对企业认真负责的责任心，还有团队成员之间的默契配合，只需要通过具体的工作实践来磨合，有一个积累和成长的过程。

企业的生存和发展源自出色地完成每一件任务，逐步积累成为企业在市场、资本、组织、决策、风险控制方面的财富，企业的财富对企业员工的日常工作提供了更好的条件，由此形成了企业的发展和成长机制。除企业治理人员外，企业员工的工作任务可以分成产品设计和技术研发、企业设施建设和维护、企业日常经营活动三个主要方面，这些活动受到静态和动态的企业约束机制的管控，每个员工所完成的任务必须符合相应的要求，动态的约束机制是通过工作文件实现的，包括计划、预算、组织设计；静态的约束机制则是各种流程和管理规则，这些需要沿着企业预想的方向前进，而企业预想的方向由企业治理原则和企业治理目标来确定。

组成企业的实体是资产，从财务意义上描述，企业的资产包括固定资产和流动资产，企业的资产属于投资者，企业的投资者可能是国家的代表——国有资产管理委员会、投资机构、金融机构、自然人投资者，以及股票购买者。理论上说，这些人对于企业的资产拥有最终的处置权；投资者成立企业的最基本目标就是要使资产稳步成长，也就是常说的保值增值，这个任务由企业的治理人士、管理人员、技术人员以及企业的员工共同完成。知识是企业的资产获得稳步成长的关键，企业拥有的知识的先进和优秀程度，决定了企业的先进和优秀程度，在企业中，知识包括技术和产品方面的知识、生产方面的知识、营销方面的知识、技术服务方面的知识以及企业管理方面的知识，这些知识以两种形式存在，一种是以企业拥有的形式，包括商标、专利、技术标准、管理规则、运行信息等；另一种是为企业员工个人所拥有，也就是企业员工所具有的技能，企业拥有的知识是通过员工所拥有的知识通过业务操作汇聚而成。企业所拥有的知识通过两个标准进行评价：一是时效性；二是价值。知识是有实效性的，只有具有先进性才有作用，这种实效分成先进、一般和过时三种情况，先进就是只有本企业或少数企业掌握，一般就是大多数企业都已经掌握，过时是已经不在实际中应用；价值是指这种知识在实效期间内为企业创造的收益；对于企业所拥有的知识或者说是能力需要企业资产的投入才能获得，所以知识的三个关键要素是投入、价值和实效。

任务文件和管理文件

一个企业建立了良好的组织结构是为了完成企业内外赋予它的使命，这就是获得应有的回报，企业内的人员希望得到工资和福利，企业的股东希望自己投入企业资金能够得到丰厚的回报，银行和金融机构希望收回自己提供的贷款和利息，这一切依赖于企业的生产、销售等能够正常和顺利地进行，而企业正常的运营活动需要以企业的产品为中心，也需要在企业所拥有的设施上进行，如果这些通过书面的形式描述出来的话，企业的所有操作活动都与以下任务文件有关：

（1）日常运营安排。

（2）产品规划。

（3）运营设施建设规划。

日常运营安排是企业计划中的三个主题之一，由计划部门制定，运营系统的日常运营由相关方面负责执行，日常运营安排理论上是完全稳定不变的，循环往

复地进行产品生产、产品销售服务以及其他相关支持活动，但是，也需要根据实际情况做出调整，改进不足，以便降低成本、提高效率，这一工作由运营系统的优化改进方面负责，他们工作成果就是优化改进建议，加入到计划日常运营安排之后，就形成了新的关于计划的描述。

产品规划描述一个将要开发的产品，包含了它的预期市场目标、客户群体、各种经济技术指标、产品的功能和性能以及各种特性。产品规划由运营系统的产品规划方面负责制定，制定完成后，经企业治理系统各个方面审批后生效，产品规划生效后由产品系统的产品设计方面进行产品设计，形成产品样品和设计文件后交运营系统投产。

运营设施建设规划描述了一个需要建设的运营设施，可能是一个工厂，也可能是一个销售网点，还有可能是仓储、服务和物流设施，设施建设规划描述了兴建该设施的原因、目的、地点、规模、技术和结果要求等，运营设施建设规划由运营系统的设施规划方面负责规划，经治理系统各个方面审批后生效，设施建设规划生效后由运营系统的设施建设部门负责建设成真正的设施交给日常运营方面使用。

日常运营、产品工作、设施建设工作等工作任务没有企业的认可是不能进行的，这些任务需要得到企业的认可，这一认可体现在被企业的以下管理文件纳入其中：

（1）企业计划。

（2）企业预算。

（3）企业组织建设规划。

企业计划描述那些产品规划、设施建设规划被纳入了企业下一步的工作安排，更主要的是描述了一步日常运营工作的安排，也就是产品生产和产品销售的具体目标，这在主要方面描述了企业的任务安排以及预期达到的目标。企业计划由治理系统的计划部门负责起草，治理系统的治理核心负责审核批准，产品设计、设施建设、日常运营负责具体实施。

企业预算描述了企业下一步的资金收支安排，企业的正常收入主要来源于企业的日常运营，也就是产品的生产和销售中产生的销售收入和盈利，而开支则涉及企业日常运营、产品工作、设施建设等各个方面，企业预算需要与企业计划相互对应，保证二者的协调和一致，并使企业获得相应的盈利，企业预算由治理系统的资金管理部门负责起草，治理系统的治理核心负责审核批准。

企业组织建设规划描述了企业下一步的组织结构、具体的每个岗位的人员安排、每个岗位的工作职责和薪酬待遇，企业中的所有工作都需要具体人员去执行，能否有恰当的人员与最终工作的结果密不可分，因此，需要与企业计划和企业预算相配套。企业组织建设规划由企业治理系统的组织方面负责起草，治理系统的治理核心负责审核批准。

企业的任务文件和管理文件见图 4－2。

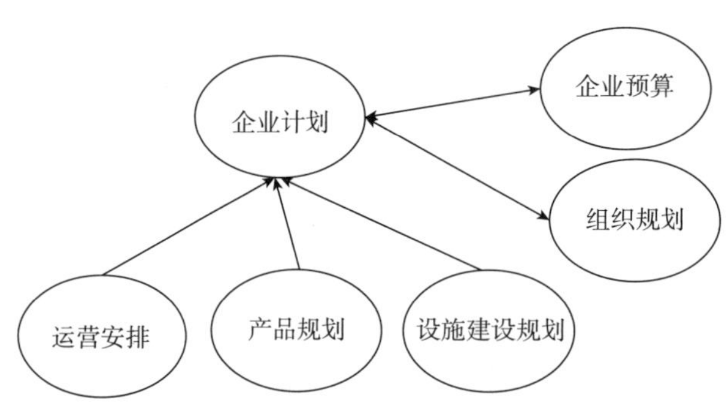

图 4－2　企业的任务文件和管理文件

3 个任务文件和 3 个管理文件构成了企业业务的主要描述方式，企业中的各个系统和各个功能都是围绕着这 6 个文件开展工作，管理好 6 个文件，就管理好了整个企业的各个方面的各项工作。

企业的有效治理

在各种任务文件和管理文件中，有许多内容需要在起草、审核、执行过程中具有创造性的劳动，企业的技术越先进、越复杂，所包含的创造性劳动就越多，这需要参与者更多带有自觉性的成分，同时，又要与整个企业保持协调，这时企业治理原则与整个企业架构融合，并使这些原则得到落实就成为关键，以便让整个架构的每个元素处于良好和健康的状态，这需要在企业、系统和功能模块三个层次中分别建立各自的稳定性控制因素，使企业架构中的每个元素都可以按照自己的运作规律发挥自己的作用，同时处于理想状态；反之，由于构成整个企业的各个元素的状态不佳，就会影响到整个企业的协调和平衡。对于整个企业的约束与评价是靠企业治理原则和企业治理目标来实现的。为了贯彻企业治理原则的精髓，必须根据企业架构体系逐层分解企业治理原则，形成于企业中各个系统的系统治理原则，以及对应于各个企业中各个功能模块的模块级治理原则。整体的层

次关系如下：

（1）企业级治理原则。

（2）系统级治理原则。

（3）功能模块级治理原则。

企业治理原则是运营企业的基本指导思想，对整个企业都有约束力；企业治理原则和治理目标分别从行为和方向上确定企业的努力方向。企业治理原则与企业架构的关系见图4-3。

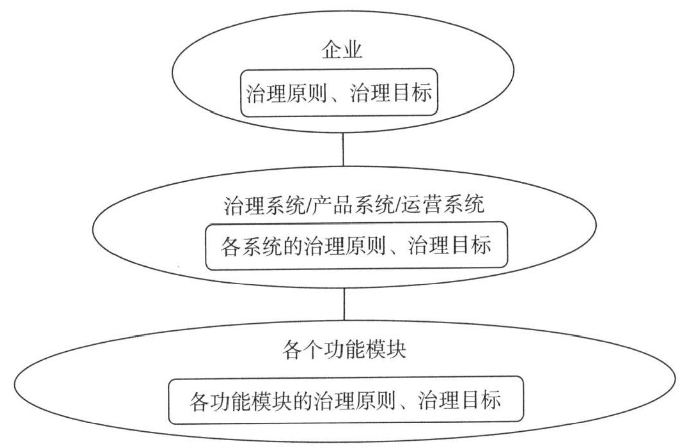

图4-3　企业治理原则与企业架构的关系

企业中的每个系统都有各自的治理原则和治理目标，格式与企业治理目标和原则一样，内容则是企业治理原则和目标在各个系统的映射，是依据各个系统的具体情况，按照企业治理原则和原则的要求，以及分配给本系统的任务，各自制定的治理原则和目标，以约束各个系统的行动方向和节奏，使其保持与整个企业的协调，因而保证了企业治理原则和治理目标的实现。

每个系统的每个功能模块都有各自的治理原则和治理目标，格式与企业治理目标和原则一样，内容则是企业治理原则和目标，以及各系统治理原则和目标在各个功能模块的映射，是依据各个功能模块的具体情况，按照各个系统治理柔性和原则的要求，以及分配给本功能模块的任务，各自制订的治理原则和目标，以约束各个功能模块的行动方向和节奏，使其保持与整个系统的协调，因而保证了各个系统的治理原则和治理目标的实现。如果各个系统的治理目标和治理原则都能完全实现，则企业的治理目标和原则也就有了实现的保证。

建立企业都有明确的目标，赋予企业最基本的目标就是盈利，如果企业不能盈利，企业中所用人的利益就无从谈起，企业的盈利目标必须通过一种机制落实到企业中的每个人，变成企业中的每个人的工作目标。企业的每个人都属于不同的多功能模块，不同的功能模块之间又有不同的关系，企业的目标需要通过这种关系结构进行分解，这就形成了企业的准则体系。这一体系约束企业中的所有人必须为实现相应的目标而奋斗，进而实现企业的总体目标，否则，企业就失去了存在的必要性，

由不同层次治理原则和治理目标构成的企业准则体系最重要的使命就是保证企业的稳定和平衡，稳定包括企业的稳定和治理原则的稳定，这是企业治理原则发挥作用的基础，形成企业治理原则时需要谨慎，一旦形成就需要切实执行，不能朝令夕改；平衡就是要平衡各个方面的关系和利益，企业的问题往往出现在上下级和部门间相互关系中，因此，相互的关系需要平衡，这种平衡需要通过准则体系充分体现出来，以形成企业准则体系的威信。

4.2 治理系统

每个企业都需要有领导和管理职能部门，小企业可能只有一个经理和一张桌子，大企业可能是一个庞大的总部机关，无论具体情况如何，都必须存在，且职责重大，企业中的这一部分在这里被抽象成企业治理系统，它是驾驭企业的核心。

治理系统的基本组成元素

顾名思义，企业的治理系统负责治理企业，这种治理的权力来自企业所有者授权。这种授权包括主动授权，也包括被动授权，在企业中按股份说话，谁的股份最大，谁说话的权力就最大，小股东只能听从大股东的意愿，跟着沾点光。企业治理系统根据股东的授权管理企业的资产，负责治理企业，企业治理系统的使命是使企业的资产保值增值，为了实现这一使命，企业治理系统必须充分和有效地运用自己的权力，这需要从自身建设开始，有一个理想的治理系统结构是这一良好开始的关键所在，企业治理系统的组成元素包括治理核心、计划、组织、资

金四个功能模块。企业治理系统的结构见图4－4。

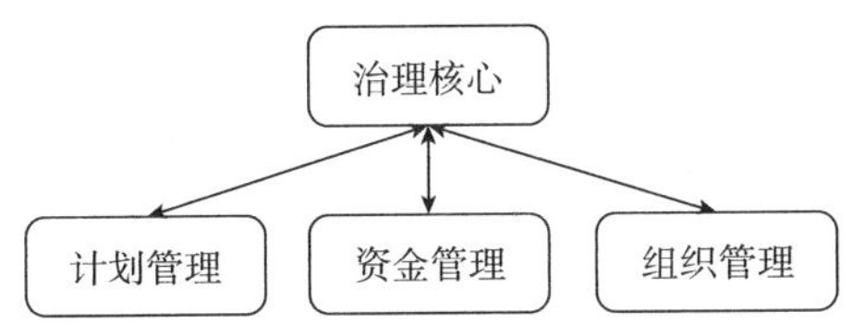

图4－4　企业治理系统的结构

治理核心是由企业实际控制人和围绕他的治理团队成员组成，一个人肯定会有缺点和不足，需要组织一个完美的治理团队来取长补短，最理想的状态是团队中所有成员各有所长，正好形成一种互补，使整个企业治理核心各个方面都比较均衡，而企业的实际控制人可以有效地领导这支队伍。

计划功能模块是企业治理系统的一个组成部分，是整个企业中的核心部件。计划部门负责企业的计划制订和计划效果评价，计划包括远期的战略计划、中期的产品计划以及近期的运营计划。由于计划是指导企业中其他各个部门的工作依据，所以，在某种程度上，计划部门是整个企业稳定和发展的指挥中心。

组织功能模块负责企业的组织建设，是企业组织体系的核心部件，组织建设包括公司的组织结构设计、组织职能设计、人员的招聘和管理、人员的工作业绩评价、薪酬管理、培训和晋升等组织工作，企业的组织功能模块，由抽象到具体，涉及企业的方方面面，以及其中的每一个员工。

钱不是万能的，但没钱是万万不能的。资金对于企业至关重要，是企业存在的基础，因此，资金管理功能模块在整个企业治理系统中的位置不言而喻，控制资金是企业中最为核心的权力，资金功能模块负责企业的资本管理、资金的日常管理以及企业所需资金的筹集，企业资金管理的核心在于资金控制目标的设计，以及与日常业务的对接。

治理系统的使命

治理系统是企业治理的核心，企业的计划运作、组织运作、资金运作的核心功能部分都存在于企业治理系统之中。因此，整个企业的有效运营和发展与企业治理系统有着密不可分的关系，这种关系分成系统内部关系和系统外部关系两部分。治理系统的关联关系见图4－5。

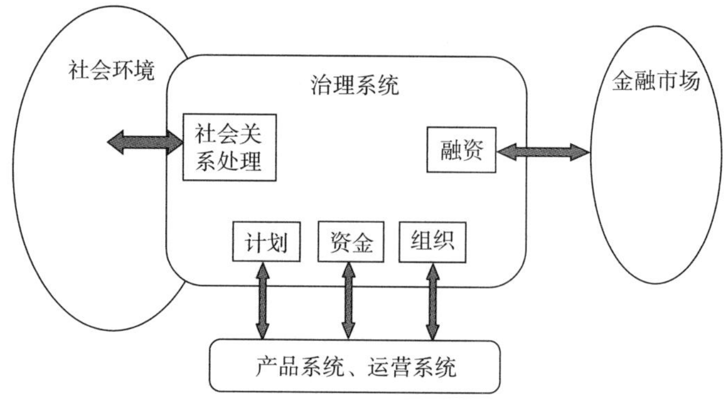

图4－5　治理系统的关联关系

治理系统的任务是审核优化改进建议、产品规划、运营设施建设规划，起草和批准企业计划、企业预算、组织建设规划，企业计划由计划方面负责起草，企业预算由资金方面负责起草、组织建设规划由组织方面负责起草，三者都由治理核心负责审核和批准，然后下发，由相关方面负责执行，而计划、预算、组织规划的基本使命就是为日常运营安排/优化改进建议、产品规划、设施建设规划提供策略导向、资金支持、人员支持，是进行相关任务的基础和条件，带动了整个企业的运转。

由于计划、预算、组织规划之间的关系密不可分，治理系统内部的各个功能之间相互紧密关联，互动频繁，治理系统能否有效运作取决于相互之间关系的恰当处理。从结构关系的角度描述，企业的计划功能模块、组织功能模块、资金功能模块之间构成了一个环形关系；计划功能模块与资金模块之间存在着一种依存的关系，计划的执行需要资金的支持，而计划执行之后为企业带来营业收益，二者形成了一种循环，如果循环畅通，则企业蓬勃发展，如果循环不畅通，则是企业一切问题的根源。同时，企业的计划功能模块、组织功能模块、资金功能模块是企业治理核心模块的工作基础，对企业治理核心的工作提供支持，四者之间构成了一个立体三角形；每个连接之间的具体连接方法是整个系统结构关系是否完美的关键。

为了有效地履行使命，治理系统需要应对内外两方面的关系，外部关系是指企业治理系统与政府和企业投资者之间的关系，由企业的治理核心团队负责；企业治理系统的内部关系是指企业治理系统与企业中的其他系统，以及各企业系统内的各个模块之间的关系，企业各系统对企业治理系统的支撑，治理系统内三个

功能模块对企业治理核心的支撑形成了整个企业层次结构，这个结构的坚固与否是整个企业能否稳定的关键因素。

治理策略

企业治理系统的重要性不言而喻，它决定了一个企业的成败。如果企业获得成功，企业治理系统功不可没；如果企业出现问题，企业治理系统有不可推卸的责任。由于整个世界千变万化，因此，企业治理系统需要谨慎观察、随机应变，随时根据情况的变化调整自己，但是，为使企业能够稳住阵脚，从容面对一切机会和风险，企业治理系统必须建立一套相对稳定和正确的基本策略，这些策略的主要内容包括基本使命、外部关系、内部关系、内在能力、基础条件。治理系统的工作原理见图 4－6。

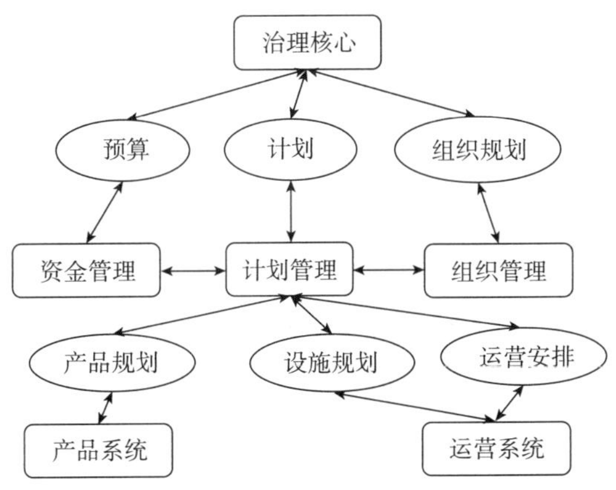

图 4－6　治理系统的工作原理

企业最基本的使命就是为股东获得理想的回报，这种回报要求企业具有很强的盈利能力，而企业的盈利能力来自在正确的市场上、以理想的价格、在理想的时间段内、销售理想数量的产品、获得理想比例的盈利，同时，使员工获得理想的报酬。如此理想的结果是通过远期的战略目标、中期的企业开拓目标以及近期的盈利目标逐层次确定的，特别需要注意的是，这些目标要恰当和切实可行。

治理系统首先要处理好与政府的关系，企业必须将自己的行为限定在国家法律法规的允许范围之内，如果能够符合国家的鼓励方向则更为有利；其次是企业与整个社会环境的关系也很重要，这也是企业与整个市场环境的关系，企业必须保持与整个市场环境的平衡和协调，以利于企业的生存和发展；最后是企业与投资者之间的关系。

企业内部关系方面需要从两个角度考虑：首先是各自责任、权利和义务之间的划分，需要以企业的整体利益为重，合理地划分这些关系，在这里合理的含义是各自能够承担相应的责任、完成相应的工作、获得相应的利益；其次是沟通和协调机制，虽然是管理者和执行者之间的关系，充分的信息和意见交流是非常必要的，以避免或缩小双方的差距，最好结果是两个方面可以形成合力，最坏也要把冲突限制在一个极小的范围内。

治理系统的内在能力由专业技能、责任心和保证机制构成，决策、计划、组织、资金管理都需要一定的专业技能，包括可以从学校学习的通用技能，以及在实践中取得的专项技能，最基本的要求是能够履行职责，理想一些是在此基础上具备一些优势，更为理想的是有很深的造诣；企业治理系统的责任心塑造一方面缘于人员的选择，另一方面是整个氛围的构建；保证机制是整个企业治理系统内部结构的设计，包括工作流程，以及每项任务的启动条件和验收标准。

治理系统的基础条件包括历史积累和可用资源两个部分，如果是一个成熟企业，则企业治理系统需要利用这些基础，引导这些基础朝着一个正确的方向发展，形成理想的结果，如果有充分的可用资源则可以先创建这些基础，然后再推动这些基础前进。最理想的状况是二者都具备，其次是二者具备其一，通过努力补充另一方面的不足，如果二者都不具备，则企业治理系统没有发挥作用。

4.3 产品系统

有些企业的产品不断地推陈出新，有些企业的产品一成不变。任何企业都有产品，有些企业具有实物产品，有些企业可能具有虚拟的服务产品，企业中负责产品设计和维护的部分在这里被抽象成为产品系统。

产品系统的基本组成元素

产品系统的工作结果是产品的设计结果，企业中的产品系统的使命艰巨，责任重大，企业中的产品系统要为企业构建一个企业能够存在的理由，也就是企业凭什么能够存在于这个世界上？企业的价值何在？这些都需要通过企业的产品去

塑造，从企业内部的角度描述，产品系统必须在企业治理系统提供的计划、组织、资金范围内进行工作，同时必须保证企业的运营系统有良好的产品可以实现企业的发展目标。产品系统的组成元素包括市场分析、产品规划、产品设计，如图4－7所示。

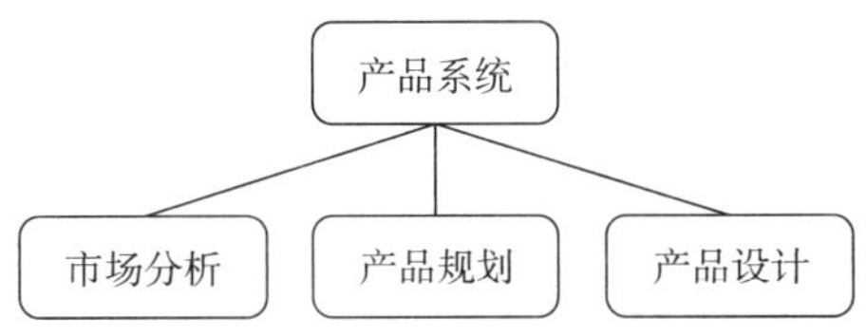

图4－7 产品系统的构成

产品系统中的市场分析功能模块的职责是为产品寻找市场，包括现有市场和未来的市场。在目前的技术和社会环境下，现有市场是指能够购买本企业正在生产的产品的客户群体，未来市场是指企业后续可以进入的市场空间。企业产品系统中的市场分析模块的任务是确定市场空间的确存在，市场的规模，以及本企业进入并控制市场的可能性。

产品系统中的产品规划功能模块的任务是定义产品，也就是描述出产品的技术特征、结构特征；对生产、销售和服务方面的要求；以及成本、价格空间、上市时间等；这些分别从不同角度和侧面描述出一个产品，使产品可以承载不同企业中其他各个要求。产品规划工作以市场分析的工作成果为依据，其工作成果是产品设计的依据。产品规划需要很好地掌握分寸，需要在多个方面保持平衡，需要使产品具有一定的先进性，以塑造本企业在市场上的优势，同时，又要在产品的可行性方面下功夫，立足于本企业的现有条件，把产品的各个方面保持在企业力所能及的范围内。

产品系统中的产品设计功能模块负责把产品规划方案变成可以具体运营的产品，这是一个逐步细化的过程，其中需要经过概念原型、工程样机、小批量生产等环节，最终形成可以在运营系统实际运营的产品，产品设计完成后形成的是一系列的文件，包括设计图纸、工艺文件、采购文件、销售文件、维修和服务指南等，企业运营系统可以依据这些文件进行实际的产品运营。产品设计过程是一个由概念到实体具体实现过程，也是一个发现问题和解决问题的过程，对于产品设计，最为重要的是认真、仔细、脚踏实地。

产品工作流程

企业产品系统是一个非常正规的结构化系统，整个系统以产品流程为核心，将产品系统所包含的产品市场分析、产品规划、产品设计 3 个功能模块连接起来，产品系统与其他系统之间，以及产品系统之内的各个功能模块之间都存在着稳定的连接关系，在产品系统层面的接口和产品系统内的各个功能模块的接口输入和输出内容都是确定的和可描述的，因此，不同系统、不同功能模块之间需要交换的内容是有清晰的定义的。产品系统是一个开放系统，其输入和输出都在系统之外。产品系统工作流程见图 4－8。

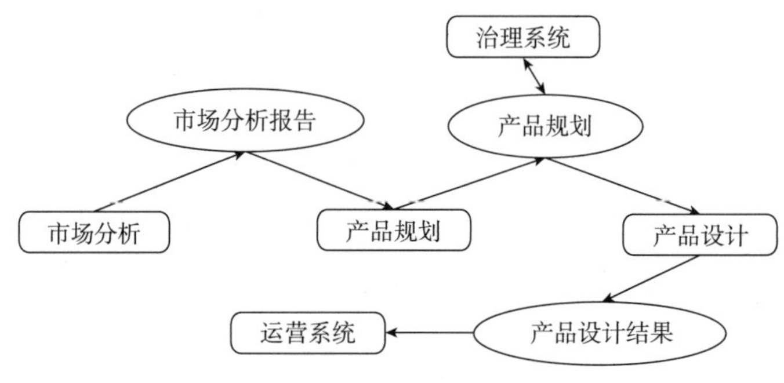

图 4－8　产品系统工作流程

在产品系统内部，市场分析功能模块、产品规划功能模块、产品设计功能模块组成了一个完整产品设计流程。流程输入的是与产品有关的市场信息，流程输出的是一个能够投入运营的整套的产品设计资料，其中，市场信息的收集和分析是第一个环节，它的输入是从各个方面获得的各种市场信息，经过分类、归纳、整理形成的对于市场趋势和状况的判断，给出明确的分析结论；产品规划是第二个环节，它根据市场分析的结果，加上企业能够提供的条件以及运营系统的条件形成对产品的完整定义，描述出产品各方面的特征；产品设计功能模块根据产品定义设计出产品。

系统的外部关系有三个方面：一是市场，面对产品，系统市场是一个宏观的概念，是一种趋势性的描述，因此，具体了解市场的做法可以多种多样。二是企业治理核心系统，它通过计划体系、组织体系以及资金体系对产品系统的每个处理过程施加影响，给出不同侧面的限制因素，以求与整个企业的协调和平衡。三是企业的运营系统，它们是产品设计结果的承接者，因此，双方需要保持一种良性互动，产品系统需要充分考虑运营系统的要求和实际状况，运营系统也要及时和充分地提交各种信息，便于产品系统了解和掌握情况，及时在各个过程中进行调整。

产品关联关系

产品系统的最重要使命是在未来与现实之间寻求平衡，产品关乎企业的未来，因此需要在其中加入创新性、探索性以及开拓性的内容，新产品要有新局面，需要尽可能多地比现有的产品有进步；同时，又要考虑现状，包括企业的能力，运营系统的现实状况以及可能的发展节奏，以及客户对于新事物的接收程度，如果产品过于超前，大幅度地超过了企业的现实条件，可能会适得其反，为企业造成麻烦。这些策略的主要内容包括基本使命、上层关系、下层关系、内在能力、基础条件。

产品系统的使命是持续地推出优秀的产品设计，以维持企业的生存和发展。这一使命的关键要素有三个：①明显的优势；②独特的表现力；③顽强的生命力。首先，产品系统设计出的产品必须具有明显的优势，这种优势的显著性特征能够明显地体现出来，购买和使用者应该用比较简单的方法就能够体验到，以构造产品的市场价值基础；其次，产品系统完成的产品设计所具有的优势必须具有其独特性，其他企业不具备，且无法模仿，以构造出产品的独特性；最后，产品系统完成的产品设计必须具有足够的生命力，有足够大的市场空间，可以长时间支持理想规模的产品销售。

产品系统的上层关系是企业治理系统的计划、组织和资金管理，产品系统必须服从这些方面的领导，完成它们赋予的任务，在这些方面给定的条件下工作。计划与产品系统有着紧密的互动关系，产品系统必须与企业治理系统的计划功能模块有深度的沟通，产品设计活动本身必须依据计划进行；产品系统的组织是由企业治理系统的组织功能模块负责建立，当前的管理也必须符合相关规则；产品系统与资金的关系就更加密切，产品系统的所有活动必须有足够的资金支持，否则无法进行，同时，产品系统设计出的产品关系到企业今后的盈利来源，所以，需要与资金协调目标。

产品系统的下层关系是与企业运营系统的关系，产品系统完成的产品设计必须通过企业运营系统实际运作才能产生应有的价值，因此，产品系统中的每个功能模块与企业运营系统中的每个功能模块都有着直接的关系，双方必须进行充分协调和良好的沟通。

产品系统只有具备强大的能力才能完成各个方面赋予其的使命，产品系统的内在能力包括技术能力、工程能力以及管理协调能力。技术能力是产品系统最为基础的能力，必须全面掌握与产品有关的所有技术，并保持技术先进性，不掌握全面的技术，很难完成企业赋予产品系统的使命；工程技术也是非常重要的能力，工程技术是指企业完成具体产品工作控制能力，也就是能否按预定时间、在预定成本范围内，全面实现相应的目标的能力，通过工程能力技术才能发挥作用；管理能力是平衡各方面对产品系统的要求，首先要感知各个方面的要求，其次寻找方法设法在最大程度上满足各方面的要求。

产品系统的基础条件好坏与产品系统能否良好开展工作有着密切的关系，没有相应的条件，要想取得预想的结果会很困难。因此，必须保证为产品系统提供尽可能好的基础条件，基础条件包括设施、资讯以及资金。产品设计需要一定的设施，包括场地、研发和试验设备、相应的管理设备；资讯也是产品系统的基础条件，以便产品系统的工作人员可以获得足够的参考信息；资金的重要性不言而喻，没有足够的资金，产品系统的工作无法进行。

4.4 运营系统

运营系统是指企业中除治理系统和产品系统外的部分，是企业的主体，它承担着企业最主要的任务，之所以将其抽象成为运营系统，是因为企业中的这些部分共同完成企业的主体业务。

运营系统的基本组成元素

运营系统负责企业的实际业务运营，是任何企业的必备部分。由于企业属性上的差异，现实中企业的运营系统千差万别，从最小的街头小店到大规模的跨国企业，相互之间的差距非常大，我们提取了其中的逻辑结构，以便清晰阐述运营系统结构和控制要素。可以看出，企业运营系统的内在结构是相同的，差异在于各种不同的具体实施，在街头小店中，运营系统的所用功能操作全部集中在负责人的身上，而跨国企业可以进行非常规范的专业分工，每个细节都由专门的机构负责打理。因此，街头小店的负责人必须是一个全才，而跨国企业的负责人只要

能控制局面就行。运营系统由市场布局与规划、设施建设、业务运营、品质管理以及评价与优化功能模块组成。运营系统的组成见图4－9。

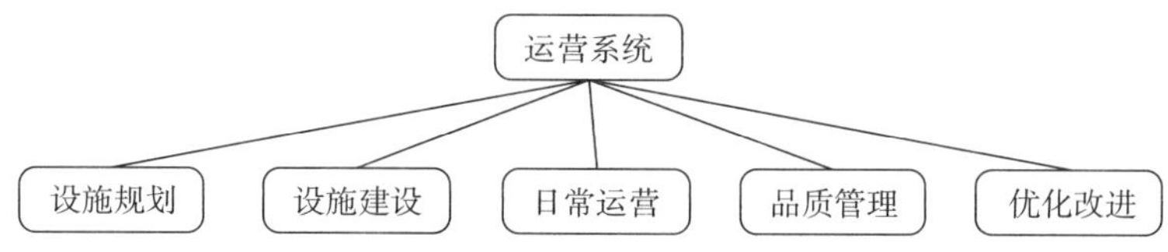

图4－9　运营系统的组成

运营系统中的市场布局与规划功能模块的任务是对企业的运营设施进行实际布局，所谓运营设施，是指企业用于生产、销售、服务以及物流设施，也就是生产产品的工厂、销售产品的网点、进行服务的服务站以及仓库等，市场规划与布局就是要选择这些设施的具体地点。

运营系统中的设施建设功能模块负责各种运营设施的建设和维护，对于新建的运营设施，无论是工厂、销售网点、其他设施，都需要进行设施建设，首先是房屋的准备，如建房或装修；其次采购安装设备，以及进行一些其他的必要准备工作。对于现有的运营设施需要进行更新和维护，需要根据业务运营情况，对设施进行翻新，更换新的设备等，以保持整个运营设施状态良好。

运营系统中的业务运营功能模块负责业务的具体运营，也就是利用生产设施生产产品、利用销售和服务设施进行产品的市场销售和服务，利用物流设施存储和转运产品、原料及半成品。业务运营是一种持续性的工作，年复一年、日复一日地持续进行工作，业务运营也是企业中最富有成果的工作，企业的营业收入和利润完全来自于企业业务的日常运营。

品质管理模块负责管理整个运营系统中的各方面的品质，包括布局和规划的品质，运营设施建设的品质、运营的品质，只有通过全面和多层次的品质管理，整个企业的业务品质才能有保证。运营设施建设的品质包括设备原材料采购质量、施工质量，以及最后的验收的总体质量；业务运营质量是企业通常的质量管理，方法是全面、全过程、全方位地精细化质量管理。

运营系统中的评价与优化功能模块负责整个业务系统趋势性监控和调整，它收集运营系统各个方面的各种数据，进行详细的归纳和分析，发现问题和不足，进行改进和调整，这种改进和调整一般采用两种方式：一种是调整规则，包括工艺、标准、流程、规范等；另一种是调整计划，包括各个周期的计划，以及各个方面的计划。无论是进行何种方式的调整，目的只有一个，就是提升业务运营系统的工作业绩。

日常运营和设施建设

运营系统承担两方面的任务：一是日常运营；二是设施建设。二者共同构成了运营系统在企业中的角色和地位，是整个企业的压仓石，没有沉着稳健的运营系统，整个企业就会显得轻飘和不扎实。

日常运营是产品生产、销售、服务的过程，是整个企业中最为核心和基础的功能，这是一个流程，有相应的设施和设备作为基础，需要遵循严格的工艺流程和技术标准；为了保证产品品质，运营系统中的品质管理功能在过程启动前，过程中、过程后全方位、多角度、深入细致地对日常运营过程进行监督；同时，运营系统的优化改进功能深入细致地研究整个日常运营的各个方面，发现一切可以改进的内容，以降低成本、提高效率、弥补不足；三者构成了以日常运营的基本流程为中心，以品质管理和优化改进为支撑的运营基本结构。日常运营流程见图4－10。

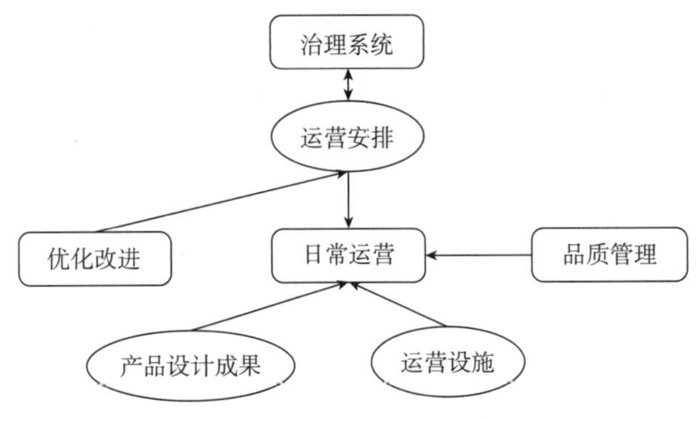

图4－10　日常运营流程

日常运营的各项活动必须在相应设施上进行，这就需要完成运营设施的建设。为了保证日常业务的顺利进行，必须兴建国内工厂、销售网点和服务、物流等支撑设施，设施的建设需要经过规划、设计、施工、设备安装、验收等环节，可以分成设施建设规划批准之前和批准之后的两个部分，前者由设施规划功能完成，后者由设施建设功能完成。设施建设流程见图4－11。

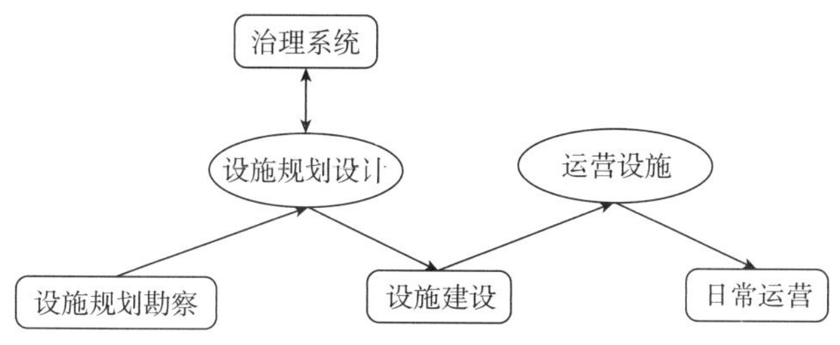

图 4－11　设施建设流程

企业内业务运营系统受到企业治理系统计划、组织、资金体系的领导，遵循相应的发展建设和业务运营目标的规划，利用组织体系建立的业务运营团队进行业务运营，使用资金体系提供的资金，也产生营业收益；同时，业务运营系统接收产品系统的产品设计结果，将其转化为真正可以生产的产品。运营系统负责企业业务的运营，因此，客户、上下游企业、政府、社会各个方面有着密不可分的关系，也是业务能否实际运营的关键。

运营操作关注点

运营系统是企业中投入人力物力最多的系统，也是唯一产生收入的系统。保证每一笔资金的投入都能产生相应的回报是企业首要任务和使命；由于运营系统内部涉及元素很多，且关系和结构复杂，保证整个系统的稳定和均衡就显得非常重要：首先，要做到低成本、高效益，这关系到企业的利润，必须养成量入为出、勤俭持家的好习惯；其次，产品的品质是企业信誉形成的关键，也是运营水平的高低的具体体现。

运营系统的使命就是盈利，是企业收入和利润的来源，保证持续、稳定、不断增长的营业收入是一切工作的核心，这需要通过日常运营和市场建设两个角度实现；日常业务运营就是企业的生产、销售和服务等日常工作，市场建设是为扩大营业规模而进行的新的生产、销售、服务设施的建设，以及现有运营设施的升级和改造。通过良好的业务运营和市场建设，企业将会得到稳步和持续的发展。

在运营系统内部，市场布局和规划以及运营设施建设功能负责企业运营规模的发展和扩大；品质管理以及评价和优化功能负责运营系统的管理和优化，二者围绕着业务运营功能展开，业务运营是运营系统的核心，而市场销售又是整个运营价值链的核心，因此，核心工作就是销售，是整个企业的基础和盈利来源，企业中的治理系统和产品系统都与业务运营系统有着密切的关系，治理系统与运营系统是一种领导和被领导的关系，而产品系统与运营系统是伙伴关系，运营系统需要正确处理这些关系。

运营系统的外部关系包括客户关系、合作伙伴关系以及社会关系三个部分，客户是运营系统对外关系的核心，全面了解客户，友善对待客户，为客户提供优质的产品和服务是运营系统对外关系的核心任务；现在整个社会的专业化分工越来越细，任何企业需要合作伙伴的支持和配合，必须友善地对待这些伙伴；企业生活在社会，因此，需要遵守法律和法规，与整个社会环境和谐相处，为企业创造有利的社会氛围。

运营系统对基础条件有着高度的依赖性，没有必要的基础条件，所有的工作都无法开展，期望用三分的基础条件实现五分的任务目标，偶尔为之可以，但不是长远之计，企业不能犯“守株待兔”的错误。企业运营的基础条件包含三个部分，即运营设施、员工和资金，业务运营系统必须包含足够和分布合理的生产、销售和服务设施，这是运营的基础条件，有了设施才能有员工进行工作。此外，更需要的是资金，无论设施还是人员，都需要资金去维持。

第 2 部分　治理系统

凡用兵之法，驰车千驷，革车千乘，带甲十万，千里馈粮。则内外之费，宾客之用，胶漆之材，车甲之奉，日费千金，然后十万之师举矣。

其用战也，胜久则钝兵挫锐，攻城则力屈，久暴师则国用不足。夫钝兵挫锐，屈力殚货，则诸侯乘其弊而起，虽有智者不能善其后矣。故兵闻拙速，未睹巧之久也。夫兵久而国利者，未之有也。故不尽知用兵之害者，则不能尽知用兵之利也。

第 5 章　企业治理概述

5.1　治理系统的功能

作为企业的领导中心，企业治理系统承担着企业的所有责任，企业所有的成绩都有它的作用，如果出现任何问题，它都要承担责任。企业越大，业务越复杂，企业治理核心的工作难度就越大。

治理系统的概念

根据普遍的定义，公司治理又名公司管治、企业管治，是一套程序、惯例、政策、法律及机构，影响着如何带领、管理及控制公司。公司治理方法也包括公司内部利益相关人士及公司治理的众多目标之间的关系。主要利益相关人士包括股东、管理人员和董事。其他利益相关人士包括雇员、供应商、顾客、银行和其他贷款人、政府政策管理者、环境和整个社区。

从公司治理的产生和发展来看，公司治理可以分为狭义的公司治理和广义的公司治理两个层次。

狭义的公司治理是指所有者（主要是股东）对经营者的一种监督与制衡机制，即通过一种制度安排，来合理地界定和配置所有者与经营者之间的权利与责任关系。公司治理的目标是保证股东利益的最大化，防止经营者与所有者利益的背离。其主要特点是通过股东大会、董事会、监事会及经理层所构成的公司治理结构的内部治理。

广义的公司治理是指通过一整套包括正式或非正式的、内部的或外部的制度来协调公司与所有的利益相关者之间（股东、债权人、职工、潜在的投资者等）的利益关系，以保证公司决策的科学性、有效性，从而最终维护公司各方面的利益。

从公司治理的环境和运行机制来看，可以分为内部公司治理和外部公司治理。

构建理想的治理系统

企业治理系统从具体的存在性形式上是企业的总部，更为准确的描述是：企业治理系统是整个企业管制中心，也就是“司令部”。就像军队的司令部由司令、参谋部、政治部、后勤部组成一样，企业治理系统由四个功能模块组成：治理核心、计划管理、资金管理、组织管理。

治理系统是实现企业柔性治理架构的关键，之所以要建立企业柔性治理系统就是要从根本上解决目前企业存在的许多深层次问题，随着社会的发展，企业生命周期短和企业能力差，这已经成为阻碍社会发展的一个大问题，往往会造成巨大的人力和财力的浪费，而企业各种各样的问题追根溯源，基本上都可以在企业的治理方面找到问题，问题的关键就是没有找到一种科学和规范的企业决策和治理机制，主要表现在决策的随意性强、不尊重企业内外的现实与环境、不强调和注重能力，决策随意性强主要表现在决策基本上出于决策者的主观感觉，没有高层次的准则约束，在决策没执行前无法判断其正确性，执行后如果有问题则已经形成了损失；企业内外情况没有机制化和结构化的方式反映到决策中，只有形成了损失才会反映到决策者那里，由于各种监督机制不健全，只有到损失非常大了以后决策者才能察觉，很多时候已经无法挽回；决策没有非常充分的考虑决策的执行，往往做出决策以后才发现实际上无法实施，造成因为决策付出的成本的浪费；没有恰当的企业决策风险管理机制，要么谨小慎微，不敢决策，贻误战机，要么胆大妄为，输光所有本钱。

俗话说：“兵熊熊一个，将熊熊一窝。”在戏词中说：“主帅不明将士苦，棋错一招满盘输。”这些都充分说明了企业正确决策的重要性，为此，我们希望构建理想的治理机制，这就是企业柔性治理架构，最根本的是要解决企业治理者的形成机制，将企业治理者由天然形成，变成可以通过后天学习来塑造，提高企业治理者的成才比例，希望达到以下目的：

（1）按照一个被认可的准则和流程决策。

（2）决策能够被企业各个方面认同。

（3）决策符合市场和社会环境的要求。

（4）决策有能力被执行。

(5) 决策的效果能够让各个方面满意。

为了实现这些目标，必须使决策建立在企业能力的许可范围之内，必须有"公理"约束决策的正确性，在决策时需要考虑企业的实施方法和机制，一个决策不能把企业所有的资源耗尽，必须为失败和后续行为留有空间。有些决策需要出自决策者在世界观层面的认同，而有些可以通过企业机制加以明确，这些机制就是企业的治理原则、治理目标、企业的3个系统和12个功能，而企业治理系统是其中的关键，治理核心又是治理系统的关键。

治理系统的组成

企业治理系统包含治理核心功能模块、资金管理功能模块、企业计划功能模块、组织管理功能模块，其中治理核心功能模块是企业治理系统的核心，也是整个企业的权力核心。在实际企业组织结构中，企业的治理核心由企业的董事会和经营团队组成。治理系统的组成和功能见图5-1。

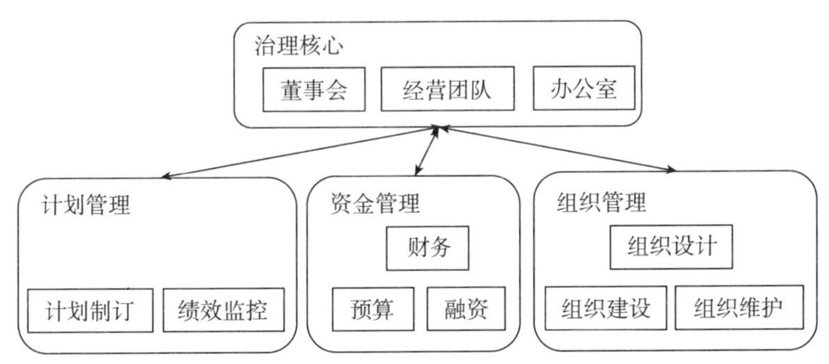

图5-1　治理系统的组成和功能

按照可以找到的规范的解释，董事会是依照有关法律、行政法规和政策规定，按公司或企业章程设立并由全体董事组成的业务执行机关。董事会是股东会或企业职工股东大会这一权力机关的业务执行机关，负责公司或企业业务经营活动的指挥与管理，对公司股东会或企业股东大会负责并报告工作。股东会或职工股东大会所做的决定公司或企业重大事项的决定，董事会必须执行。

我国法律分别对有限责任公司和股份有限公司的董事人数做出了规定。《公司法》第四十五条规定，有限责任公司设董事会，其成员为3~13人。《公司法》第五十一条规定，有限责任公司，股东人数较少或规模较小的，可以设一名执行董事，不设董事会。《公司法》第一百零九条规定，股份有限公司应一律设立董事会，其成员为5～19人。

董事会是企业中的最高权力机构，做出企业中的一切最重要的决定，董事会是企业资本的代表，在一般情况下，按照在企业中的投资比例分配在董事会中的席位比例和权力大小，并且从企业资本的角度做出最重要的决策。

企业的日常经营由董事会委托给企业的经营团队负责，按照可以找到的规范的解释，经营团队是由在企业组织中主要承担战略决策职责的高层管理者所组成的团队，是决定企业组织发展和影响组织绩效的核心群体。在现代公司制企业中，它通常由董事会成员及正、副总经理，以及其他共同参与战略决策的高层管理者组成。高层管理团队是企业发展到一定阶段，为了适应复杂多变的经营环境而出现的一种新型核心决策群体（Core Decision Group，CDG）组织形态。这种形态的发展是与企业特性及其所处的经营环境密切相关的。

企业经营团队根据董事会的委托在企业中负责日常经营和管理，这些管理以董事会的决策为依据，在董事会规定的权限内，负责日常的经营和管理，决定企业计划、资金和组织方面的各项具体工作。

由于日常的经营管理涉及大量的专业知识和具体工作，为了使经营团队更有效地开展工作，企业需要设立管理机构，具体如下：

（1）计划功能模块：运营部/计划部门。

（2）资金功能模块：财务部/资金管理部。

（3）组织功能模块：人力资源部。

计划部门负责企业的计划制订和计划效果评价，计划包括远期的战略计划、中期的产品计划以及近期的运营计划。由于计划是指导企业中其他各个部门的工作依据，所以，在某种程度上，计划部门是整个企业稳定和发展的指挥中心。

计划体系以治理核心系统中的计划功能模块为核心组织，覆盖整个企业的各个系统，治理核心中的计划功能模块负责整个企业的计划制订和目标管理，企业中的其他系统负责计划的执行，二者结合构成企业的计划体系，企业中的计划功能模块，在现实生活中存在的形式包括计划部、运行部、调度中心等形式。企业无论大小，企业管理都是存在的，大企业正规一些，小企业可能只是老板口述的要求。

计划体系的使命是推进企业的发展，是企业治理纲领最重要的实现通道。只有通过计划体系，企业治理纲领中确定的原则才能与企业的业务融合起来，变成每位员工的具体工作要求；同时，企业的计划管理是维持运转的基本手段，各个系统和各个功能模块在严格遵循和执行企业计划的情况下，企业的运作才能保持平稳、顺畅、连贯；企业是以盈利为目的，这种盈利首先体现在计划层面，只有计划中的规划实现了盈利，在执行计划时才能产生盈利。

资金管理功能模块在整个企业治理系统中的位置不言而喻，控制资金是企业中最为核心的权力，资金功能模块负责企业的资本管理、资金的日常管理以及企业所需资金的筹集，企业资金管理的核心在于资金管理目标的设计，以及与日常业务的对接。

企业的资金体系以企业的资金管理功能模块为核心在整个企业进行运作，由于企业中的所有环节都需要资金支持，而且都是以取得回报为目的。因此，企业的资金体系渗透到企业每个细节，企业的资金管理体系由决策机制、操作机制和管理机制组成，资金决策的核心权利由企业的实际控制人掌握，为了简化控制操作流程，围绕着企业实际控制人可以建立一套授权机制，共同形成企业资金的控制机制；操作机制负责资金的日常管理，这带有一定的强制性，国家有相关的规定，基本上所有企业都有；管理机制则是一种补充性的机制，并非所有企业所必需，它需要满足企业某些特殊需要，特别是企业与资本市场的对接。在现实企业中，管理机制由企业的财务部门负责，如果企业有规模，会有一个资金管理部门，全面负责企业的资金管理。

企业的资金管理以平衡为原则，首先要做到量入为出，企业的所有开支必须建立在企业资金能力之内。在此基础上力争做好资金使用效率，尽可能使资金的投入取得更高的回报。其他的原则是充足性原则，资金体系必须为企业的发展提供足够的资金，为此需要更高层次的操作，这就是企业资本操作，为企业扩大资金来源。

组织功能模块负责企业的组织建设，是企业组织体系的核心部件，组织建设包括公司的组织结构设计、组织职能设计、人员的招聘和管理、人员的工作业绩评价、薪酬管理、培训和晋升等组织工作，企业的组织功能模块，由抽象到具体，涉及企业的方方面面，以及其中的每一个员工。

企业的组织系统以企业治理系统中的组织管理功能模块为核心，对企业的各级组织和机构进行管理和操作，这种管理是企业治理系统的组合管理模块做出决定，企业中各系统和系统中的各个功能模块遵照执行。在现实企业中管理模块的存在形式包括人力资源部、人事部等，一般企业都存在，区别在于各自执行的管理方针不一样。

企业组织体系的使命可以分成不同的层次，最高层次是维护企业的组织健壮性，使企业保持在一种积极向上的氛围，这是一种高境界的管理，需要在企业文化层次进行操作，需要通过企业的文化建设，使企业员工的思维和意识与企业的治理纲领中的要求保持高度一致；良好的层次是维护企业的稳定和平衡，使企业能够正常运转，这需要保证员工对各自工作状况和待遇保持满意，各个岗位上的员工能够履行各自的使命和承担各自的责任、维持整个组织的稳定，使员工的流失率保持在一个合理水平；最基本的层次是完成企业中必须进行的工作，如招聘、签订劳务合同、人员的日常管理、履行国家规定的各种法律义务等。

治理系统的自我完善

作为企业的三个系统之一，企业治理系统是整个企业指挥和控制中心，它通过资本、计划、组织三个管理体系对整个企业的所有业务和操作进行操控，在企业处于中心地位，同时，也承担着企业的所有责任，为了使企业得到顺利的发展，企业治理系统需要不断地完善自身，这样才能承担起自己肩负的责任，为此，需要做好如下工作：

（1）不断提升治理能力。

（2）保证企业的资产安全和成长。

（3）构建企业的生存优势。

（4）维护企业的管理基线。

（5）防范风险和保证安全。

治理系统的使命及在企业中的位置见图 5－2。

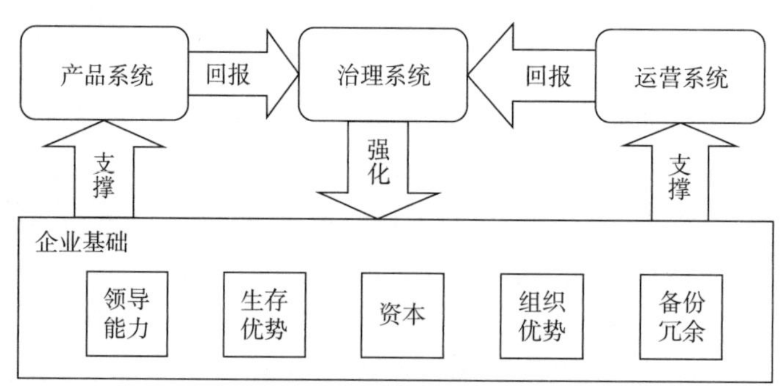

图 5－2 治理系统的使命及在企业中的位置

企业治理核心是企业的决策中心，企业的资金、计划、组织等方面的决策都在企业治理中心完成，再通过企业的资本、计划、组织体系传达到企业中，企业

治理核心只有保证所有做出的决策都是正确的情况下，企业才能顺利成长和发展，对于企业治理核心的考验是所有决策都关乎企业的未来，这个未来可能是好，也可能是坏，为了保证决策的正确性，治理核心需要不断地自我完善，在技术、资本、操作、组织等方面的能力都需要持续地进行改进和提升。

钱不是万能的，没钱是万万不能的。企业可以没有一切，但是不能没钱，然而相对于企业各方面的迫切需求，在企业中钱永远是不足的，这就使企业不得不用好每一分钱，企业必须确保所花出去的每一分钱都是充分必要的，都能保证在现在或将来获得相应的回报，为此，需要不断地强化资金控制和运作能力，消除一切影响资金安全的障碍。

企业必须赚钱，可是赚钱必须是有理由的，企业必须向市场和社会清晰地表达出来——凭什么你们要花如此多的钱去购买我的产品和服务，我的产品和服务的优势是什么，或者就是企业核心价值所在——企业的生存优势，也就是企业生存和发展下去的理由，企业必须通过自己的努力构造出这样一个理由，企业才能存在，为此，需要清楚地识别企业的生存优势是什么，如何能够强化和提升。

如果企业要想赚钱，必须让全体员工努力工作，然而这是有条件的，企业必须支付给每个员工工资，还要给员工提供良好的工作条件，提供培训和发展机会等，同时，企业为员工提供的这一切必须达到或超过社会的平均水平。为此，企业必须设立自己的待遇标准，这就是管理基线，企业的所有管理都是建立在这条基线之上的，并与这条基线设置的高低有直接关系，为此需要建立相应的机制，根据企业内外的情况清楚地识别出企业管理基线的恰当位置，及时做出调整，这有赖于相应能力的提升和改进。

天有不测风云，企业所处的外部环境不断变化，企业内部也会有各种各样的情况，这些都威胁着企业的安全，给企业造成各种风险，甚至会给企业带来灭顶之灾，为此，企业必须严加防范，堵塞一切漏洞。

这些任务是治理系统自身建设的任务，打铁还需自身硬，治理系统不断地优化自己是强化其治理能力的基础，因为，任何能力外延都是有限度和范围的，只有治理系统自身有很强的能力，才能够得到企业中其他方面的支持和认可，否则，就会产生抵触和矛盾。

企业管制机制

与产品系统和运营系统主要完成各自承担的任务不同，治理系统是一个职能向外延伸的机构，治理系统的职责是对产品系统和运营系统进行有效的管制，使这两个系统的工作过程和工作结果符合企业方面的要求，产品系统需要完成市场分析、产品规划和设计工作，运营系统需要完成运营设施规划和设计、日常运营等工作，而治理系统则对这些任务进行管制，具体管理方法是为这些任务设定目标和提供条件，这些管制通过管理文件进行，这些管理文件有：

（1）计划。描述日常运营需要完成的目标，以及产品设计、设施建设任务有什么。

（2）预算。描述日常运营应该取得收入，以及日常运营、产品设计、设施建设的相应支出。

（3）组织规划。为日常运营、产品工作、设施建设工作提供人员安排。

这些通过管理文件的形式提供，而这些管理文件的制定基础是运营优化改进建议、产品规划、设施布局规划，这些是产品系统、运营系统提出的任务建议，而管理文件是在对这些任务请求进行审核评估的基础上形成的决定，以保证产品系统和运营系统开展的工作符合企业目标和要求，并且在企业能够承担的资金和人员提供能力范围之内。除正式的管理文件外，治理系统的管制行为还可以通过口头、文字等方面进行，但是，这些管制行为需要以确定的管理文件为基础。

正确的管制是建立在正确的流程基础上的，管理文件是产品系统、运营系统与治理系统之间达成的“协议”，这样建立正确的管制流程，是企业治理系统是否能够有效治理企业的一个重要问题，所谓正确的管制流程是企业治理系统所做出的具有约束性的指示的制定过程。企业治理系统的至高境界是所有的指示都得到认真执行，且均取得理想的结果，要想取得这样的治理效果，就要保证由治理系统发出的每一条指示都具有正确性、可行性以及低风险性。首先企业治理系统发出的每项指示都必须是正确的，在这里正确的含义是与国家法律、社会共识、技术体系/标准、企业规章制度以及远期计划/策略保持一致；可行性是指企业治理系统发出的指示必须切实可行，这种可行性体现在技术、组织、资金、管理等角度；由于企业治理系统的指示都是发生在具体的行动开始之前，因此，风险难以避免，所以需要降低风险，使风险控制在企业可以承受的范围之内；根据以上情况，说明企业治理系统不能草率地做出决定，所有指示的发出需要经过以下流程：

（1）调研：收集信息。

（2）酝酿：统一意见。

（3）决策：形成决议。

（4）执行：具体实施。

（5）评价：总结经验教训。

（6）改进：改正不足。

治理系统的工作流程见图 5－3。

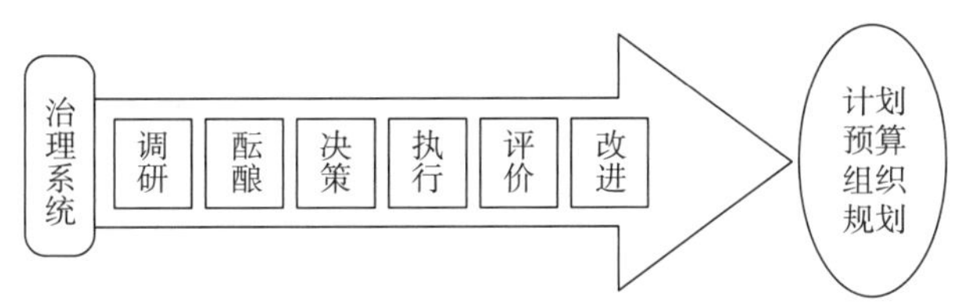

图 5－3　治理系统的工作流程

调研是企业管制性决策做出的第一个环节，摸清情况是做出正确决定的基础，包括以往情况、内外情况、技术/市场/管理/工程等因素，可能需要支付的成本、企业的承受能力，等等，越是重大的决策，越是要进行深入细致的调查，尽可能多地收集信息。

在经过充分的调研之后，就进入酝酿的过程，酝酿是逐步统一意见的过程，酝酿的基础是参与的各方均已经获得所有信息，各个方面的能力等因素基本均等，这样使各个方面均处于一条起跑线上，酝酿的过程是求同存异，逐步取得共识的过程，这需要参与的各方平心静气，保持充分的耐心。

在取得一致意见后，就要形成决策，决策的形式多种多样，根据所做出的决定的类型和重要性的不同而不同，包括领导口头指示、各方签署的会议纪要、通知、报告的批复、公司下达的文件等，做出决定的含义是企业治理系统正式做出了决策，因此，具有相当的严肃性，各个方面都要认真对待。

在做出决策后，就是对决策的执行，在决策过程中，企业治理系统处于主导位置，参与执行方处于配合和协作的位置，在决策执行开始以后，决策执行方处于主导位置，企业治理系统处于配合和协作的位置，这时企业治理系统需要做的事情是与决策执行方保持畅通的联系，及时解决各种问题，提供必要的协助。

在决策执行结束后需要对决策的执行过程和结果进行评价，总结经验并发现问题，需要的不是秋后算账，主要的目的是积累财富和能力，实践是最好的老师，我们应该不放弃一切机会，向实践学习。

改进则是对执行结果进行总结评价之后必须进行的工作，如果在总结和评价时发现了不足，则应该积极进行各种改进和完善工作，避免在今后出现类似的情况。

5.2　治理系统控制原则

为了整个企业的稳定与发展，在企业层面建立了企业治理原则，同样，在企业治理系统之内，为了保证企业治理系统的平稳运行，也需要建立控制原则，格局和方式与企业治理原则相同，不同的是其使用范围仅限于企业治理系统内部，企业治理系统的控制原则是企业治理原则在企业治理系统内的映射，是对企业治理原则的一种支撑。由于整个社会处在不断的发展中，所以企业需要随时应对各种复杂的局面，企业治理系统是整个企业的管制中心，更是首当其冲，因此，建立企业治理系统控制原则可以做到有备无患，企业治理系统的控制原则包含以下内容：

原则一：一切以企业的利益为出发点。

原则二：保证企业的平稳与和谐。

原则三：保证决策的正确性和可行性。

原则四：树立正面的社会形象。

原则五：保证与产品系统和运营系统进行有效合作。

原则六：保证每个产品的盈利能力。

原则七：保持市场的稳定与成长。

原则八：保持市场/企业/员工之间的利益平衡。

原则九：建立良好的决策和执行控制能力。

原则十：保证在研发设施和运营设施方面的恰当投入。

原则十一：建立完善可行的治理规范。

原则十二：筹集充足的资源。

原则一：一切以企业的利益为出发点

企业利益是整个治理系统的关注核心，也是一切工作的基础出发点，治理系统所有工作都是为了企业获益，这一原则必须融入每个治理系统成员的所有活动。

企业利益体现在所有的治理系统工作成果之中，成功执行的计划、预算、组织规划，以及产品规划、设施规划、日常运营的顺利进行都是企业利益的具体体现，也是治理系统各个方面认真工作、相互配合的结果。治理系统代表着企业利益，也代表着与企业相关的各个方面的利益，因为，只有企业获益，员工才能获得丰厚的回报，股东才能获得理想的投资收益，企业才能为社会做出应有的贡献。

原则二：保证企业的平稳与和谐

企业的平稳与和谐是企业的一种理想状态，企业所有工作按照预先安排顺利进行，没有明显的矛盾和冲突，整个企业秩序良好。

企业平稳与和谐是治理系统高质量工作的结果，这首先源自治理系统的决策、计划、资金、组织等方面对于各种相关情况的深入掌握，以及在最大程度上对于不测事件和各种风险的有效防范；同时，治理系统的出色工作能力也非常重要，只有对治理技能和相应的技术有非常充分的理解和掌握，才能形成符合实际情况，并让各个方面都满意的工作成果。

原则三：保证决策的正确性和可行性

决策的正确性是指治理系统做出的决定和批准的文件与企业治理原则相符合，可以为企业带来明显的收益，并且是目前所能够获得的最好选择，同时，已经在最大程度上防止风险和各种问题的产生。决策的可行性是指所做出的决定和批准的文件能够被企业的产品系统和运营系统贯彻执行，符合企业的实际情况，在企业力所能及的范围内。

决策的正确性和可行性的直接体现就是企业获得了良好的经济效益，虽然，这不是企业治理系统独有功劳，但是治理系统在其中发挥的作用至关重要，由于企业的效益要等到相关的决策或文件被执行完成后才能看出结果。

原则四：树立正面的社会形象

树立企业的正面的社会形象是指整个企业的行为方式需要以法律和社会的公共准则为基础，规范企业的社会行为，塑造企业在社会中的正面形象，防止企业因与社会的冲突给企业造成伤害。

树立企业的正面社会形象是企业从社会的角度审视自己的行为，力图保持与社会的和谐，也就是企业与社会对企业的诉求保持一致，这包含遵纪守法、与社会和环境和谐相处以及有益于社会三个层面。

原则五：保证与产品系统和运营系统进行有效合作

与产品系统和运营系统的有效合作是指企业治理系统与企业中产品系统和运营系统建立良好的配合关系，以便保持企业治理系统与产品系统和运营系统之间的相互良好合作与和谐互动，使产品系统和运营系统能够顺利地开展各自的工作，避免不必要的损耗和麻烦。

在企业中，企业治理系统处于主导地位，产品系统和运营系统处于被动地位，产品系统和运营系统需要接受企业治理系统的领导，在企业治理系统通过计划、资金、组成等划定的范围内进行工作，同时，只有产品系统和运营系统按照要求完成相应的任务，企业治理系统的目标设计才能落到实处，否则只是空谈。

原则六：保证每个产品的盈利能力

持续地推出成功的产品是企业治理系统的工作目标，需要通过计划、资金、组织等手段调节产品系统的工作节奏，使其保持在一个积极和谐的状态。更为重要的是，需要保持产品在市场上盈利的高比例，不能只有少数产品盈利。

推出产品是产品系统的工作，但是，由于企业治理系统统揽全局，所以，产品系统需要在企业治理系统划定的框架下进行工作，这些框架性约束包括计划部门制定的企业发展战略，以及每个产品的总体规划目标，资金部门制定的对于产品的投资安排，以及组织部门、产品部门为产品系统配置的人员，产品系统需要以这些框架为基础，争取一个最好的结果。治理系统需要特别小心的是，控制企业产品的种类，保持每个产品的盈利能力，不能让不成功的产品消耗企业宝贵的资源。

原则七：保持市场的稳定与成长

这是对企业市场的格局和趋势的总体把握，使命是保证企业有足够的市场发展空间，在此基础上运营系统可以开展相应的具体工作。

市场关系到企业的生存和发展，没有市场就没有企业的一切，因此，对于市场格局和趋势的总体控制是企业治理系统最为核心的任务，市场格局是总体的市场分类，企业对于市场格局的选择是指企业对于企业所在行业和市场领域的选择，如餐饮行业、设备制造行业、汽车行业等。如果企业规模有限，一般只注重于某一个市场，市场管理比较简单，但有规模的企业，则可能会有很多选择，因此，需要谨慎对待，市场领域选择带有根本性的，一旦进入就面临着大规模的投入；此外，对企业影响最大的是市场饱和。目前，市场饱和已经是对中国企业最大的威胁，因为一旦市场饱和，企业将失去生存的来源，后果不堪设想。

原则八：保持市场/企业/员工之间的利益平衡

保持市场、企业、员工三者之间的利益平衡是企业进行整体设计时的一个基本出发点，如果产品的价格太高，市场不接受，如果太低，企业和员工的利益会受到影响，在企业利益与员工利益之间需要尽可能地向员工方面倾斜，只有员工稳定，企业才能有发展的机会，三者之间需要一种微妙的平衡。

保证市场、企业、员工三者之间的利益平衡是企业健康稳定的基础，只有获得收益才能生存，企业和员工都必须遵循这样的法则，员工不可能无偿奉献，因此，企业必须为员工提供实现其自身价值的机会，同时，企业也必须努力在市场上实现其价值，如果企业和它所拥有的产品能够实现其自身在市场上的价值，获得理想的收益，员工就能提升其在企业的价值，反之，企业在市场上举步维艰，员工也很难得到好处。从这个意义上说，企业与员工是一个共同体，最重要的是，企业必须认识到员工对于企业的重要性，将员工看成企业的基本财富。

原则九：建立良好的决策和执行控制能力

企业决策和执行控制能力是企业治理系统的内在能力，主要通过企业的治理系统的计划、资金和组织功能模块实现，通过企业各种目标的设定与实现来体现。

企业运作和控制能力是企业治理系统对企业整体操作和控制的具体体现，这种能力是计划能力、资金能力和组织能力相互协作和配合以后形成的，这种能力的强大与否体现企业的整体运作情况，企业治理系统的计划、预算、组织规划符合实际情况，能够得到有效实施，则企业能够获得持续稳定地发展，否则，企业内部就会矛盾和冲突不断，对企业的发展形成很大的障碍。

原则十：保证在研发设施和运营设施方面的恰当投入

在研发设施和运营设施方面的投入是指企业在资金和其他资源方面对于产品系统和运营系统进行建设，至少可以保持其先进性，如果能够使产品系统和运营系统有所发展，则更为理想。

研发和运营设施是产品系统和运营系统所具备的工作能力的基础，只有具备了恰当的设施等条件，才能有效地执行治理系统要求的各种任务，随着技术和市场的不断进步和发展，研发设施和运营设施需要进行及时的升级和改造，以保证其能力和水准。为此，治理系统需要保证相应的资源投入。治理系统需要充分认识到保持和发展研发设施和运营设施的重要性，研发设施和运营设施的自身水准和能力的下降将引起企业的整体能力的下降和成本的上升，使企业逐步失去活力。

原则十一：建立完善可行的治理规范

治理系统的中心工作包含两个方面：一是计划、预算、组织规划等管理文件的制定；二是产品规划、设施规划、改进优化建议的审核和批准。对于这两方面的工作都需要建立明确和可行的规范，以便确定流程、含义、实施方法等要求，做到治理系统的工作有章可循。

治理规范必须是现实情况、产品系统和运营系统等被治理方面与治理系统之间的一种妥协和平衡，目的是能够有效地约束治理系统，使治理系统能够按照产品系统和运营系统的实际情况有效地执行治理系统发布的计划、预算、组织规划，取得治理系统所预想的结果，治理规范除面对企业的现实情况外，还需要面对整个社会的现实，与市场实际情况相符合，避免不切实际的情况出现。

原则十二：筹集充足的资源

资源包括资金、人员和相应的设施，筹备充足的资源的含义是为企业的正常运作准备充足的资源，以保证整个企业的正常运营和发展。

资源的充足是企业运营和发展的关键，没有充足的资源企业难以为继，因此，充足的资源是企业开展正常业务的关键性制约因素，资源的供给可以从三个方面获得：一是投资者的投入；二是企业的盈利所得；三是通过社会交流和交换获得。

5.3　治理系统发展目标

为检验企业治理系统控制原则的实际执行效果，我们建立了一套企业治理系统发展目标，由于企业治理系统负责对整个企业的治理管制，企业治理系统发展目标中带有一些整个企业的特征，有些目标需要企业中被治理的其他系统部门配合才能完成，这也是企业治理系统的特殊性所在。企业治理系统发展目标包含以

下内容：

目标一：工作文件水准。

目标二：治理工作状态。

目标三：文件执行效果。

目标四：企业资产状况。

目标五：治理差错处理情况。

目标六：企业业务整体管理效果。

目标七：资本管理和运作效果。

目标八：企业组织管理效果。

目标九：前瞻能力。

目标十：综合协调能力。

目标十一：工作规范程度。

目标十二：工作效率。

目标一：工作文件水准

A. 管理文件和任务文件都具有非常高的质量，各方极为满意。

B. 管理文件和任务文件符合要求，各方基本满意。

C. 管理文件能够被有效执行。

D. 需要改进。

治理系统最重要的工作成果就是管理文件和任务文件，管理文件包括计划、预算、组织规划，任务文件包括产品规划、设施建设规划、日常运营安排或者优化改进建议，管理文件由治理系统自己完成，任务文件由产品系统或运营系统起草，治理系统进行审核和批准，由于这些文件对企业所有日常活动都有约束，所以，这些文件必须具有很高的质量，文件的质量体现在文件格式和内容规整、制定过程符合规范、内容正确可行、目标合理、资源配置充足等方面。

目标二：治理工作状态

A. 治理工作状态极为稳健，工作效果出色。

B. 治理工作状态总体和谐平稳，企业稳定。

C. 企业正常稳定。

D. 需要改进。

企业治理状态是企业治理系统的内在表现，也是企业内其他系统与企业治理系统之间的相互关系，由于各自工作任务、思维方式以及考虑问题的角度不同，摩擦和碰撞难以避免，由于企业治理系统所处的位置，企业治理系统在这方面占有主导位置，需要企业治理系统采取措施，企业的内部状态是企业外部表现的基础，如果企业的内部状态令人满意，企业的外在表现会比较理想，否则，就会因内耗消耗很多资源和精力。

目标三：文件执行效果

A. 效果极为理想，各种结果好于预期。

B. 效果让各方满意，完成预定目标。

C. 基本达到预期目标。

D. 情况一般，效果不理想。

管理文件和任务文件的执行效果主要通过反映经营情况的财务数据和反映工作情况的工作内容统计获得，如营业额、利润、现金流、劳动生产率等，这些是制定管理文件和任务文件的基本出发点，制定这些文件的目的就是为了取得理想的执行效果，对于管理文件和任务文件执行效果的考察，是对治理系统作为重要的考察，企业的业绩是由文件制定方面治理系统和文件执行方面运营系统/产品系统共同实现的，其中由于治理系统所处的位置和承担的责任，对于文件执行效果具有很大的影响。为了取得理想的文件执行效果，治理系统需要从多个方面进行努力。

目标四：企业资产状况

A. 保持持续稳定成长。

B. 可以保值增值。

C. 保值，略有增长。

D. 有些萎缩。

企业资产是企业的生存和发展的重要支柱，企业的行为都是建立在企业的资产之上的。按照现代管理理论，企业的资产按货币计算，包含固定资产和流动资产，固定资产是指企业的各种设施和设备，流动资产是企业所拥有的资金和货物，企业的资产属于企业的股东，股东授权治理核心进行管理，企业治理核心对企业的资产承担责任，需要保证资产的安全，并通过企业的经营活动使资产增值。为此，企业治理核心需要通过治理系统引导整个企业通过对企业资产的使用，使企业的资产获得成长。

目标五：治理差错处理情况

A. 积极防范，无明显差错。

B. 全面防范，及时改进。

C. 有少量的问题未及时纠正。

D. 差错明显。

在日常的治理系统工作中，出现差错在所难免，由于治理系统工作本身具有的开拓性，企业外部环境所具有的不确定性，治理系统很难做到料事如神，所有的事情都先知先觉，最为关键的是，出了错误要及时改进，不能让小错误变成大错误，这是一种正确对待问题和错误的方法。小题大做和不闻不问都是不对的，前者容易打击相关人员的积极性，使治理系统人员在工作中畏首畏尾，失去积极性，后者容易将小问题累积成大问题。因此，正确的态度是积极发现问题和解决问题，对事不对人。

目标六：企业业务整体管理效果

A. 企业各项业务平稳有序地发展。

B. 企业各项业务保持发展趋势。

C. 企业各项业务基本稳定。

D. 企业不稳定或不平衡。

业务整体管理效果是指整个企业中各项业务的总体均衡状态，企业中的业务主要由日常生产和销售，产品设计、设施建设等任务组成，各项业务的均衡状态可以分成三个层次描述：首先是整个企业的工作状态是否均衡，既不太紧张，也不太空闲；其次是日常运营、产品设计、设施建设之间是否均衡协调，是否出现了压力全部集中在某一点的现象；最后是日常运营、产品设计、设施建设各个任务自身是否均衡，是否按照预先的安排平稳进行。

目标七：资本管理和运作效果

A. 企业资产状态极佳，正在稳步成长。

B. 企业资产状态良好，现金流充足。

C. 基本保持收支平衡。

D. 需要努力。

企业中的一切都需要钱，一切的一切都是围绕着钱进行的，企业中最为核心的权力就是对钱的控制权。因此，做好企业资本和资金的管理就成为企业最为核心的使命，然而只是把钱放在保险柜中锁好，或者存在银行中获得利息不是一种理想的方法，资金必须投入到企业的实际业务之中，保证其正常使用，并且能够获得利润才是一种理想的状态，这就要保证投入到实际使用的资金可以通过产品销售利润的方式回收回来，可是资金一旦投入实际使用，就会出现各种不可控制和把握的情况，致使资金无法收回，资本管理和运作就是要有效地控制风险，保证资金的安全，并使其能够增值。

目标八：企业组织管理效果

A. 企业整体状态良好，气氛和谐。
B. 企业状态平稳，人员基本稳定。
C. 企业状态基本平稳。
D. 人员流动率较高。

企业组织管理是对企业所包含的员工进行管理，是整个企业治理系统中最具挑战性的工作，企业的产品和技术越复杂，这种管理的难度就越大。最大的挑战在于企业能否留下自己需要的员工，并保持其稳定，还要让员工认同企业奉行的管理理念和价值观，以便使员工真正地融入企业之中。对于企业组织管理来说，最大的难度是与人，特别是与能力高超的人打交道，如果其自身不具备这种实力，很难保证其对于企业组织的治理和建设能够顺利进行。

目标九：前瞻能力

A. 前瞻能力很强，准确掌握趋势变化。
B. 有一定的前瞻能力，基本符合趋势变化。
C. 各种安排基本正确。
D. 有明显失误。

前瞻能力是企业治理系统的一个重要能力，治理系统前瞻能力的强弱与整个企业的运作有着极为密切的联系，这是由于企业存在于社会之中，需要对各种外部事件做出反应，以便带领企业发展前进，而前瞻能力是对企业整个外部环境的变化趋势的一种预测，企业的计划、预算、组织规划都是建立在这些前瞻性的预测和判断之上的，如果判断正确，企业将会有所发展，如果判断错误，企业则会受到损失。为了保证企业的安全和发展，要求整个治理系统具有非常强的前瞻能力，以便能够对整个外部环境有所掌握，引导企业沿着正确的方向前进。

目标十：综合协调能力

A. 非常强，各种问题应对自如。

B. 很强，基本平稳解决各种问题。

C. 能够协调和解决各种问题。

D. 需要改进。

综合协调能力是企业治理系统的基本能力，企业治理系统承担着对内对外互动的责任，因此，在各种各样的要求中寻求共识是不可避免的问题，这实际上是一种沟通和交流能力。目前，在中小学甚至大学的课程中沟通和协调能力还没有涉及，需要各自细心揣摩。综合协调能力由倾听能力和表达能力组成，如果要想解决问题，首先需要倾听，需要理解对方的诉求，需要从直接或间接、清晰或模糊、理性或非理性、直白或曲折的描述中理解对方希望表达的思想，进行归纳整理，形成要点，如果是口头交流，需要在一瞬间完成，如果是书面交流，可以认真考虑，然后迅速构造出自己的意见；用清晰和平和的方式表达出来，并确认对方已经理解，这种沟通和交流可以是口头的，也可以是书面的。

目标十一：工作规范程度

A. 严格执行各种制度。

B. 有效执行各种制度。

C. 工作基本符合各项制度要求。

D. 问题明显。

治理系统的规范性特征源自治理系统对于与治理相关的各种规则的遵守，治理规则是基于治理理念制定的企业治理系统的各个功能模块工作守则，如董事会议事规则、总经理工作细则、计划制定和实施规范、财务制度、人力资源管理制度等，这些是企业治理系统各个功能模块开展工作的基本规则，对于这些治理规则来说，最重要的是能够被认真地贯彻执行，这首先要求这些制度和规则自身具有高水准，要简明扼要、切中要害、切实可行，同时，要围绕着企业治理规则的具体落实构建企业治理系统的各个功能模块。

目标十二：工作效率

A. 工作效率非常高，状态和谐。

B. 工作效率完全符合预期，效果满意。

C. 工作效率大体符合要求。

D. 需要改进。

治理系统的工作效率由两个因素决定：一是治理工作需要遵守的工作流程的所必须耗费的时间；二是治理系统人员的状态和工作态度。首先，治理系统的各项工作流程必须在简洁性和完整性之间寻找平衡，尽可能地提高效率，去掉一些不必要的细节；其次，治理系统人员必须保持一种积极的工作态度，及时处理各种问题，尽可能加快工作进度，最终将治理系统的工作效率提升到一个合理的水平。

5.4 治理系统实现要点

选择合适的治理系统的存在形式

企业治理系统是企业中不可缺少的部分，其承担的治理决策、计划、资金、组织等功能在企业中占据中心位置，是维持整个企业运转的基础条件，由于企业的形式和规模不同，所以，企业治理系统的具体存在形式也是不同的，对企业治理系统的存在形式影响比较大的是企业规模。由于企业治理系统人员的数量过多直接影响到企业的成本，所以，需要尽可能在减少人员和完成任务之间寻求平衡，但总体上可以分为三类：

（1）一个人：微小企业的治理方式。

（2）几个人：中小企业的治理方式。

（3）一个机构：正常企业的治理方式。

如果企业很小，且业务简单，负责企业治理和运营的可能就只有一个人，如小型的餐饮企业或者小型店铺，还有就是初创企业，甚至没有专职的企业治理人员，所有人都参加具体业务，除财务委托专业机构进行外，其余都需要自己动手。在这种情况下，企业的所有责任都承担在一个人身上，这对于企业治理者是极大的考验，需要非常全面的知识和能力，否则，就会贫于应付，或者企业只从事一些简单的业务，企业仅仅能维持。

如果企业规模比较小，人数在 100 人左右，企业治理系统就会由几个人组成。例如，1 名总经理，1 ~2 名副总经理，2 名财务人员，1 ~2 名人力资源部人

员，2名秘书或办公室人员，在这种结构下，企业治理系统的决策和具体操作是分离的，所有的调研、策划、决策都集中在由总经理或副总经理组成的经营班子身上，要求经营班子人员经过组合后，知识、能力都比较匹配，这样能够带领企业跨越这一阶段，使企业发展壮大。

对于有一定规模的企业就可以建立完整的企业治理系统，这样的企业人数需要在200人或以上。这时，企业治理系统中有了清晰的治理核心、计划、资金、组织功能模块，可能在具体部门设置上不完全一致，但是在功能分布上是相同的，这种健全的企业治理系统强调的是专业化分工和相互良好的配合交流。

明确治理系统的工作任务

企业治理系统的具体工作任务与企业的规模和业务量成正比。非常小的企业，相关治理工作会很少，随着企业规模的扩大，企业治理工作的业务量也会增加，但是，从复杂性和工作难度角度看，都是一样的，而企业越小难度越大，这是因为，小企业很难进行专业分工，而有一定规模，企业治理系统比较健全的企业专业化配置比较完整，不同情况可以由具有不同能力的人去处理，能够从容应对。具体的工作任务如下：

（1）企业建设：企业布局与设施建设。

（2）资本管理：平衡收支，保证供给。

（3）运行管理：保证企业平稳运转。

（4）组织建设：强壮企业机体。

企业建设是指新企业的筹建和现有企业的扩展改造升级。新企业建设包括登记注册、选择办公地点、采购设备、招聘人员等事务性工作，最重要的是企业的整体策划，企业的业务是什么、企业如何盈利、如何成长和发展，这些是企业治理系统的基本任务，保证企业的生存和发展。现有企业扩展式延伸现有企业的业务，这种延伸和扩展之前已经进行仔细的盘算和策划，一般情况下是深思熟虑的结果，具体建设是按照事先的计划具体实施。

企业的资本管理分成两个层面，基本层和运作层，基本层以会计和出纳进行的账务管理为中心，主要是日常的资金收支管理，为各个部门提供必要的资金，同时将营业收入进行入账，定期做出资产与负债、营业收益和现金流的财务报表；运作层是更高层次的资金管理，主要是资金运作的策略的制定，也就是如何有效地管理资金，通过不同的手段保证企业的资金供应，并使企业资产保值增值，企业资金使用规划、金融市场的运作、股票市场的运作等均属于这一范围。

运营管理从日常的角度描述就是给每个人分派任务，这种任务分派可以按年、按季度、按月、按日进行，也可以不明确分派继续在规定的时间从事规定的任务就可以，这种分派可以是简单的一句话，也可以是一篇复杂且冗长的任务书。这样看来，运营管理可以简单，也可以复杂，简单并不是不好，但是粗放就有问题了。在这个意义上，任务分派之上的思考、策划、运筹就显得非常重要，即使只有一个独立的企业治理者，管理一家非常小的企业，也可以在一天工作完成后用一点时间思考一下今天的情况，想一想明天如何可以做得更好。

组织建设的工作有三项基本任务：第一，把人员招聘进来；第二，对人员进行培训并使其能够好好工作；第三，让希望留住的人保留在工作岗位上认真工作。如果是人多事少，企业选择余地比较大，这一工作相对容易进行，如果是人少事多，企业人员选择非常有限，则这一工作的难度就会大幅度增加；如果企业大，待遇好、工作稳定，这一工作的难度会小一些，如果企业规模小、待遇差、企业稳定性差，这一工作的难度就很大；如果企业善待员工，处处为员工着想，这一工作的难度就小，如果企业处处为难员工，克扣员工，这一工作的难度就大。这样看来，企业组织建设可以是一件很小的事，也可以是一件很大的事。

采用合适的治理系统的工作方式

无论是否刻意构建一个真正意义上的企业治理系统，企业治理系统在企业中必须按照某种方式进行工作，因为企业治理系统是整个企业的指挥控制中枢，对企业来说必不可少。作为企业的控制中枢，企业治理系统必须用某种方式向企业中的其他系统以及功能模块传达自己的意志，以便发挥其领导作用，根据企业的规模和业务特征，企业治理系统的工作方式有语言、文字、信息化、文件等种类，治理系统的工作方式见图 5 –4。

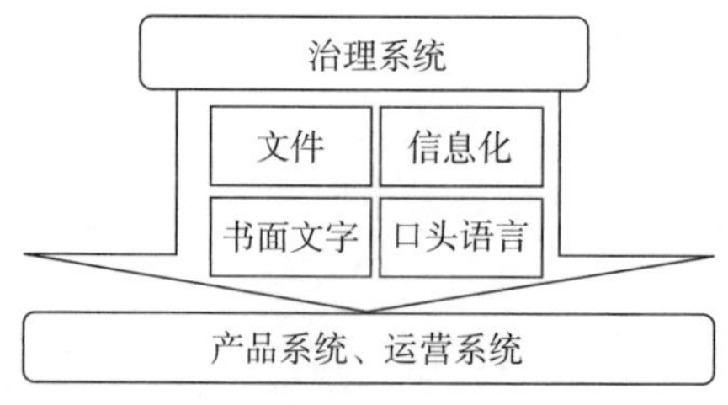

图 5 –4　治理系统的工作方式

语言：在这里是指直接对话。语言是企业治理系统最简单的工作方式，优点是简单便利、方便灵活、直截了当、工作强度低；缺点是随意性大，不方便记录和保存；语言，作为一种最为直接和简洁的工作方式，在任何企业的治理系统中都存在，差别在于所占比例不同，如果是微小企业，语言可能是主要的工作方式，随着企业规模的扩大，其占比不断缩小，对于规模很大的企业来说，直接的交谈已经是很辅助的方式。

文字：在这里是指书面文字。作为一种具有悠久历史的工作方式，书面问题对于企业治理系统非常重要，优点是白纸黑字，表达明确，便于记录和保存；缺点是过于正式，缺乏回旋的余地，过程也比较麻烦，适合中小型以上规模的企业采用，而且只适合于非常严肃的场合，其他的一些场合仍然需要使用语言作为企业治理系统的基础工作方式。

信息化：在这里是指采用计算机信息系统作为企业治理系统的工作方式。企业治理系统与其他系统或功能模块之间采用信息系统进行沟通和交流，这是一种最为现代化的企业治理系统的工作方式，优点是兼有语言和文字工作方式的优点，行为规范，处理量大，准确快捷；缺点是在创建阶段工程量巨大，平时的维护成本也很高，只适合有规模的企业采用。

文件：管理文件是治理系统正式形成的决定，代表了企业的意志。整个企业的各个方面必须严格执行，主要包括企业计划、预算、组织规划，这些管理文件按照一定的时间周期推出，如一年、一个季度、一个月等，为了保证这些管理文件的严肃性和切实执行，文件的制定必须经过一个规范的流程，以便充分体现被管制者和管制者双方面的意志，符合实际情况。

不断进行自我完善

由于治理系统在企业中所处的特殊位置，因此，自我完善必须成为日常工作的组成部分，除进行自我完善外，其他方面难以对治理系统的工作进行管制。为了消除自身存在的问题，防止将小问题演变成大问题，例行的发现不足和改进工作是非常必要的，具体方式可以是办公例会的固定日程。

这种自我完善首先要对一段时间的工作进行总结，对成功的部分要加以肯定，对不足的部分加以改进，如果只需要轻微改进，应该立即实施，下次例会检查；如果是比较大的改进，就要列入计划逐步改进。

明确工作的底线，并守住底线是这种自我完善的必要环节，每次例会应该检查有哪些工作已经在逐步逼近各种底线，应该引起注意，如资金不足、计划不能如期完成等，对于出现的问题必须引起重视，需要采取措施保证相应目标的实现，守住底线，防止风险进一步的发生，大问题都是从小问题开始的。

及时对各种计划和安排做出调整也是自我完善的重要内容，由于计划和安排是事先确定的，很难做到万无一失和绝对准确，加上外部环境的变化，在必要的时候对某些安排做出调整是非常必要的，只是这种调整要谨慎，需要认真和仔细地研究和思考，毕竟做出调整后对相关方面会有影响，能不调整尽量不调整。

第6章　治理核心

6.1　治理核心的组成和职能

治理核心就是企业的领导团队，具有很大的压力和挑战，特别是处在整个社会正在高速变化和发展的环境下，工作难度可想而知。同时，高挑战性带来了高收益，这是所有人对治理核心的位置趋之若鹜的原因，有一点需要每个向往这些位置的人记住：不能光看贼吃肉，还要看到贼挨揍。

什么是治理核心

治理核心是指企业中最高领导力量的组织实体，被称为企业高管、一班人、领导班子、管理团队等，由企业的实际控制人和各个方面的主要控制人共同组成，是企业责任和权利的承载体，职责是主持企业的日常工作，处理各种事项。治理核心拥有企业基础的管理权，其权利来自企业董事会或主要投资者的授权，治理核心依据权利处理企业所有事务，并向董事会或主要投资者基础决策建议，对外代表企业。

作为企业领导中心，治理核心承担着企业中最为关键的责任，这些责任是企业的董事会和主要投资者在赋予企业治理核心相应权力的时候同时赋予的，也是企业员工的期待和其根本利益所在，还有就是整个社会对于企业的要求，为此治理核心需要努力工作，不辜负各个方面的期待。

治理核心需要为企业选择一个正确的发展方向，这个正确的方向的含义是一个行业，以及企业如何在这个行业中发展，选择了正确的发展方向为企业奠定了一个良好的基础；企业治理核心还需要沿着既定的发展方向向前推进，并取得良好的业绩，成绩的体现就是理想的利润，并在利润的基础上使企业获得均衡的发展。

治理核心履行职责的基础来自企业赋予的权力和自身的能力，治理核心所具有的权力是对企业中的人员和资产拥有处置权，以便企业实现预定的设想和目标，同时，治理核心的组成人员需要具备相应能力，这首先体现在相应人员所具有的品格和素质，同时还需要与履行职责相适应的知识和处置能力，如果治理核心成员能够完成预定的目标，将会获得丰厚的报酬，在工作期间，企业还会提供相应的工作条件。

治理核心的任务

给企业治理核心人员良好的工作条件、丰厚的待遇、充分的权力是为了企业治理核心人员完成艰巨的任务，这个任务就是使企业资产保值增值，也就是使企业在规模、资产、价值等方面获得成长，治理核心承担的任务包括常规性的和非常规性的两类。

所谓常规性任务，是治理核心需要日常处理的事务，也是治理核心的基本职责所在，常规任务是要使企业能够正常运转，获得理想的收益，企业的正常运转是指企业中的各个部门和所有人员都能够按部就班地进行工作，所有的工作都能够达到预期，这需要企业为每个员工设定工作目标，也需要提供相应的条件并支付相应的报酬，而工作目标的设定、条件的提供、报酬的支付就是治理核心的日常工作所在，具体的任务包括：

（1）审批计划、预算、组织规划。

（2）执行已经批准的计划、预算、组织规划。

（3）为后续的计划、预算、组织规划做准备和铺垫。

审批计划、预算、组织规划是为企业选择美好的明天，审批意味着最终的决定，一旦批准，在整个企业中就具有相应的约束力，各个相关部门就必须遵照执行，而对于治理核心来说是为企业的下一步做出选择，也就是企业明天要进行什么样的工作，如具体的生产销售任务、产品设计任务、设施建设任务。这些任务可能成功，也可能失败，无论是成功还是失败，治理核心都要对自己的决定负责，明天是未知的，是有变化的，带有非常大的想象成分，治理核心需要凭借自己的知识和能力感受这未知的世界。

已经批准的计划、预算、组织规划就要落实和执行，这是为使企业获得美好的未来，企业要想有好日子过就必须有令人满意的业绩。虽然具体工作由企业中的各个部门完成，作为计划、预算、组织规划的批准者，控制和监督计划、预

算、组织规划的落实是必须承担的义务，如果在这些任务的过程中出现与事先安排不符的情况，需要及时进行调整，这需要治理核心根据具体情况做出判断，以便最终顺利完成计划、预算和组织规划的落实和执行。

除计划的审批和执行外，治理核心还需要为未来的任务做铺垫，为后续计划、预算、组织规划寻找核心内容和素材，这是为了让企业更好地发展，这是一些探索性和开拓性的工作，治理核心必须对是否进行这些工作和如何进行这些工作做出决定和安排，这些工作具有更大的风险和挑战，治理核心需要承担更大的责任，但这涉及企业的未来，一旦成功也许会获得巨大收益。

非常规任务也是企业治理核心的职责所在，与常规性任务的区别是这些工作不是经常性的工作，只有在需要的时候才进行，这些工作包括风险防范、危机处理以及突发事件处理等，这些工作都是治理核心的重要使命，也是企业不希望出现的。但是，许多时候客观环境不以人的意志为转移，是一个企业的能力所不能控制的，最好的办法是做好预防，即使这样也难保证不发生。作为企业的直接责任者，治理核心如何面对困难和风险是一种考验，因此，需要以积极谨慎的态度面对，以期待风险和困难的化解。

治理核心与企业中的其他方面的区别在于其工作所具有的面向未来、面向未知以及巨大的不确定性，还有就是同时因此承担的巨大责任，这就是企业核心成员拥有巨大的权力和丰厚待遇的原因，企业规模越大，风险和责任就越大，而企业规模太小又难以施展拳脚，在这种情况下，治理核心成员所具有的知识和能力就显得非常重要，这就是“千军易得，一将难求”的原因。

治理核心拥有的权力

治理核心负责企业日常运营的权限来自其拥有的权力，通过运用这些权力来决定企业各种事项。基于治理核心的决策，企业中的人员各自按照自己的体制进行自己的工作，进而推动整个企业的运转，权力并不意味着企业治理核心的随心所欲，权力必须在权力机制内行使，并且要对权力行使的结果负责，权力机制由权力内容、权力行使方式以及约束机制组成。企业治理核心的概念如图 6 - 1 表示。

治理核心拥有的权力包括资产处置权、人事处置权及业务决策权。企业资产由资金、设施和流动资产组成，企业治理核心人员在一定的授权范围内处置这些资产，做出对于这些资产处置的决定或建议，如决定某项开支，提出建立新企业分支或收购其他企业的投资建议，然后由董事会做出决定；人事或组织处置权包括对企业的组织进行管理的权利，如决定建立或撤销某个部门或机构、任命或建议任命部门负责人、决定人员的薪酬或其他待遇等；业务决策权是对企业日常业务活动做出决策，对于特别重大的事务向董事会或投资人提出建议，如对与企业产品和日常运营相关的事务做出决定。

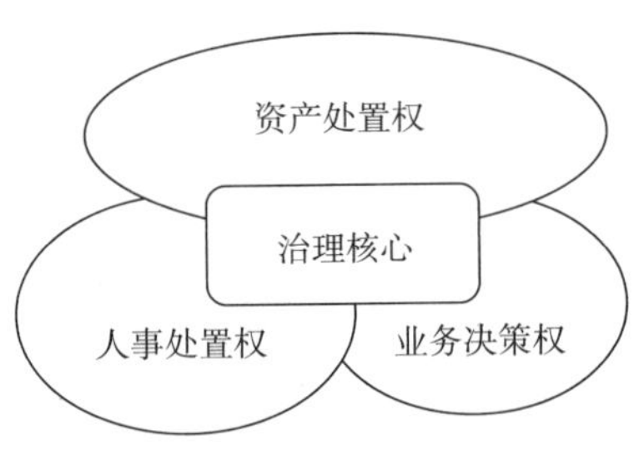

图 6－1　企业治理核心的概念

企业的基本使命是发展业务，因此企业的资产处置权、人事处置权和业务决策权通常是围绕着企业的业务需要混合行使的，在进行业务决策的同时，进行了资产处置和人事处置。例如，治理核心决定开发一项新产品，则需要决定为开发新产品建立开发团队，还需要投入相应的资金和设备。实施批准权力是整个业务中的一个环节，虽然是关键的环节，但不是业务的全部，以开发产品为例，需要经过市场调研、产品规划、各部门审查等环节，之后才是计划审批，计划审批由企业治理核心进行，批准后产品开发项目就获得了企业的资产、人员、业务活动等方面的支持。

治理核心的权力也不是无限的。其权力的约束来自两个方面：一方面来自企业董事会和投资人；另一方面来自企业治理核心所承担的责任。一般来说，董事会或主要投资人对企业的治理核心的权力应用是有限制的，一般会划定一定范围，超过这个范围需要董事会或企业主要投资人的批准，这个范围需要在企业治理核心工作开展的便利性和企业资产安全之间做出平衡；企业治理核心需要对自己做出的决定负责，如果出现失误或没有达到预期的目标，则要为此承担责任。

治理核心需具备的能力

承担了繁重的任务与责任，如果要想顺利地完成这些任务，必须具备相应的能力，因为企业越大，每个决策的重要性就越大，如果有闪失，就会给企业造成巨大损失，因此，要求治理核心的组成人员具备支撑相应作为的能力，这种能力

是在承担企业的治理职责之前获得的，而不是通过在企业的治理任务的实施过程中学习而来，这些能力包括：

（1）管理企业资本的知识和能力。

（2）与企业相关的最新技术以及发展趋势。

（3）企业组织管理能力。

（4）企业产品开发和生产知识和管理能力，以及发展趋势。

（5）企业产品的营销能力。

资本、技术、组织、生产和营销构成了整个企业的全方位的活动要素，作为企业的领导，所做出的决策必须正确，能够取得预期的效果，也必须能够使企业的员工信服，虽然没有必要掌握全部的细节，但是必须掌握其中的关键性要点，这就需要全面的知识和能力，虽然并不要求企业治理核心中的每个人都具备所有的能力，但是需要企业治理核心在经过组合之后具备全面的能力。

治理核心的来源

由于企业治理核心拥有企业最为核心的权力，可以决定企业所有的日常事务，关乎企业的生死存亡，因此治理核心人员的任用就变得非常重要，企业治理核心人员必须得到董事会和企业主要投资人的充分信任，还要得到企业员工的拥戴，而信任是当今社会最难获得的东西，因此，治理核心的来源至关重要。治理核心的来源如下：

（1）来自企业的创业班底。

（2）由投资母体衍生而来。

（3）通过各种方式组合形成。

对于许多企业来说，治理核心来自创业班底是一种非常自然的选择，是顺势而为的一种结果，这种治理核心的构建方式的优点和缺点都十分明显。优点是自然形成，伴随着企业的成长一路走来，相互之间习惯成自然，相互多了一份信任与理解，容易合作和配合，治理核心比较稳定；然而，缺点也是明显的，企业在不同阶段对治理核心人员的知识和能力的要求是不同的，这种企业在一定阶段的发展速度就会逐步减缓，治理核心人员的观念成为企业发展的障碍，某些民营企业出现的“小老树”现象就是源于这个原因。

由投资母体衍生而来多出现于大型集团的 2 级或 3 级企业，企业治理核心人员由上级企业委派或任命，整个企业的思维方式和治理方法会延续投资母体，治理核心人员往往出自同一企业，因此容易配合，这是理顺企业内部业务关系的一种很好的方式，在国内经常遇到，同时，也用来平衡企业内部的人事关系，对于企业中曾经做出贡献的人员，到一定阶段无法给予提升，就采用这种办法进行平衡。最大问题是如果企业的下属企业和分支机构过多，整个企业会变得非常复杂，难以驾驭。

通过各种方式组合而成的治理核心是最为复杂的，如合资企业、收购企业、外聘职业经理人等。对企业来说，每次组合都是一次风暴，新的治理核心如何度过危险的磨合期，对企业而言是一个考验，新来的人员往往想在企业站稳脚跟，想通过“新官上任三把火”的方式做出成绩，但是结果往往事与愿违，由于没有真正了解企业的背景和内涵，很容易引起问题，所以企业的组合过程是所有人员相互了解和相互熟悉的过程，也是企业治理核心重构的过程，这种重构不仅仅是人员的重构，更是企业治理纲领和行为方式的重构。

企业治理核心的质量关系到整个企业的质量，许多企业中的问题的根源都源于治理核心，而企业员工对企业的治理核心又无能为力。构造一个优秀的企业治理核心是企业的一切基础，在很大程度上完成这件事人为因素很少，需要道法自然。

治理核心的制约因素

如果主要投资人作为企业的实际控制人直接管理公司，也就是自己使用自己的钱，企业受到的制约会比较少，如果不是这样，企业就会受到一系列的制约，这种制约因素包括国有或国有控股企业、企业集团的2级或3级企业、金融资本投资企业、上市企业等一系列的限制和约束，这种约束划定了企业治理核心的行为范围，如果治理核心人员违反了规则，就会受到董事会和主要投资者的惩戒，这些约束规则有：

（1）企业章程。

（2）董事会决议。

（3）总经理工作细则。

企业章程是企业成立时全体董事共同签署的企业最为基础的文件，是企业依法制定的，规定企业名称、住所、经营范围、经营管理制度等重大事项的基本文件，也是企业必备的规定公司组织及活动基本规则的书面文件。企业章程是股东共同一致的意思表示，载明了企业组织和活动的基本准则，是企业的宪章。企业章程具有法定性、真实性、自治性和公开性的基本特征。企业章程与《公司法》一样，共同肩负调整企业活动的责任。作为企业组织与行为的基本准则，企业章程对企业的成立及运营具有十分重要的意义，既是企业成立的基础，也是企业赖以生存的灵魂。

董事会决议是指董事会就董事会会议审议的事项，以法律或章程规定的程序表决形成的决议，是董事会集体意志的体现。如果企业资金来源很多，特别是在股东人数众多、股权较为分散的情形下，董事会是全体股东的代表，监督企业的治理核心，以及企业的运转；股东大会仍然是企业的最高权力机构，由于全体股东大会召开的次数有限，由股东大会做出的决议，在股东大会闭会期间由董事会负责监督执行，因此，董事会对享有最后决定权的事项所做的决议，自然也应当属于公司的决议表示。

总经理工作细则是企业董事会制定的一个重要的基础制度性文件，规定了企业的总经理团队，也就是这里描述的企业治理核心如何进行工作，包括企业董事会给予企业治理核心的责任、权利和义务以及实施方法。如果不是投资者直接对企业进行治理，总经理工作细则的重要性就显得非常重要，企业的董事会和主要投资者需要利用总经理工作细则来制约企业治理核心的行为，使企业治理核心能够规范行事，保证投资者的利益。

6.2 构建领导能力

治理核心的领导能力由治理核心成员各自的能力及相互之间的配合构成。企业的治理核心不可能是一成不变的，治理核心成员的变化和调整难以避免，每进行一次变化，就需要进行一次治理核心领导能力的重建，也就是治理核心成员间的重新磨合和相互适应，即使企业治理核心没有变化，企业治理核心也需要不断地改进和提升自己的能力。企业治理核心的领导能力的构成见图6－2。

治理核心人员必须具备的特征

作为一个企业的管制核心，企业治理核心必须能够胜任自己的职责，以完成股东或投资者赋予企业的使命，带领企业和员工稳步前进，由于治理核心成员肩负着如此重大的使命，自然需要有不同于普通员工的要求。

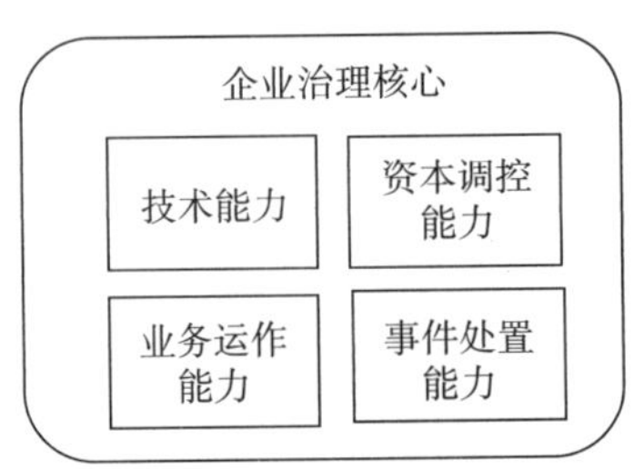

图6－2 企业治理核心的领导能力的构成

为人正派是对企业治理核心成员最基本的要求，作为企业的核心人员，管理着巨大的资产，承担着艰巨的使命。受人之托，忠人之事，治理核心成员必须具有能够承担这番责任的品格，因此，要求为人正派，可以获得各方面的信任，同时，企业治理核心成员必须为人表率，成为整个企业的榜样，引领整个企业树立正气，这也要求企业领导为人正派。

知识丰富是企业治理核心必须具备的素质，在这里知识是指技术、生产、营销、财务和资本、组织等方面的知识，由于企业治理涉及内容众多，所以要求治理核心成员所掌握的知识除具有一定的深度外，还要尽可能全面广泛。因为治理核心承担的责任重大，需要为企业做出正确的决策，具备充分的知识是做出正确决策的基础条件。

能力充分是企业治理核心履行职责的必备条件，治理核心成员需要具备的能力有分析能力、策划能力、组织能力、突发情况处理能力等，这些是完成治理核心职责必要的能力，也是完成企业治理责任的必要手段。治理核心成员对于企业面对的各种情况必须能够做出相应的处置，以便解决问题，还需要能够发现问题的苗头和隐患，在造成损害之前解决问题，同时，问题的处理结果要让员工满意，也要让股东满意。

能够和谐相处是治理核心能够顺利工作的重要条件，治理核心成员之间存在着不同意见难以避免，但是认识上的差异必须在一个友好的氛围中得到解决，这要求治理核心成员的价值观和背景要有一定的趋同性，特别是企业实际控制人，必须具备团结整个治理核心团队的能力。

什么人可以成为治理核心成员

由于治理核心位置的重要性，所以要求治理核心的人员具有明显的优秀特征，这可以保证企业治理核心能够胜任自己的角色，降低企业治理核心出现错误

的可能性，还有就是要在企业人群中有足够的威信，否则，领导能力就会受到限制。

首先是选择具有良好基础的人员加入治理核心，理想的治理核心人员最好是从事过同样的职位，并取得优异成绩的人。因此企业治理核心人员的从业经历就显得非常重要，这种从业经历需要某种标志性的特征，如果在一个出色的大公司当过副总经理，那么到一个小一点的公司当总经理应该是适合的，原因是原公司的光环发挥了重大的作用，也有可能凭着在一家小公司总经理位置上的出色表现，会在一个更大的公司的总经理位置上任职，原因是大公司可能需要同样标新立异的业绩。总之，今天出色的表现就是登上明天更理想位置的基础。

从个人的角度看，需要为进入企业的治理核心做好准备，这种准备的关键点是一专多能，也就是除了主要业务优秀外，还需要表现出比较强的综合能力，因为作为员工只需要完成本职工作就行，而企业治理核心的成员是要带领整个企业前进，需要涉及的内容范围远远超出了自己的专业所学，而且在企业治理核心的位置上，非典型事件是大概率的情况，这与专业所学的典型知识差距巨大，无法比拟。

进入了企业治理核心并不是就此万事大吉了，还需要积极调整和塑造自己，以便在这个位置上站稳脚跟，并寻求后续的发展机会，原因是每个企业都有自己的独立特征，无论是从哪个角度进入企业治理核心，都要有磨合和适应的过程，这一过程具有极大的挑战性，这种挑战一般来自不同价值观和行为习惯之间的碰撞，在这里没有谁对谁错，只有适应和不适应，许多治理核心团队无法合作，最终破裂的原因就在于此。

由于技术、市场、外部环境等都在不断地发生变化，这些变化推动了社会的前进与发展，企业必须跟上社会发展的步伐。作为企业治理核心的组成人员，学习和了解外界的变化就成了日常工作的组成部分，这种学习包括两个部分：一是实时掌握各种有价值的信息和资讯，在信息交互手段极为发达的今天，做起来会容易许多；二是在具体的业务中进行创新性探索，以便保持处于领先的地位，带动企业的发展。

从各种失误和教训中学习是使自己成长的另一种方法，对于没有老师的企业治理核心成员来说，这可能是更为重要的学习方法，首先要善于观察和思考，及时发现别人的问题和不足，要认真想一想别人为什么会失败，问题出在哪里，这样可以避免自己的失败，避免犯别人犯过的错误；同时，“人非圣贤，孰能无过”。犯错误是不可避免的，重要的是及时发现和改正错误，需要特别注意的是，要在酿成灾难之前改正错误，千万不要隐瞒错误，造成不可挽回的损失，这对于企业治理核心的成员尤为重要。

组成团队

组成团队是构建治理核心的领导能力的关键，从客观的角度描述，就是整个治理核心中的每个成员都在相互补台，相互扶持，而不是在相互拆台。这是对企业治理核心的一个重大考验，企业治理核心中存在矛盾是大多数企业的一种常态，在企业治理核心中，每个成员都有自己的分管任务，也有各自的经历和背景，考虑不充分在所难免，问题的关键是企业治理核心的领头人，也就是企业实际控制人的实际作用，能否出色地协调整个治理核心团队的运作，做到一碗水端平，企业越大，这种协调的难度就越大。

取长补短是组建治理核心团队的一个重要任务，由于治理核心团队需要的知识和能力太过广泛，一个人很难完全具备。一个优秀的治理核心团队需要在技术、生产、营销、资本、组织方面具有深厚的功底，还需要在策划、执行、情况处置方面具有出色的能力，为了实现形成优秀的治理核心团队，治理核心中的每个成员需要各具所长，这样综合起来，才能使治理核心团队的整体能力更为出色。

建立信任是治理核心团队能够顺利工作和运作的关键，信任是非常难以获得的，也是最宝贵的财富，在治理核心这样重要的岗位，信任比任何东西都重要，也是最容易失去的东西，信任包括治理核心成员相互之间的信任、员工对治理核心成员的信任、股东对治理核心成员的信任，这些都需要治理核心成员付出长期的努力来逐步获得。

和谐相处源自治理核心成员之间的相互克制和礼让，各自的行为保持分寸，尽可能不对治理核心团队中的其他成员形成干扰和不便，这需要治理核心成员之间相互约束自己的言行，尽可能体会团队中其他成员的想法，在相互关系和企业使命之间形成一种平衡，这需要治理核心团队成员都具有比较深厚的涵养，行为举止规范。

治理核心需要避免的问题

构建一个优秀的治理核心团队需要下很大的功夫，做出一番艰苦的努力，但是如果要出现一些问题却很容易，只要稍有不慎就可能出现各种各样的问题，形成对于治理核心乃至整个企业的危害。为此，治理核心需要时时谨慎小心，堵塞

一切漏洞，防止可能的问题出现。

心不正是治理核心团队首先需要避免的，心不正是指治理核心存在某种不良的企图或做法，在企业内部或外部采用了不正确的价值观、操作手法甚至违法，这往往是为了使企业获得利益，但是因为采取的是不正当的方式，产生的隐患或问题可能会让企业付出更高的成本或代价，企业犯一个错误或出现一点问题非常容易，只要治理核心稍不谨慎就会出现，但是，要消除问题的影响和损失难度就非常大，尤其在信息被非常广泛传播的今天。

不能控制局面是治理核心容易出现的问题，主要表现为治理核心下达的决定或指示不被执行，或不被完全执行。出现这种情况一般是所下达的决定或指示与实际情况有差距，造成执行困难，或者如果执行可能会对执行者自身造成损害，避免的方法是治理核心在做出决策的时候不要主观臆断，要做足功课。

不被认可是治理核心需要避免的问题，这种情况往往发生在企业更换新的治理核心之后，新的治理核心不被当前的企业内的各个部门认可，这需要治理核心对现有企业中的各个部门给予充分尊重，也要尽快树立威信，展现出自己的能力，尽快克服当前的尴尬局面。

治理核心团队内的不和谐和不团结气氛必须完全消灭。对于企业来说，最可怕的是由于企业治理核心成员之间的冲突和矛盾，形成了企业之中的山头，会对企业造成巨大的内耗，派别的观点阻碍了企业的正确方向，最后弄得几败俱伤，赔了夫人又折兵。在现实中，这种例子很多，有的时候，起因并不是治理核心内部的矛盾，而是员工中别有用心人的挑拨。

利益设计不合理是引起企业很多问题的根源，治理核心对此必须小心谨慎，整个企业的管理是建立在企业的管理基线之上的，在企业外部环境不断变化的时候，非常容易出现这样的问题，当员工感觉到生活压力大，或者企业待遇明显低于其他企业的时候就会引起心理不平衡，企业的治理难度就会加大。为此，企业治理核心需要为保留恰当的管理基线保存空间，更不能轻视员工。

6.3　治理核心工作原则

相对于企业章程、董事会议事规则、总经理工作细则等制度性文件，治理核心工作原则更接近企业的业务实际，便于企业治理核心成员在实际工作中把握分寸，由于企业需要不断地开拓前进，未知和不可预测难以避免，而治理核心工作原则就是一种面对复杂事务做出判断的准绳，在原则性和灵活性之间取得平衡，企业千差万别，治理核心工作原则需要根据企业的具体情况制定，这里给出样板，企业治理核心工作原则包含以下内容：

原则一：选择正确的发展方向和发展道路。

原则二：充分维护企业的利益。

原则三：确保投资者和资本市场的充分信任和支持。

原则四：为企业构建充分的生存和发展空间。

原则五：注重与社会环境和谐相处。

原则六：维持企业内全方位的稳定与和谐。

原则七：与员工建立和谐关系。

原则八：努力构建企业优势。

原则九：精通业务和管理。

原则十：行为作风正派。

原则十一：在国家法律允许的范围内工作。

原则十二：严格遵守公司章程和董事会决定。

原则一：选择正确的发展方向和发展道路

企业发展方向通过产品和市场的选择确定，发展道路是通过企业的产品和市场的未来开拓设想来确定，发展方向和道路是企业治理核心最为基础的决策，企业的一切活动都是围绕着治理核心选择的发展方向和发展道路进行的。

如果发展方向和道路正确，企业就可以顺利发展，方向和道路出现问题，企业就会问题不断，甚至失败。方向和道路的选择是企业治理核心最基础的决策，也是对企业治理核心的基础能力的验证，方向和道路一旦确定，后续的投入将随之跟进，即使进行调整也会难度很大。在很多情况下，道路和方向不像自然地理一样是稳定不变的，是会随着社会的变迁而变化。

原则二：充分维护企业的利益

充分维护企业利益是指治理核心在面对各种情况和各个方面诉求时，以企业利益为核心处理相应的事务，其他各方面的利益诉求都要服从于企业利益，以企业利益为基本平衡点。

在现实的企业治理活动中，常常会遇到带有各个方面的利益诉求出现在企业的治理核心面前，企业内的不同方面也会很自然地将自己的利益诉求夹杂在相关的业务处理之中，这是形成企业内部冲突的重要原因，这时治理核心的立场就显得十分重要，治理核心就要以企业利益为核心处理各种事务，通过企业利益来平衡和协调各方的利益。在具体的实践中，首先要保证企业获得利益，然后才是在保证企业持续稳定发展的前提下，分配这些利益，例如，企业利润的处理，就要遵循这一原则。

原则三：确保投资者和资本市场的充分信任和支持

通过与投资者和资本市场充分地沟通和协调，使他们对企业在既定的发展方向和道路上取得的成长和发展有清晰的认知，进而获得企业投资者和资本市场对企业治理核心已经完成的工作和将要进行工作的支持。

信任是当今社会最难获得的财富，获得投资者与资本市场的充分信任与支持，意味着后续资金的持续供给，是企业成长和发展的基本支撑力量，没有这样的支持，企业后续的发展将难以为继。

原则四：为企业构建充分的生存和发展空间

企业的生存和发展空间由两个因素构成：一个是企业的市场，也就是企业产品或服务的购买力量；另一个是企业的社会环境，这些是企业生存和发展的基本外部条件，为了保证企业的持续发展和成长，企业治理核心必须不断地为企业构建充分的生存和发展空间。

企业失去生存和发展空间对于企业来说是一个灾难，一种情况是市场饱和，客户再无购买产品的可能性；另一种情况是企业对社会造成危害，社会不允许企业的存在，要压缩企业的生存空间，无论哪种情况出现，都会给企业造成巨大的损失，企业以前所做的一切努力都会付诸东流。为了避免这种情况的出现，企业治理核心必须小心谨慎，为企业做出恰当的选择，一旦察觉趋势不对，需要尽早采取预防措施，当企业的生存和发展空间真正消失的时候，一切都晚了。

原则五：注重与社会环境和谐相处

企业通过设施与其周边环境发生关系，通过其员工与社会人文环境发生关系，企业治理核心应该把握好企业社会环境的关系，努力构造对自己有利的社会环境。

企业所处的行业不同，与社会环境的关系就不同，但是企业无法摆脱与社会环境的关系，重化工企业对企业周边环境影响比较大，非常容易干扰环境；而软件开发企业与环境和平相处，对环境无任何损害；商业和零售业要求坐落在繁华地段，以聚集足够的人流；还有些企业需要租用高档和豪华的办公楼，以衬托自己的身份，企业对环境的需要各种各样。

原则六：维持企业内全方位的稳定与和谐

在企业的治理活动中，各个方面的各种要求会层出不穷，包括企业内部和外部，这些情况一旦处理不当就会影响企业的稳定，为了妥善解决这些问题，综合平衡是治理核心必须采取的方法，目的是维护企业稳定与和谐。

家和万事兴，企业内的稳定与和谐是企业各项工作顺利开展的必要前提和基础，如果企业整天陷在各种各样的纠纷中，其他任何工作都难以开展。为此，必须保证企业的稳定与和谐，而保证企业稳定与和谐的关键是企业的治理核心的态度，这是因为企业的各项工作都是围绕着企业治理核心的基本理念展开的，只有治理核心立场正确，处理方式得当，企业中的其他问题才能得到恰当的处理。只要稍有差池，很可能会引起误会，使问题变得复杂。正因如此，领导是一门艺术，而不是一门技术。

原则七：与员工建立和谐关系

治理核心与员工之间的关系是企业中处理难度最高的关系，是企业许多问题的根源，造成这种情况的原因是深刻的内在矛盾容易被表面的和谐所掩盖，而矛盾的根源是企业治理核心的价值观取向发生严重错误。

治理核心与员工的绝对平等是做不到的，但是，企业治理核心一定要尽全力使员工感到满意，须尽最大努力去做，因为，随着技术和结构的逐步复杂化，员工对于企业越来越重要。

原则八：努力构建企业优势

企业优势是企业的某一个或一组特点，这些特点形成了客户选择企业产品的根本原因，成为企业与市场的连接点，治理核心的任务就是要找到这些优势，并着力塑造和强化。

企业的优势是企业治理核心需要去努力塑造的，这种优势需要通过企业的不同侧面和角度体现给市场和社会，并需要市场和社会能够体会到和认同，这需要巨大的投入、全公司的共同努力，以及一个缓慢的过程，其中起主导作用的就是企业治理核心，首先需要治理核心对市场和社会做出正确的判断和选择；其次逐步通过引导企业的各个方面努力形成这一优势；最后就是持续地维护和强化。

原则九：精通业务和管理

精通业务和管理是对治理核心人员的基本要求，这包括掌握和具备相关知识、操作能力以及管理控制能力。治理核心是企业的神经中枢，精通业务和管理的要求使治理核心具备充足的知识和能力，可以有效地带领整个企业向前发展。

企业治理核心扩展知识和能力的努力在任何时候都应该鼓励和支持，随着各种技术的不断进步，一个人的知识和能力在整个知识和能力的全部集合中覆盖比例逐步缩小。通过治理核心的分工组合，知识和能力的覆盖面可以相对扩大，但是仍然有限。在知识和能力的集合不断扩大的同时，企业治理核心对于知识和能力的掌握要突出重点，要把知识和能力的掌握集中在企业业务的整体趋势方面，对于技术、生产、营销、运营的一些细节只要能够理解和掌握即可，否则，就会出现“丢了西瓜捡芝麻”的错误。

原则十：行为作风正派

行为作风是企业治理核心的处事形态，正派的行为作风包括诚实、守信用、言行一致、平等尊重等一系列价值观，通过企业治理核心的正派行为，可以带动整个企业的优良风气的形成。

治理核心的行为作风正派是整个企业有效治理的基础，通过正派的行为作风首先可以取信于董事会和投资者，获得他们的信任；其次可以获得运用的支持，员工在按要求完成任务后，治理核心兑现承诺是非常重要的，否则就很难有下一次信任了；最后可以树立企业的正面形象，取信于客户、合作伙伴和整个社会的各个方面。

原则十一：在国家法律允许的范围内工作

在国家法律允许的范围内工作包含三层含义：首先，严格遵守本国的法律法规；其次，如果有国际业务，还需要遵守所在国家的法律法规；最后，如果相关的法律法规与企业的业务操作有冲突，要通过积极的方式加以调整。

遵守法律，在法律允许的范围内进行工作的意义在于避免企业的现实和潜在的风险，防止出现由于企业的违法行为而受到相关强制机构的制裁。由于违法而受到制裁而引起遭受重大损失的情况已经很多，许多企业因此而沉沦；企业规模越大，因违法造成的损失就越大；有些危险甚至是几十年前就埋下的隐患，因此，企业治理核心绝对不能抱有任何侥幸心理。

原则十二：严格遵守公司章程和董事会决定

按照国家法律，企业的章程和董事会决议是企业所有工作的最高准则，企业治理核心有义务去遵守相关约束和完成相关任务，以维护企业投资者的权益。

在法律意义上，企业治理核心必须遵守公司章程和董事会决议，可是在现实情况中，公司章程和董事会决议有可能与企业的现实状况存在差距，这就造成了投资者与治理者之间的冲突。为防止出现这样的问题，以及在出现这样的问题后可以及时解决，企业治理核心需要做足相关功课，做好充分的准备，并通过各种方式消除董事会和投资者的误解，做好沟通和协调。

6.4 治理核心工作指标

治理核心工作指标是对治理核心的一种评价方式，可以全面和客观地评价企业治理核心的业绩和状态，它与治理核心工作原则相对应，对治理核心工作原则的执行情况进行评价，也是企业级的企业治理指标，以及系统级的治理系统发展目标面对治理核心工作功能单元的具体实现，是目标体系的基层元素之一，它与其他的功能单元的工作指标一起，撑起整个企业的系统层和企业层的指标的实现，治理核心工作指标的内容有：

指标一：领导效果。

指标二：工作状态。

指标三：引导能力。

指标四：发展布局。

指标五：行为约束。

指标六：团队状况。

指标七：支撑资源。

指标八：受拥戴程度。

指标九：业务熟悉程度。

指标十：综合能力。

指标十一：决策机制。

指标十二：治理行为规范性。

指标一：领导效果

A. 高瞻远瞩，洞悉一切，观察敏锐，行事果断。

B. 具有较强的观察判断力和决策领导力。

C. 能够胜任工作要求。

D. 需要努力。

领导效果是企业中各个部门和员工对企业治理核心的最直接感受，也是企业内外各个方面对企业治理核心的信任的基础。企业治理核心的领导效果构建了应有的威信，有了比较强的领导权威就能顺利地带领企业成长和发展，各种指令能够被企业中的各个部门和员工贯彻执行，如果没有领导权威，企业治理核心的各种指令就难以被有效贯彻，企业发展会受到影响，企业治理核心也就没有领导效果。企业治理核心通过其以往的业绩和各种处事结果就能树立起自己的权威，这样可以顺畅地实现自己的想法，形成比较好的领导效果。

指标二：工作状态

A. 积极平稳，协调有序。

B. 态度积极，基本上工作有序。

C. 基本认真。

D. 需要改进。

治理核心的工作状态对于整个企业的影响非常大，这是因为治理核心的示范和表率作用，要求整个企业做到的，治理核心必须首先做到。如果治理核心成员对待工作不认真，而要求员工认真负责，员工很难从内心服从，最终造成整个企业涣散和混乱，因此，治理核心必须积极认真地对待工作，这样才能引导整个企业形成一种积极向上的状态，保证各项工作的顺利开展。

指标三：引导能力

A. 具有非常强的感染力，有效带动整个企业。

B. 表达清晰明确，能够带动企业运作。

C. 能够领导企业运作。

D. 需要努力。

引导能力是治理核心的一项基础能力，是其他内在能力的放大器，其作用是将自己的想法清晰地表达给相关各方，以便各个方面可以理解治理核心，能够明白企业治理核心所要表达的内容，正确的表达是良好沟通的开始，也是消除误会和误解的开始。

指标四：发展布局

A. 策略正确，效果非常显著，股东和员工充分认可。

B. 策略正确，有一定效果，股东认可，员工基本认可。

C. 股东基本认可，骨干员工认可。

D. 各方都有意见。

发展策略选择和布局是企业治理核心在企业业务方面进行的一系列选择所构成的企业未来发展趋势，是企业未来业绩的基础，由于业务具有连贯性，企业在良好业绩的实现是整个企业的努力，由于企业治理核心的决策是所有企业活动的源泉，所以，企业治理核心的发展道路选择是所有具体业务决策的最基本要素，带有很强的根本性。

指标五：行为约束

A. 自我约束、品行端正、为人正直、平易近人，为人表率。

B. 自我约束、行为规范，待人平和。

C. 自我约束和非自愿约束共存。

D. 需强制约束，行为有问题。

治理核心人员的行为约束与企业的业绩没有直接利害关系，但是与企业的风险有一定的关系，行为约束的含义是指某个人的待人接物是否规矩，整个人是否表现出一种正人君子的做派，如果某个人行为端正，则容易被其他人信任，这是担任治理核心人员的一个基础条件。

指标六：团队状况

A. 取长补短、团结协作、能力全面，力量聚合。

B. 各自具备相应能力，整体协作顺畅。

C. 总体顺利，有小矛盾。

D. 需要改进。

团队状况是指企业治理核心人员之间相互配合的默契程度。一方面，相互之

间是否冲突；另一方面，企业治理核心成员之间是否可以相互取长补短。合作默契并相互扶持的企业治理核心对于企业的顺利发展极为重要，否则很多资源就要浪费在内耗上，给企业造成损失。

指标七：支撑资源

A. 各方面基础雄厚，发挥余地很大。

B. 有些积累，可以有所作为。

C. 基本正常，可以维持。

D. 条件差，需要改进。

充足的资源是企业治理核心开展工作的基础，这里充足的含义是能够满足企业治理核心实现其发展目标的需要，资源包括自己、设施、人员等，企业的资源主要来自三个方面：股东的投入、企业收益、市场上筹集。

指标八：受拥戴程度

A. 得到全体员工充分信任，从内心支持。

B. 得到大部分员工基本信任，基本配合。

C. 基本得到信任，不影响工作。

D. 不信任，工作阻力较大。

受拥戴程度是对治理核心的一个重要要求，是治理核心的相关工作可以顺利开展的关键，用另一种方式描述，就是治理核心的领导威信的问题。如果治理核心受到企业中员工的拥戴，就能够建立起治理核心的领导威信，整个企业就会处于一种积极有序的状态，如果企业治理核心的受拥戴程度低，最直接的表现就是企业的稳定性差，人员流动频繁，员工即使待在企业，也不认真对待工作，影响企业的整体运作。

指标九：业务熟悉程度

A. 深入了解各个环节的技术和运营状况。

B. 了解各个环节的技术和运营状况。

C. 基本了解各个环节的情况。

D. 不太了解具体情况。

业务熟悉程度是治理核心是否称职的重要标志，无论企业大小，治理核心成员熟悉业务都是最基本的要求，熟悉业务的人能否取得理想的业绩还要受到很多因素的影响，不熟悉业务就不能胜任工作，也不具备领导企业中其他人员的能力。

指标十：综合能力

A. 知识全面，能力强。

B. 专长突出，了解全面情况。

C. 具备基本能力。

D. 需要提高。

综合能力是协调、控制、指挥、引导、说服、感化等能力，是企业治理核心成员必须具备的基本功。企业治理核心成员具备的知识和了解的情况，只有通过这些综合能力才能转化成企业需要的领导操作，这些能力主要用于应付日常性和突发性的情况，引导企业实现预定的目标。

指标十一：决策机制

A. 明确、规范、确实执行，行之有效。

B. 有明确的决策机制，能够有效执行。

C. 决策行为基本规范。

D. 需要改进。

决策机制是企业治理核心进行决策的方法，也就是企业治理核心需要用什么方法做出关于企业的各项决定，包括事情的分类、企业治理核心成员的分工和职责以及决策的流程。在企业中，只有符合决策机制的决定才具有约束力。

指标十二：治理行为规范性

A. 严格遵守国家法律，制定清晰完备的企业制度并严格执行。

B. 有企业制度，符合一般法律，有效执行。

C. 有部分书面制度，不违法，基本执行。

D. 没有明确的制度。

治理行为规范性是指企业治理核心确定企业日常管理和规则以及由企业治理核心做出的决策除了能够给企业带来应有的价值和收益外，是否具有正当性。在这里，正当性是指在符合国家法律法规的前提下，是否符合社会和行业公认的规范，是否符合董事会的决议和全体股东的利益。如果做出了不具备正当性的决定，企业治理核心要对形成的后果承担责任。

6.5　治理核心的评价与优化

评价与优化的目的

对于整个企业来说，发现问题和改进不足是必须进行的工作，这些工作由企业治理核心对企业的员工进行，也就是领导教育群众。然而，对领导进行教育，在一般的企业中却难以进行，群众教育领导的唯一可行办法就是辞职不干。人都是会犯错误的，企业治理核心也是一样，为此，企业的治理核心也需要建立改进和优化机制。

对治理核心建立评价和优化机制首先是要改进治理核心自身的工作，这样做是为了提升治理核心本身的能力，发现问题和不足，提升工作的水准和治理效果，治理核心在工作中出现问题和错误在所难免，积极改进发现的问题，首先要保证给各个方面一个积极正面的形象，至少要避免同样错误出现两次，也不要将治理核心内部的小问题变成大问题，影响全局。

由于治理核心负责整个企业的决策，因此，需要对治理核心的相关决策和这些决策对于企业业务的影响做出评价，以便判断决策是否正确，以及有没有更好的选择。治理核心需要以积极的态度面对自己做出的各种决策，发现问题及时纠正，避免后续的失误，治理核心必须充分认识到及时检查决策效果的重要性，要更多地从自己身上找问题，先解决自身的问题。

由于治理核心负责企业的整体结构和运作机制的设计，所以，及时检查和审视治理核心对于企业结构和运作设计是非常必要的。在一般情况下，伴随着企业的发展，需要及时对企业组织结构和运作机制做出调整，要逐步规范化和正规化，适应企业正常成长的需要。

治理核心的评价优化机制

确定对于企业治理核心进行评价和优化的必要性后，就要建立相应的机制，也就是如何对企业的治理核心进行评价和优化。建立机制的目的是消除这种评价和优化的随意性，对评价和优化有确定的目标、进行时间、进行方法和工作目标，这样可以客观公正，对事不对人，使治理核心能够更好地开展工作。治理核心的评价和优化机制见图6－3。

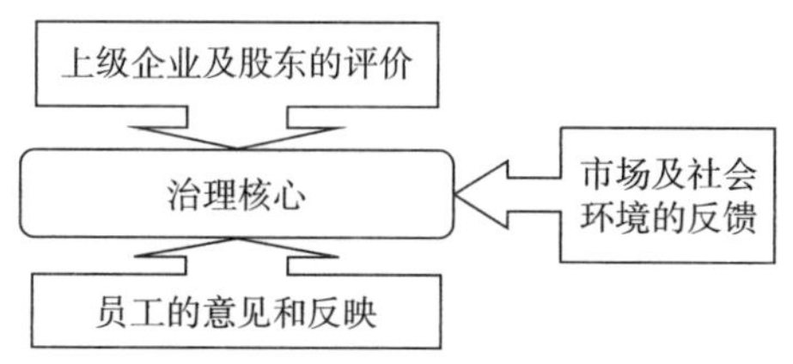

图6－3　治理核心的评价和优化机制

事实上，企业治理核心的评价机制并非完全不存在，目前常见的是对于上市企业的评价机制，这种机制虽然不能说完善，但是好过没有，这种评价机制是以企业的信息披露机制为基础的，企业需要按照规范分定期和特定两种情况披露企业的信息，并保证所披露的信息的真实性，而评价是股票持有者通过买卖其股票进行，其股票的价格就是对企业治理核心业绩的一种评价，这样可以大致上反映出对于企业治理结果的看法。

最为有效的方法是上级企业对下级企业治理核心的评价和优化，在这里下级企业是拥有控股权的企业，对于下属企业可以建立完善的治理核心的评价和优化机制，包括在什么时候对企业治理核心进行优化和评价，具体评价方式和评价标准，以及对于评价结果的使用方法。建立这种评价机制最为关键的是客观公正，评价方和被评价方按照一种双方都能接受的方法进行评价，得到的结果可以让各个方面信服。

对于私营企业或有限公司能否建立起对于治理核心的评价和优化机制则要视具体情况。从现实情况看，建立这种机制会比较困难，特别是对于私有特征比较明显的企业，这种机制类似自我批评，如果意志力较差，很难有效地进行。

正规化的治理核心优化评价机制应该是企业治理核心正常工作的组成部分，如成为定期例会的固定内容，在举行例会的时候对治理核心和各个方面的工作进行回顾，总结经验，及时发现问题，这样可以避免将各种问题，特别是避免把小问题发展成大问题以后再解决。需要注意的是，尽可能做到对事不对人，避免治理核心成员之间的直接冲突。

治理核心的评价标准

治理核心在进行评价和优化的时候采用什么标准是治理核心优化和评价能否

取得令人满意效果的关键，这个评价标准必须能够被企业内外各个方面认可，并且治理核心或者整个企业有能力去执行，执行以后必须具有良好的效果。比较简单和现实的做法是，采用如下内容作为治理核心的评价标准：

（1）治理核心工作目标。

（2）治理系统发展目标。

（3）企业治理目标。

治理核心工作目标是对治理核心自身工作进行评价的依据，治理核心工作目标是企业治理原则/目标体系中针对治理核心功能体的具体目标，可以全面和客观地评价企业治理核心的业绩和状态。它与治理核心工作原则相对应，对治理核心工作情况进行评价，也是企业级的企业治理目标，以及系统级的治理系统发展目标面对治理核心工作功能单元的具体实现，是目标体系的基层元素之一。

治理核心除了承担治理核心功能级目标的评价外，还需要承担治理系统的治理目标对治理核心进行的评价，以便检查企业治理系统控制原则的具体实施情况。由于企业治理系统负责对整个企业的治理管制，所以企业治理系统发展目标中带有一些整个企业的特征，有些目标需要企业中被治理的系统部门配合才能完成，这也是企业治理系统的特殊性所在。治理核心是整个治理系统的控制中心，做出最为关键的决定，需要依据治理系统的治理目标进行评价，以确定在治理核心的领导下整个治理系统工作良好。

企业级治理目标以关注企业的状态和健康为核心，试图通过解决企业的内在和深层次的问题逐步使企业的状态得到调整，使企业逐步恢复和增强活力。在企业级治理目标中设有若干个企业评价项目，具体评价采用分级考核的方法，将每个指标分成若干个等级，这种方式可以大幅度降低对于企业的评价成本。参考企业级治理目标对治理核心进行考核是为了检查治理核心对企业的运营和发展所做的工作和效果，以及后续努力的方向。

治理核心的优化

对治理核心进行评价是为了发现问题和缺点，然后加以改正，以便企业治理核心可以不断成长和发展，并不是所有的企业能够进行评价和优化，具体情况要看企业的实际情况，不同企业可能有不同方式。

所有企业都能采取的方式是自我完善，也就是企业治理核心本身希望通过评价和优化机制不断完善自己，这需要企业有强烈的体制化优势，要认识到：无论什么时候，企业治理核心都会存在不足，需要采用机制化的方式进行改进和优化，但是这与一般人的普遍思维方式相违背。在多数情况下，治理核心人员都会认为自己是正确的，这样企业的员工都不愿意真实地反映企业的情况，特别是治理核心自身存在的问题，而愿意反映治理核心喜欢听的信息，因为，治理核心的人员高兴对员工最有利，而企业的好坏与自己无关，企业一旦出问题，员工可以快速脱离。

另一种方式是来自外力对企业治理核心的评价和优化，这种情况不可能发生在企业治理核心人员是由企业股东的董事会成员组成的情况，适用的情况是董事会与企业治理核心的人员完全不同，或者是上级企业对下级企业的治理核心进行评价和优化。通过对企业治理核心进行评价，如果发现了问题，可能采取的措施包括：①要求企业治理核心自行进行改进；②引进可以对企业治理核心进行调整的力量，例如，引进新的成员，或采用新的管理方法；③对治理核心进行彻底改组。无论采用什么方法，最终的目的是改进企业治理核心存在的不足，使企业治理核心可以不断成长，进而带动企业成长。

第7章　资本管理

7.1　资本管理的任务

资本管理和运营是企业整个治理系统的支撑中心，这是由资本在企业中的重要性决定的。资本是企业的血液，血液不断增加，企业就能够成长和发展，血液不断流失和减少，企业就会萎缩，甚至终结生命，为此，需要谨慎地对待企业资本。

资本管理的使命

纲举目张，资本管理是企业中的纲，是控制企业中所有活动的一个抓手，无论是计划管理还是组织管理，最终都要落实到资本管理，日常运营就是资本的再生产，直接为企业赢得属于自己的资本，产品工作必须在资本的支持下才能进行，产生的成果是企业的潜在盈利能力。企业中的一切都与资本脱不了干系，资本就是企业的血液，资本的运转停止了，企业的运转也就停止了，资本管理的职能见图7－1。

资本最重要的表现形式就是资金，资金是企业中的最重要的东西，但不是企业的全部，企业中一切都需要资金的支持，资金也需要通过企业的各种具体任务活动来实现成长，资金与企业是相辅相成的，好的企业就是有钱的企业，在这里，“有钱”的含义是能够使企业资金不断地成长，正规的说法就是资本的保值增值。

作为企业治理系统中的一个重要功能模块，资本管理部门的责任重大，任务艰巨。在现实的企业运营中，理想的资本管理包含：财务管理、资本操作、预算管理。财务管理负责记账和现金收支；资本操作负责融资和投资等资本运作；预算管理负责制定和执行预算；三者共同构成了整个资本管理功能模块的全部。

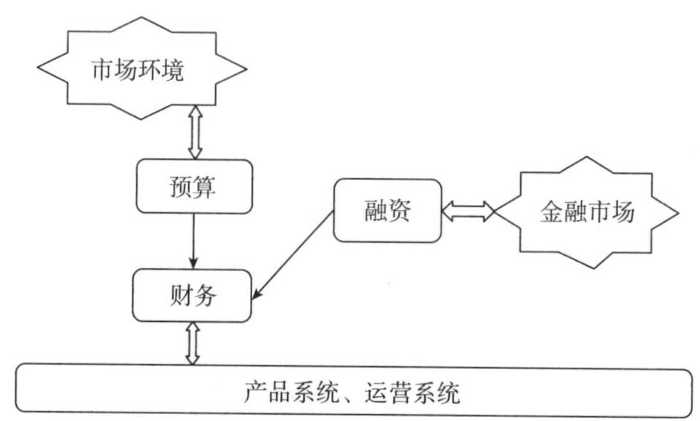

图 7－1　资本管理的职能

企业资本

在企业中，资本是股东对企业所拥有的资产权归属的一种描述，企业资产是指各种可以为企业创造价值的资源的总称，包括资金、设施、设备、各种中间产品和中间成果，未出售的成品等。企业股东通过其在企业资本总额中的比例对企业资产享有相应的权利，在某种意义上资本和资产是相同的，只是描述的角度不同，从投资者的角度描述是资本，从企业的角度描述是资产，企业资本或资产的特征很多，有各种各样的描述和处理方法，但是最关键的特征如下：

（1）以货币计价。

（2）拥有所有者。

（3）拥有使用者。

（4）可以交易和转换。

资本具备价值，这种价值以货币进行计量，现金资产可以直接使用，其他的资本形式也可以用自身可兑现的价值，以货币进行计量；资本都有明确的拥有者，企业的资本直接属于企业，而企业拥有明确的所有者，所有者通过工商登记和股票的形式明确其具体的股东，并且受法律的保护；企业资本的拥有者和使用者分属不同概念，企业的资本拥有者未必直接使用企业的资本，例如，如果不来企业上班，资本的拥有者就不使用企业的办公室，专用的机器必须由专门的人员操作；资本的具体形式是可以转换的，库存商品销售出去后就变成了现金，用货

币购买原材料、用原材料加工成半成品、用半成品加工成商品等，这些都是资本的转化过程。

企业的资本是通过不同方式由法人或自然人投入企业的，自然人是具有独立行为能力的公民，法人是国家法律承认的企业或机构，也就是说企业资本是由独立自然人或企业/机构法人投入的，在投入了资产之后，就形成了对于企业的所有权，成为了股东，理论上就拥有了相应的权利。在实际操作上，企业资产的处置权由股份比例超过51%者实施，如果没人超过51%，则由股份比例最大者行使，企业资本的来源形式有：

（1）股东原始投资。

（2）公司盈利再投入。

（3）风险投资。

（4）发行股票。

股东原始投入包括创业时期的投入和后续的追加投资，这种投入的结果是形成有限责任公司，按照严格定义，有限责任公司按照国家相关法律规定在国家机关注册成立的经济组织，有限责任公司由50个以下的股东出资设立，每个股东以其所认缴的出资额对公司承担有限责任，公司以其全部资产对其债务承担责任。股东出资可以是资金、技术或其他资产，股东根据出资比例在企业中享有相关权益。

公司盈利再投入是指企业在获得盈利后再投入到企业中作为企业运作资金，企业产生的盈利属于全体股东，由股东决定如何处置，企业盈利处置的方法主要有两种：一种是作为盈利分配；另一种是留在企业中继续作为企业的资本使用，盈利再投入就是股东决定不分配的企业盈利，股东仍按原股权比例拥有这部分新投入的资产，随着企业资产规模的扩大，股东在企业中的资本数量得到增加，对股东的长远利益有利。

风险投资是企业资本的一个重要来源，这是一种介于股东原始投资和借贷之间的一种资本操作方式，投资者会对企业进行资本投入。一般来说，投入的资金数量是其获得股权资本价值的若干倍，平时不参与企业的运营管理，其获利方式是在企业上市的时候，通过企业股票的溢价获得利润，其投入的条件是企业能够在可预期的期限内上市。

发行股票是企业资本来源的一种重要形式，也就是企业在股票市场上发行自己企业的股票，股票购买者拥有了企业相应的股权，可以享有与其股权比例相等的权益，股票投资者可以通过股票价值的提升，以及企业的分红等方式获得收益。对于企业来说，出售股票需要符合某些条件，首先企业要从有限责任公司转制成股份有限公司，也就是企业从承担有限的责任，转变成具有确定的股份数额，另外，还需要建立规范的企业运行制度，保证企业的运行结果客观公正，客观公平地对待投资者。

企业资产

企业资产与资本完全对应，是从两个角度描述同一个东西，资产有准确的财务概念和定义，对相关的描述有严格的标准。从某种意义上说，如果企业的财务管理符合通用的会计标准，企业的资产情况就应该是清晰的，企业的资产状况通过企业的资产负债表体现，其基本表述为企业资产等于负债加上所有者权益，按另一种方式描述，就是同一个总和数字，既代表了企业资产的总和，也代表了企业负债加上股东权益的总和。

企业资产有严格的财务标准约定，其中确定了可以列入企业资产的种类和列入的方式，用比较直观的方式描述，企业的资产包括资金、有形资产、无形资产等。从财务会计的角度看，企业的资产是账本上的一些数字，财务部门的任务就是准确地统计和记录这些数字；从企业运营的角度看，企业的资产是企业生存和发展的工具和基础，企业凭借这些资产获取新的利润和企业的成长，从这个角度来说最重要的是能够有效地在日常经营中使用，并发挥出最大价值。企业资产的组成见图 7－2。

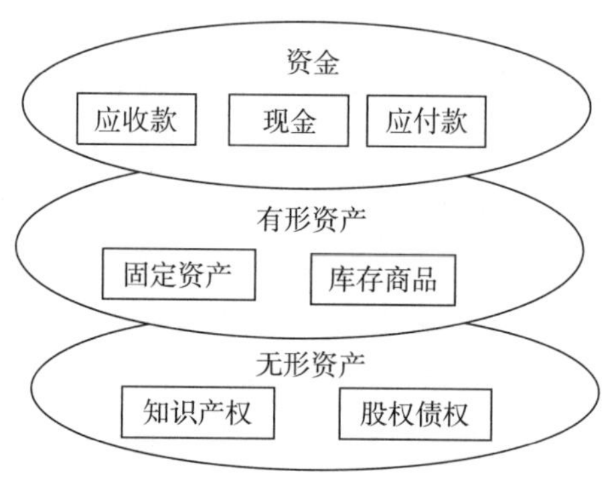

图 7－2　企业资产的组成

在所有企业资产中，对于日常经营最重要的是资金，也就是钱，因为资金是应用最灵活的企业资产，可以按照应用意图转换成其他类型的资产。从会计的角度描述，资金包含存款、应收款、应付款等，存款是企业自行保存，或保存在银

行的资金，应收款是指其他企业应该支付给本企业的资金，多指已经交付货物等待收取的货款；应付款是指应该付给其他企业的资金，例如，购买原材料后应该支付的货款、应该缴纳的税金等。在正常情况下，企业的资金是在不停地流动的，有出有进，一般情况下应该保持收入大于支出，这就可以称为企业的现金流正常，是企业运营正常的最低层次。

企业的第一类资产是有形资产，也就是看得见、摸得着的资产，可以分成固定资产和流动资产两类，从会计的概念上阐述：固定资产是指企业为生产产品、提供劳务、出租或者经营管理而持有的，使用时间超过12个月的，价值达到一定标准的非货币性资产，包括房屋、建筑物、机器、机械、运输工具以及其他与生产经营活动有关的设备、器具、工具等。固定资产是企业的劳动手段，也是企业赖以生产经营的主要资产。固定资产一般被分为生产用固定资产、非生产用固定资产、出租固定资产、未使用固定资产、不需用固定资产、融资租赁固定资产、接受捐赠固定资产等。企业的流动资产是指企业可以在一年或者超过一年的一个营业周期内变现或者运用的资产，是企业资产中必不可少的组成部分。流动资产在周转过渡中，从货币形态开始，依次改变其形态，最后又回到货币形态，例如，库存原材料、半成品、待售商品。从管理的角度看，资产只有能创造价值才有意义，因此，必须采取措施，恰当地处理这些有形资产，不使其贬值。

企业的第二类资产就是无形资产，无形资产是指企业拥有或者控制的没有实物形态的可辨认非货币性资产。无形资产具有广义和狭义之分，广义的无形资产包括货币资金、应收账款、金融资产、长期股权投资、专利权、商标权等，因为它们没有物质实体，而是表现为某种法定权利或技术。但是，会计上通常将无形资产作狭义的理解，即将专利权、商标权等称为无形资产。除去资金外，其余的无形资产的获得是要支付成本的，在现实的企业中，有价值的无形资产作用巨大，例如，商标是品牌的体现，它是客户对产品信任的载体，其价值可以转换成实际的盈利。

企业的第三类资产是潜在资产，它并不被会计记账方式认可，但是，对于企业却极为重要，特别是以技术为核心的轻资产公司，这类资产就是企业的员工。在技术不断发展的今天，员工已经越来越重要，是企业创造价值的关键因素，建立一支非常能干的员工队伍极其困难，成本巨大，是企业中阻难管理和维护的资产。

对于所有可以用会计方式记录的资产需要用所用权的方式记录其归属，这包括负债和所有者权益，从管理的角度描述，就是企业的所有资产或者属于投资于企业的股东，或者属于企业承担的债务。从法律意义上，企业所有者按其所有拥有的企业股份的比例承担偿付企业债务的责任，企业负债包括银行债务、应付账款、客户/预付款、应交税金、应付工资等，所有者权益包括普通股、追加股本金、留存收益等，其中最为关键的是负债，为了增加企业的运作能力，企业借款不可避免，但是，负债过多就会影响企业的健康，因此，要把企业的负债控制在合理的水平，这就要通过企业资产负债率来体现。

资本成长方式

会计部门的任务是清楚地记录和管理好企业的资产，而作为企业，对于企业资产的责任却不只这些，股东投入资本的目的是要使企业资本获得成长，产生理想的收益。为此，企业中的各个部门需要通过各自的努力使资本实现成长，虽然，企业中的各个部门并不是都能够直接产生现金收入，但必须在企业获得收益的过程中扮演好自己的角色。企业资本的成长方式见图 7－3。

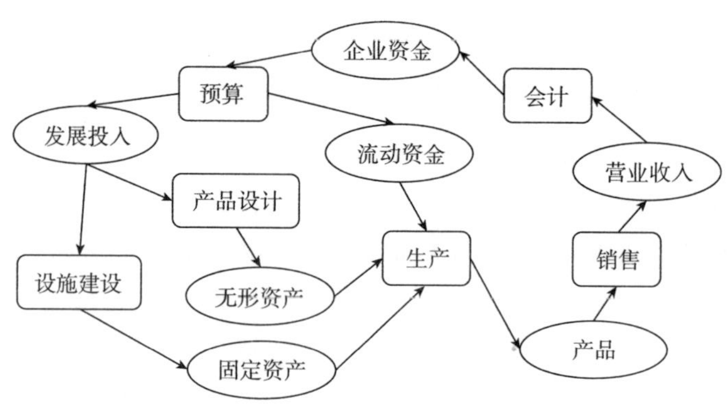

图 7－3　企业资本的成长方式

在企业中，资产的结构和使用策略是由企业的治理系统构建的，资本管理本身就是企业治理系统的一个功能模块，管理好资本是其本职工作；组织管理是使用企业资本的一个非常重要的方面，因为企业有了员工就需要支付其工资，还需要有办公/工作场地、设备等开支，同时，需要使员工发挥其作用，扮演好其相应的角色，在企业的利润生产链中产生效益；计划管理直接描绘出资本成长的路径以及演变的过程，并且需要将书面描述变成实际运作的成果；企业治理核心则通过计划、组织、资本控制整个企业的运作，对企业资本的成长负有最大的责任。

产品工作过程是企业无形资产的创造过程，其工作成果的主要作用就是提升

商标的价值和创造新的知识产权，这些是企业资本成长的势能，当然这种势能的创造过程是需要企业资产的投入，随着过程的复杂性增加和难度的提高，这种势能的制造成本不断上升，风险也不断提高，关键问题是如何很好地把握，这将会考验企业资产管理者的能力和水平。

运营包含了生产、销售、服务等环节，是产生利润的环节，同时，也是资本投入最多的地方，设施、设备、原材料、水电气、仓储运输、人员工资等都需要资金的投入，所以是管理好企业资产的关键，当然，也是可以挖掘潜力最多的地方，这需要非常巧妙地筹划和运作，因此，诞生了 ERP 和 CRM 软件系统，这可以把资金使用效率提升到最高。

企业资本治理的关键要素

投资者、企业治理方、企业内的其他成员都希望企业的资本可以不断增长，以便实现各自期望的目的，但是，在企业的具体操作实践中却非常困难，总是会遇到各种问题，形成这些问题的原因是多种多样的，需要具体问题具体分析，有些关键点需要把握牢靠，以便降低企业资本的不可控情况，这些关键点就是企业资本治理的关键要素。

关键要素一：量出为入。量出为入原本的含义是根据社会的经济状况收取恰当的税收，这里的含义是支出与收入的相关性，通过恰当的投入产生合理的收益，否则就会造成企业营业收入的逐步萎缩，失去应有的市场地位。其中包含投资正确性的考虑，也包括恰当的利润率的考虑。要通过合理的支出来保证企业收益。最大的挑战在于有风险的开支的处理，这样的开支不能保证收入，可是随着市场竞争和发展空间的缩小，又不得不做，这种对于收益不确定的开支需要压缩到一定的范围，不能干扰企业的正常运行。

关键要素二：量入为出。与量出为入中支出与收入的关系相对应，量入为出描述的是收入与支出的关系，企业的开支必须控制在企业收入所能支撑的范围之内，否则就是亏空，长此以往会造成企业的资金链断裂。

关键要素三：实事求是。这是企业资本和财务工作需要严格遵守的基本规则，必须从各个角度面对企业资本的真实情况，任何掩盖和敷衍只能起到对企业不利的作用，只有发现问题和面对问题，才能解决问题。

企业不同阶段的资本管理

企业资产管理的精髓就是少投入、多产出，争取得到最大的利润。然而，在现实的经营活动中却没有如此简单，需要考虑各种各样复杂的因素，许多因素是相互对立的，例如，投资者和企业员工，投资者希望少给企业员工工资，让企业员工多干活，而企业员工希望少干活，多拿工资，这种矛盾无论表现形式如何，都天然地存在于企业之中，如果员工的报酬太低，员工就会离开，使企业运营管理困难，所以资产管理是一种艺术，需要在许多因素中保持平衡，并根据当时企业的状况解决重点问题。

创建阶段是企业要经过的第一个阶段，从资本的角度看这是最为困难的一段时间，因为万事开头难，在这个阶段资金只出不进，企业处于铺垫和建设阶段，也就是“烧钱”的阶段。在创业阶段最需要注意的是如何能够顺利地度过这一阶段，能够实现企业的全面盈利就是胜利，至少要能够实现现金流的正常，为此，在创业启动前就要做好准备，要对实现全面盈利有周密的计划，要做好一切准备，特别是要准备充足的资金，以便能够顺利地度过这一阶段，要对可能出现的风险做好应对准备，要留余地。

度过创业阶段之后就进入了发展阶段，在各个阶段资产管理工作的重心是构造支撑企业发展的现金流，也就是要逐步稳固企业正常现金流的形成因素，去掉各种可能影响企业正常现金流的风险因素，基本方针就是稳中求进，构建企业坚实的成长基础；对于资本的管理操作，要由原先的创业状态转变成为稳健的运营状态，需要完善机构，建立清晰的会计、资本运作、企业计划三个相应的流程，最终去掉一专多能的管理方式。

在企业的成熟阶段，资产管理的工作就变得复杂了，首先是企业规模的扩大和各种业务的增加使各项资本的管理工作的工作量大幅度增加，这需要完善和强化企业资产管理体制和机制，进一步堵塞各种漏洞和防止各种风险，同时，资本运作的可能性和机会也出现了，企业在防止风险的基础上可以进行投资，或者进行适当的资本运作，以提高企业自身的资产质量，适应企业发展和成长的需要。

7.2 预算编制准则

预算是企业资本管理的最重要手段，其核心是要说清楚企业的钱需要怎样花，钱花了以后能够得到什么，取得预期的结果有多大把握等。即使有了预算，由于现实情况的不可预测，能否完全被执行都是未知数，如果没有预算，企业则

处于彻底的自由运动状态，完全无法控制最终的结果，只能靠老天保佑。

预算与企业资本的关系

在所有的企业资产中，资金是最灵活的因素，原因是资金的使用最灵活，可以非常方便地转换成其他形式的资产，也可以作为报酬进行支付，进行各种开支等，这样通过管理资金的使用就可以调节企业整体资产的状况，这种调节的最基本目标是：①在企业能力允许的范围内，而且要留有余地；②应用于能够尽快升值的用途；③综合平衡，稳定持续，要兼顾企业的方方面面，保持企业稳定成长。为了实现这些目标，企业要合理安排开支，所以需要制定预算，做到有计划、有准备地使用资金。

现金平衡原则

预算是企业整体的支出安排，目的是通过有计划的资金支出安排使资金的使用效率达到最高，开支变得更为合理，其中关键点有两个：一是收益最大化，在预算项目选择的过程中，尽可能将有更多收益的项目优先使用资金，其余的做到综合平衡；二是要编制平衡预算，千万不要编制赤字预算，即使是平衡预算，在实际执行过程中，因为突发因素可能会超支，如果是不平衡预算则更难实现，另外，收益最大化也是建立在平衡的基础上的，如果出现严重不平衡，造成资金链断裂，企业的生存都会有危险。预算的概念见图7-4。

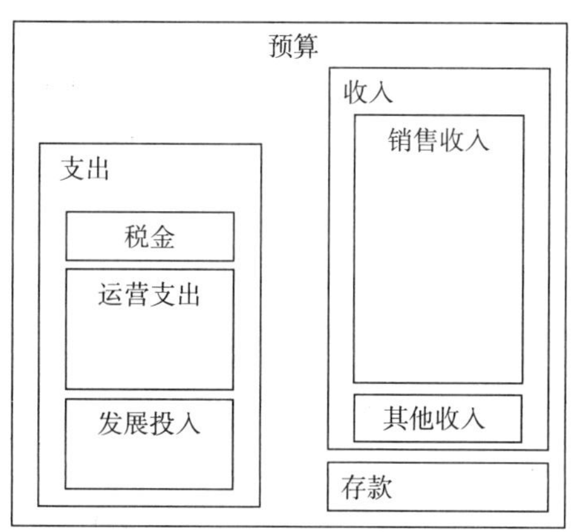

图7-4 预算的概念

预算的平衡需要满足存款+收入>支出的条件，也就是有足够的资金可以支持企业的日常活动，在具体操作层面实现预算的平衡有三种含义：首先是整个预算书面数字的平衡，也就是整个预算的最终结果要实现存款 + 收入 > 支出的条件；其次是要实现所有时间段的收支平衡，因为在实际运营过程中，收入和支出可以不是在同一时间发生，企业往往会出现短期的资金周转问题，因此在预算编制的时候要有所考虑，不能总体上是平衡了，但在实际执行中出现资金短缺的现象；最后是要做到税后盈利意义上的预算平衡，企业会出现现金流层面的平衡，但是具体算账又不平衡，原因是大量的财务性开支，如折旧、员工福利和社保等没有计算在内，这种为平衡而平衡的方法要坚决防止。

增加收入有利于整个预算的平衡，也是增加开支的基础。在预算层面，企业可能的收入来源包含三个方面：首先是营业收入，来自于企业的日常经营，通过销售和服务产生收入；其次是投资收入，企业投资于其他企业，获得分红收益；最后是资产处置收入，例如，企业资金的存款收入，卖掉本企业在其他企业的股权产生的收入，以及处置本企业资产产生的收入，在这些收入因素中，在多数情况下起关键作用的是企业营业收入，成为企业预算的支撑。

减少支出是平衡预算的另一种方法，企业中需要考虑的支出因素很多，但是，总体上可以分成三类：第一类是固定支出，也就是维持企业生存所必须进行的支出，例如，企业房租，企业治理系统和其他系统核心人员的相关开支等；第二类是可变支出，这类开支可以根据企业的需要进行调整，如采购原材料的开支、水电费等，如果生产和营业发生变化，这类开支也将发生相应的变化；第三类是投资性开支，例如，研发新产品、开拓新市场等，这类开支回收周期比较长，而且有一定风险，但为企业的未来做好铺垫，没有这类开支，就没有企业的未来。总体而言，企业的开支要在综合平衡的基础上尽可能减少。

预算不平衡因素

在现实的企业管理中，预算不平衡的情况会很多，钱多到没处花的情况占很少比例，大多数的情况是资金不够用，特别是处在整个社会都在蓬勃发展的环境下，一个企业需要用钱的地方很多，造成企业资金不平衡的因素主要有：

（1）初创未完成。

（2）销售价格降低。

（3）销售数量减少。

（4）成本增加。

（5）项目不能停止。

（6）人员必须保留。

（7）客户欠款。

（8）不可抗力。

在企业初创阶段，企业的运营能力还没有形成，有很多用钱之处，资金处于只出不进的状态，预算非常容易不平衡，除非所有的可能性都在实现的预料之中，如果有不可预料的情况出现就会打破事前的预算，造成资金短缺。

销售价格降低最容易造成资金不平衡，一种情况是规模相似的企业之间打价格战，最后两败俱伤，由于价格降低，而成本事先已经形成，造成毛利率降低，形成资金链断裂；另一种情况是企业采用降价战术，把价格降到其他企业难以承受的地步，这样自己通过扩大规模，利润反而没有减少，造成其他企业难以为继。

在新产品刚刚上市的时候，往往会出现市场不能打开，销售数量不能达到经济规模的情况，在这种情况下，最容易出现的问题就是资金周转不灵，因为成本的开支远远早于产品销售完成的时间，如果只是利润降低，问题还不大，如果危及现金流的平衡，问题就严重了。

成本增加影响资金的平衡，如果产品利润水平很低，遇到成本大幅度上升，就会造成预算的不平衡。有许多因素会造成成本上升，如场地租金提升、人员工资上升、原材料涨价，等等，在市场环境中只要某个因素需求量大幅度上升，本身供应有限，就会造成价格上升，影响下游企业的收益。

对于技术型企业，项目不能停止是造成预算不能平衡的一个重要原因，有些项目具有很强的探索性，什么时候能出结果不确定，如果现在放弃了就前功尽弃，前面所有的投入都打了水漂，如果不放弃，则还需要资金投入，什么时候能够完成不确定。

有的时候，人员工资大幅度上涨，造成企业资金不足，可是有一些员工，由于掌握专门技术，或者需要很长时间培养，因此不能轻易裁员，如不裁员，企业又要支付很高的费用，造成企业处于两难的境地，使企业预算不能平衡。

如企业处于上游，下游的客户处于行业垄断地位，就会出现客户欠款的现象，客户有意不支付货款，可是企业又不能停止供货，因为一旦停止供货，很可能就会被淘汰，使企业有苦难言，造成预算不平衡。

不可抗力也是造成企业预算不平衡的重要因素，自然灾害、战争等都会给企业造成意想不到的损失，造成企业预算失去平衡，甚至难以为继。

预算平衡策略

面对诸多影响企业预算平衡的问题，企业需要采取相应的对策，防止相关现象的出现。最根本的办法首先是尽最大可能防止不可预测的因素出现，其次是量入为出，不做赤字预算，基于这一思路可以针对可能出现的问题做好预防措施，主要的防范措施有：

（1）关注市场变化/避免价格战。

（2）关注技术变化。

（3）谨慎对待研发项目决策。

（4）谨慎对待开拓新领域。

（5）谨慎对待企业规模扩张。

（6）谨慎对待重要员工数量的增加。

（7）谨慎对待兴办新下属企业。

（8）避免计划外日常开支。

防止因市场因素使企业产生预算不平衡是防止预算不平衡的最直接和最重要的方法，由于市场是企业获得收入的主要来源，所以，必须时时关注市场的变化，一旦出现细微的变化，就要采取相应的措施，做到防微杜渐；此外，要在市场上突出自己的特色，避免打价格战和在市场上陷入被动。

技术过时会对企业产生影响，结果是灾难性的，这也是企业设立产品系统的必要性，特别是信息技术等技术进步比较快的领域，需要认真地关注技术的每一个进展，对于在技术上处于跟随地位的企业特别要小心，要严格防止技术发展趋势朝着本企业预料之外的发展方向发展，造成企业产品全面过时。

对于新研发项目的启动一定要谨慎，要做好充分的准备，同时要设立阶段性目标，防止形成资金的空洞，不断填入大量的资金，对于产品要实行版本化开发，每次的进展限定在可控范围之内，对于创新型项目，要限定投入规模，达到规模后就要暂停，看清后再继续。

对于进入当前市场领域之外的市场要谨慎。首先，对新的市场不了解，有很多未知的东西；其次，新的市场领域可能要用新的操作方式，因此，不可预测的因素大幅度增加，使财务风险大幅度提升。在大多数情况下，推出的新产品尽可能集中在已经熟悉的市场上，不断强化在现有市场上的地位。

企业扩展规模是应该的，但是必须稳步前进，要确保市场成长的每一步都获得成功，最忌讳的就是盲目扩展规模。在实际的企业运营中，因为市场扩展速度

过快使企业陷入困境的案例很多，比较可靠的方法是限定市场扩展资金的规模，在当前的市场扩展成功后再走下一步。

对于高层员工的聘任需要谨慎，特别是增加聘用高级员工，由于高级员工的薪酬和各种待遇都比较高，而且一旦聘用之后解除关系会比较困难，会给企业在业务上带来损失，影响企业的收入，对企业形成财务负担。

兴办新企业也是很大的负担，会大幅度分散企业的资金实力，而且短期内难以给企业带来持续稳定的收入，对于设立新企业必须严格限定在一定资金范围内。

防止计划外开支是保证企业资金安全和收支平衡的重要手段，但是，在运营中很难实现，原因是外部环境的情况复杂，因此在预算中要安排备用金。

7.3 企业资本管理原则

管理好企业资本，使股东和投资人放心，需要做很多的工作，需要对财务和资本市场有深入的理解，熟练掌握企业的操作技巧，更为重要的是，要在企业中扮演好自己的角色，与各个方面良好配合，做出让股东和投资人满意的结果。为此，在资本管理过程中需要遵循以下原则：

原则一：确保资本的保值增值。

原则二：确保各部门的资金使用。

原则三：严格执行治理核心的指示。

原则四：与企业计划进行良好的衔接。

原则五：在法律允许范围内进行资金运营。

原则六：建立通畅的融资渠道。

原则七：确保资金的运用质量和效率。

原则八：实行人性化的财务管理。

原则九：全面掌握资本市场动向。

原则十：熟练掌握财务管理知识。

原则十一：制定规范实用的资本和财务管理制度。

原则十二：建立完善的授权和控制机制。

原则一：确保资本的保值增值

从财务的概念上描述，企业资本的保值增值是企业总的资产规模在增加；在股东没有追加投资的情况下，企业的所有者权益在增加，同时，企业资产负债率控制在一个良好的水平。

确保资本的保值增值是股东和投资者对企业最基本的要求，也是对企业整体能力的考验，意味着企业有没有良好的运营状态，各种管理是否完善。由于资本涉及企业的方方面面，只有整个企业都表现良好，才能实现企业资本的保值增值。

原则二：确保各部门的资金使用

确保各部门资金的使用是建立在预算与各部门的各项工作任务完全对接的基础上的，这种对接是双向的对接，既包括资金支出意义上的对接，也包括资金收入意义上对接，这样才能保证整个企业的所有工作顺利开展。

能够确保各部门资金的合理使用是一种均衡，是企业资本与企业实体之间的一种均衡，也是资本的愿望、企业员工的愿望、市场的愿望三者之间的一种均衡，没有这种均衡，企业就会出现问题，但是构造这种均衡需要付出极大的努力，只要有一点微小的差池，这种均衡就会被打破，最直观的表现就是资金的供应不足。

原则三：严格执行治理核心的指示

资金管理功能模块在财务、融资、预算等方面一切行动都必须获得企业治理核心的批准，或者是得到企业治理核心的授权，该模块对企业治理核心负责。

由于资金对于企业的重要性，所有与资金有关的活动都必须得到企业治理核心的批准，所有的操作必须按照企业治理核心的意志进行。基于这一因素，企业中所有与资金直接或间接有关的业务活动都必须得到企业治理核心的批准，企业治理核心需要就自己的行为对股东和投资者负责。

原则四：与企业计划进行良好的衔接

资本管理功能模块与企业计划的衔接主要通过预算机制进行，计划制定和执行环节需要建立与预算管理环节进行对接的机制，使计划中的每个任务都有明确的预算做支撑。

资本管理功能模块的预算制定与企业各种计划制订之间是一种协同互动的关系，这种互动需要覆盖预算与计划制订的全过程，不能等到相应计划制订完成后再通知预算部门拨付资金，这样预算部门会很被动。因此在计划构思的初期就要与预算部门进行沟通，协调双方的思路，以便最终实现双方的对接。

原则五：在法律允许范围内进行资金运营

国家制定了许多与企业会计和税收相关的法律法规，这些对于企业的资本管理行为有多方面的约束，企业必须严格遵守。

由于资本管理是股东和投资者最为关注的焦点，直接关乎投资者的回报，因此是政府对于企业约束最多的主体之一，试图让企业清晰地展现企业的资产状况，规范向政府纳税的行为和企业资产的处置方法，而企业遵守相关法律对企业收益是规范企业的资产管理，使其符合国家的规范，避免企业在资产管理方面的违法风险。

原则六：建立通畅的融资渠道

企业融资渠道包括股权融资和借贷融资，目的是为企业筹集更多的资金，用于企业的发展。股权融资包括上市或者引入风险投资，借贷包括发行债券和银行借款。为此，企业需要做好准备，以符合资本市场的条件。

现在企业完全使用自有资金已难以应付企业业务的需要，因此，企业必须打通连接资本市场的通道，其关键因素是达到进入资本市场的要求，这要求企业的行为足够规范，并有一个令人满意的发展前景，还有就是要建立信用，让资本市场上的投资者相信，投资者将从企业获益。

原则七：确保资金的运用质量和效率

资金运用的质量是指投入的资金可以按照预期实现目标，没有出现延期和追加资金的现象，资金的运用效率是指资金的周转率，尽可能减少资金闲置不用的情况出现。

高质量地使用资金是对企业的一个考验，也是企业业务状况的实际体现。状况良好的企业，资金使用质量和效率都非常理想，因为有良好的业务状况来支撑资金的优质运转；一旦业务状况转差，资金的运转就会转差，各种风险也会随之而来。因此，需要关注企业资金的流转情况，及时做出调节。

原则八：实行人性化的财务管理

财务管理的人性化是指财务管理尽可能考虑各个业务部门的实际需要，为各个业务部门提供足够的便利。

财务管理不够人性化是财务管理最容易出现的问题，例如，规定报销和领款的时间，财务部门自行设定各种各样的规则等，这些并非完全没有道理，但是，财务部门更应该为其他部门考虑，建立比较合适的管理规则，因为资金是企业运转的基础，如果由于企业内部的问题影响企业业务就不好了。

原则九：全面掌握资本市场动向

企业治理核心中的资本管理模块需要清晰地了解整个资本市场的动向和趋势，提供给企业治理核心和其他各个相关部门，作为企业业务操作的一个基础，防止企业的决策和具体业务操作与资本市场的趋势产生矛盾。

资本市场主要包括借贷市场和股票市场，资本市场是整个经济的晴雨表，时刻掌握资本市场的动态是企业资本管理的基础工作。企业的主要资产管理和操作措施都要建立在外部整体资本市场动向的基础上，原因是资本市场上的巨无霸和大鳄正在资本市场上呼风唤雨，企业无论多大，都只是这一市场上的跟随者，企业不能犯根本性的错误，不能与资本市场的趋势背道而驰。

原则十：熟练掌握财务管理知识

企业的财务管理一定要足够的专业化，必须符合国家有关规定和专业的会计准则，必须达到相应的专业水准，不能在任何角度上产生异议。

财务管理是整个企业资本管理和资产管理的基础，只有企业能够进行规范和准确的财务管理，才能产生准确的企业财务数据，其他的资本和资产操作都是建立在这些数据的基础上，企业规模越大，财务管理就越复杂，需要的知识和能力就越高。

原则十一：制定规范实用的资本和财务管理制度

企业的预算、融资、财务等工作涉及企业的生命线，容不得半点差池，除了选用能力强的人员之外，还需要建立高水平的制度，严格约束相关人员的行为。

由于预算、融资、财务等工作都是直接与钱打交道，谨慎和小心是必不可少的，有严格的制度是必要的措施之一，它可以检验人的行为是否正常，以防止一

切风险。同时，制度中必然描述除了每种活动的标准，有利于核查各种结果，对财务人员应该信任，但是，信任是通过反复核查，而从来没有产生任何问题的情况下得到的。

原则十二：建立完善的授权和控制机制

授权和控制机制是延伸企业治理核心对于资本和财务管理和控制权限的一种做法，为了严格财务纪律，许多企业采用“一支笔”的方式管理资金，这样便于严格管理，但是带来的问题也很突出。由于权力过于集中，企业中的所有大小事项都需“一支笔”的同意，造成“一支笔”劳累不堪，整个企业还效率低下。因此，需要建立某种机制，在有控制的情况下适当地延伸“一支笔”的权力，增加企业运作的灵活性。

企业的授权和控制机制是检验企业健康与否的关键性因素，如果企业中的资金控制全集中在一个人手中，企业很难管理好，因为一个人再能干，也不可能知道一切，对所有的判断都准确无误，这是许多企业管理混乱的根源所在，因为其他管理人员都是摆设，毫无作用。为了解决这一问题，就必须建立授权机制，让所有的管理人员做到责任、权利、利益的统一。

7.4 企业资本发展目标

各种财务数据是企业运营状况的指标，由于财务管理涉及企业的所有资金和资产，所以对企业的所有部门都有约束力，是仅次于治理核心的功能模块，地位不可谓不高，是企业最重要的管理者，但是其自身也需要被管理，如下操作目标需要达到，以证明其工作符合预期：

目标一：资本管理状态。

目标二：资产规模。

目标三：治理核心意志贯彻。

目标四：与企业计划的吻合度。

目标五：实际业务资金需求。

目标六：融资能力。

目标七：资金使用效果。

目标八：投资能力。

目标九：资本运营控制能力。

目标十：财务管理能力。

目标十一：财务规章制度。

目标十二：授权/控制架构。

目标一：资本管理状态

A. 状态稳定，账目清晰，无任何风险。

B. 状态稳定，账目总体清晰，无风险。

C. 状态稳定，账目基本清晰。

D. 不稳定。

企业治理系统之中的资本管理功能模块负责管理企业的所有资产，这种管理最为基础的工作就是保证企业资产的安全，包括对资产进行良好的保管，不能发生丢失损坏的现象，特别是库存原料、半成品、商品都要按相应的规定进行保管，不能出现任何损坏；另外，要做到账目清晰准确，所有对于资产的操作都要记录在案；同时还要防止一切可能出现的风险和损坏；如果不能对企业资产进行良好的管理，特别是企业具有了一定规模以后，企业资产的一切后续操作都难以完成。

目标二：资产规模

A. 规模持续增长，有形和无形资产比例合理。

B. 规模增长，拥有高价值有形资产。

C. 资产保值。

D. 资产状况不稳定。

使企业资产持续稳定地成长是所有企业股东和投资者的愿望，也是各方面投资于企业的基本目的，充分地满足企业股东和投资者的愿望是整个企业的责任。作为企业资产的直接管理者，负责企业资产管理的所有人员都有责任和义务保证企业资产在能够确保安全的前提下获得成长，这首先要由企业资本管理功能模块带动整个企业治理系统去努力实现企业资产规模的有序成长；其次通过企业治理系统带动整个企业实现相关目标。

目标三：治理核心意志贯彻

A. 严格执行，效果良好。

B. 全面执行，结果正面。

C. 全部执行，争取好结果。

D. 执行。

企业治理核心贯彻了董事会和股东的意志，而企业的资本管理部门必须严格贯彻企业治理核心的意志，严格遵循企业治理核心的指示进行工作，与其他方面的合作都是建立在此基础上的，必须无条件执行企业治理核心的各项指示。

目标四：与企业计划的吻合度

A. 与计划高度吻合，实现良性互动。

B. 在保证计划执行效果的前提下，相互吻合。

C. 通过人工调节，基本吻合。

D. 有矛盾。

企业资产具有自己的运行和管理规则及逻辑，企业的各项业务也具有自己的运行规则和逻辑，二者的吻合程度是整个企业是否能够顺利发展的关键，这种相互吻合具有极高的难度，因为企业的各项业务受到内外因素的制约，并不是企业的主观意志可以左右的，能够通过企业计划进行平衡已经非常不容易，再要与资金操作进行对接难度非常高。

目标五：实际业务资金需求

A. 充分足额满足。

B. 足额满足。

C. 基本满足。

D. 部分满足。

充分满足业务需求是企业资本管理的重要任务，需要在能够有效利用资金的前提下，通过调度、周转以及利用资本市场等各种操作手段保证资金供应，保证企业各项业务的顺利进行。

目标六：融资能力

A. 受到投资者持续追捧。

B. 信誉良好，融资渠道广。

C. 有信誉，能融资。

D. 融资困难。

客观地说，融资能力不完全取决于资本管理功能模块，这在很大程度上包含有企业各个方面的因素，但是企业的资本管理负有关键性的责任，其中的融资操作部分直接与资本市场对接，而预算部门对于企业融资条件的构造负有重要的责任，整个事情的关键点在于企业中资本管理功能模块要把融资能力建设当成一项任务来做，有意识地塑造这样的能力。

目标七：资金使用效果

A. 持续高收益。

B. 收益理想。

C. 保证回报。

D. 不确定。

企业的资金使用效果在很大程度上取决于整个资金管理控制和调节，以及与企业治理核心进行协调的结果，首先资本管理功能模块本着对企业资产负责的态度，建立客观的资金使用标准，通过这一标准尽可能将企业的各项业务引导到高效率使用资金的轨道上，养成各部门高效率使用资金的习惯。

目标八：投资能力

A. 出手谨慎，全部成功。

B. 局限于一定范围，基本成功。

C. 成功多于失败。

D. 不确定。

投资能力是企业资本管理功能模块的一个高层次的能力，包括对建立下属企业，对其他企业的投资，以及向资本市场进行投资，这些都是建立在企业资金非常充裕，企业在发展到一定规模，需要进一步扩展事业的前提下，对外投资的难度大小，主要是看整个投资策略和投资目的设计，以及实际操作能力的大小。如果企业自身发展良好，而且投资都是成功的，其资本运作就会达到一个极高的水准。

目标九：资本运营控制能力

A. 精通。

B. 熟练掌握。

C. 掌握。

D. 基本掌握。

资本运用控制能力是对企业整体资本管理的综合协调控制，是企业的财务管理、预算管理、融资和资本操作的综合协调和控制，是形成高水平企业资本管理的关键，其中的一部分是用资本相关操作和管理规范来进行管理，还有一部分是建立在此基础上的资本控制和调整及技巧，是整个企业资本能力的强大与否的表现。由于资本对于企业的重要性，所以资本协调控制能力始终伴随着企业，最初是平衡企业资金的不足，其次是更为高效率的调度资金，最后是企业资金的充分利用，资本运营控制能力的强大是企业强大的基础。

目标十：财务管理能力

A. 精通。

B. 熟练掌握。

C. 掌握。

D. 基本掌握。

由于企业所有的管理都是在记账、统计、现金收发等财务操作之上进行的，所以财务工作必须高质量和高水平，必须符合国家法律和法规的规定，同时，必须清晰和准确，必须具有全面的财务知识，处理与财务相关的操作必须非常熟练，能够处理各种复杂的财务事务。

目标十一：财务规章制度

A. 规范实用，覆盖全面。

B. 规范可用，覆盖主要方面。

C. 规范，覆盖常用方面。

D. 覆盖常用内容。

财务制度涉及管理企业资金使用的方方面面，所以涉及企业中许多工作，除了财务人员需要很高的业务能力外，制定清晰、完整、简单实用的财务制度也非常重要。财务制度是企业的基本管理制度之一，是企业规范管理的基本条件，财务规章制度一方面约束财务人员的行为，另一方面也要使其他相关部门理解财务制度的要求，配合财务人员的工作。

目标十二：授权/控制架构

A. 对下级充分授权，同时有效控制。

B. 对部门授权，严格控制。

C. 对高级负责人部分授权。

D. 没有授权。

企业授权的关键是资金的使用和企业资产的调遣，企业授权机制的好坏是企业管理水平高低的一个重要体现。表现在企业的各层之间是否融洽，如果没有融洽的关系，相互不信任，企业无法做好工作，同时，也是企业管理控制机制是否完善的一个体现，没有充分的授权说明企业管理效率非常低，各个层次的管理人员完全是摆设。

7.5 资金部门的合作策略

为什么要进行资本方面的合作

资本方面的合作是企业资本操作的一个重要方面，包括内部与企业内各个部门的合作与交流，以及对外与资本市场的交流和合作，前者是为了更好地使用企业自有的资金，而后者是为了更好地使用资本市场的资金。

资本对于企业的重要性不言而喻，没有资本，企业将无法生存，资本是企业的血液，企业中的一切活动都需要资本的支持。在很大程度上，企业所拥有的资本规模决定了企业的能力，正是由于这种重要性，资本成为企业中的关键力量，企业中的权力都是通过资本体现的，这就是资本的控制权。然而，资本是需要追求价值的，这种价值需要通过在具体业务中的增值来实现，而这种增值需要通过整个企业内的各个方面的努力。

资本运作的控制权和实际使用权是资本与各个方面进行合作的关键点，通过与各个方面的有效合作实现对于更大规模资本的有效控制和恰当使用，使资本获得成长。资本的控制是通过企业治理核心实现的，而具体使用则在整个企业中进

行，其与资本管理的交汇点就是计划和组织建设，然而企业自有资金未必能够满足企业对于资金的需要，这就要通过企业外部的资本市场获得资金支持，这就建立了企业与资本市场进行合作交流的必要性。

基于资本市场的合作

与资本市场的合作和交流是企业资本管理的一个重要任务，任务的核心是在资本层面互通有无。在企业的初始阶段主要是融入资金，以便解决资金不足的问题，在企业资金富裕后，主要是投资，以便扩大企业的覆盖面和提升企业资本使用效率。在大多数情况下，更为常见的是融入资本，也就是为企业寻求资金的帮助，可能的方式包括私募股权、借贷、上市三种方式。

私募股权投资是以提供公司的股权为代价获得投资人的资金，具体的方式包括风险投资、战略投资、并购。风险投资是投资人以企业未来的成长为目的购买企业的股份，投资人的收益是企业价值的增值，如果企业未来3年相对于现在的价值可以成长10倍，如果投资人以5倍于当前价值的价格购买企业的股权，则投资人在3年后可以获得50%的收益；战略投资是出于某种战略需要投资于企业，例如，投资人看好企业正在研发的技术，希望通过投资与企业建立某种关系，先于竞争对手对企业进行掌控，这种情况投资人不一定直接追求经济收益，而是企业某些更有价值的东西；并购则是更为复杂的情况，最终结果是两个企业实现合并，目的则是出于合并双方都有利的目的。

贷款是企业向银行或其他金融机构借钱，以满足企业对于资金的需求，到期按照要求还款付息。贷款可以是流动资金贷款、长期贷款，或者是项目贷款。但是企业不一定能够获得相应的贷款，原因是企业可能存在着风险，例如，产品处在创新的过程中，尚未产生结果；企业收入情况不理想；企业资产负债比率过高等；而这时候正是企业最需要钱的时候，这就是救急不救穷。

上市是让企业成为公众企业，企业的全部或部分股份可以在股票市场上进行交易。目前，成为上市企业是企业成功的一种标志，用自有资金建立一个完全属于自己的企业，或者家族成员包打天下的可能性正在降低，最为关键的因素是伴随着竞争的激烈，企业管理的精细化程度不断提高，工作难度不断加大，需要大量的内外部资源，必须通过股票市场去配制企业的各项资源，逐步出现一种“铁打的营盘流水的兵”的局面。

治理系统内的合作

在治理系统内部，资本管理工作需要与其他功能模块进行良好的配合，这种配合是一种相互支持和相互依靠的关系，资本模块固然重要，但是离开计划功能模块与组织功能模块的支持，将难以发挥作用，在企业治理系统内部，资本功能模块与其他模块之间的关系是一种逻辑结构的关系，要求资本功能模块与其他模块之间可以完全吻合。

资本功能模块与计划功能模块是财务预算与运营计划之间的关系，这实际上是用两种工作语言在描述同一件事情，财务预算描述的是资金和收支，而企业计划描述的是工作任务的内容和目标。实际上，预算中的每一项收支都要与计划任务相对应，计划中的任务需要资金的支持才能进行，而资金需要在任务目标实现后才能回归，二者的区别也是明显的，计划侧重于工作任务，而预算侧重于资金的管理与平衡，如果能配合默契，则企业就能顺利发展。

资本功能模块与组织功能模块是一种支撑关系，组织建设只有在资本的支持下才能进行，这种支持包括人员开支、工作设施和设备以及活动经费等，这构成了企业成本的很大部分，而且是固定成本，在人力资源价值不断上升的今天，这种成本还在快速上升。因此，相互之间的关系就显得微妙，可是如果资金部门收紧对组织部门的支持，整个企业的组织就会萎缩，这又间接影响到资金的收入，因此，需要恰当地保持平衡。

与业务部门的合作

资本功能模块与产品系统/运营系统之间的关系就是管理与被管理的关系，特别是在资金使用方面，产品系统和运营系统完全处于被动的地位，需要听从资金部门的指挥，然而实际上资本功能模块需要产品系统和运营系统支持的地方很多，而且难度也很大。为了有效地支持企业中产品系统/运行系统的工作，应该以资本管理模块为核心建立资本管理体系，用以覆盖产品系统和运营系统。

资本与运营的关系密切，运营系统是资本收入的最重要的经常性来源，企业最重要的收入就是日常的营业收入，只是运营部门取得营业收入后上缴财务，之后似乎就与运营部门没有关系了，其实不然，运营系统也是企业中开支最多的地方，主要支出包含三个部分：首先是原材料和生产费用，企业需要购买原材料，还需要使用水电气等，这些都需要资金；其次是运营设施的建设和市场的扩展也需要资金，这是企业成长必备环节；最后是人员工资和日常费用，对资本管理来说，最为尴尬的是，一旦资金划出财务部门的账号，资金部门就失去了对于资金控制的主动权，这形成了一种作用力与反作用力的关系，如果资金卡得太严，资金放出去后就难以控制。

资金管理与产品系统的关系简单得多，产品系统在资金层面是一个纯消耗部门，资金部门最多能够从产品系统得到一些无形资产，而且产品系统是一个高消耗系统，人员工资高，设备和实施要求高，活动经费要求多，然而从更高层次看，情况不是这样，产品系统在为企业建立格局，它的作用在于提高企业的层次和势能，资金在产品系统的投入其实是能够兑现的，它体现在产品的价格上，这就是基本相同的手机，苹果品牌就能卖6000元，而不知名的品牌只能卖600元的原因所在。

第8章　计划管理

8.1　企业计划的概念

无论以何种方式存在，任何企业都是有计划的，区别在于计划的严谨程度，最简单的方式之一是老板让干什么就干什么；习惯成自然是更为传统的计划方式，这种方式需要非常长时间的磨合。在这里讨论的是通过规范的过程制订的书面计划，以及计划如何被真正执行。

制订计划的目的

实行计划管理是为了让整个企业在一个良好的秩序下运营，并得到预想的结果，让企业成长和发展，让资产保值增值，为此，需要让企业的生存优势在黏性、生命力、覆盖面等方面有突出的表现，以此拉动整个企业的成长。这是通过一系列具体的企业内部目标实现的，也是一个持续的努力过程，在一个目标实现后，要继续朝下一个目标去努力，这样循环往复一直努力下去。指导企业完成这些努力需要一定的手段，计划管理就是这种手段，通过引导企业的各种行为来实现预期目标，通过计划可以引导企业的以下行为：

（1）发展方向和节奏。

（2）产品规划设计。

（3）运营设施规划和建设。

（4）日常业务运营。

在计划中，发展方向和节奏可以依据企业的发展战略确定的发展方向制定，也可以依据企业中长期发展规划确定的节奏制定，但一定是对企业生存优势的实现路径的描述，这是整个计划的关键。由于企业的发展成长不是一蹴而就的，因此需要沿着明确的方向和目标持续推进，方向和目标的核心是不断扩大和发展企业的生存优势，然后分步骤实现目标，企业中的各个部门具体执行计划，使企业朝着在计划目标中确定的方向努力前进，计划中的方向和目标必须是正确的，如果走错了方向会起反效果，会耗费企业本来已经很紧张的资源。

企业的发展是通过产品来推进的，企业的生存优势需要具体的产品来承载，因此需要计划一系列的产品任务，包括产品市场研究、产品规划和产品设计。计划的最关键内容是确定产品工作的投入和产出，必须是产出远大于投入，这样产品工作才有意义，通过计划投入的企业资源用于产品工作所需要的人员、设备、经费等资源条件，而产品的产出则是产品在投入市场后的具体表现，在对某个产品实际投入资源之前，产品规划需要对产品的投入和产出有所估计，企业计划需要根据企业发展规划和企业所具有的资源能力对产品规划内容和所需资源进行平衡。

仅仅设计产品是没有意义的，产品设计结果必须通过生产、销售、服务等环节真正送到客户手中以后才能变成企业需要的钱，而生产、销售、服务等需要在一定场合进行，这就是运营设施，这需要布局、选址、设计、建造等环节，然而计划关心的是投入和产出，运营设施的建设需要人员、资金等投入，同时希望这些设施建成后可以产生预期的效果，达到预期的目标，也就是真正的产生收益。

有了产品，又有了运营设施，下面的任务就是做好日常的运营工作，这是计划内容的主体和基础。最为关键的是对于具体营业目标的确定，然而实现这些目标却受到各种因素的影响，产品设计和运营设施建设就是影响的元素之一，市场的客观环境是另一个影响的元素，计划工作要在由这些元素构建的边界之内设计出最合理的运营目标，并促使运营机构和部门真正地实现这些目标。

计划的组成结构

在管理学中，计划具有两重含义：一是计划工作，是指根据对企业外部环境与内部条件的分析，提出在未来一定时期内要达到的企业目标以及实现目标的方案途径。二是计划形式，是指用文字和指标等形式所表述的企业以及企业内不同部门和不同成员，在未来一定时期内关于行动方向、内容和方式安排的管理事件。企业计划的概念见图8－1。

计划通过二维结构进行描述，包含层次和时间两个维度，其中计划需要按时间的延续顺序推进，同时也需要按照企业中层次结构关系分层次构建，计划中基本元素是项目，项目可以分层次嵌套，项目的构成元素是任务，任务不能嵌套，每个项目需要在时间轴上延续一定的时间，一个计划中可能包含多个项目。在多数情况下，不同的项目会按照企业资源和能力条件的可能性顺序推出，项目中的任务则会按照项目确定的流程顺序依次或并行进行。

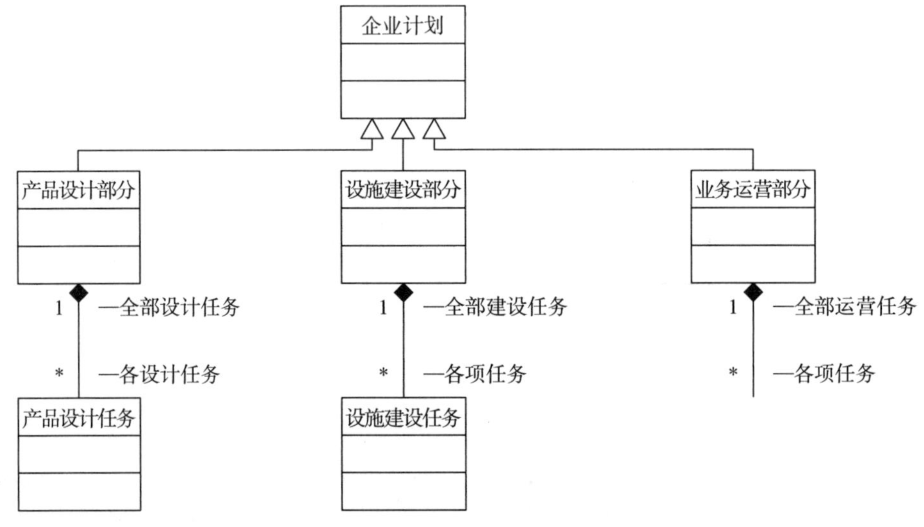

图 8－1　企业计划的概念

在企业中的项目包含了企业中相对独立的一个方面，例如，研发项目、工程项目、生产项目、经营项目，研发项目和工程项目的概念比较清晰，通过一定时间内的努力完成某个预定目标，如研发一个产品或建设一个工程；而生产项目和销售项目是指在规定时间内需要完成的任务总工作量和企业约束性目标的总体约定。

制订计划的关键要素

如果想要企业计划可以实现预期的目标，计划就必须在企业的实际业务操作中被切实执行，同时，企业计划可以帮助企业实现预期的目标，为此，企业整体的治理必须达到一定水准，还要注意以下关键要素：

关键要素一：面向企业生存优势。制订企业计划的最核心目的是通过企业的具体业务操作突出和强化企业的生存优势。企业的生存优势是企业的立足之本，企业的一切都是建立在此基础上的，企业计划必须围绕加强企业的生存优势进行，必须防止一切弱化企业生存优势的情况出现。

关键要素二：计划的正确性。计划必须是正确的，这也是计划被执行的基本条件。做到计划的正确其实并不容易，计划的执行受到执行人、企业内各个关联方、企业所处的外部环境的影响，只要有一个方面有问题，计划的执行就会失败，企业规模越大，计划的制订难度就越大，需要考虑的因素就越多。

关键要素三：执行情况的考核。对于计划执行结果的考核是计划能否发挥实际作用的关键，如果计划不进行执行情况的考核，计划就会流于形式，很难正确地发挥作用。计划的执行结果有成功，也会有失败，构成这些结果的原因多种多样，有主观的原因，也有客观的原因，为了避免在今后的计划中不出现同样的问题，需要搞清楚原因，认真地解决，这是计划执行结果考核的根本价值所在。

8.2 制订正确的计划

计划的基础条件

如果企业能够按照计划确定目标顺利发展是一件非常美好的事情，但这是有条件的，计划必须在满足一定条件的基础上才能实现，期待平地起高楼是不现实的。计划所需要的条件来源于两个方面：一是外部的；二是内部的。外部的投入就是外部人力、物力、资金的投入，内部的投入是通过计划目标实现，企业获得的利润，无论是外部的投入，还是内部的投入，都需要有一个基本的条件，这就是计划确实可行，投入后一定能够产生相应的结果，而实现结果就需要相应条件的充实和可靠，二者形成了一个紧耦合关系，一损俱损，一荣俱荣，计划的基础条件包含以下内容：

（1）市场的存在。

（2）产品可能性。

（3）足够的能力。

（4）充足的投入。

（5）良好的条件。

计划的实现基础见图8－2。

市场必须存在，才能实现计划中规定的目标，然而确认市场存在对当今的企业而言是一个很大的难题，只有某种客观因素的保证才能保证市场的存在，如其他人想不到，自己有独特的技术或能力别人无法掌握，或者是企业已经在市场上取得主导地位等，计划对于市场的依赖很高，需要极为小心地去处理。

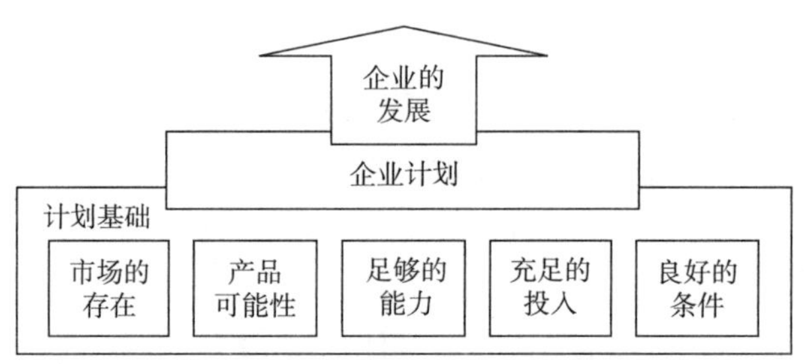

图 8－2　计划的实现基础

要想打开市场必须保证有相应的产品，在制订计划之前要对产品做足功课，要有充分的把握可以让产品在市场上获得必要的成功，为此，需要充分考虑各种可能性，要极为恰当地规划产品，让有限的资源获得最大的回报，这需要对产品和产品的应用有深入的了解。

计划取得成功需要足够的能力，这包括企业的各个方面对于产品和运营的支持，以便可以按照设想在产品的设计、运营设施提供以及营销等方面实现相应的目标，这包括对于相应技术的掌握，对于相关操作方法的熟练掌握，还有就是能够获得客户的支持。

没有资金和人员的投入，计划就不能实现，这些资源的投入是最重要的边界条件。制订计划在某种程度上是为了更为合理地分配可以投入的人员和资金，让这些资源以恰当的方式和规模投入产品、设施、日常运营等方面的具体任务，并通过取得理想的回报来扩展可投入的资源，以便后续投入。

良好的外部条件是指所制订的计划需要考虑客观环境，也是计划执行的社会氛围，如果考虑不周会让计划变成企业的一个灾难，为此，需要考虑周全，整个计划中的所有内容是否与外部社会的基本趋势相一致，至少外部社会和其他各种条件不能成为计划的阻碍。

计划描述内容

计划需要通过一个又一个的具体任务实现，每一个任务都是实现企业总体目标的组成部分，所有任务的全体构成了实现目标全部努力。企业是一个整体，只

有共同完成了预定任务，最终目标才会实现，同时，任务的设计是企业高层设计的，具体执行要由企业中的具体员工进行。因此，必须准确清晰地描述出任务，以便具体实施者可以了解任务的含义，计划中的任务需要描述出三个主题：

（1）任务的内容。

（2）任务预期的结果。

（3）为执行任务提供的条件。

计划内容的关联因素见图 8 -3。

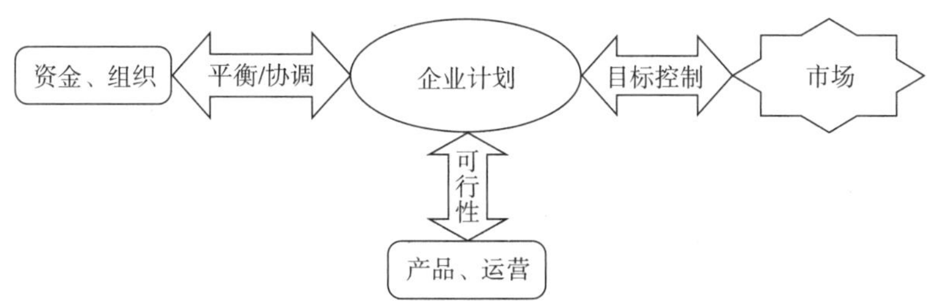

图 8 -3　计划内容的关联因素

需要明确任务的工作内容，如开发一个产品、建设一个工厂、设立销售网络、进行一次产品推广，等等，需要清楚地描述出对于任务的准确定义，如果是开发一个产品，需要清楚地定义出产品的所有特征，如果是建立工厂，则需要描述出工厂的地点、规模、生产设备等所有的细节，因为只有进行足够清晰的描述，任务才变得可以执行。

需要描述出任务预期的结果，如产品开发完成的时间、工厂建成后的生产能力等，这形成了任务的约束条件，在任务完成后可以对任务结果进行评价，看看是否按预期完成了任务，如果对任务的预期结果描述不清，很可能对任务的结果产生歧义，各个方面对任务的想象和实际完成的结果有差异，造成不必要的损失。

完成任务需要一定的条件做支撑，如提供资金、人员、设备、场地等，如果没有足够的条件做支撑，任务无法顺利完成，所以，提供必要的条件是必需。需要注意的是，所提供的条件必须足够，不能只提供一半的条件，就想让全部任务能够顺利完成，如果没有足够的条件做支撑，或者降低预期目标，或者干脆取消任务。

任务描述是下达者和执行者之间进行沟通的具体方法，双方的交流必须非常充分和详细，必须充分了解对方的想法，并达成一致，这必须经过反复确认，不能有半点差池，否则，很可能造成任务的失败。

可行性设计

需要被执行的任务并不一定都能取得理想的效果，这是由于企业需要进行探索，企业不可能将所有的工作任务都局限在已知领域。为了企业的发展，对于未知领域的探索必须进行，对于未知领域的探索很可能产生预料之外的结果，这个结果可能很好，中了头彩，也可能非常坏，离想象差距很大，为此，需要进行可行性的设计，要对未来的风险有所准备。从任务可行性的角度描述，任务可以分成确定性任务和不确定性任务两种。

确定性任务是指在正常情况下和条件充足的情况下能够顺利完成的任务，例如，生产已经投产的产品，只要供应充足，条件齐备就能够完成预定目标，这是因为已经解决了所有不确定的问题，在任务下达前已经执行过类似任务，只要目标和条件与以前一样，结果肯定是一样的，对于这类任务关键是要防止出现意外。

另一类任务是具有不确定性的任务，这类任务的工作内容是清楚的，但产生的结果带有不确定性，如实验新技术、开拓新市场、采用新的管理方法，等等，这些任务可能有一个美好的预期，但是以前没有进行过，因此设想能否变成现实具有不确定性，但是又必须进行，不进行可能会给企业带来更大的风险和损失。对于这类任务，任务的下达者必须做好充分的思想准备，要把不可预测性尽可能限定在一个可控范围内，任务的实行者只要完成任务要求就结束，切忌不可穷追猛打。

整个问题的关键在于一个总体安排中如何划分确定性任务与不确定性任务的比例，完全没有不确定性任务，这个总体安排缺乏新意，整体价值大打折扣；如果不确定性任务安排过多，会使整个总体安排的风险大幅度提升，并有可能危害企业，这是一个两难的选择，是计划设计的一个关键环节，考验设计者的智慧和能力。

平衡与协调

计划的最终完成是通过平衡和协调实现的，进行平衡和协调的目的首先是争取整个计划的投入最小、收益最大；其次是充分和均衡地利用企业的各项资源，防止出现过度利用资源和资源利用效率低的现象；最后是防止项目间、任务间可

能出现的冲突和矛盾，以及可能出现的风险，保证项目顺利进行。进行平衡和协调做法包括：

上下平衡：层次间的平衡，企业计划、部门计划、班组计划之间的平衡，年度计划、月度计划、日工作计划之间的协调。

前后平衡：先后顺序的平衡，如果计划内的任务有先后顺序的话，需要平衡前面的任务与后面的任务之间的衔接关系。

左右平衡：与资金和组织的平衡，计划需要与资金和组织的资源供应保持平衡，保证计划不会因为缺乏资源而无法进行。

动态平衡：基于不确定因素的动态调整，在计划执行中会出现与预想有差异的结果，例如，某个任务的结果与预想有差异，会影响到后续任务的进行；或者是外部环境产生了变化，影响到计划的执行；这些都需要对计划进行调整，以便形成新的平衡。

最理想的情况是计划中任务的设计与实际执行结果完全一样，这就证明计划本身的高质量，这也是进行平衡和协调的结果，这种协调和平衡是建立在计划制定者的充分信息掌握极为丰富的知识以及高超计划制定技巧之上的。

预期目标设计

计划的预期目标设计是计划执行的完美程度的关键，计划要涉及许多方面，每个方面对计划有不同的期待，企业治理系统希望计划可以少花费、短时间、高目标、高质量，执行方希望计划高投入、长时间、低目标，双方的冲突明显，同时，外部环境还为计划带来许多不确定因素，这些对于计划目标的设定增加了很大难度，稍有不慎计划就会流于形式。

为了设计理想的计划目标，要尽可能采用科学的计划目标预测方法，需要遵循细化、经验、有能力的原则，需要进行细化，越具体详细越好，这样可以尽可能减少意外因素的干扰，在细化的基础上根据历史经验值进行目标值预估，再根据企业能力进行调整，这样就可以得到一个相对准确的计划目标。

为了增加计划目标的可实现程度，计划目标最好是一个区域，而不是一个指标，例如，如果设定每天销售 100 个商品，那么销售了 99 个也没有完成任务，这种过于严苛的目标会打击员工的积极性，如果设定每天销售 85 ~ 100 个商品，则弹性增加许多，如果出现意外，结果也可以接受。

计划最为重要的是要在制订者与执行者之间保持平衡，最容易出现的问题是制订者过于强势，不愿意接受计划执行者的意见，最后形成的结果就是，执行者阳奉阴违，不认真执行计划，因为无论怎样做都完不成计划目标，不如走到哪里算哪里，形成一种法不责众的局面。

8.3 绩效与监管

绩效监管的概念

计划的绩效监管是计划开始执行以后的工作，工作的内容是跟踪计划的执行情况，检查是否按计划执行，计划规定的进度和目标是否实现。对于计划的监管是在执行者与监管者之间进行的，在企业中计划的执行者一般是企业的产品系统和运营系统中的某个部门，而计划执行的监管者一般隶属于企业治理系统的计划管理模块。

制订计划的意义在于企业中各个部门能够按照计划去开展各项工作，使整个企业能够平稳有序地开展工作，如果计划制订了以后不去有效实施，就失去了制订计划的意义，还有一种可能就是，各个部门自觉地执行计划，即使这样对于计划执行的监管也是必要的，通过监管可以更好地督促各个计划执行部门有效执行计划。

绩效监督的方法可以分成主动方式和被动方式，主动方式是计划执行部门依据事先的约定主动上报计划执行情况和结果，而被动方式是监督人员去计划执行场地收集计划执行数据，一般来说，主动方式更好，这表示出对计划执行人员的一种尊重和信任。绩效监督的一个关键问题是监督的数据内容，如果过少，不能了解计划的执行情况，如果过多，会非常烦琐，给计划执行人员造成负担，监督数据的设计要选择计划的关键点，数据越简单越好。

计划管理对象

为了增加计划的可执行性，需要认真设计计划的目标，使目标在计划管理者和执行者之间取得平衡，让双方都满意。企业中的计划各种各样，无论是什么计划，主要的管理对象都包括人员、目标、开支以及收益。

人员是计划管理的最基本对象，任何计划都必须有人来执行，计划管理中，人员管理是一个重点，管理的内容包括人员数量和人员工作情况，每个人完成的

工作量的总和就构成了整个计划完成的总工作量。首先需要确定每个人能够完成的工作量，在此基础上确定项目总的人员数量，在计划监管详细了解了现有人员数量的情况下，评估整个计划进度是否按预期完成。

目标管理是计划管理的最重要组成，在计划中需要设计出可核查的目标，首先需要设定计划的总体目标，在总体的目标基础上，设立计划的里程碑目标，这些里程碑目标是计划在执行到一定时间后需要达到的目标，以保证计划沿着正确的方向前进，计划目标管理的任务是按照预先设定的节点核查是否完成了预定任务。

开支是计划管理的关键点，整个计划需要在资金的驱动下推进，开支管理是建立在与计划对应的预算的基础上的。开支管理需要从两个角度进行：首先要保证资金供应，避免因为资金不足造成计划停摆的现象。其次要保证在按计划充足资金供应的情况下计划能够按预定速度前进，避免资金供应充足，但是任务没有完成的情况出现。

收益管理是在计划执行完成后需要进行的工作，在计划执行完成后，需要对整个计划执行的结果进行评价，评价计划是否实现了预定目标，预期的收益是否获得，后续还有哪些方面需要做出调整。从计划的完整性角度考虑，可以通过计划执行完成后的全面评价充分地总结经验，吸收成功经验，避免不足。

监管结果的处理

无论是日常对于计划的监管，或者是里程碑目标的监管，以及计划结果的总体验收，这些监管活动都会产生结论，在对计划做出了各种结论后，需要根据结论做出相应的处理，处理的方式包括调整、激励和惩戒。

如果计划在执行过程中出现偏差，无论是因为外部原因使计划出现偏差，还是因为内部原因出现偏差，都需要调整，进行调整的目的是使计划可以回归正确的轨道，保证计划最终顺利完成，这种调整越早进行越好，以降低损失。

如果计划在执行过程中取得了比预期好的结果，就需要对相关人员进行激励，这种正面的激励对于计划的顺利进行，以及后续的计划具有积极的意义，也是计划制订人员与计划执行人员进一步加强相互信任的重要途径，通过正面的鼓励，可以调整整个计划的执行气氛，为计划执行构造一个和谐的环境。

如果计划执行过程中出现失误或错误，应该找出问题的原因，如果是无心之过，应该采取警告的方式进行惩戒，如果是故意为之，则需要严肃处理，出现了问题一定要进行惩戒，只是需要注意方式方法，不要影响后续计划的执行。

8.4 计划管理原则

计划加上规范就构成约束企业各个方面的管理框架，使整个企业可以均衡有序地运转。规范是相对稳定的制度，一般不会随意变化，计划是最灵活的管理手段，然而在现实生活中，计划本身却难以做到非常规范，原因是计划的制定受到方方面面的影响，很难按照一个稳定的规则进行，为了尽可能地约束计划过程，计划制定和管理需要遵循以下原则：

原则一：以构建强大的企业生存优势为核心设计计划目标。

原则二：设定保持平稳成长的计划目标。

原则三：持续积累企业后续成长空间和能力。

原则四：保持计划目标与治理纲领的一致性。

原则五：根据产品和运营的实际能力设计任务。

原则六：制订平衡、可执行、目标明确的计划。

原则七：及时进行动态调整。

原则八：与企业的资本和组织管理充分融合。

原则九：构建高水平的计划管理体制。

原则十：构造良好的调控和执行能力。

原则十一：掌握充分的市场和技术资料。

原则十二：掌握充分的内部运营情况。

原则一：以构建强大的企业生存优势为核心设计计划目标

企业的生存优势是指企业具备某种特殊的优势，这种优势促使客户可以将本企业与其他企业相区别，并愿意购买本企业的产品。这种优势是举全企业之力，通过持续不断的努力去建设和维护，为此需要通过计划调动企业中的各种力量努力工作。

企业的价值和盈利能力是由其生存优势缔造的，这是一个循序渐进，并持续不断的过程，是设想、实施、实现多层面不断循环的过程。计划管理的核心使命就是要建造和延续企业是生存优势，不断增强企业生存优势是计划工作的基本理念，也是基本判断准则，有利的就要去做，不利的就要禁止，要融合到计划中的每个项目和每项任务之中。

原则二：设定保持平稳成长的计划目标

保持平稳增长是一个良好计划的标志，在理想的状态下，这种增长是一种均衡和全面的增长，这种均衡和全面的含义是营业指标、企业资产、企业组织、产品任务、运营任务都在一种相互协调的氛围中持续成长，这是通过计划的综合性设计和协调实现的，是计划管理的核心工作。

保持平稳成长中包含“成长”和“平稳”两个要点：首先是成长，这种成长是企业的全面和持续的成长，也就是企业的各个方面每年都要有成长；其次是平稳，平衡的含义是每年企业以合理和相似的速度成长，没有大幅度波动的现象出现，实现这种平稳成长意味着计划的设计水平极为高超，将企业调整到一种高效和谐的状态，各种能力充分发挥效率。

原则三：持续积累企业后续成长空间和能力

后续成长空间是指在当前计划中要为后面的计划在产品、运营、资源层面进行铺垫。很多行业需要经过一个相当长的时间，营业收入才能真正产生，如需要建设生产和经营设施、需要进行市场宣传等，只有这些工作都完成了，营业收入才能产生，因此，在当前的计划中需要为后续的成长进行相当数量的准备工作。

“只摘苹果不种树”是职业经理人员最容易出现的问题，由于人员的流动性，很容易造成企业治理核心行为的短期效应，这样可以暂时拉高当期的经营指标，但是，代价是损害企业后续的成长，因此，作为计划管理，不仅要注重当前，还要注重今后。虽然经理人可能被更换了，但是，很多情况下计划管理人员还需要在此坚持工作，因此，不能做自掘坟墓的事。

原则四：保持计划目标与治理纲领的一致性

企业治理纲领是企业的最高原则和目标，这是一种原则性和概念性的描述，企业治理纲领要想变成企业的具体行为必须通过企业计划去实现，这是由于计划对于整个企业的各项工作的引导作用，通过计划将企业治理纲领落实到企业的具体管理、产品、运营等业务之中，通过这些具体业务的努力实现企业治理纲领描述的理想。

企业治理纲领包含了企业治理原则和企业治理目标，如何将这样的企业核心理念变成企业的具体业务计划是必不可少的环节，企业治理纲领之所以重要，是因为它规范了企业的基本治理理念，这些理念的落实是企业沿着正确的方向前进的关键，这需要计划工作来承担，实施方法：首先，通过计划完成企业治理原则和治理目标的对接；其次，通过计划完成企业的各项业务对接，使企业的治理纲领变成企业具体业务中的行动。

原则五：根据产品和运营的实际能力设计任务

产品系统的能力和运营系统的能力是计划制订过程中需要考虑的重要因素，一定要将计划限定在产品系统和运营系统的实施能力之内，包括通过投入可以实现增长的能力之内。以防止因为产品系统和运营系统的能力不足使计划失败。

在计划工作进行过程中，制定超过企业实际能力的计划目标是经常遇到的事情，原因一方面来自外部市场环境的压力，需要加快前进步伐，另一方面企业内部的各个方面也希望企业快点发展。在内外压力下计划往往会设定比较乐观的目标，这个目标会在一定程度上超过产品系统和运营系统的能力，在此情况下，恰当地使用企业的产品和运营能力就显得非常重要。

原则六：制订平衡、可执行、目标明确的计划

平衡、可执行、目标明确是计划可执行性的重要属性，制订计划的目的是为了能够得到切实执行，计划能够顺利执行需要满足很多条件，其中的关键条件是平衡、可执行以及目标明确。平衡是指能够均衡地满足企业内外各方面的期望；可执行是指计划充分考虑执行性，在各个相关方面的能力之内，确实可执行；目标明确是指计划设定的目标可以清楚地被理解，计划执行后可以被验证。

平衡、可执行、目标明确的计划是一个高质量的计划，主要是计划本身的各项内容编写得非常高质量，这种高质量来自深入细致的工作，也来自高超的计划制作能力。高质量的计划是计划中的各项目标能够被实施的基础条件之一，而计划被完整地执行是制订计划的目的。

原则七：及时进行动态调整

如果计划能够一帆风顺地完成那再好不过，可是有许多意想不到的因素使计划不能按预期进行，这些因素可能来自企业的外部环境，也可能来自企业内部，因此，需要对计划进行调整，使整个计划重新得到平衡，使计划继续进行。

影响计划执行的因素可能来自三个方面，即计划设计不周、外部因素变化、内部因素变化。计划不周是指由于计划设想与实际情况有出入，所以计划无法进

行；外部因素变化是市场环境、社会环境、自然环境产生突变，如经济环境变化、国家政策变化、金融市场变化、自然灾害等都可能影响到计划的顺利进行；内部因素变化可能来自企业的各个方面，例如，投资者或大股东变化、骨干员工变化等。面对变化必须及时调整计划，以适应产生的变化。

原则八：与企业的资本和组织管理充分融合

企业计划需要与企业资本管理和组织管理相互配合与支持才能发挥作用，企业资本管理方面需要为计划管理方面提供资金，而组织管理方面为计划管理方面提供相应的人员，没有资金和人员，计划无法顺利进行。

企业治理系统的四个组成元素是相互紧密关联的，其中的任何一个元素都需要其他元素的支持，计划工作就需要资本和组织方面的支持，同时，计划也对基本和组织方面提供支持，作为企业成长发展的主要引领者，在三方面的互动中需要发挥更多的作用，需要在更大的层面上适应资金和组织方面的情况，并通过计划工作的成果为企业资金和组织方面状况的改进提供积极的帮助，通过资本、计划、组织三方面的相互支持，形成三者之间的良性循环。

原则九：构建高水平的计划管理体制

计划管理体制是制度化的计划管理方法，最理想的方式是建立计划信息管理系统，如ERP系统，也可以采用制定相应的计划管理规则，以规范企业的整个计划管理行为，使计划真正融合到企业日常的业务之中。

如果没有规范化的计划管理体制，企业将会采用随意的计划管理方式，或者是完全没有计划管理机制。在这种状态下，企业采用一种自由运动的方式进行日常业务操作，使企业处于一种完全不可控状态，这是企业难以为继的原因，为此，必须建立规范的计划机制，使企业进入一种规范和可控状态。

原则十：构造良好的调控和执行能力

制定了良好的计划还需要被有效地执行，因此需要建立良好的调控和执行能力。由于计划是在各个具体的业务部门中执行，计划的调控和执行能力需要建立在企业中的各个具体业务部门，大致可以分成产品类计划的调控和执行能力与运营类计划调控和执行能力两大类。

计划的调控和执行能力是企业中的各个部门对应于计划的一种接受能力，这意味着整个企业的规范管理，因为一个能够被很好执行的计划首先来自对于被管理对象的准确了解，这是通过大量的实际数据的方式获得的，而计划的顺利执行也要建立在相关业务部门的良好管理的基础之上，这样才能有目的地在相关的具体部门推进计划的具体执行。

原则十一：掌握充分的市场和技术资料

掌握充分的市场和技术资料是指计划管理部门需要充分了解企业业务所涉的市场和技术的相关资料，市场资料包括市场当前的状态，主要参与者，行业内其他企业的动态等，技术资料包括技术发展现状和趋势，以及技术标准、制造工艺、质量控制等技术方面的资料。

制定准确和切实可行的计划的基础就是充分掌握整个行业的市场和技术情况，更为重要的是要有足够的预见性，能够洞察整个行业的发展趋势，这种洞察力是企业通过对整个行业长期观察后总结的规律，借助这种洞察力企业制订的计划就能带领企业保持和壮大企业的生存优势。

原则十二：掌握充分的内部运营情况

企业内部运营情况包括企业的资本、组织、产品、生产、销售、服务等方面的具体数据，这些数据在各个业务部门进行工作的过程中产生，将这些信息收集起来，并加以整理就形成了对于企业内部情况和动态进行掌控的依据。

除了外部信息外，企业内部的信息对于计划制订也非常重要，是制订计划的基本依据，否则计划就是凭空想象，很难符合实际情况，给企业造成损失，企业从各个方面收集到的数据是原始数据，这些数据需要经过加工和整理才能被应用到具体的计划管理活动之中。

8.5 计划管理实施目标

企业计划与企业中各个方面都有关系，是带领企业前进的指导性文件。为了充分了解各个方面的预期，企业计划需要达到一些目标，以便能够出现令人满意的执行结果，这些目标是企业的各种因素与计划工作相互融合形成的一种框架性约束，尽可能使计划按照人们的预期出现。

目标一：主要计划指标。

目标二：计划执行和目标实现状态。
目标三：企业治理纲领的贯彻。
目标四：外部环境适应情况。
目标五：内部认可程度。
目标六：对产品工作的支持程度。
目标七：对业务运营的支持程度。
目标八：与资金和组织方面的配合。
目标九：内外信息掌握和分析。
目标十：执行能力。
目标十一：符合企业章程/规则。
目标十二：计划运作规范。

目标一：主要计划指标

A. 持续稳定增长。
B. 稳定增长。
C. 稳定。
D. 不稳定。

企业的主要计划指标包括资本类的营业额、利润、资产规模、资产负债比等，组织类的人员规模、结构、稳定程度、工作效率等，还有就是产品系统和运营系统的一些标志性指标，这些指标是企业计划管理的总体表现特征，是计划基本情况的具体表现。

目标二：计划执行和目标实现状态

A. 平稳有序高效，结果好于计划目标。
B. 平稳有序，实现全部目标。
C. 有序，基本实现目标。
D. 不稳定。

计划执行和目标实现状态是指计划是否被企业中各个相关方面有效执行，如果计划不能够被执行，计划就失去了意义，计划本身制订得再好也是无用，计划能否被执行是对计划工作的一个关键性考验，这既考验着企业治理核心的决心和意志，也考验着企业计划功能模块的整体能力和水平。

目标三：企业治理纲领的贯彻

A. 完全贯彻。

B. 基本贯彻。

C. 大部分能贯彻。

D. 需要改进。

在企业计划中，对于企业治理纲领的贯彻是计划工作的重要内容，也是一个基本要求，如果不能在计划中贯彻企业治理纲领，可能是计划工作出现问题，也可能是企业治理纲领需要完善和改进，在进行调整和完善后，企业治理纲领在计划中贯彻程度就会提高。

目标四：外部环境适应情况

A. 与外部环境高度融合。

B. 与外部环境友好相处。

C. 与外部环境不矛盾。

D. 矛盾明显。

企业计划对企业外部环境的适应是企业根据其所处的环境状况，不断调整企业自身而形成的结果，是企业计划工作的重要内容。外部环境包括企业的市场环境、技术发展趋势、法律政策环境、社会人文环境等，一切与企业直接或间接相关的外部环境都牵涉其中，企业需要积极地调整自己，适应企业的外部环境，巧妙地应用企业外部环境，使企业得到发展。

目标五：内部认可程度

A. 有威信，贯彻力强。

B. 得到信任，得到贯彻。

C. 执行，但有不同意见。

D. 不执行。

计划的内部认可程度是指企业计划被各个部门的接受程度，所谓接受，是指企业内部各个部门和人员是否从内心认可企业的计划，愿意以积极的态度执行企业计划。由于公司权力机制，上级可以命令下级去执行计划。计划能否真正地被各部门和员工接受，就考验着计划的实际质量。

目标六：对产品工作的支持程度

A. 积极推进，成果丰硕，充分应用。
B. 推进，有成果，有应用。
C. 有成果，有应用。
D. 正在工作。

产品系统负责产品规划和设计，从资本角度看，对于产品投入形成的是无形资产，只有通过运营系统才能变成真正的价值，从财政的角度看，产品系统完全是只进不出，对产品工作有非常大的难度，需要站在很高的层面才能体会到产品的价值。此外，在对产品系统进行投资的同时，需要保证产品系统完成的产品设计能够充分地发挥作用，虽然这种作用要在一段时间以后才能体现。

目标七：对业务运营的支持程度

A. 平稳，不断成长。
B. 基本平稳，有成长。
C. 持续运营。
D. 不稳定。

计划对运营系统的支持非常正常，运营系统是企业资金收入的主要来源，因此企业计划需要以运营为重心，对运营系统提供充分的支持是计划工作的基本职责，问题的关键是如何巧妙地提供支持，使这种支持能够产生尽可能多的结果。

目标八：与资金和组织方面的配合

A. 进行极为有效的配合，实现良性互动和支持。
B. 进行有效配合，实现相互平衡。
C. 基本配套。
D. 需要改进。

与企业治理系统内的资本管理方面和组织管理方面的密切配合和支持是计划能够成功实施的关键，没有资金方面的支持，计划内的任务无法进行；没有组织方面的支持，计划将会没有人员来执行。同时，企业计划没有能够使资金和人员得到充分利用，也是计划方面的失败，因此，要与资金和组织方面形成一种有效和恰当的配合，形成良性互动。

目标九：内外信息掌握和分析

A. 全面掌握情况，有引导力。

B. 基本掌握情况，能够同步。

C. 大部分掌握情况。

D. 不太了解。

掌握足够数量和足够准确的企业内部和外部信息是制订出准确计划的关键，凭空想象即使一次两次正确，总会出现问题，企业必须下大力气设法获得足够的信息，得到信息后还需要采用正确的方法进行分析，以得出正确的结论，优质的企业计划是建立在对大量高质量数据进行准确分析的基础上的。

目标十：执行能力

A. 各具体业务单位的预期吻合，顺利贯彻。

B. 各业务单位可以接受，基本执行。

C. 有意见，需要调整。

D. 有矛盾。

计划的执行能力是计划的一项重要质量指标，如果计划不能被执行，计划撰写得再精彩也没有意义，对计划的总体评价只有计划被执行以后才能看出，计划被准确执行的基础是符合各个部门的基本要求才能被执行，执行的结果如何则是另外一个问题，计划覆盖面越大，覆盖的周期越长，其被执行的难度就越大，需要在计划制订过程中下功夫。

目标十一：符合企业章程/规则

A. 完全符合，且有所促进。

B. 基本符合，不矛盾。

C. 大部分符合。

D. 矛盾明显。

企业通过两种方式对企业进行约束，即规章制度和计划。规章制度是一种静态的约束方式，计划是一种动态的约束方式，二者共同构成整个企业稳定运行的框架。因此，二者之间必须相互配合，不能有冲突，由于规章制度是一种稳定的管理机制，不能轻易变动，所以，计划就需要去主动适应企业的各项规章制度。

目标十二：计划运作规范

A. 规则明确清晰，全面认真执行，效果突出。

B. 有明确规则，实际执行，有效果。

C. 依据惯例进行计划管理，基本保证效果。

D. 没有明确计划管理规则。

计划运作规范是企业中对于制订计划和执行计划的管理规则，目的是使计划工作有章可循，减少随意性，增加科学性和准确性；通过计划运作规范可以保持计划格局的一致性和延续性，避免企业内执行部门产生异议；通过计划运作规范可以积累经验，不断改进不足。

8.6　计划的实现策略

计划的关联性

平衡是计划工作的基本目的，计划是与所有方面之间相互妥协的结果，之所以要进行妥协，是因为各个方面都有自己的预期，这些预期都是为了使任务的结果更有利于自己方面。因此，相互之间有一定的冲突，例如，资本部门希望少开支多收益，而具体执行部门希望多投入低目标，类似的情况还有很多，为此，需要通过计划从中调节。

计划首先与资本管理方面达成一致，没有资本的支持，任何工作都无法开展，资本支持的重要体现就是计划需要开支能够足额列入预算，并且能够按项目进度支付，当然这是有条件的，计划的内容必须得到资本方面的认可，同时还需要有良好的信用记录，在过往所有计划中的承诺都如期实现，这样资本管理方面才能相信，此次计划中的承诺是可信的，资金投入后会得到预期的目标。

计划需要得到组织管理方面的支持，需要提供足够数量符合要求的人员，难度在于这是一个双向的选择，企业方面希望计划参与员工有符合要求的职业能力，而员工方面希望企业能够给予高于自己预期的待遇，而能够形成这种平衡的要素是计划的执行结果能够产生具有高水平的收益，以便形成一种正向循环。

产品工作是计划的主要投入方向，也是计划管理的难点之一，产品工作主要是指产品研发工作，从计划的角度，难度主要集中在周期长、不可预测因素多、投入高，然而没有产品方面的工作会使企业完全被市场淘汰出局，这要求产品工作必须取得预期的目标，计划管理的任务就是要在诸多困难的因素中做出平衡，要引导企业的产品不断前进，同时要根据企业现有能力设计合理的计划目标，产品工作在整个计划中占有核心位置，安排好产品以后，其余工作都可以以产品为中心安排，例如，计划好一个产品什么时候完成开发，在后续的投产、上市、市场推广工作都可以依次安排出来，前提是必须保证预期目标的实现。

企业业务运营是计划中涉及最多的部分，其中的产品生产、产品销售、产品服务是企业日常性的工作。销售是计划中的持续的资金收入来源，是支持整个计划的关键，如果没有很好的收入，计划中的其他内容都难以为继，但是，业务运营对于计划也有优点，就是可预测性高，如果产品进入了正常运营，在产品生产、销售、服务的结果是可以预测出来的，虽然可能有意外情况发生，只要业务有一定规模，各种问题可以通过适当的调节来应付。

计划制订操作要点

现代企业特别强调标准和质量，计划制订同样需要标准和质量，从企业董事会和企业治理核心的角度看计划的质量最终体现在企业实质性发展，如理想的利润和理想的资产成长，然而，这些结果都是发生在计划执行完成之后，无论计划的成功与失败都已成为定局，实际现实则需要在计划执行前就可以对计划进行评价，这种评价的要点是：可行、平衡、成长、低风险。计划的制订流程和关键控制因素见图8－4。

计划的可行性是评价计划质量的一个重要角度，最好的计划是全部内容能够实现的计划，这要求在计划制订之前做很深入的工作，对于计划涉及的所有内容都进行深入的可行性研究，确认其确实可以实现，由于计划都带有超前性，所以这种可行性研究的难度非常大，因此，如果能够实现大部分计划内容就非常不错。

综合平衡是评价计划质量的另一个角度，在现实中计划平衡的难度非常大，原因是企业治理系统的各个方面均占强势位置，所以非常不容易去关注具体执行者的声音，这种强势造成计划向计划制订者倾斜，造成实质性的不平衡，但是，这种不平衡对计划的实际执行有很大影响，很容易造成计划的落空。

计划中必须包括成长的内容，否则制订计划就失去了意义，这种成长的含义是计划执行完成必须使企业获得收益，如果是研发产品的计划，则应该完成一个

有很大进步的产品的研发和实验，如果是业务运营计划，则需要为企业创造相应的利润，具体计划设计需要考虑可能性，让计划取得一种力所能及的成长。

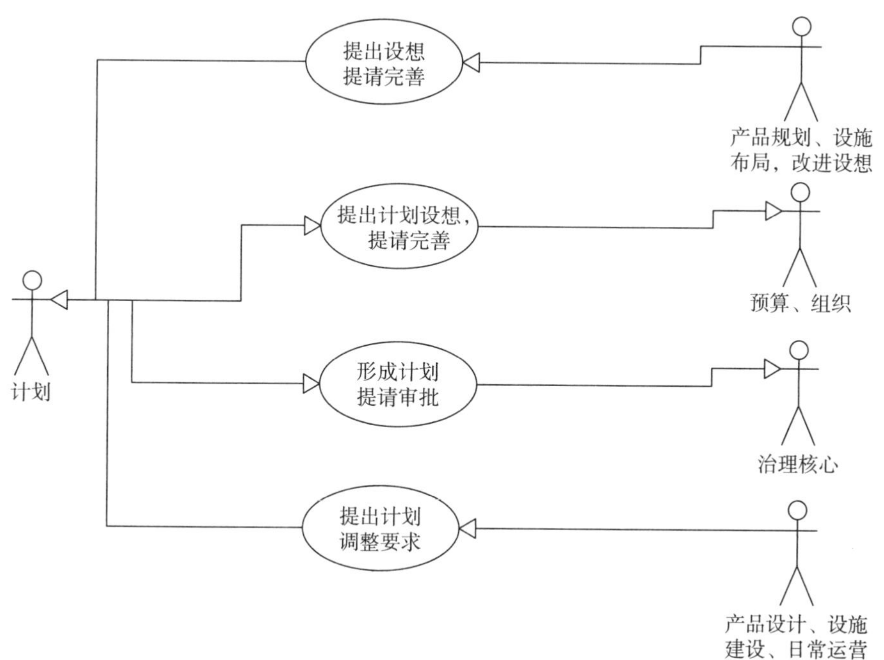

图8-4 计划的制订流程和关键控制因素

计划必须尽可能地降低风险，风险是计划中不可预测的危害因素，意外风险的出现是对计划的严重损害，因此需要尽可能去避免各种风险，需要事先设计必要的预防措施，同时，需要对计划的各个角度和层面留有余地，防止因为绷得太紧而使计划产生风险或危害。

计划制订过程

制订一个好计划除了做好各方面准备，还要充分关注各个方面的动态，做得切实可行、充分降低风险外，采用规范化的计划制订过程是保证计划执行效果的重要因素，通过规范化的过程可以使整个计划在制订过程中尽可能完善。一般来说，计划制订的步骤如下：

（1）充分收集制订计划需要的各种基础信息，以便充分了解背景和现状。

（2）根据收集到的信息评价计划的可行性，确定计划的内容是否可以达到预期目标。

(3) 按照规范的格式编制计划，以便使计划清晰完整，便于实际执行。

(4) 验证计划的内容，验证计划的可行性，防止计划出现问题和风险。

(5) 正式批准计划，开始实际执行。

企业会有各种各样的计划，由于应用目的不同，具体形式上会有不同，但是，总体的过程是相似的，规范的制定过程是必要的，这样至少可以避免一定的意外。

第 9 章　组织建设与维护

9.1　组织建设的主要任务

组织工作是企业中最具挑战性的工作，其难度在于企业人员情况各异、权力分散、职责缺位以及工作错位，造成人员的高流动性，在技术和运营日益复杂的今天，如何做好组织建设任务成为企业面临的最大挑战。

组织建设的概念

组织建设工作是企业治理系统的三项任务之一，内容是负责企业组织的设计、建设、管理，为企业内的各个方面提供所需要的人员，并保证这些人员可以完成各自的任务，具体而言，组织建设的具体任务如下（见图 9 -1）：

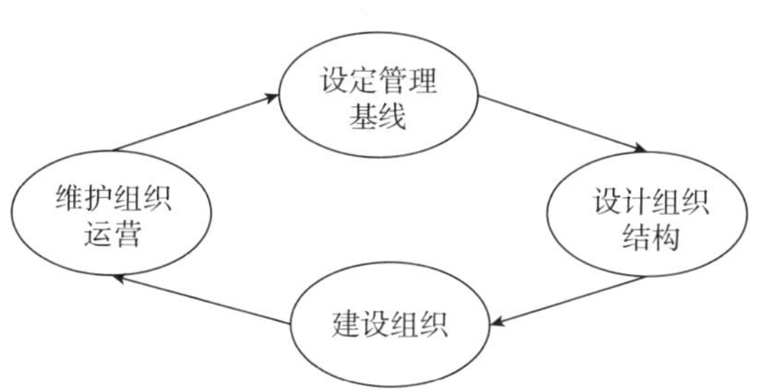

图 9 -1　组织建设的任务

（1）设定管理基线。设计企业组织建设的待遇底线和平衡基础。

（2）设计组织结构。在管理基线上设计组织结构、功能和协调控制机制。

（3）建设组织。根据组织结构在各个岗位上安排合适的人员。

（4）维护组织运营。保证组织平稳运行，所有人员各尽其责。

组织管理的操作空间

企业的组织管理是受到限制的，这种限制由产品的价格水平和管理基线构成，在原材料和绝对消耗一定的情况下，企业产品的价格和市场规模就决定企业收益的规模，如果产品价格合适，同时产品销售规模理想，那么企业获得的回报就形成了可以提供给员工的报酬的上限，而管理基线构成了报酬的下限，二者之间的空间就是企业组织建设所能操作的空间。

理论上，给员工的报酬越高对企业越好，因为这样可以吸引优秀人才，员工对自己的报酬满意，企业就容易管理，然而，这一空间是有限制的，其关键因素就是企业的容纳能力，如果产品在市场上的表现不好，就会形成对于组织操作空间的障碍，影响企业的稳定发展。

员工希望少工作多收入，而企业希望员工少收入多工作，二者之间需要在企业的操作空间之中找到平衡，其余的管理都是建立在这种平衡之上的，随着技术的进步，员工对于企业越来越重要，这种平衡也就越来越关键，组织建设的核心是在员工的承受能力之内，使企业获得最大的回报，也就是让每个员工尽可能创造最多的价值，只有这样才能让现有的组织管理空间发挥出最大效益。

推进组织建设的意义

组织建设对于企业来说是一项非常基础的工作，人员的自由流动是现代社会的基本特征，从社会层面，虽然阻碍人员流动的因素越来越少，但这对于企业却是一把“双刃剑”，做得好组织建设企业能够收益，做得不好则成为阻碍企业发展的问题所在。组织建设表面的工作是招聘、办理离职手续、办理社保关系等事务性工作，实际工作远不只这些，组织建设的更深层次的使命是如何为企业缔造一支具有强大战斗力和能打胜仗的队伍，这一目标能否实现对于企业关系重大。

良好的组织是企业各项工作的基础，对于企业来说，良好的组织的含义是人员数量恰当，工作能力强、效率高、质量水平高，认真地遵守各种纪律和规范。企业治理系统承担着企业的资产、计划、组织建设工作，责任重大，操作难度很高，需要极高的专业能力，同时需要诚实可靠，组织和人员必须专业、规范、可靠；产品系统是企业中工作难度最高的部分，要求其成员受到过良好的教育和训练，整个系统完全依靠人员的素质和能力，选择恰当的人员是非常必要的；在许

多企业中运营系统占有企业最大数量的人员，组织建设工作任务繁重，保持整个队伍的高能力和高效率难度极大，需要从细微之处着手，给每个人充分关怀和照顾。

随着社会的发展，技术、生产、销售的复杂程度不断提高，企业对优秀人才的依赖不断增大，结果使人员相关开支在企业中的比例越来越大，组织工作扮演的角色逐步凸显出来，需要通过组织方面的出色工作，将企业在人员方面的开支稳定在一个恰当的水平，同时，保证人员的能力和素质符合企业业务的要求。

企业的成长和发展与组织和人员的关系越来越密切，在企业中人员分成进行创造性工作和进行非创造性工作两部分，生产岗位就是最典型的非创造性岗位，虽然要求人员具备技能和素质，但是具体工作只需要符合工艺规范的要求操作就可以，而产品设计则需要设计人员进行创造性的劳动，而如何激发起员工进行创造性工作事关产品系统工作成效，这是组织工作面临的艰巨考验。

组织建设的日常工作

企业的组织建设以一系列具体的工作为载体，实现组织建设的深刻哲理和内涵，如同个人一样，企业的组织也是有生命的，需要细心呵护，只有把所有工作都做到最好，企业组织才能茁壮成长，承担起企业发展和成长的重任，组织工作是具有艺术性特征的工作，完美与否差距巨大，不是通过量化便能够实现的。组织建设的日常工作如下（见图9－2）：

图9－2 组织建设的日常工作

（1）组织结构维护。

（2）使命和职责设计。

（3）人员布局和管理。

（4）组织运行监控。

组织工作的第一步就是保持一个适合企业需要的组织结构，本书描述了一个具有 3 个系统和 12 个功能模块的企业组织模型，这是为了跳出具体的企业的限制，构建一个处于理想状态的企业，由于企业所处的阶段、行业、环境的差异，企业需要建立一个适合自己现状的企业组织架构，这个架构的主要因素是由企业的组织层次和部门组成，它与本书描述的企业模型之间的关系是需要将本书描述的企业模型分解到企业自身的架构之中，同时在组织架构中加入企业的现实需求，使整个企业组织结构达到完备状态。

在企业架构设计完成后，第二步是要为每个岗位设计职责，主要包含两个方面，一方面是担任这一岗位的条件，具备什么条件的人才能胜任这一角色；另一方面担任这一角色需要完成什么任务。这种设计需要考虑两方面的因素：一是企业因素，将每个岗位的职责整合起来就是整个企业的业务能力，至于担任者的能力，一般按最理想的角度设计；二是角色的承担者的实际情况，无论在自身能力，还是在完成任务的情况方面都会有一定差距，为了保证具体的岗位能够在现实中找到可以承担的人，设计不要过于理想，要留有充分的余地。

第三步就是按照组织结构设计和人员岗位要求招聘相应的人员，并引导这些人员在岗位中逐步胜任相关工作，达到预期的目标，这是一个动态的过程，人员会因为各种因素产生流动，有的企业如果认为人员不符合要求，也会具体说明相关情况，为此，需要及时地进行调整以保持企业组织能够完成预定的目标。

第四步是在组织建立之后对组织的运行状况进行监管，保证所有人员按照分配给各自的任务开展工作，使企业处于一种稳定的运行状态，具体的操作是从计划、质量、纪律等方面监督所有人员的工作情况，监督的依据可以是人员的工作回报率，也可能是实际产生的数据。

整个组织管理的难点在于，组织工作的使命是完成企业的目标，这涉及企业的多方面具体工作内容，需要对技术、生产、销售等有所了解，并非管理考勤那样简单，而目前的企业结构中，组织建设的职能分布在许多不同角色之中，造成了“多个和尚没水吃”的问题，在国内最合理的组织管理模式是军队的政委制度，是保证整个组织形成高效战斗力的关键要素。

组织的评价是对企业中的人员进行评价，是企业组织建设中的一个重要环节，难度非常大，原因在于如何公正客观地进行评价。评价过程中经常遇到的问题是评价带有太多个人情感和态度因素。进行组织评价是从不同角度对企业中的员工的能力、行为、工作态度做出评价，成为升职、涨薪、调度的依据，评价的

方法包括上级对下级的评价、企业组织下级对上级进行评价、通过信息系统中的数据进行评价、聘用第三方机构进行评价等。

对于高层人员评价可以聘请第三方专业机构，或者由上级机构的审计部门进行为好，由于涉及内容多且很复杂，所以评价的难度非常大，评价内容包括决策的正确性，人员自身的能力，以及账务审计、技术工作评价，管理状况审计等专业评价，评价的结果对于企业的高级人员的下一步聘用有着关键性作用。

中层人员评价可以由企业中的高级管理人员加上企业内的组织管理机构共同进行，评价的目的包含对于个人升迁的因素，也包括下一步工作安排的因素，理想的方式是考察个人业绩为主、听取评价为辅，由于忠诚人员都是对高层人员负责，所以，企业层面的客观评价更显重要。

普通员工评价是企业一般容易忽视的问题，其实相当重要，员工队伍的稳定是整个企业良好运行的关键，通过客观的方式对员工进行评价，对每个员工做出针对性的调整，这是一个细致的工作，区分出不同员工的不同表现，可以对员工进行更为公正和正确的管理，最容易出现的问题是把个别员工身上出现的问题覆盖到全体员工身上，连累大多数员工。

组织建设的关键因素

组织建设的难度非常高，难度在于组织建设出现问题并不是直接反映出来，而是一种隐性的问题，缓慢和间接地体现在其他方面，例如，员工懈怠、工作效率降低、工作质量出问题等，这会给企业造成很大困扰，为了解决这些问题，必须注重组织建设的关键因素，解决其中的深层次问题。

关键因素之一：管理基线。管理基线是企业与员工关系的平衡点，管理基线是企业组织建设的一个基础，企业的所有管理都是建立在管理基线之上，从某种意义上而言，管理基线是治理者与员工之间的某种平衡，其中包含很多内容，受到各种因素的影响，企业必须认真对待。

关键因素之二：组织协调。随着企业分工和专业化程度的加深，各个岗位之间的关联和协调变得必不可少，这就形成了流程，用什么方式建立流程和建立什么样的流程就成为企业组织建设的关键，否则，各自为政，企业中的各个部分在节奏、时间、工作成果的延续方面就会产生矛盾，降低企业的效率和客户的体验。

关键因素之三：凝聚力建设。心不在焉，出工不出力，是企业组织建设需要解决的关键性问题，主要手段就是企业的凝聚力建设，为整个企业寻找共同的价值和奋斗目标，为整个企业塑造合力。

建设组织的文化

企业文化是企业各种治理内涵的表示特征，企业最为核心的价值观是通过企业治理纲领体现出来的，企业文化是企业治理纲领的外在表示，这种外在表示通过与企业所在的行业特征融合，形成一种企业治理纲领的外在表示，这种外在表示通过企业的行为特征、企业的标识、企业的外部装饰以及企业的对外宣传表现出来，它试图通过这些外在特征将企业的治理纲领所陈述的价值观传递给全体员工，并通过员工传递给客户和社会。

构造企业文化需要突出每个企业的特征，这个特征需要同时表现出企业的价值，以及自己的独特性，特别需要注意的是，企业所塑造的特征需要具有足够的吸引力，能够在表现出自己的独特性之外，要很容易地被企业员工和客户接受，这需要企业自身处于一种很好的状态，这样的企业文化才有其存在的价值，反过来，如果通过企业文化所塑造的外在特征具有某种吸引力，会对企业的成长和发展提供动力。

企业文化能够平衡社会环境，目前的现代产业就是在西方文化的环境产生的，因此构造企业自己的企业文化可以平衡外部环境的差异，例如，高新技术企业、具有传统文化和民族特色的企业需要构造自己的企业文化，以保证企业产品内涵可以通过企业文化保存下来。

平衡地域差异也是企业文化的作用之一，如果企业有比较广泛的分布，不同地区间的文化差异会对企业中的不同部分造成不同的影响，为了整个企业的统一和稳定，需要构造一种企业中的独立企业文化，营造一种完全独立的文化环境，这种环境可以包容各种文化差异，使企业中的所有员工能够和平相处。

此外，企业文化还可以营造适应产业特征的环境，特别是一些全新的行业，如互联网行业，需要营造自己的企业文化，使自己独立于以前的各个行业，以便企业中的员工能够快速进入新的环境。适应新的工作特征，这需要突出新行业的相应特征，用最简洁的方式表现出自己的行业独特特征，同时保留企业治理纲领中包含的含义。

9.2 管理基线与社会平衡

管理基线的概念

对于基线的概念有不同的解释，出于国际法和国内法的目的，陆地和海洋的划分界线被称为基线（Baseline）。在计算机术语中，基线是项目储存库中每个工件版本在特定时期的一个"快照"。它提供一个正式标准，随后的工作基于此标准，并且只有经过授权后才能变更这个标准。建立一个初始基线后，以后每次对其进行的变更都将记录为一个差值，直到建成下一个基线。

管理基线是企业划分企业组织层次的一个基础性标准，从企业的角度描述，管理基线是给予企业中大多数员工综合待遇的标准，高级员工在基准线之上逐层增加待遇，而最低层次员工在基线的位置构建标准。管理基线的概念见图9-3。

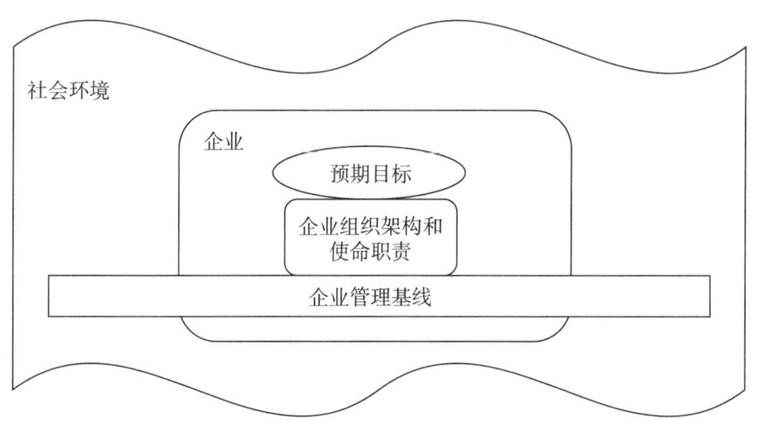

图9-3 管理基线的概念

建立管理基线是在给予与期望之间形成平衡底线，企业希望给予员工尽可能低的薪酬和待遇，以降低成本；员工希望得到尽可能高的待遇，以改善自己的生活，二者之间需要取得平衡，达到双方都能接受的共识，形成一种企业与员工之间的平衡；如果只是一个社区企业，需要与周边环境实现平衡，也就是企业给予员工的待遇要和周边企业一致或略高，这是一个最为基础的平衡，如果低于这一标准，员工难以稳定，如果高于这一标准，企业付出的成本较高；除与周边平衡外，还需要与整个社会的平衡，除非是与具体人群紧密相关的企业，企业一般会向工资低的区域流动，而人员会向工资高的区域流动，这种平衡就要看企业是对工资成本敏感，还是对人员素质和技能敏感。

管理基线是企业与员工之间的平衡，这种平衡中有许多内容，包括员工对美好生活的期望、所需要的安全感以及对于自己发展前途的期望；这种平衡不是一成不变的，具有动态性，这种动态来自企业所处的周边环境和发展格局的稳定性。

建立管理基线的意义

随着社会的发展，企业的内在特征也在发生变化，首先是员工在企业中的地位逐步升高，随着企业对于技术和创新的依赖程度提高，优秀的员工对于企业越来越重要，成为企业实现其价值的关键，而员工地位提升的直接结果就是企业需要为员工提供更好的待遇和条件；其次是企业资本的社会程度提高，企业资产的拥有者逐步从企业的日常运营中脱离，日常的运营需要有职业经理人承担；在这种情况下，员工、职业经理人、企业资产所有者之间需要形成某种平衡，这种平衡的基础就是企业的管理基线。企业的所有组织结构和组织活动都是建立在管理基线之上的。

在企业中通过管理基线构筑的平衡可以让企业与员工实现价值互锁，企业找到了自己企业需要的员工，员工也找到了合适自己的企业，这是一种理想的双赢结果，这种结果令双方满意。通过价值的相互锁定使企业保持稳定，将企业不正常的流动性降到最低，企业的流动性过高严重困扰着企业，是企业最大的问题之一，通过管理基线的建立可以有效解决这一问题。

将管理基线作为基础，企业可以开展各种有效的管理，企业推行的任何管理无论程度如何低，对员工都有一定的约束，只有在建立了合适的管理基线的基础上，各种管理才能有效推进。当员工对企业各个方面都比较满意的时候，员工就容易接受企业的各项管理，这需要员工对企业的信任，企业所实施的管理措施会使企业得到发展，并最终惠及自己，企业占据主动；如果没有设定管理基线，企业与员工的关系会比较复杂，企业出于强势，往往会压制员工的愿望，员工会对企业产生某种埋怨，对企业的管理会有所抵触，这增加了企业管理的难度，如果压力稍大，员工就会流失，造成企业的不稳定。通过设立企业管理基线能够提高

企业的稳定度，把企业的流失率控制在一个合理水平，还可以把企业的整体能力提高到一个恰当的程度。

管理基线建设方法

鉴于管理基线的重要性，企业需要采用规范的方式建设和管理管理基线，如果随意设立企业的管理基线，管理基线就失去了意义。设立规范的管理基线需要从管理基线的组成和结构、构建方法以及调整和维护等角度推进。

管理基线由与员工的利益关系最为密切的相关要素组成，在这些组成要素上达到或满足员工的预期，员工就可以安心在企业工作，企业可以获得更大自由度，这种自由度包括采取更加规范和严谨的管理措施，以及选择更为优秀的员工，这些要素构成了整个管理基线的全部内容。管理基线是一个整体，必须设立在同一水平，具体是何种水平可以根据企业所需要的员工的能力和水平决定，如果需要较高水平的员工，可以把管理基线设在高位，如果需要降低成本可以把管理基线设在低位，无论管理基线设在什么位置，管理基线内的所有制必须设在同一水准，否则，就失去了设立管理基线的意义，管理基线的组成元素包括（见图9－4）：

（1）员工待遇，工资、福利、社会保险等。

（2）工作环境，工作的劳累程度、安全程度、清洁程度、舒适程度，工作地点离家的距离，出差的待遇，对于工作的感兴趣程度等。

（3）企业前景，企业的盈利状况、企业的现有规模、企业规模的变化趋势、企业的风险因素以及对个人的影响等。

（4）成长机会，企业对于个人技能的培养，企业的升职机会、企业的管理的规范性等。

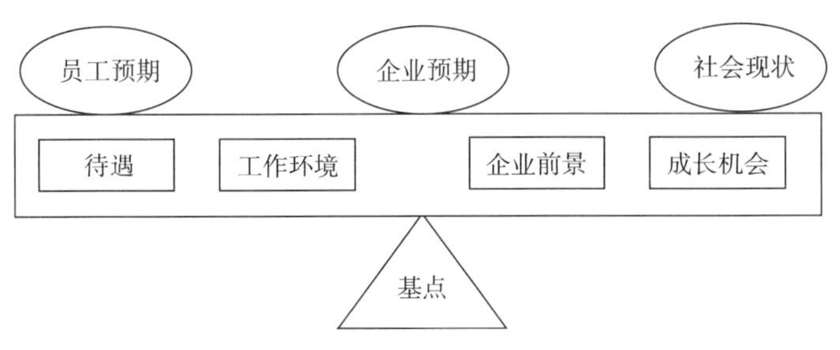

图9－4　管理基线的构成

一个良好的管理基线需要采用尽可能规范的方式去构建，这种规范的方式是一个确定的操作流程，能够产生确定的目标，这可以保证管理内容基线的严肃性，它能够真实地反映出企业和员工双方的意愿，也能够与诸多复杂的因素取得平衡，对于管理基线的设定流程可以是经治理核心确认的书面规范，也可以是已经成为惯例的实际操作方法，无论什么形式，必须保证所构建的企业管理基线的结果的正确性和有效性，必须得到各个方面的认可，构建管理基线需要经过以下一些环节（见图9－5）：

（1）明确企业定位，需要确定企业的管理基线要设定在什么位置，这与企业所追求的理念紧密相连，在这里位置的概念是企业基线是设立在社会综合期望之上，还是综合期望之下，二者各有各的特点。

（2）进行可行性研究，在明确了企业对于管理基线的预期之后就要开始逐步形成管理基线，这需要进行充分和高质量的调研，可以预设多套管理基线方案，逐步归纳靠拢，最终形成管理基线的建议方案，同时，还需要说明相应的理由。

（3）确定管理基线的内容，在初步明确了管理基线之后就要进入确定环节，需要确定的是资本管理和计划管理方面，资本管理方面需要确认企业的资本能力是否能够承受相应的基线，计划则需要考虑是否符合计划目标的要求，另外一个重要方面是企业的员工，如果员工不满意，企业基线就失去了意义，在各个方面都认可后需要上报企业治理核心批准。

（4）开始实施，在管理基线获得批准后，就进入了实施阶段，由于管理基线与组织建设的许多工作内容相关，因此，需要做出一系列相应调整，将管理基线融合到组织建设的相关方面，发挥管理基线的基础作用。

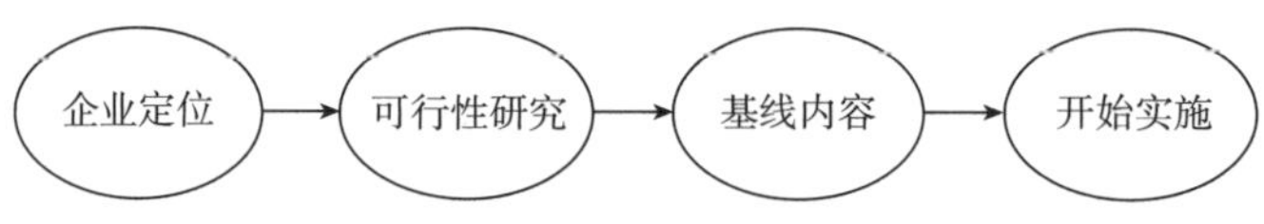

图9－5　管理基线的设定方法

管理基线并非一成不变，需要及时进行调整，这种调整受到两个因素的影响：一是社会外部环境因素；二是企业内部因素。社会的发展是企业调整管理基线的重要原因之一，社会发展会使人们的期望提高，为了满足这些希望，企业的管理基线必须向上调整。企业如果调整发展战略，相应的管理基线也需要进行调

整。最关键的考虑是企业的管理基线是否到了一定要进行调整的程度，如果到了这种程度，就可以开始启动管理基线的调整过程，具体的调整过程与制定新的管理基线的方式是一致的。

管理基线与企业治理原则

企业治理原则阐述企业的核心价值观和理念，是企业的最高准则，而管理基线是企业的管理底线，二者之间都是企业的业务与管理操作，企业能否进行有效的操作，在很大意义上需要看二者是如何设定的。企业治理纲领与管理基线之间的关系体现在二者之间的相互影响上。

第一种影响关系是在企业治理纲领的基础上建立管理基线，这种方式的前提是企业具有足够的资源，企业以满足治理纲领为中心，管理基线的任务是更为有效地实现企业治理纲领中的原则和目标，管理基线的设计需要尽可能地有助于企业治理纲领的实现，因此，尽可能提高标准。

第二种影响关系是在管理基线的基础上建设企业治理纲领，这种方式是由于企业的资源有限，无法建立很高的企业管理基线，需要尽可能地降低管理基线的标准，相应企业治理纲领中的原则和目标设定也要降低，二者相差太大就失去了实际的约束能力。

管理基线与企业组织建设

管理基线是组织建设的最重要基础，企业中的所有组织建设设想和具体操作都是建立在管理基线基础之上，管理基线的设计决定了企业组织建设应该采取的方式和方法，而企业的组合状态决定了企业业务能力，企业的业务能力决定企业的计划管理和资本管理的目标设计和节奏设计。因此，设计时需要尽可能考虑到量力而行。

企业组织建设中最经常遇到的问题是强势管理与弱势管理的问题，所谓强势管理，就是实行比较严格的管理，对员工的约束比较多，弱势管理就是对员工的管理比较松散。很多情况下，企业都希望实行强势管理，但是，实行强势管理的基础是企业管理基线设置在高水平，如果不具备这样的条件，企业就只能实行弱势管理，非常不幸的是，强势管理可以使企业进入正向循环，企业越来越好，如果实行弱势管理，企业就进入逆向循环，企业越来越差。

管理基线的一个重要作用是降低管理的反作用力，作用力与反作用力是组织建设中常遇到的问题，所谓作用力，是指企业中推进管理的力量，反作用力是抵触管理的力量，如果管理基线设置失当就会形成管理的反作用力，形成反作用力的原因是企业在某种程度上对员工的利益造成损害，引起员工的不满和抵触，如果要消除反作用力，就要在正确的方向使用自己的力量，还需要恰当地使用自己的力量，这种方向和力度需要与管理基线的设置相配合。

恰当地配置企业价值与个人价值是设置管理基线的重要任务，企业的价值是靠每个员工的价值在企业中发挥作用而累计成的，比较容易出现的问题是小马拉大车或大马拉小车的问题，前者管理基线设置过低，使员工不能胜任工作，后者管理基线设置过高，浪费人的能力。因此，管理基线设置恰当是非常重要的。

9.3 企业凝聚力和员工管理

企业凝聚力建设的含义

凝聚力是指群体成员之间为实现群体活动目标而实施团结协作的程度，所谓群体，是指人的集合，包括家庭、朋友、单位、集体、阶级、民族、国家，等等。凝聚力外在表现于人们的个体动机行为对群体目标任务所具有的信赖性、依从性乃至服从性上。企业的凝聚力高低体现了组织建设的成果，也体现企业的治理艺术的水准。强有力的凝聚力可以形成企业整体的良性互动结构，克服各种相应的苦难。

提升企业凝聚力的目的是提升企业的治理质量，也就是可以有效降低治理任务的成本和障碍，提升治理任务的执行效率和成果水准，这源自治理核心所塑造的形象充分地被企业各个方面接受和尊重，甚至是崇拜，这种精神上的高度统一，充分消除了各个方面的各种疑虑，扫清了治理核心推行其治理主张的各种障碍。企业的凝聚力越强，企业就越可以高速发展和成长，这已经被许多实践所证实。

高凝聚力给企业带来的收益是巨大的，精神上和思想上的高凝聚力可以转化成具体的动能，让企业高速发展和成长。目前，许多成功的企业都有一段以商业领袖为中心的高凝聚力时期，也是这些企业发展和成长阶段的共同标志。

企业的凝聚力是企业的关键性基础之一，是企业整体性能力和水准的组合体现。凝聚力的形成是要有基础的，它需要在企业的各个方面达到一定水准后才能形成。企业的凝聚力是通过企业员工在感受到企业的方方面面的具体情况后，所形成的一种对企业价值观的认同，也包括对企业现状和未来的认同。

企业的凝聚力并非一蹴而就，需要克服许多障碍，首先企业的整体发展状况要比较好，有一个良好的产品和前景广阔的市场，企业正处于发展期，处于蒸蒸日上的状态；其次企业整体管理要很好，既可以保证企业目标的实现，也要保证企业员工一定的舒适度；再次需要一位出色的商业领袖和一个坚强的企业治理核心，具有相当的感召力；最后通过以上各方面的综合努力形成的合力就是企业的凝聚力。

企业凝聚力建设的内容

企业的凝聚力的基础是企业发展良好，但并不是发展良好的企业都有凝聚力，由于企业凝聚力不足造成企业分裂的情况很多，其中的重要原因是企业治理核心内部的不团结和利益分配不公，突出的表现就是董事长和总经理之间的矛盾，造成企业内部派系林立。企业的凝聚力是通过建设和塑造而来的，不是天生就有的，企业的凝聚力包含如下内容：

（1）相互尊重与平等。

（2）共同价值观和信仰。

（3）良好和积极的环境氛围。

（4）可以共同塑造价值。

如果要在企业构造凝聚力，需要在企业中实现相互平等和相互尊重，要使所有人在企业中都能够体会到企业需要你。企业中没有皇帝，也没有奴隶主，谁都有长处，谁也都有短处，我们在企业中就要取长补短。

在实现了平等和尊重的基础上，打造企业凝聚力的下一个环节是建立共同的价值观和信仰，在这里信仰并不是指宗教信仰，而是对于企业发展方向、发展方式、发展道路的认同，共同的价值观和对于企业发展共同憧憬将各自的距离拉近，并赢得相互的信任。

在企业中构建良好和积极的氛围是构建企业凝聚力的关键，也是难度最大的部分，因为良好和积极的氛围的基础是相互信任，是现代社会中最难得到的东西。在资讯高度发达的今天，社会已经足够复杂，各种“技巧”已经毫无意义，只有一颗真诚的心才能感动身边的人。特别是企业负责人和治理核心成员，在企业中大家的利益都是相同的，企业发展了对所有人都有好处，损人利己或损人不利己的事需要坚决禁止。

营造企业凝聚力的关键是价值的实现，这包括让所有人都得到实惠，也包括个人价值的实现，在企业中任何付出都是要有回报的，而且付出与回报需要相等。所有的承诺和对于未来的美好描述都需要以现实的回报为基础，没有现实结果的印证，所有的东西都不会令人相信，更不要说是充分地投入其中。

员工管理内容

如果已经形成良好的凝聚力，企业对于员工的管理就会容易许多，因为有“气场”的吸引力，所有人都会不由自主地卷入其中，促使“气场”的吸引力更大，否则，企业处于游离状态，是一盘散沙，很难形成合力。为了使企业形成合力，对于企业中的每个员工都要让其融入到整个企业之中，逐步塑造企业的合力。

对于员工管理的第一步是导入，要使员工融入新的环境，习惯新的企业运作方式，进而适应和接受企业新的价值观，逐步摆脱以前的环境遗留下来的影响。首先需要耐心，要有一个过渡阶段，不能指望新人到企业后的第二天就熟练地进入工作状态；其次要通过各种方式的诱导使员工适应新的工作环境和方法。

如果要想员工在企业中稳定工作，必须给该员工确定的生存与成长空间，起码是确定的生存空间，也就是发挥员工作用的地方，更为理想的是能够为员工提供成长的空间，由于企业塔式结构的限制，员工上升的空间有限，至少要保证企业对于每个员工是公平和一视同仁的，只要付出就会有自己的空间。

除心理上的平衡外，企业需要为员工提供稳定和持续的收益，包括短期内的工资福利和远期的期权计划，员工到企业就是为了挣钱，如果员工在企业的收入低于社会平均水平，一般情况是员工本身有明显的缺点或暂时有求于企业，只要外部情况满足以后就会离开企业，与员工建立稳定关系的前提就是为员工提供良好的收入，如果有可能为员工提供远期的期权，这样会更有助于员工的稳定。

对于不合适的员工需要剥离，这对于员工和企业都是痛苦的事，而且企业大规模裁员会在根本上损伤企业的元气，彻底改变企业的氛围，不到万不得已，不可为之。最理想的方式是在员工到企业的早期进行剥离，对于已经在企业工作有一段时间的员工，最好的办法是变换工作岗位，逐步进行调整。

员工管理方针

人是有感情的动物，良好的人际关系源自相互的尊重和关切，为此，在企业的组织建设过程中需要做到：

（1）善待员工。

（2）相互信任。

（3）相互依赖。

在企业中首先需要做到善待员工，企业需要通过不同方式将自己善待员工的想法体现在员工管理的方方面面。企业的能力是有限的，很难超出企业的能力为员工提供足够的方便，但是，让员工了解企业对于员工真实的看法后会有助于情况的改善。

用人不疑，疑人不用，是员工管理中最需要注意的地方，不到万不得已，或者有充分的证据，千万不要做伤员工自尊心的事，只要做了一次，后果很难消除，会让周边的人心寒，引起连锁反应。

既然雇用了员工，就要让其真正发挥作用，要相信员工，根据员工的特点充分发挥其作用，如果与要求有差异，要逐步引导其进入角色，需要做好充分的心理和物质准备。在企业中，每个员工都是不可以忽略的，是企业的宝贵财富，也是企业赖以生存和发展的基础。

9.4　组织建设原则

由于组织建设和管理工作是面对全体员工，任务分散零碎，很难让所有工作都纳入明确的规范，组织管理原则就显得尤为重要，使所有组织工作有了方向，可以根据原则决定具体工作如何处理。在这种情况下组织工作既可以保持相当程度的规范性，也可以具有一定的灵活性，组织管理原则包含以下内容：

原则一：构建高能力和高效率的组织。

原则二：保证组织稳定和规范地运行。

原则三：建立高标准的管理基线。

原则四：为优秀员工提供良好的发展前景。

原则五：持续改善员工的工作和生活条件。

原则六：追求高水平工作成果。

原则七：建立配合企业发展需求的企业组织。

原则八：引导员工融入企业。

原则九：注重员工道德培养。

原则十：持续提升员工技能。

原则十一：进行高质量的组织功能和能力设计。

原则十二：制定切实可行的组织管理规章制度。

原则一：构建高能力和高效率的组织

构建高能力和高效率的组织是企业组织建设和管理核心使命和努力方向。高能力是指在策划、决策、执行方面具有很强的能力，最理想的状态就是“心想事成”；高效率的含义就是企业组织具有非常高的投入产出比，只要进行很少的投入就能在极为短的时间内得到很高的回报。

构建高能力和高效率的组织是企业组织建设的美好理想，这个理想只有更好，没有最好，有做不完的工作，这凸显组织建设工作的重要性所在。一个优秀的组织对于企业的价值巨大，它可以使企业先声夺人，占尽先机。

原则二：保证组织稳定和规范地运行

企业组织的稳定和规范运行是企业组织最理想状态，所谓稳定，是指企业的流动率控制在一个理想的水平，不要太高，也不要太低，太高说明企业不稳定，太低说明企业过于僵化；企业组织的规范运行是指企业中与组织建设和管理相关的事务和活动都可以有明确的规则，使这些活动受到约束，并产生可以预期的结果。

企业组织的稳定和规范运行表明企业处于一种良好的状态，各种组织管理的措施到位，发挥了良好的作用，稳定的含义是企业和员工对对方都处于相对满意状态，企业满意员工表现出的能力和职业特征，员工满意企业给的各种条件和企业状况，这表明了组织建设的高水平；规范运行表明企业与组织建设和管理相关的所有事务和活动都有章可循，其过程和结果都是可以预期的。

原则三：建立高标准的管理基线

管理基线是企业进行组织建设和管理的基础，员工之所以要加入企业，是因为想通过自己付出劳动换来自己想要得到的报酬和收益。为此，企业需要制定一个综合的待遇标准，以满足本企业期望的员工的要求，这就形成了管理基线。

企业管理基线的设定在什么水平完全取决于企业的能力和企业对于员工的期望，但是从企业组织建设和管理的角度看，员工越优秀，企业的组织就越容易管理，这要求企业在自身能力许可的前提下，尽可能将管理基线设定在高位，以提

高企业的组织建设和管理的层次；反之，调低企业管理基线可以降低企业成本，同时，带来的管理难度也随之增加，具体如何设置要看企业的期望。

原则四：为优秀员工提供良好的发展前景

使用各种方法尽可能挽留优秀员工是企业提升组织能力的重要手段，而其中最重要的方法之一就是为这些员工提供发展机会。从个人的角度看，可以获得实际的经济收益，还可以获得更好的声誉；从企业的角度看，把优秀人才吸纳进企业的内层队伍，对构建企业组织的稳定核心有重要的意义。

相对于整个员工队伍，一定存在好、中、差的区别。一个企业的员工可能都是优秀的，但是在优秀的人群中仍然是有差别的，由于企业的塔形结构，不可能所有的员工都有晋升机会，因此，要注意培养其中的优秀者，为他们的成长创造机会，这样可以通过美好未来的吸引稳定员工。

原则五：持续改善员工的工作和生活条件

能够有机会向更高职位发展的员工在企业中毕竟是少数，大多数员工需要在某个岗位上待一段时间，企业需要为员工提供尽可能好的工作条件和生活条件，一般要达到社会的平均水平，需要给员工起码的尊严和安全感，这些都是企业管理基线的重要组成部分。

如果做到持续改善员工工作和生活条件，企业需要一定数量的投入，但是，这种投入是值得的，企业可以从中获得的更多，对于员工工作和生活条件的持续改善，员工感觉到的是一种尊重，这种尊重会转化为企业的凝聚力，员工会通过更为努力的工作作为报答，因为人是有感情的动物，在感情方面投资一样会取得良好的回报。

原则六：追求高水平工作成果

追求高水平工作成果是对员工队伍整体状况的一种追求，这是对员工的工作结果的质量和效率的追求，这种对于工作成果良好效果的追求的基础是高素质的员工队伍和良好的待遇，这是一种更为有效的节约，它不是以直接减少开支为节约对象，它是以充分利用机会和高效率的工作为目的。

追求高水平工作成果是企业组织价值取向的一种宣示，这是一种对企业发展有利的取向，需要注意的是，不要给员工过高的压力，压力要适当。在这种状态下，企业的各项工作都是可以预期的，形成这种价值取向需要在组织建设工作方面进行更大的投入，进行大量深入细致的工作，这些工作的结果就是使企业占据某种优势。

原则七：建立配合企业发展需求的企业组织

设计组织架构是组织管理工作中最为经典的工作，至少在管理理论上是这样描述的。在现实生活中，采用确定的组织架构比较容易，但是，如果对已经存在的组织架构进行调整难度就比较大，主要是受到各个方面利益的掣肘，所以会受到很大抵触，然而由于企业发展过程中受各种因素的影响，调整又势在必行，所以，充分配合企业发展的需要就成了问题的关键。

组织架构设计最关键的是能够得到实际应用，并且取得理想的效果，这需要在理想和现实之间做出平衡，需要进行大量深入细致的工作，要把所有的问题都搞清楚，尽可能多地征求各方面的意见，力争最好的结果。

原则八：引导员工融入企业

通常引导员工融入企业的方式是入职培训，这应该说是一个有效的方法。但是，这也只是一个常规性和初步的做法，更多的工作是经常性的和长期的，最终目的是形成员工与企业的利益和理念的共同体。

“身在曹营心在汉”是企业组织管理工作中经常遇到的问题，最常见到的现象就是骨干员工的突然“出走”，这种情况出现是企业组织工作不健全的突出表现，更为重要的是，员工没有真正地和企业融合在一起。

原则九：注重员工道德培养

员工除具备日常的一般性道德外，更重要的是职业道德。每个行业都会有一些在行业内达成默契的规矩，如做生意要讲信用，说话要算数；搞技术不能抄袭，不能使用通过双方合作交流取得的信息等，不遵守这些规矩就会被业内同行看成“不懂规矩”和“没教养”，员工道德培养的目的就是要让员工懂得这些规则，并遵守这些规则。

员工缺乏职业道德会给企业带来两方面的问题：首先，影响企业的形象，在现实社会中，企业间的合作是不可避免的，如果因为企业职业道德出现问题，哪怕只是一个员工也会影响对方的信任，同时还要增加企业合作的难度和成本；其次，员工的不道德行为在某种情况下会给企业造成灭顶之灾，媒体上曝光的各种事件就是例证。因此，必须对员工的道德培养引起足够的重视。

原则十：持续提升员工技能

提升员工技能包括工作能力、工作质量、计划符合程度、各种相关知识掌握程度等，这些技能一方面来自其受到的教育，另一方面来自其的工作经验，还有就是在职培训，对企业组织建设和管理工作而言，希望员工加入企业后马上就可以开始工作，然而，现实是员工融入企业需要一个过程，即使经过了这一过程后还需要继续进行培训，以提升其与整个企业组织的协调性。

持续提升员工技能的过程是对企业的组织进行完善和调整，目的是建立更为高效协调的企业组织，是企业的组织能力提升和强化的过程，需要处理好的就是企业组织稳定性与员工技能培训之间的关系，企业对此需要有客观的认识，不能因噎废食。

原则十一：进行高质量的组织功能和能力设计

管理基线设定了企业的组织管理基础，而组织功能和能力设计则设定了企业组织的期望目标，企业组织建设工作应该在二者之间进行，提升企业的管理基线就是为了使企业组织功能和能力达到理想水平，从企业的角度看希望尽可能提高企业组织功能和能力的水平和层次，但是，实际操作还是需要因地制宜。

形成理想的企业组织功能和能力是企业的期望，企业期望其功能和能力的水平尽可能提高，除选择理想的员工外，企业组织的功能和能力设计也是需要下功夫考虑的问题，首先需要设计恰当的规模，不要过度紧凑，也不要过度松散，过度紧凑会使人员过少，过度松散又会使人员过多；其次对于各个环节的能力期望值要恰到好处，不要给各个岗位施加过多的压力，造成实际执行难以实现。

原则十二：制定切实可行的组织管理规章制度

企业的组织管理是需要规章制度比较多的方面，由于与员工和企业的利益密切相关，加上国家法律的要求，相关的规章制度必须建立，否则，企业将没有基本的工作秩序，无法开展各项工作。

为了保证企业规范有序地运行，企业组织健康是基本条件，而企业组织健康是通过企业的组织制度来保证的，每个企业需要根据自己的实际情况建立组织管理规章制度，这些规章制度需要覆盖企业组织建设和管理的主要方面，而且能够在实际工作中被有效执行。

9.5 组织建设目标

企业组织建设与管理的方向是建设一个强有力的企业，而企业的框架就是企业的组织架构，它是通过企业的组织建设和管理来实现的。如何评价组织建设和管理是影响组织建设努力程度的因素，为了使企业组织在企业的整体业绩中发挥关键性的作用，必须确定明确的组织建设目标，作为组织建设和管理努力的方向，组织建设与管理的具体目标包括：

目标一：组织规划水准。

目标二：组织工作状态。

目标三：与企业计划的配合程度。

目标四：组织工作满意程度。

目标五：组织结构设计。

目标六：稳定程度。

目标七：各部门执行能力与效率。

目标八：企业吸引力。

目标九：企业文化。

目标十：组织管理协调能力。

目标十一：组织管理规则。

目标十二：守法程度（对待员工）。

目标一：组织规划水准

A. 具有极高的水准，各个方面均非常完美。

B. 具有比较好的水准，无明显问题。

C. 基本符合要求。

D. 有明显不足。

组织规划是企业组织工作的基本工作的要求，是一切组织工作的出发点，企业组织建设的所有活动都是由此展开的，由于事先与企业计划和预算进行了平衡和协调，所以其重要性就更为突出，为此需要组织规划具有非常高的水准。组织规划的水准主要体现在组织规划的内容与实际执行情况之间的差距，最高水准的

组织规划中的内容需要好于企业内外各个方面的预期，这需要对企业技术、运营、内外状况的深入理解和把握，要做到恰到好处，使企业的各个方面对组织规划的安排感到非常舒服。

目标二：组织工作状态

A. 态度积极，工作稳健。

B. 态度认真，工作平稳。

C. 组织工作运转正常。

D. 需要改进。

组织工作的状态是组织工作最重要的表现，由于组织工作的特殊位置，企业中的所有成员都是最先通过企业的组织方面来了解和接触企业的，也是企业成员因为个人利益与企业治理系统接触最多的地方，是企业形象的基本出发点。组织工作状况与组织工作效果有着非常紧密的关系，如果组织工作的状态不好，很难要求企业中的其他方面积极认真地工作，各种工作进行得不认真和不仔细会造成不必要的差错，对整个企业造成不利的影响。

目标三：与企业计划的配合程度

A. 与企业计划进行非常有效的配合，实现良性互动。

B. 符合企业计划要求，人员调节恰当。

C. 基本适应企业计划。

D. 需要改进。

建设良好组织的目的就是要与企业计划衔接和配合，最好的状态就是整个企业组织建设和管理的结果与计划完全吻合，不多也不少，人员多则浪费，人员少则不能满足需要，这需要企业组织建设和管理方面与企业计划制订和管理方面的默契配合，还需要社会环境的有效支撑，这是一种理想化的状态，在现实管理中难以实现。

目标四：组织工作满意程度

A. 表现出色，各个方面非常满意。

B. 表现良好，企业内各方面基本满意。

C. 治理系统内基本满意。

D. 各方面有明显不满意。

让企业中的各个方面对组织工作满意是组织工作追求的目标，除组织工作态度积极、工作认真、反应迅速等体验性指标外，更为重要的是组织工作中遵循的方针和策略，也就是企业中的员工对于企业组织治理的直接体验，这要求企业的组织方面充分了解企业内各个方面的诉求，在企业利益与员工诉求之间寻求平衡，做到各个方面都满意，而不是因为组织工作的疏漏形成企业不同方面的矛盾和对立。

目标五：组织结构设计

A. 组织结构非常合理，充分符合业务需要。

B. 组织结构基本合理，基本符合需要。

C. 组织结构基本符合需要。

D. 组织结构有问题。

一个优秀的组织结构是企业组织建设和管理工作的基本出发点，其中包含了与计划、资金等方面协调后的结果，使企业组织符合各个方面实际工作的要求。一个良好的组织结构能够有效支撑企业业务的开展，表现出企业的优秀内涵，同时，既平衡了各方面的利益，又避免了因人设事情况的出现，还有就是松紧恰当，过于松散会浪费企业资源，过于紧凑又会产生顾此失彼的情况。

目标六：稳定程度

A. 无非正常流动。

B. 基本是正常流动。

C. 流动比率合理。

D. 流动比率高。

在机会和诱惑很多的今天，保持企业的整体稳定已经成为企业组织建设和管理工作的首要任务，而且任务艰巨，所谓稳定的含义，是指员工在企业中持续工作较长时间。这段稳定的时间是其进入企业和适应企业时间周期的数倍，也就是要避免刚培训熟练就离开的现象出现。

目标七：各部门执行能力与效率

A. 各部门能出色完成任务。

B. 大部分部门能出色完成任务。

C. 大部分部门能完成任务。

D. 部分部门能完成任务。

心想事成应该是企业的理想状态，对于企业中的各个部门来说就是高质量和高效率地完成企业下达的任务，能够取得这样的成果前提是企业在计划和资源配置方面进行了合理和恰当的安排，如果各种前提都具备，后面的问题就是，各个部门如何完成任务了，这需要很多条件，这些条件都是通过组织建设和管理实现的。

目标八：企业吸引力

A. 吸引力强，报名踊跃。

B. 吸引力强，报名人数多。

C. 报名数量符合要求。

D. 报名数量不足。

企业的吸引力是企业的组织建设和管理形成的外部特征，企业吸引力的含义是社会上的求职人员对于企业的感兴趣程度，更为具体的描述就是，在招聘的时候报名人数的数量比，招聘一名员工有多少人报名，比例越高，企业的选择余地就越大。

目标九：企业文化

A. 正直、理智、亲切，引导企业内外各方相关人员充分融入企业。

B. 和谐、规范，为企业成员建立和谐环境。

C. 企业气氛平和。

D. 需要改进。

企业文化是企业区别于社会文化的企业风格特征，包含企业标识、企业内外造型和形象，产品外在和内在特征，以及企业的行为和处事风格。企业文化以企业所处的内外人文环境为基础，但是要适当地高于企业内外人文环境，以塑造企业的吸引力，但又不过度与社会人文环境脱节，以便对企业内外的人形成吸引力。

目标十：组织管理协调能力

A. 能力很强，能够应付各种挑战。

B. 有能力，保证企业组织的平稳。

C. 管理协调能力基本符合要求。

D. 能力有些不足。

组织管理协调能力是企业组织工作需要具备的基本能力，也是能否胜任组织管理工作的关键，组织管理协调能力一方面是用于应对企业内外的突发事件，因为社会上和企业中的各种事项不会完全按照企业设计的发生，对于企业的组织会造成不同程度的影响，为此企业组织方面需要采用恰当的方式去应对，妥善的处理；另一方面企业在各个方面存在冲突，难以避免，会对企业的组织稳定造成伤害，为此，企业组织方面需要出面进行平衡和协调，保证企业的和谐与平衡。

目标十一：组织管理规则

A. 详细、实用。

B. 基本完备。

C. 符合实际需要。

D. 主要部分存在。

作为企业中管理各方面进行良好工作的机构，自身的各项工作也需要有相应的规则约束，不能只规范别人，不规范自己。因此，与组织建设和管理相关的各项工作都必须建立相应的制度，而且要有效执行。

目标十二：守法程度（对待员工）

A. 守法，企业部分规定高于法律要求。

B. 基本守法，企业规定是法律中的上限。

C. 无明显问题。

D. 有问题。

守法是指企业是否全面认真地执行了相关的法律法规，如劳动法和社会保障有关规章制度。遵守法律是企业应尽的义务，同时，对企业的员工也是一种良好的保证。

9.6 组织演进

企业的5个成长阶段

哈佛商学院教授拉里·E. 格雷纳于1972年7月以组织演变为题为《哈佛商

业评论》写了一篇引人注目的文章，描述了组织所经历过的成长痛苦[①]。

格雷纳认为，企业组织表现出5个可预见的成长阶段，即演变阶段，以及5个危机时期变革阶段。这一理论很快被应用于许多企业组织，在企业组织成长的不同阶段，需要根据企业组织内部和外部环境的变化，对管理方式做出相应的加强或放松调整。企业成长的5个阶段见图9－6。

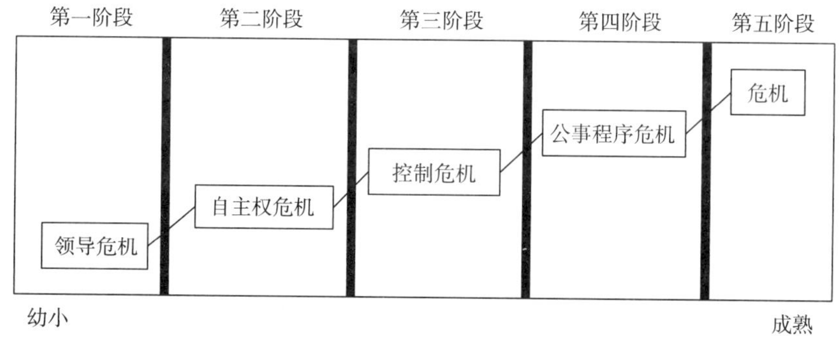

图9－6 企业成长的5个阶段

第一阶段通过创造成长，遇到的危机是领导危机。

第二阶段通过指导成长，遇到的危机是自主权危机。

第三阶段通过授权成长，遇到的危机是控制危机。

第四阶段通过协调成长，遇到的危机是公事程序危机。

第五阶段通过合作成长，遇到相应危机。

按照格雷纳的观点，企业是在不断蜕变中成长的，这种蜕变意味着企业的不断成长和成熟，虽然蜕变本身是痛苦的，但只有经过了这样的痛苦，企业才能够获得真正的成长，企业的成长对于企业治理核心成员而言是一个巨大的考验，因为，第一阶段的企业和第五阶段的企业完全是不同的概念，相互之间差距巨大，如何能够适应这种变化，需要做好充分准备，企业的成长过程，也是企业组织不断完善和规范的过程，在企业成长的第一阶段虽然不能使用第五阶段需要使用的组织建设方法，但是某些原则需要在企业成立的一开始就建立，对于企业中的员工而言，理想的方式是伴随着企业的成长而成长，但是，也要为此做好准备，除非想一直在同一个岗位上保持不动，如果想要有所发展和成长，相应的变化就会

① ［美］史蒂夫·西尔比格．MBA十日读［M］．郑伏虎，曹建海，杨兰伏译．北京：中信出版集团股份有限公司．

更大，因此要在思想上和能力上做好准备，企业是不会因为照顾某个人而停止发展，对于员工能够做到的是不断提升自己，而不要对环境和企业有所抱怨。

中国古人对此也有类似的论述：修身、齐家、治国、平天下，成功都是一步步实现的，一个人是这样，一个企业也是这样，企业的成长有一个循序渐进的过程，不可能一步登天，所有企业组织的成长与发展都是分阶段和分步骤的，伴随着企业规模和状态的变化，企业逐步走向成熟，修身是学习和完善自我，齐家是初步建立事业，治国是企业走向规模和成熟，平天下是得到大规模的发展，每个阶段企业组织都处在不同的状态，也有不同的规模，需要采取不同的组织建设方法。企业也可能一步步走向死亡，这是我们都不愿意看到的。

企业的组织变革

企业由初创时期的 5 个人，成长壮大到 5000 人，其中需要多个阶段的演变，最为困难的是，顺利地经过每一次成功的演变，这对于企业和企业中的每个成员都是一个巨大的考验，经常遇到的问题是企业成员可以共苦，但不能同甘，企业的状态稍有好转就开始产生心理不平衡，于是矛盾和冲突四起，企业因此而解体，为了避免这种情况的出现，企业治理核心成员需要以积极的态度适应组织的变革，要明白企业的健康成长才是自己最大利益所在。

为了顺利进行企业成长中的每次变革，从企业的创建初期就对企业的未来有所准备，这种准备包括思想上的、能力上的以及组织上的，在思想上要清晰地认识到，随着企业的发展，企业规模会不断壮大，企业对于员工和后续成员的依赖将逐步加大，有些管理方式和方法在企业创建初期虽然不能实施，但是，随着企业的成长，各种管理措施要初步跟上，企业成立之初就要明白后续的企业管理方式应该是什么样的；企业治理核心成员的能力也是企业组织成长和发展的关键因素，在小企业要求人员能力全面，而不需要过于深入，而伴随着企业的成长，对于岗位的能力要求会越来越高，一开始就要有所准备，否则就成为企业发展的障碍；组织上的准备也是非常必要的，在企业组织建设的过程中要为企业的成长留有空间，而不要为企业的成长设置障碍，因此，过于短视的做法要坚决禁止。

员工永远是企业成长和发展的关键因素，理想的状态是员工可以伴随着企业的成长而成长，至少不能成为企业成长的障碍，随着社会的发展和生活的不断改善，员工的任性不断降低，员工融入企业的难度不断提高，特别是一些底层岗位，这为企业的成长和发展形成了障碍，更不要说企业的组织变革，因此，对于企业骨干员工的培养需要更加重视，要从长远考虑，要为今后的发展奠定基础。

第10章　风险和危机应对

10.1　面向均衡线的持续控制

企业中讨论风险和失败是非常不吉利的，但是它并不是不存在，“人有悲欢离合，月有阴晴圆缺，此事古难全”。各种各样的意外情况会突然出现，使企业措手不及，因此，只有积极有效地面对，才能防患于未然。这种防范包括主动性措施和被动性措施，主动性措施是铲除发生风险和危机的条件，被动性措施是制订预备方案，一旦出现问题时可以有所准备，二者相结合可以在最大程度上降低风险。

正确理解企业所处的环境

企业需要防范风险吗？2020年2月的经历给了一个肯定的答复，人无远虑，必有近忧。相对于整个外部环境，无论企业自身如何强大，都具有弱势的一面，都会显得被动无助。

按照中国的传统文化，阴阳是相伴相生的，有正面的因素，就一定有负面的因素。对于企业而言，这些负面的因素来自各个方面，首先是不可抗力因素，包括自然灾害，如台风、地震、洪水、冰雹；政府行为，如征收、征用；社会异常事件，如罢工、骚乱，这些法律上有明确的定义。其次是社会的漏洞引起的问题和灾难，2020年2月的新冠疫情就是例证，社会上各方面工作中存在的漏洞是整个疫情大规模发展和扩散的主要原因。最后是企业自身的隐忧，企业是在运动和变化的，员工各自都具有自己的独立性，企业不可能是铁板一块，各种问题随时会出现，有些可能会使企业受到致命的冲击。

2019年中兴和华为的故事给人们上了生动的一课，首先，风险和问题一定出现在所有人都认为最不可能的地方；其次，有防备和没防备区别巨大，其中的关键问题就是风险的识别和认知。有些风险是可识别的，如美国与中国是否会发生战争，美方一定会先做战争准备，必然留下痕迹；石油和能源供应是否会出现危机，也会有一些痕迹，这些是做出有无风险判断所需要的关联因素和痕迹。虽然，看问题的角度不同，得出的结论可能相差很大，但是总是有迹可循。还有些风险是不可识别的，2020 年的新冠疫情是大多数人所意想不到的，事情发展之迅速使人来不及反应，突然就形成了巨大的灾难。由此看来，需要防范的风险很多，然而企业的力量和资源是有限的，企业需要生存和发展，如果在防范未知的风险上投入了非常大的资源，将严重影响企业的发展，从另一个角度和方向给企业带来风险和困难。

正确的解决方法首先是识别可能出现的重大风险，然后采取必要的措施，在力所能及的范围内进行防范；更为重要的是，要将风险防范与日常业务结合起来，做法就是均衡控制线。

均衡控制线的概念

均衡控制线是一种主动的风险和危机防范手段。企业引起失误、风险、失败的原因是多种多样的，具有很大程度上的突发性和不可预测性，而形成问题和困难的关键是事先没有给自己保留足够的回旋余地，不出现风险和意外是暂时的，即使进行了非常充分的准备，意外情况总是难免，为了避免失败以后无力挽回，事先的预防是非常必要的。预防的方法就是狡兔三窟，从企业治理的角度描述就是关键性的资源的控制位置，也就是对于企业至关重要的资源事先留有一定冗余，以备不时之需。企业均衡控制线的构成见图 10 – 1。

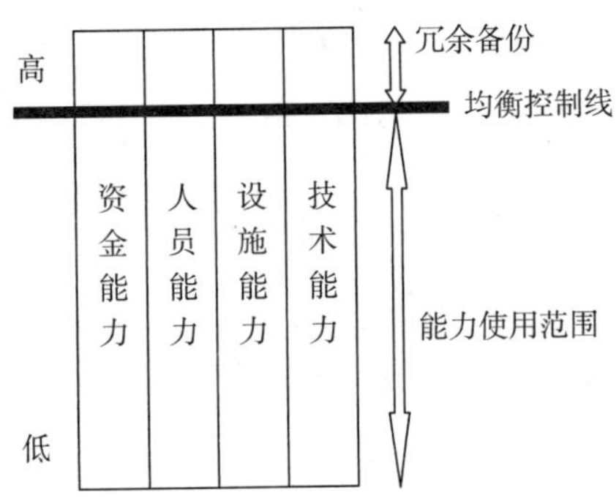

图 10 – 1　企业均衡控制线的构成

企业最需要冗余的就是资金，资金链断裂是企业走入万劫不复之地的起因，企业在任何时候都必须拥有足够数量的资金，足够的是能够保证维持到下两笔营业收入资金的到来。这首先要求企业制定盈余预算，同时要保留适当现金储备。

工作量是指日常运营的产品产量和销售量、设施建设和产品设计的数量。企业非常容易犯的一个错误就是把一切想象得非常乐观，因此把各种工作量加到极限，认为这样可以提高劳动生产率，然而人的能力是有极限的，当过于接近极限的时候，人的综合能力就会下降，这就是持续加班后效率降低的原因，为了保证工作效率的持续稳定，必须把工作量设定在一个合理的范围内。

超负荷使用生产和营销设施是另一个经常引起企业风险的原因，对运营设施的超负荷使用的最大危害是破坏设施的稳定性，各种不可预料和不可控制的恶性事故就可能因此发生，越是对设备有所依赖，越容易出现这样的问题，避免这些问题的发生就需要设立“警戒线”，避免设备的超高强度使用。

在产品中使用超过企业现有技术水平的新技术是企业产生许多重大的质量危机的重要原因，产品在市场上的规模越大，出现问题后对企业的损害越大，为了防止和避免类似的问题出现，需要设计一种方式，对新技术的风险进行严格控制。

资金、工作量、设施、技术上的防控点构成了一条企业对于风险的防控线，设立了这条防控线后，虽然不能彻底避免风险和问题，但是，可以将可预见的风险和问题出现的可能性降到最低。

建立均衡控制线的意义

均衡控制线以外并非绝对禁止进入，而是要明白可能伴随着风险，要提高风险防范意识，认识到现在处于风险之中，必须小心谨慎，而且要尽快退出到均衡控制线以外。为解决相应的矛盾，可以建立若干条均衡控制线，警示和防范不同级别的风险。

预防失败是设立均衡控制线的最基本目的。导致企业失败有许多原因，其中一个重要的原因是出现了小问题时没有警惕和察觉，或者当初的计划在制定的时候就已经跨越了控制线，留下隐患。均衡控制线的设立将消除这些问题。除非情况特殊，都应将各种资源的使用保持在合理区间。

更有效地应对异常情况是设立均衡控制线的另一个目的，特别是要有效地防止对于企业不可控制的风险，这就要在企业的不同层面都留有余地，避免进入高风险区，即使必须进入也要有清楚的意识，并且要尽快退出。在资金、工作量、设施使用、技术上都是如此，要有明确的风险意识。

设置均衡控制线可以降低企业运作难度，特别是在资金和工作量方面不把弦绷得过紧，会在很大程度上降低企业工作难度，如果把各种资源使用得过于紧张会造成企业几何级数的增加运作难度，使企业付出的成本与取得的收益不成比例。

平衡氛围也是设置均衡控制线的一个目的，在失败、异常情况减少和工作难度降低的同时，整个企业的压力会得到缓解，使企业在一种比较均衡和平稳的氛围中运营，这会大大增加企业的可持续性，这并不意味着可以放任企业不管，而是要掌握好管理企业的度。

均衡控制目标设计

如果要让均衡控制线发挥应有的作用，必须设计合理恰当的均衡控制线，而且均衡控制线要符合企业的实际情况和运作需要，不能压得太低而浪费宝贵的资源，也不能设得太高而失去意义，设定均衡控制线的过程不能过于随意，需要尽可能地规范，主要的环节是：

（1）进行评价和考察。

（2）设定控制点。

（3）设定浮动范围。

企业均衡控制线的构建方法见图 10－2。

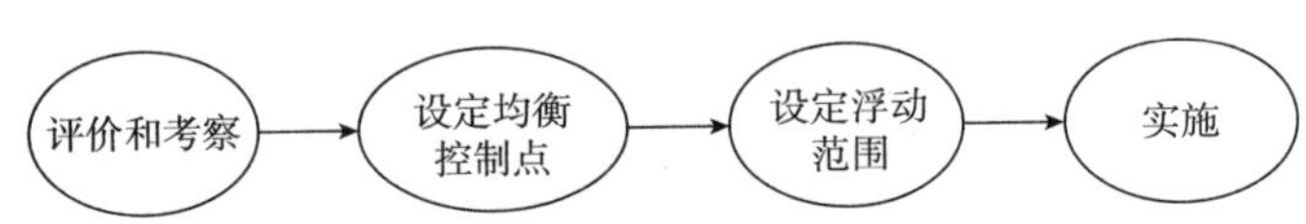

图 10－2 企业均衡控制线的构建方法

需要对于资金、工作量、设施、技术的现状进行评估，需要弄清楚企业目前可以调动的资源规模和水平，这些可以通过以往的情况得出，在一些企业管理和任务文件中也有相应的内容，需要进行认真的分析和整理，这是进行后续工作的基础。

在对资金、工作量、设施、技术能力和使用情况进行评估后，就要设立关键性的控制点，在资金方面就是要为企业保留足够的现金储备，在工作量方面要设定一个控制值，让员工的工作强度处于一个合理的水平，设施和技术也要设定一个合理控制点，划定一个安全区域和范围。

通过设立安全控制点构成企业的均衡控制线以后，要为这条均衡控制线设定一个调控范围和应对措施。在企业日常运营过程中，需要一种动态的调控，还需要及时处理各种意外情况，所以围绕着均衡控制线需要设定一个可以浮动的范围，随着资金、工作量、设施/技术的使用情况采取相应的措施，如预警、减速、暂停等。

均衡控制操作

如果要想均衡控制线在企业的实际运营中发挥作用，必须使其与企业的具体运营活动相结合，形成日常管理的习惯动作，将相应的防范措施融合到企业的最深处。虽然，在很多操作上还需要通过具体的员工来实现，不能够完全采用信息和自动化的方式进行，但是，相应的具体操作安排必不可少。

首先是管理文件中的调控，资金、工作量、设施/技术等的使用规划都是通过计划、预算、组织规划体现的，必须在这些文件中严格控制均衡线。在计划中，工作量的安排必须控制在控制点内，预算中必须保留充分的现金储备，在设施和技术使用方面也是一样，在管理文件中必须守住底线，这样才能在实际的运营中有充分的资源去处理意外情况。

任务文件中的调控也很重要，在日常运营安排、产品规划、设施建设规划中，对于工作量、资金、技术等方面的安排必须均衡合理，以在可控的范围内完成目标为原则，尽可能避免步伐过大的推进，要注重实效，稳步前进，不要安排过大资金使用量和过于紧张的工作量，要尽可能在理想点附近安排资金、工作量等资源。

管理文件和任务文件中的均衡控制线是一种预防性的控制，在现实的管理中还需要动态控制，现实情况难以完全在各种管理和任务文件中事先预料到，现实情况总有意外，特别是企业只是社会中的一分子，社会变化是企业无法左右的。因此，在管理文件和任务文件的实际执行过程中，对于各种意外情况和问题进行必要调整，如额外使用资金和临时增加工作量，但是要谨慎，尽可能避免跨越均衡控制线。

跨越均衡控制线后要及时归位，在临时使用资金和增加工作量以后需要及时补充现金和将工作量恢复到正常水平，这样可以维持企业的正常状态和氛围，同时，也可以为后面的异常情况出现做好准备。

10.2　企业面临的主要风险

各种破坏性事件、各种事故甚至各种人为或因自然因素形成的灾害往往会对企业造成严重的伤害。有些伤害可能是致命性的，造成企业名誉和形象受损，经营从此一蹶不振，甚至企业彻底破产。形成这些破坏的原因是多方面的，有外部的原因，但是更多是内部因素，是企业内部体制上的缺陷积累到一定程度，突然爆发形成的结果，为了防止这些问题出现，就要进行风险防范。

风险的含义

有一种说法，风险就是指在一个特定的时间内和一定的环境条件下，人们所期望的目标与实际结果之间的差异程度。另一种说法，企业的风险是某些事件或结果对企业造成损害的可能性。无论哪种说法，风险都是负面的，需要采取措施去避免和防止其发生。

就破坏性事件形成的原因而言，有主观因素形成的，也有客观因素造成，如自然灾害、战争等属于客观因素，而质量事故、资金问题多数由主观因素形成。就破坏程度而言，有的风险破坏程度低，对于比较低破坏程度的风险，可以通过日常运营机制进行改进，需要专门应对的是有比较大破坏程度的风险。

风险的类型

各类风险中，有一些会给企业造成比较明显和严重伤害的破坏性事件需要引起我们的格外重视，为了能够防止这些事件对企业造成实质性伤害，我们需要识别出这些风险，找出风险产生的原因，只有这样我们才能加以防范。企业常遇到的风险可以分为以下几类：

（1）价值观风险。企业在价值观方面存在缺陷，企业自身行为不正，没有树立正确的价值观，原因是企业领导者并不认为需要恪守规范，即使犯了错误也没人管，因此，怎样方便怎样来。在企业中没有树立正确的价值观，未对员工行为加以约束，放任员工自由行事。只注重企业利益，不考虑其他后果。各种各样的错误行为不断积累最后爆发，形成危机。产生危机的原因有：

1）法律危机。企业触犯了法律，受到政府处罚，犯法的行为不是出于现在，

可能是很久以前的事，行事的当事人可能早已离开企业，因某种因素事发，受到政府查处。

2）诚信危机。企业不守承诺，特别是在资金和采购方面，有不按合同办事、仗势欺人等行为，在平时并没有明显问题，累积到一定程度，造成坏名声，如果遇到某些突发因素，就会形成危机。

3）道德危机。企业或企业领导人的行为与社会公认的道德标准有差距，形成对企业的负面印象，造成对企业形象的破坏。这种行为可能只是因为做了一件事，也可能是一系列行为累积的结果。

（2）结构性风险。企业在其业务结构和业务运营流程方面出现问题，这些问题没有得到应有的重视和改进，累积到一定程度后爆发，形成危机。结构性风险出自结构性原因，一种原因是目标设计不合理，实际难以达到；另一种原因是企业管理不全面，在一些方面有所疏漏。产生危机的原因有：

1）资本危机。资金链断裂，造成企业难以为继，产生的直接因素会很多，有企业外部的，也有企业内部的，最根本的一条就是没有根据企业的资金能力设计制定企业的发展计划，造成企业资金的流转不平衡。

2）产品危机。企业产品出现危机，致使企业难以为继，如市场饱和，被新技术取代。产生这种危机的最常见原因是自锁，如果出现一种发展趋势或技术与企业现有处于盈利高潮的产品产生体系上的冲突，企业会对新趋势进行压制，当压制不住时就产生了危机，Windows 与 Linux 之间就属于这种关系，最终造成了 PC 机市场的逐步下滑。

3）质量危机。企业产品出现严重质量问题，这种情况经常会见到，一旦出现会对企业造成极为严重的损害，出现这种危机的原因是企业内部管理体制有缺陷，在某种情况下爆发。

（3）适应性风险。企业与企业所在的外部环境产生冲突，因而产生了企业内部的冲突或企业与社会的冲突，企业可能刚刚被安置在一个全新的社会环境而不适应，或者外部环境发生变化使企业生存空间被压缩或完全消失。产生危机的原因有：

1）文化危机。企业进入了一个全新的文化环境，与企业现有的企业文化冲突明显，例如，新员工的行为方式与现有的企业文化冲突、网络文化的出现等。

2）环境危机。企业对自然或社会环境有破坏，因此，受到了相应的惩罚，引发企业的危机。

风险的防范

风险的防范从某种意义上说是不可能完成的任务，从风险的分类和产生的原因来看，基本因素是企业的核心管理机制存在问题。如果企业是完全独立的机构，只要自身有问题，危机和风险就很难控制，如果有上级组织或强大的外部制约力量，则可以从外部对其进行风险防范控制，例如，投资者对被投资企业的监管，风险防范的方法是：

查漏洞。对企业进行全面、深入、细致的检查，查找各种问题和缺陷，进行精确定位，查找出深层次的原因和根源。

定规矩。对于查找出的问题和缺陷，制订解决问题的方法，如修改企业运营流程和管理制度。问题尽可能在比较小的时候解决，防患于未然，在问题尚未形成时解决问题的成本较低。

留空间。设置缓冲带或备用资源，在各种计划中设置必要的缓冲空间，留有必要的余地，使问题出现后无法回旋。

勤检查。对已经发现的问题和制订的解决方法的落实情况进行定期复查，检查是否已经得到改进并彻底消除风险。

风险事件的处理

任何企业都不想出问题，一旦出了问题则需要冷静应对，尽可能平稳顺利地解决问题，主要步骤如下：

（1）稳定各方情绪。在出现危机后第一件事就是要稳定各方情绪，各方情绪激动只会使矛盾和冲突激化，进入无法挽回的境地。企业方面千万不要忙着辩解，而是要表现出诚意。

（2）取得普遍信任。在稳定各方面的情绪之后，就可以开始沟通了，为问题的解决奠定基础。最重要的是建立相互信任，企业要让对方相信，我们有能力和有决心解决问题，千万不要拖延和应付对方，一旦失去信任，问题将难以彻底解决。

（3）客观了解问题。解决问题的第一步是全面了解情况，分析问题产生的原因，这时需要公正客观，要从多个方面和多个层次了解问题，并进行充分验证，以确定问题的根源。

（4）制订解决方法。在发现问题后就需要制订解决问题的方法，这时需要注意，解决问题的方法是切实可行的，同时，不能在解决旧问题的同时出现新问题。

（5）诚意解决问题。在制定出解决问题的方法后就要去解决问题，消除危机和隐患。

10.3 风险防范原则

不能等问题出现再想办法，那样什么都晚了；也不能搞突击，紧一阵松一阵，那样不解决问题；风险防范是经常性的工作，需要防患于未然，需要融合到日常工作的每个环节之中，是所有人的日常工作。每个人都高质量地做好了自己的工作，风险出现的可能性就会降低。防范风险需要遵循以下原则：

原则一：清晰地识别出当前的风险。

原则二：备有各种风险防范预案。

原则三：企业计划/预算中保留一定比例的冗余。

原则四：规范企业的各种行为。

原则五：具体业务计划设有冗余。

原则六：持续的风险防范和诚信教育。

原则七：为每个职位设计风险防范义务。

原则八：建立企业诚信行为规则。

原则九：在各个制度中设有风险防范规定。

原则一：清晰地识别出当前的风险

在企业运行过程中，会遇到各种各样的问题，不同的问题需要采用不同的方法解决，所有问题都有轻重缓急，大部分问题应该按照日常流程解决，为保证企业的安全，需要划定警戒线，如果问题落入警戒线之内，就意味着会给企业带来风险，应该格外注意，及时加以解决。

由于小企业规模小，影响力有限，所以出了问题影响也有限，而随着企业的成长，一旦出问题就会给企业带来具体的灾难。因此，需要预先识别风险，没有很好地预防，使企业陷入风险的案例已经很多，为此，企业不得不多加小心。

原则二：备有各种风险防范预案

企业应该积极解决各种问题，防止累积到出现风险的程度，但是，很难保证没有意外出现，所以，对企业可能会面临的重大风险需要预先设计预案，做到有备无患。

对于可能出现的风险，如质量问题、法律稳定等需要预先设定风险防范预案，以便有所准备。

原则三：企业计划/预算中保留一定比例的冗余

在企业的发展计划和预算中需要保留适当的冗余，作为企业设定的风险防火墙。一旦发生风险，具备一定的资源去挽救，千万不能把所有的弦都绷到极限，稍有不慎就会断裂。

在企业的计划和预算中保留一定比例的冗余是防范风险的一种重要手段，这样可以防范计划和预算中的风险，同时，还可以作为其他方面出现问题时的补救资源。

原则四：规范企业的各种行为

许多风险都是小问题日积月累造成的，订立严格的规章制度，尽可能减少可以防止的问题和可以预先觉察到的风险，是一种有效防止风险的方法，也就是防微杜渐。

除了防范风险外，规范企业的各种行为有利于企业的整体管理，在企业中形成正面的风气，有助于消除企业可能存在的风险。

原则五：具体业务计划设有冗余

在产品计划和运营计划中，首先要确保其中订立的目标可以实现，同时，具体目标要订得比实际能力略低一点，以便有一定的回旋余地。如果在企业的所有计划中，有若干个没有完成，就会使整个企业计划失去平衡，产生一系列连锁反应，最终形成风险。

在产品计划和运营计划中设定的冗余是一种技术性的冗余，主要是技术指标和经营指标方面，这些指标相对于企业所拥有的能力要有一定的冗余度。

原则六：持续的风险防范和诚信教育

为了在企业中弘扬正气，需要持续地在企业中进行风险防范教育和诚信教

育，使全体员工非常清楚地明白，企业需要每个员工都做一个正直的人，这是对企业的最大帮助，同时，企业的正面形象不断增加，也会使员工获得更加稳定的工作，使员工受益。

让员工充分了解风险防范和诚信守法是避免企业风险的一种方法，因为目前发现的许多问题都是由于员工的无知造成的。

原则七：为每个职位设计风险防范义务

不同的职位在企业中承担不同的责任，所有员工共同构成了整个企业，因此，在每个职位中都相应地设计了风险防范的业务，如果得到有效执行，则可以减少企业发生风险。

在企业组织建设和管理方面设计企业的架构和每个岗位的任务与职责是需要充分考虑风险防范相关因素的，通过每个点的控制，防范整个企业的风险。

原则八：建立企业诚信行为规则

信用建立非常困难，而破坏则非常容易，随着现代社会的不断发展，诚信越来越重要，企业不能因为一些微小的利益而牺牲诚信。这样，企业损失的要比得到的多得多，为此，企业要把诚信放在首位。

不诚信的行为貌似会给企业带来好处，其实在深层损害了企业，动摇了企业的核心人文基础，如果企业到处谎话连篇，如何能够生存下去。

原则九：在各个制度中设有风险防范规定

在每项制度中设定风险防范对企业整体安全非常必要。

在企业层面和各个系统的层面都制定必要的管理规则和制度，以约束和规范企业的行为，在每个具体规则和制度中都需要从各自的角度出发进行风险防范设计。

10.4　风险防范目标

防患于未然，重视风险防范工作的重要体现是确定风险防范目标，然后定期检查。定期检查风险控制工作的情况，是提高风险防范工作质量、减少实际风险发生的可能性的有效手段。经常检查风险防范工作的目的是了解风险防范工作目前达到的水平，及时发现问题和漏洞，加以及时改进。

目标一：企业的应变机制。

目标二：日常的防范措施。

目标三：计划/预算的冗余量。

目标四：行为规范化程度。

目标五：风险防范设计。

目标六：部门风险防范。

目标七：风险及诚信教育。

目标八：职务风险防范。

目标九：规章制度中的风险防范和诚信规定。

目标一：企业的应变机制

A. 良好完备，定期演练。

B. 完备，定期检查。

C. 基本完备。

D. 不完备。

企业的处境不同，面临的风险也不同，对于风险的防备也会不同。没有风险时不会感觉到风险措施的重要，到真出了问题才会觉得“书到用时方恨少”。因此，企业的应变机制是不可缺少的，企业越是一帆风顺，高速成长，越是需要有应变机制，当企业在社会上尚未形成影响力的时候，出了问题影响也很小，当企业足够大的时候，负面的影响也足够大，所以，不得不防。

目标二：日常的防范措施

A. 良好完备，定期演练。

B. 完备，定期检查。

C. 基本完备。

D. 不完备。

日常防范是成本最低的防范，只要把每项工作做好，并成为定期考核的一部分，问题就解决了。小企业可以通过日常的风险防范避免企业受到不利因素的冲击，使脆弱的能力受到致命伤害，而大企业规模庞大，环节众多，稍有疏忽后果就会很严重。

目标三：计划/预算的冗余量

A. 充分的冗余量。

B. 有冗余量。

C. 有少量的冗余。

D. 不稳定。

留有适当的余地是减少企业风险的充分必要条件，特别是在产品计划的进度、运营计划的营业目标和预算中的开支等关键性指标。这些指标当然越高越好，但是，太高了以后，并大幅度超过了企业的能力以后，就会成为不可持续的指标，因此，企业必须追求拥有足够冗余量的目标，特别是开支。

目标四：行为规范化程度

A. 管理严格，行为规范。

B. 管理良好，行为正规。

C. 管理正常，行为正常。

D. 管理松懈。

规范员工行为是企业整体风险防范的重要任务，这是企业组织管理的任务，这样可以使企业的整体工作更为有效。与此同时，由于企业制定的员工规范限制了各种不良行为的发生，因此对于企业风险的防范有很大的帮助。

目标五：风险防范设计

A. 在各个方面都有严格的风险防范设计。

B. 充分考虑风险。

C. 防范重要的风险。

D. 没有考虑。

对于可能会对企业产生重大危害的风险，需要设计风险防范措施，一旦出现了风险的征兆就可以按照预定的方案采取措施，简化企业的管理，减少企业的危害。企业风险防范安排需要根据企业的实际情况进行，也要考虑企业的能力。

目标六：部门风险防范

A. 各部门自觉防范风险。

B. 各部门完成规定的风险防范。

C. 部分部门重视风险防范。

D. 不重视。

除了在企业层面采取风险防范措施，在部门层面也需要采取风险防范措施，防止由于部门中的问题通过积累影响整个企业。各个部门都需要对风险防范给予足够的重视，这是实现企业给各个部门下达任务目标的重要保证。

目标七：风险及诚信教育

A. 定期进行。

B. 入职和提升时进行。

C. 不定期。

D. 不进行。

诚信教育和风险防范教育是企业组织工作的重要任务，企业需要检查这一工作的落实情况，保证教育工作落到实处。

目标八：职务风险防范

A. 从董事会的层面进行。

B. 治理核心按照一般常规进行。

C. 完全依靠自觉。

D. 不进行。

对于有一定权力的管理人员需要采取职务防范措施，权力都是需要监督的，大多数的管理人员都是正直的，但是，不能保证在没有足够监督措施的情况下所有人都会自觉行事，因此，必须采取必要的管理措施，防止形成职务风险。

目标九：规章制度中的风险防范和诚信规定

A. 订立明确的规定。

B. 包含在各项制度中。

C. 有相应条款。

D. 不明确。

除对于管理人员采取相关的管理措施防范各种风险外，对于全体员工也要制定相应的规定，防范各种风险和失信行为的发生。

10.5　面对失败

失败是成功之母

就像人一旦出生了就会面临死亡一样，企业成立后会面临失败，企业最大的失败就是破产，这是不能被接受的失败。除此之外，还可能经历不同层次和不同程度的失败，如产品开发没有完成预定的目标、客户流失、经营目标未能完成、企业中关键人才流失，等等。

人非圣贤，孰能无过，要指望一个人、一个部门、一个企业不犯错误，或者不失败是不可能的，原因是任何一个人的能力都是有限的，同时，如果要进行开拓性的工作，由于前途未卜，失败的可能性就更大。如果不进行技术和市场上的探索，走别人走过的路，风险会减少，但是，也会面临失败，因为，会在市场或技术的竞争中失败。

失败是不可避免的，但任何一个企业都会尽可能避免失败。因此，需要以正确的态度面对失败。如果失败了，要认真总结，找出失败的原因，至少要避免下一次经历同样的失败，相互埋怨、推卸责任都无助于问题的解决，只有面对现实，才能解决问题。

引起失败的原因

失败可以有许多种，一个企业，经常遇到失败情况可能有很多种，但是我们最常遇到的一种失败是没有完成预定的目标或任务，例如，在预定时间内开发任务没有完成，或销售目标没有实现等；另一种经常遇到的失败是出现了意想不到的情况，使原定目标不能实现。引起失败的原因多种多样，有些是客观的，有些是主观的，软件或软件企业遇到的失败主要可以分为以下三类：

（1）方向不对。方向不对是企业或产品企业引起失败的主要因素之一，也是创新和探索过程中难以避免的，由于方向选择错误，往往会使前面进行的技术或市场工作前功尽弃。例如，技术路线错误或客户选择错误。

（2）计划不周。虽然选择了正确的方向，但是，由于有些问题没有考虑到，致使技术研发或市场项目失败，例如，没有进行设计就开发软件，致使最终开发结果偏离了预定方向；或者对事先准备不充分，致使项目在招标中失败等。

（3）能力不足。由于资金和技术实力不足，软件产品开发或市场推广活动不得不中止，虽然，可能已经看到了曙光，但是不得不放弃，致使整个项目失败。

正确面对失败

正确面对失败是克服困难继续前进的必然选择，由于探索中的失败是不可能避免的，有时明知要失败也要进行探索，所以树立正确对待失败的态度，就是一种比较好的选择。

（1）事先做好心理准备。探索就会经历失败，不探索肯定会失败。由于市场竞争激烈，所以企业必须通过创新形成自己的优势，而创新就意味着没有先例，就有失败的可能。因此，必须要做好失败的心理准备，这样失败来临时才不会惊慌失措，不会被彻底打倒。

（2）事后承受失败。如果失败后继续探索，可能会取得成功；如果失败后不继续探索，就真的失败了。在许多情况下即使失败了，受到了一定损失，只要找出原因，加以改进就会取得成功。许多令人羡慕的成功者，就是因为克服了别人没有克服的困难，经历了别人没有经历过的失败，最后取得成功。

失败毕竟不是好事，因此，在实际工作中应该尽可能避免失败，因此，应该采取以下措施：

（1）大胆设想、小心求证，进行认真细致的准备是避免失败的有效方法，在策划阶段，要尽可能深入细致地进行工作，对细节进行充分的设想，对其中的关键环节要进行必要试验，以验证计划的正确性，在有把握后再真正执行。

（2）量力而行，一定要根据自己的资金和技术实力开展相关工作，项目过于冒险就会带来失败，而且要留有余量，一定不能去赌博，必须保留失败后继续开展工作的资金和技术能力，这样即使失败了，还可采取必要的措施进行补救，不会全军覆没。

对待失败的态度和做法是企业经营管理人员必须做好充分准备的事，因为一旦出现问题，管理人员，特别是高级管理人员的做法对员工影响重大，同时，如何面对失败是一个企业文化的核心。很多时候，员工对于企业的信任，以及对于企业文化的理解，都是在企业的高层领导对于问题和失败的处理过程中建立起来的。

第3部分　柔性治理的实现

古之欲明明德于天下者，先治其国；欲治其国者，先齐其家；欲齐其家者，先修其身；欲修其身者，先正其心；欲正其心者，先诚其意；欲诚其意者，先致其知，致知在格物。物格而后知至，知至而后意诚，意诚而后心正，心正而后身修，身修而后家齐，家齐而后国治，国治而后天下平。

第 11 章　关键性策略

11.1　成长之路

不断地成长和发展是创办企业的初衷，然而这需要有一个过程，需要从小到大逐步发展，为此，需要有所准备，如果一切顺利固然很好，多数情况下遇到困难和问题的可能性比较大。

做好准备迎接考验

每一个奋发有为的人必须记住这句话："天将降大任于斯人也，必先苦其心志，劳其筋骨，饿其体肤，空乏其身，行拂乱其所为，所以动心忍性，曾益其所不能。"

现在当董事长已经变得容易，自己注册一个公司之后就可以任命自己为任何职务，随着政府深化改革的推进，成立一个企业的阻力已经变得很小，许多人因此想体会一下当老板的感觉，至于这种感觉是否很好，答案是不一定。作为企业的负责人承担着巨大的责任，需要保证企业资本的保值增值，也就是要对企业所拥有的资产负责，无论这笔资产是自己的还是别人的，都是如此，而更大的考验是办企业如同在茫茫大海中行船，有起点没终点，成功者很少，失败者很多。

在企业工作一段时间后会发现，成功的企业是相似的，而不成功的企业各有各的问题，而且各领风骚三五年，很难始终保持在巅峰的状态，经常会被各种各样的危机和问题困扰，非常顺利的时期往往是短暂的，深入分析会发现问题的关键是没有做好充足的准备。改革开放之初，这种情况情有可原，因为是在探索期，缺乏准备，现在就不能再用同样的理由去解释了，我们应该做好准备，准备的方法就是："修身、齐家、治国、平天下"。

个人成长之路

从目前的情况看，每个人都想有所发展，但是成功的却不多，有外部的原因，也有个人本身的原因。外部原因是有没有机会，个人本身的原因是没有做好准备，由于道路是每个人自己选择的，应该说对于每个人能否成功在很大程度上取决于自己。个人的成长之路见图 11 －1。

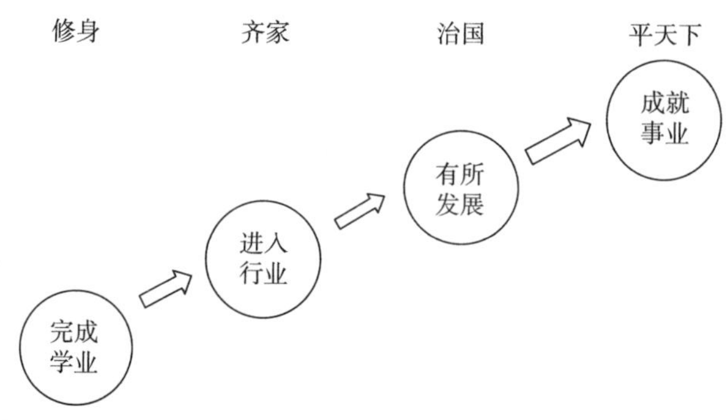

图 11 －1　个人的成长之路

怎样才能让自己走一条正确的道路，古人指出了一条道路：修身、齐家、治国、平天下。虽然有些抽象，但是说明了一个道理，事情是一步步发展的，前一步没走好，会对后一步产生影响，虽然外界有许多不可控因素，但是，有了充分的准备就可以及时做出调整，避免惊慌失措，下面按照修身、齐家、治国、平天下的顺序，探讨一下一个人应该怎样为自己的未来做好准备。

修身是个人成长之路的第一步，修身就是学习，小学、初中、高中、本科、硕士、博士都是在学习，只是这些未必与每个人的想法符合，如果想成为企业的领导者，也就是成为企业治理核心的成员，或者在企业中拥有一定份额的股份，只学习学校教授的内容是不够的。因为学校学习的内容并不是为成为一个企业的治理核心成员准备的，如果想成为一个企业的治理核心成员，则需要学习很多东西，需要选择一个自己感兴趣的专业，除了这个专业自己准备终身从事外，这个专业所属的行业需要有比较好的发展前景，而且自己要比较深入地掌握整个行业的基本情况和做事规则；此外，还需要掌握其他的能力，主要是资本管理能力、计划协调能力、组织管理能力、市场运作能力、各种法律情况处理能力，以及生产操作能力。需要特别注意，这里所说的是能力，而不是知识，能力是能够操

作，而不是仅仅知道相关的知识。为此需要抓紧在学校的时间，尽可能使自己做好更充分的准备。同时，还需要培养自己的心智，能够承担未来所要担负的责任。

齐家是在修身之后的下一个环节，齐家原本的含义是如果要想成就大业先要管理好自己的家庭和家族。面对现代社会的现实，我们为齐家增加一个含义，就是要有养活一个家的能力，要有一份前景良好的职业和充沛的收入能够支撑一个美好的家，用另一种方式描述就是要在一个行业中站住脚，真正地融入这个行业，为家庭提供稳定的收入。当然，也要处理好家庭内部的关系，消除事业前进的后顾之忧。

治国是人生中的一个关键阶段，作为一个有志在企业中发展的人士，经过努力进入企业的一个管理岗位，至少成为中层干部，这时候以前奠定的基础开始释放，同时，又积累新内容，这时需要做好两件事，一件事是扮演好自己的角色，也就是管好自己负责的部门；另一件事是处理好与上下左右之间的关系。作为企业的中层干部，首先要做好自己的本职工作，要使用专业的知识和以前积累的各种能力做好工作，还需要对这一管理职位有深入的理解，处理好自己与方方面面的关系，这需要一种平衡，恰当地调整自己的位置，这需要更好地理解别人，多从别人的角度考虑问题。

平天下应该是人生道路上可以期待的一个高峰，可能还有更高峰，一般情况下是可遇不可求，对于平天下可以理解为进入企业治理核心，成为决策团队中的一员，还有可能自己主持或参与创办企业，这时所有过去积累的知识和能力都开始发挥作用，这时关键的问题是现在已经拥有一切是否足够。作为一名企业治理者，需要面对极为复杂和不可预测的局面，必须记住一点，企业即使全部是自己的投资，也不能如同对待自家财产一样对待企业中的一切。因为，其他人的能力也是企业的组成部分，这一点与过去的小农经济完全不同，而且企业所处的环境极为复杂，前途很难预料，从现实看，只有很少的企业治理核心成员所具有的知识和能力足够应付局面，并游刃有余，其他人需要继续付出努力，这正是许多企业问题成堆和处境艰难的根本原因。

创建企业之路

每个人都可能有创办自己企业的想法，能否实现则要看是否具备条件和机会。很多人做过尝试，结果有四种：第一种是创办成为有很高知名度的成功企业，例如，京东、阿里巴巴、李宁等企业；第二种是创办一个运行良好的企业，这些企业在目前的现实社会中很多；第三种是创办能够运营下去的企业，这类企业是目前的大多数；第四种是创办企业的失败者，这可能是更多的人创办企业的结果。应该说这些失败的企业之所以失败，在很大程度上是条件不具备，一个企业无论规模大小，都有其自身的一定之规，作为企业的创办者必须按照相关的规律行事，正如老子所说，地法天，天法道，道法自然。创办企业在很大程度上是借力使力，巧妙地利用这些力量为自己使用，超过这一范围就难以成功，为此需要进行慎重的思考和充分的准备，可以走的路也可以用修身、齐家、治国、平天下来描述，只是创办企业所要使用的操作方法有所不同，创办企业最需要的就是面对现实，量力而行，也就是“知彼知己、百战不殆”。企业的成长之路见图11－2。

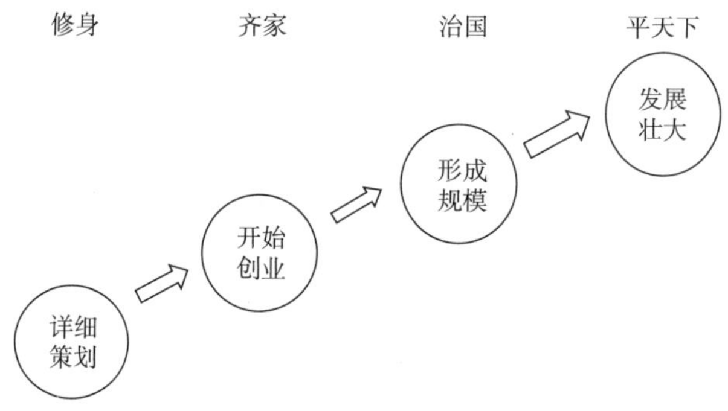

图11－2　企业的成长之路

修身对于创建企业是非常必要的，很多企业创业失败与修身阶段没有做好功课有很大关系，突出的问题是把创业想得太简单。不做充分的准备，创办企业肯定成功不了，进行了充分的准备还是有可能失败，因为外部环境远比想象的复杂，这就是一些著名企业所具有精彩创业故事的原因。创业的时候，一切都是空白，但是三个条件必须具备：第一，创业者的能力，至少要在企业中层岗位有比较成熟的经验，各方面能力比较均衡；第二，要有充足的资源，这些资源足以在能够承受失败的前提下，支撑企业走向良性循环的正轨；第三，客观环境允许，相关设想的确能够在市场环境中站住脚。

齐家是创建企业的第一步，这时需要把企业真正地组建起来，这时还不能指望企业有迅速的成长，能做的是验证当初的设想。在这一阶段需要验证三个基本问题，以说明企业继续生存下去的可能性：第一，要证明整个创业团队，也就是

未来的企业治理核心是称职的，能够担负起企业赋予它们的使命；第二，要完成产品的基本原型，以证明企业的技术路线可行；第三，要让市场能够接受企业的产品，以验证市场的存在和运营方式的正确性。这些需要使用当初筹集的资金来完成，要做好失败的准备，因为想象和现实是有差距的，只有证明了企业的基本内核是正确的，后面才能持续发展，企业才可能生存下来。

治国是真正治理企业的开始，这时企业要从创业状态转入正常运营状态，能够完成这种转变的原因很多，主要的可能性是：第一，企业进入正常运转，通过自我发展逐步壮大；第二，通过银行或其他方式借贷筹措到资金，使企业获得发展；第三，有金融资本的介入，使企业可以快速成长。无论采用哪种方式，表现出的现象是企业在市场和行业中占有稳定地位，站住了脚跟，这一阶段的关键是企业治理方式的成熟化，并且形成规模化运营机制。

平天下是企业真正走向成功的开始，这时企业从规模经营走向大规模扩张，企业开始复制其在治理、产品技术、市场运营方面的成功，然而真正的考验才刚刚开始，这时企业进入深水区，退回去已经不可能了，只有继续前进，可是前进中的问题不断涌现，治理决策并不是都十分正确；产品有成功，也有失败，但是大多数表现平平；员工逐渐不容易被控制；同时，社会环境与企业之间的矛盾开始出现，此时需要保持清醒的头脑，企业治理核心成员需要尽可能从具体业务中解脱出来，重点是把握好方向。

企业成长的支撑要素

如果想要企业成功，需要做好方方面面的工作，不能有一点儿差错；如果想要企业失败，只要有一个问题就可以致命。因此，只有一个出色的治理系统是不够的，企业中还需要有其他的部分作为企业治理系统的支撑。

企业要想取得成功首先要有产品和支撑产品的团队，这就是产品系统。在现实中产品系统的存在形式多种多样，技术部、开发部、研究院、设计部，等等，任务就是设计产品，包括全新设计、改进优化、迭代发展等多种方式，在这里把这一部分组织抽象成为产品系统，其功能包括市场研究、产品规划和产品设计，涵盖了从构想到实现的全过程。需要特别说明的是，产品设计是一个技术过程，但是，其中大部分内容属于企业决策因素和运营因素，产品的构思来自市场，在设计完成后要生产出产品回到市场，所以，闭门造车是万万不可以的。

运营系统包括产品的生产、销售和服务部分，是企业价值的兑现工具。企业的所有其他环节都是围绕着实际运营展开的，企业中的其他部分都是成本中心，运营部门是利润中心，产品系统的设计和治理系统的各种文件都要通过运用系统变成企业的实际收益，把盈利的可能性和预期变成实际的收益。在这里，成本、利润和质量等概念成为依附于实际有形或无形产品的具体属性，不再抽象和空洞。

企业的产品系统和运营系统支撑起了企业的治理系统，使治理系统的指示可以变成具体的企业实际操作，否则，企业治理系统就是空中楼阁；反之，企业治理系统的正确指示引导着产品系统和运营系统沿着正确的方向前进，三者是一个有机的整体。将治理系统、产品系统、运营系统耦合在一起的是企业治理文件，也就是计划、预算、组织规划，这些文件由一些看似流水账式的内容组成，其实，其中是有灵魂的，这就是企业生存优势、企业资产有效性以及企业组织的协调性，只有这三者都达到很高的水准，企业才能处于理想的状态，这三者的水准越低，企业的状态就越差。

企业和企业中的员工需要经过修身、齐家、治国、平天下的阶段。企业的三大系统、三种文件、三大核心要素始终与企业相伴，差异只是存在的形式和复杂程度的不同，由于发展是一个由小到大的过程，越是企业的初期，企业中的系统、文件、核心要素的重要性就越高，就像一个人，小时候养成了坏习惯，长大以后就很难改变了。

11.2 建设企业生存优势

企业生存优势是企业立足之本，也是企业与市场结合的关键点，关乎企业的生死存亡，必须引起足够的重视。在企业的策划阶段和创建初期的核心工作就是建立企业的生存优势，这是企业的根，根深才能叶茂。

企业生存优势的概念

企业能否生存需要有一个理由，这个理由就是“企业生存优势”。企业的生存优势是指企业具备某种特殊的优势，这种优势促使客户可以将该企业与其他企业相区别，并愿意购买该企业的产品。企业中的产品任务、设施建设任务、运营任务就是要构建和强化“企业生存优势”。

用比较简单的方式描述，企业生存优势就是客户购买企业产品或服务的理

由，也就是“卖点”。一个企业可能很小，也可能很大，但是，只要有生存的理由就可以生存，如果只是一家街边的卖馄饨的小店，但是味道受到居民的欢迎就可以很好地生存；一个企业可能是国际性的大企业，但是，产品和技术已经过时，客户失去对企业产品的兴趣，企业就会逐步萎缩。

企业的生存优势大小决定了企业的状态，如果产品技术先进，但是只有很少的客户需要，企业的规模就会受到限制，如果企业的产品技术简单，容易被替代。因此，企业需要找到正确的生存优势，企业的生存优势通过三个属性描述，即黏性、生命力、覆盖面。客户对于企业产品的需要程度是有差别的，有的非常需要，有的需要程度一般，有的可有可无，这就是企业生存优势的黏性，黏性越高越好；企业生存优势是有生命力的，可能客户不需要了，也可能被其他产品替代，如家庭装修的生命力就有限，手机非常容易被新产品替代，所以企业必须尽可能延长企业生存优势的生命力；企业生存优势有规模大小之分，如果优势的覆盖面过小，不足以支撑企业的生存，也就没有意义。企业生存优势的概念见图11－3。

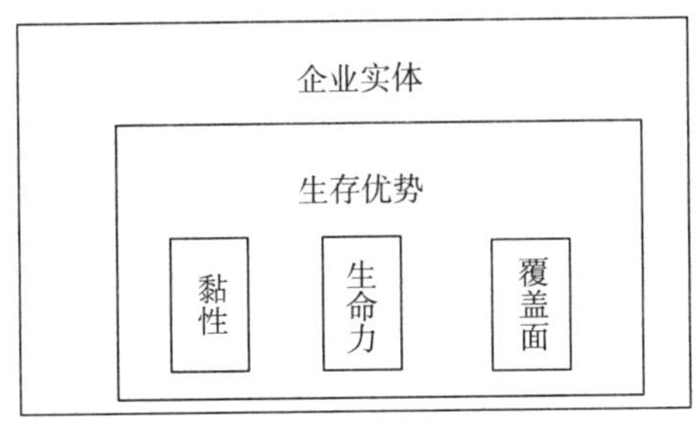

图11－3 企业生存优势的概念

“品味虽贵，必不敢减物力；炮制虽繁，必不敢省人工”，以同仁堂为例，它的生存优势是高品质的中药和中医服务。中医有自己的独特优势，适合治疗某些疾病，而同仁堂是最好的中药店，是患者的首选，人经常会生病，所以需求会不断产生，同仁堂中药的优势特征明显，所以生命力很强，中国人口众多，覆盖面足够大，这就是同仁堂可以屹立数百年的原因。

企业的生存优势不是一天建成的，也不是建成以后可以一劳永逸，是一个长时间持续努力的过程，由于复杂的外部环境因素不以企业的意志为转移，所以企业需要不断强化其生存优势的黏性、生命力和覆盖面。这种持续性的强化和维护是在企业中的各个方面进行的，需要经常性地调节企业的方方面面，使整个企业共同为企业生存优势的稳步成长而努力。

具体来说，企业的生存优势建设是通过企业中的各个功能模块与一个不断延续的时间形成二维计划体系中的各种具体任务的综合作用下形成，在计划的持续指导下，企业各个因素持续努力，最终使企业生存优势不断强化，通过企业中各个层次的计划实施有节奏和高效率地投入，让企业内的各种因素积极工作，以便形成企业发展的基础和持续能力，也就是增加企业生存优势发展成长的可能性。

企业生存优势建设方法

在理想的状态下，企业生存优势应该得到逐步强化和提升，能否实现这种稳步上升取决于两个因素：一是外部环境；二是内部能力。外部环境中有有利因素，也有不利因素；企业能力可能比较强，也可能比较弱。为了尽可能形成良好的结果，需要结合各种因素综合考虑，尽可能争取最好的结果，企业生存优势的建设需要经过如下环节：

（1）通过探索形成对企业未来的判断。

（2）实现判断、形成工作成果。

（3）成果能够变成实际价值。

企业生存优势的构建方式见图 11－4。

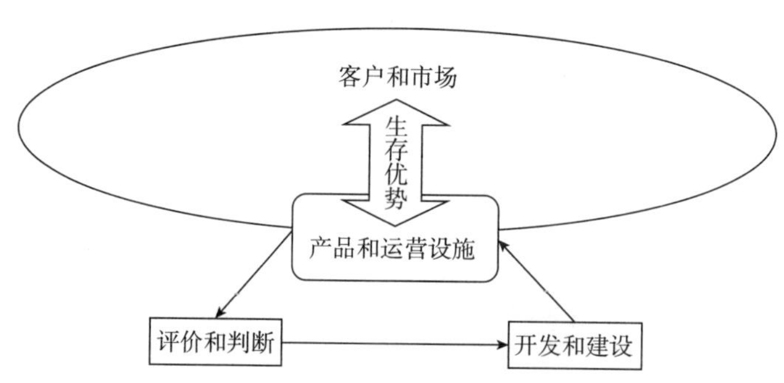

图 11－4　企业生存优势的构建方式

每个企业必须构造属于自己的生存优势，这种独特的生存优势要明显地区别于他人，它可以存在企业或产品的任何一个方面，但必须独特和具有优势。构造这种企业生存优势需要从整个社会中进行寻找，而寻找的角度是如何能够将企业中存在的优势能力发挥出来，因而被整个社会认识和接受，例如，企业高度诚

信、产品质量好、品位独特、服务周到细致、产品价值独特，等等。价格低和新功能都可以是企业的优势特征，但是这些必须是他人无法模仿的，如果是很容易被模仿则是特征，但不是优势特征。

如果明确了什么是企业的生存优势，而且生存优势的黏性、生命力和覆盖面都很理想，则需要将这种优势落实到企业的具体业务之中。在企业治理系统，需要在资本管理和组织等方面进行安排，落实在资金和组织建设安排相关投入；在产品系统，安排具体的产品实现相关优势，要把企业的生存优势具体在产品中实现；在运营系统，落实实现包含有企业生存优势的产品；通过在企业的三个系统中落实企业生存优势的具体任务，把企业生存优势的概念变成具体实际动作。

在各个系统做好相关工作后，就要按照预先的安排开展自己的工作，由于工作涉及3个系统，必须做到相互配合，各自都要按照预定的目标保质保量地完成各自的任务，通过顺序或并行的工作，最终实现构建企业生存优势的目标。

企业生存优势的成果体现

谁也不会做赔本的买卖，企业生存优势既然非常重要就要给企业创造出明显的价值，这种价值必须对企业起到核心性的支撑作用，否则，就失去了构建这种企业生存优势的必要性，成果体现在企业的利润、销售规模、企业运作的均衡性以及企业的发展空间方面。

如果企业具备非常独特和显著的生存优势首先带来的好处是企业能够获得更高的利润率，这是由于企业生存优势所构造的利润空间比较大的原因。因为企业存在优势，产品价格可以明显高于其他产品，在成本相似的情况下，利润显著增加，即使是价格比较高，客户也不会有抵触情绪，因为物超所值的原因。

借助于企业生存优势可以提升企业产品销售数量，首先企业容易扩大规模，由于有明确的购买理由，大幅度减少了客户的购买障碍；如果优势特征明显，企业的规模扩展也会相对容易。因为，资本方面比较容易信任企业，愿意继续投入，在充足资本的支撑下，企业规模扩展会比较快。

有企业的生存优势做支撑，企业能够较为均衡地发展，这是由前景的可预测性带来的，由于具有优势，可以很好地估计出企业发展的节奏，这就为均衡和稳定投入企业资源创造了条件，这种均衡稳定的投入如果能取得预期的效果，则可以巩固现有的企业生存优势，同时降低了企业资源的投入风险，便于企业进一步投入资源，形成正向循环。

发展空间对于企业来讲非常重要，一旦市场饱和，企业前期所做的一切都会前功尽弃，但是，一旦企业有了生存优势后，则可以降低这一风险。企业可以凭借已经取得的优势进行产品的延伸，构造出下一代产品，还可以横向扩展，扩展相似产品，将企业具有的生存优势特征向纵深和横向移植，否则企业只有死路一条。

企业生存优势实现路径

企业的生存优势是通过一个过程实现的，最初可能只是一个想法，把想法变成设计、把设计变成产品、把产品变成商品、把商品变成钱。企业生存优势是过程中的灵魂，也是过程中的所有工作任务所要坚持的基本理念。虽然理念和优势本身有些抽象和虚无，但是，随着逐步的具体化，这些理念和优势最终在企业的产品中具体地体现出来，并通过各种方式传达给客户。将企业生存优势具体体现出来需要涉及战略、产品、运营、组织等环节。企业生存优势的体现方式见图11－5：

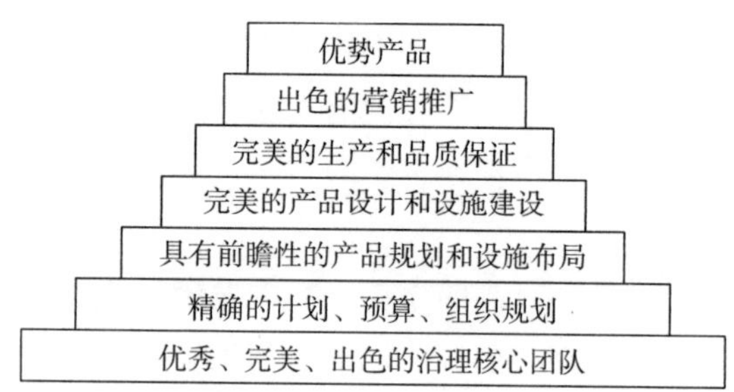

图11－5　企业生存优势的体现方式

如何缔造企业生存优势，缔造什么样的企业生存优势必须在企业的发展战略中清晰地阐述。战略是企业对于发展方向和道路的描述，建立在整个企业共识的基础上，在企业战略中必须明确四个内容，选择的行业、选择技术和产品、企业生存优势以及前进的节奏。在企业战略中，企业生存优势是支撑其他元素的关键点，只有当企业描述出切实可行的企业生存优势的时候，其余内容才有意义。

在明确了企业战略之后，必须构造实现这一战略的产品，为此必须在具体的产品设计中将企业战略的各项元素体现出来，如企业的生存优势是产品美观和新颖，那么就需要在产品设计中实现这种美观和新颖，使客户可以用直观的体验迅速发觉这种美观和新颖，并且在后续的产品中不断变化造型，始终保持产品的美观和新颖。

产品设计出来后就需要投入运营，运营包括产品的生产、销售以及服务。在运营环节，需要突出产品中企业优势生存特征，通过适度的渲染，把企业的生存优势传递给客户，使客户理解和体会到企业产品中的生存优势的存在，以及这种企业生存优势对于客户自身的价值，最终购买产品。

企业生存优势需要一贯性和坚持，需要在每一代产品中不断强化和突出，塑造出一个共识和价值观，被客户认可和相信，更重要的是要融化在企业中，成为每位企业员工的基本价值观，这需要通过组织建设的方式去实现，这种企业生存优势必须是被全体员工接受的企业文化的组成部分，通过各种方式融入企业员工的基本价值观之中。

11.3 资本的有效性管理

建立一个企业，始终不能离开的就是资本，也就是钱，企业的策划与构思的核心是如何可能赚到钱，企业创建需要钱，企业发展还是需要钱，因为企业规模扩张需要大规模的投入，企业发展起来了，有钱了，可是管理钱的难度却大幅度增加。

在企业中，资本以多种形式出现，如现金、存货、债权/债务、投资、无形资产、设备/设施等。不是所有的资产都可以立刻使用，有些资产可以立刻使用，有些资产需要变现后使用，有些资产则暂时无法变现，这就是资产的有效性特征，不同资产的有效性有着不同的意义和作用，为了企业的整体利益，需要更为合理和有效地配置资产，使资产能够提供最大的收益。

资金链断裂是企业或个人的一种灾难性状态，如果企业产生了资金链断裂的情况，会使企业跌入万劫不复的深渊，也是企业走向消亡的一个重要原因，这时并不意味着企业没有资产，而是没有现金，使企业无法维持运转。2017 年出现的乐视事件就是最典型的案例，按接盘者孙宏斌的话，一手好牌打成了这种局面，乐视并不是一文不值，而是没有现金可用，根本问题是许多资产成为了名义资产，不能立刻产生现金流或无法立刻变现，解决问题的方法就是立刻注入有效资产，盘活名义资产，使企业摆脱困境。

资本有效性的含义

资本的有效性是根据企业或个人对于其资产支配的方便和灵活程度来确定的，可以分成有效资产、可兑现资产、名义资产。就支配的方便和灵活程度而言，有效资产最高，可兑现资产次之，名义资产最差。

有效资产是指资产的所有者可以立刻使用的资产。对于企业而言，是现金、上市企业的股票等，对于个人而言，是现金/活期存款、工资收入、银行卡中的信用额度等，这些资产企业或个人可以随时按照资产所有人的意愿将资产投入相应的目的。

可兑现资产是指所有者对于资产不能随意使用，但可以使用比较简便的方法将其快速地转变成有效资产投入使用。对于企业而言，可兑现资产包括正在有效运行的企业设施、产成品、债券、应收账款等，对于个人而言，可兑现资产包括定期存款、有价证券等，这类可兑换资产可以在需要的时候转换成有效资产。

名义资产是指虽然这些资产归资产所有人所有，但不能随时和快速兑现，或者根本就无法直接兑现。企业的名义资产包括企业的各种无形资产、对未上市企业进行的投资、正在进行的研发或工程项目、各种呆账坏账等，对于个人而言，名义资产包括唯一的住房或已经出租的住房，家中的汽车等，以房产为例，无论企业或者个人，房产都是个人的重要资产，但是只能用于居住或使用用途，不能立刻变成现金。名义资产的表现形式还可以是企业的股份，如果是没有上市的企业的股份，除了获得红利，没有任何其他的兑现方式，如果企业不能分红，则完全无法回收。即使是上市企业，企业的董事会成员和高级管理人员所持有的企业资产也不能随意变现，因为这种变现是以减少对于企业控制权为代价的，同时还会引起其他资产所有者的连锁反应。另外，为了公平起见，对于这些人还有许多限制，防止滥用自己的权力不正当牟利。

资产的特性

有效性对于资产来说非常重要，但并不是在配置资产的时候需要考虑的唯一因素，在配置资产的时候需要同时考虑三个因素，即使用的便利性、保存的安全性和可增值特征，这些因素共同塑造了资产的便利性的核心特征。

使用的便利性是对资产的一个重要要求，所谓使用便利性，是资产可以充分发挥其交易属性，能够作为货币进行任意目的的支付，用于进行交换，例如，购买商品或支付劳务费用，以便能够及时得到需要的物品和人员劳务服务，使用便利性最高的资产是现金，它可以在绝大部分交易场合使用。

保存的安全性是对资本的另一个基本要求，这是由资本的占有特征和交换价值决定的。为了保证对于资产的占有，必须保证资产的安全，防止因为自然的原因和人为的原因给资产造成损失，影响资产安全。资产最大的不安全因素来自自然和社会，自然灾害、战争、社会无政府状态都会对资产的安全造成破坏，这些被称作不可抗力，属于非正常因素。资产安全的基本环境条件是自然环境正常和社会稳定，在此前提下，不同种类的资产有着不同的安全特征，现金和珠宝安全性比较差，因为没有明确的署名，比较容易被非法夺取，房地产和上市公司股票比较安全，不宜被非法夺取。

除了使用便利性和安全性特征外，更为重要的是可增值特征。由于通货膨胀和社会的持续发展，如果保持资产的原值不变就等于在相对贬值，因此，至少要使资产保持高于通货膨胀率的成长才能维持基本价值不变。保存在手里的现金完全不能升值，而进行投资则可能有机会获得比较高的收益，但是，存在着风险。

有效资产的使用便利性较高，可以随时使用，但是安全性和增值能力较差；可兑现资产使用便利性中等、安全性和可增值性也中等；名义资产使用便利性较差，不能随时随地使用，但有比较大的增值机会。

资产合理性配置原则

对于个人的资产，由于需要保证日常的衣食住行，所以，管理起来相对容易，除非资产数额较大，否则，首先需要保证生活需要，其次再做其他考虑。但是，企业资产处理就比较复杂，这是由于企业资产数目较大，种类比较多，流动性也比较高，因此，就产生需要合理配置的问题，否则，会对企业造成不利影响，甚至威胁企业的生存，为此需要秉持某些原则来处置。

首先要保证有足够的现金使用，只要企业能够维持运转，各种开支就必不可少，为此，企业需要持续不断地耗费一定数量资金来维持每天的运转。充分的现金供给是维持企业运转的基本条件，这需要企业拥有足够的有效资产，其中的主要部分是现金，除了保证日常的开支，企业还需要储备一定的备用金，以备不时之需。在企业的日常操作中，很难保证所有事项都按预想的目标推进，为此，需要储备一定的资金以备在出现问题的时候能够进行相应的处置，增加企业的韧性。

保证资产以合适的方式流动是企业资产配置中需要考虑的另一个问题。由于企业的资产为了满足企业日常运作的需要，必须保证一种流动状态，这就产生了有关资产安全的问题。要保证在资金流动和资本状态转换过程的安全，防止出现丢失或其他形式的人为损害，需要通过管理和制度来实现；更为关键的是，在资产进入名义资产的状态后对资产安全形成的伤害，如果因为项目投入和对外投资使企业的有效资产不足，就会对企业的造成伤害，这就是资金链断裂。

尽可能使资产获得高增值是企业资产配置的一个重要任务，如果企业资产不产生增值，则企业就会把所有的资金耗光。因此，企业必须通过自身的运营保证企业资产的增值，这不是资产配置本身能够实现的，但是，企业资金的投入方向对于资金的增值有着非常重要的影响，为此，资金需要投入对于资产增值比较高的方向。如果资本除了保证日常运营之外还有富余，则可以配置一些可兑现资产，尽可能提高资产的增值效率。

社会因素对资产有效性的影响

企业生活在社会中，因此，企业的资产也存在于社会之中，为了保证企业的运营，不可避免需要将企业的资产在社会中进行交换，例如，付出资金买入原料，或者付出货物换回资金。这样，社会因素就对企业资本产生了影响，企业需要采取相应的措施，避免对企业资本产生不利影响。

政府对资产有效性的影响是非常显著的，首先，政府通过法律、法规、各种强制性措施规定了企业资本在社会中的行为，企业必须遵守，这是为了维护整个社会秩序的稳定。如果企业违法，政府会采取相应的惩罚措施，直至强制没收，这就会对企业的资产造成无法估量的损失，企业为了自身资产的安全，必须遵守相关的规矩。

选择恰当的资本交易场合对于企业资本也有着重要的影响，例如，选择恰当的银行和企业上市的证券市场，对于企业的资产安全和增值有着重要的影响。要避免那些不切实际的高收益的诱惑，资产的安全是第一位，其次才是增值，否则会损失惨重。

社会氛围因素对企业资产也有非常重大的影响，整个社会充满动乱，则企业的经营就难以为继，如果整个社会处于萧条的状态，企业的资产自然会受到影响。在社会环境对企业资本有不利影响的时候，企业的备用资本和有效资本充足就会产生巨大的作用，这时，谁的资本雄厚，谁就能够挺过这一阶段。

11.4 企业的协调性建设

在企业完全成熟以后，企业的协调问题可能已经彻底解决了。在此之前，企业的协调性是一个关键性课题，必须引起足够的重视，从企业外部看，企业缺乏协调性最突出的表现就是“乱”，给人一种很不舒服的感觉，是企业在市场扎根和发展的最大障碍。

协调机制对于企业的重要性日益提高，这是业务专业化和技术复杂性提升在企业组织层面的体现，企业内部的员工之间、各部门之间、企业与客户之间的许多问题和冲突都与组织协调性建设的不足有直接和密切的关系。

为什么需要组织的协调性建设

协调性建设与具体的业务有着非常紧密的联系，有许多内容完全是具体的业务因素，需要下大功夫处理相关问题，否则，会在企业各个方面出现问题，构成企业中许多问题的根源。虽然企业组织的协调性建设不是日常工作，却需要企业花费相当的精力加以强化。

从概念上看，企业的组织协调性建设指的是如何通过组织结构的设计来构建企业的价值链。面对高度专业化分工的趋势，企业需要采取措施将一个个独立的专业化岗位按照企业需要的顺序串联起来，一个环节的任务完成以后转入下一个环节，最终完成企业需要的产品和服务，并交付给客户。用简单的方式描述，企业组织的协调性建设是指企业需要采用相应的组织结构设计以适应企业业务流程的需要，主要是企业组织内部的分工和合作。在不进行专门设计的情况下，部门负责人就是这个部门的协调中心，企业负责人就是整个企业的协调人，这种塔式结构形成的问题是越到顶端，协调的任务就越大，企业的最高负责人就越不堪重负，为了解决这个问题需要在企业中增加各种协调机制，以分散顶部的协调压力。

协调机制分成两大类：一类是日常性协调；另一类是临时性协调。日常性协调是按照确定的流程进行工作，一个环节完成后按照事先的约定进入下一个环节，最终完成任务，在需要多人合作完成任务的情况下，企业的大多数协调工作都是采用这种方式完成的。还有一种是临时性协调，一般是工作出现意外，通常的日常性协调无法完成，需要采取临时性的措施解决问题，企业中各级领导承担的就是类似任务。

这种组织协调的价值是巨大的，企业在组织建设上的许多投入都集中于此，也为企业创造多方面的收益，首先是尽可能地缩短业务流程的持续时间，至少是整个业务过程可以在确定的时间内完成；通过各个环节之间的良好衔接，减少中间产品在企业的库存数量，当企业生产规模足够大时，压缩中间产品的库存的收益明显；还有就是为客户提供一致性的体验，如果不进行良好的协调，往往会给客户形成一种错乱的感觉，使客户无所适从。

协调的方法

通过持续地探索与实践，形成了多种协调办法，有效地改进了企业的组织协调性，使企业的运作效率和质量不断提升。

习惯协调是最为传统的协调机制，企业的某一个业务流程或整个业务流程，通过员工间的相互配合构成业务流程，这种配合源自各个环节间长时间的磨合自然形成，这是一种没有办法的办法。如果企业业务流程简单使用这种协调方式比较合适，这种协调方式的缺陷也是明显的，比如，流程不能改变，带来产品也不能发生变化，还有就是形成过程很长，每个岗位上的人员需要相对固定，这种方法只能在某些特定的情况下使用。

机械协调是最常见的协调机制，这就是生产流水线，通过生产流水线把每个工作岗位串联起来，企业组织根据生产线的布局来组建，这就是车间和工厂。这种协调机制一直在使用，大大提升了企业的生产力，是目前企业中普遍使用的协调技术，其优势明显，目前无替代的方法，存在的问题是对企业友好，对员工不友好，在生产流水线上，员工重复着简单操作动作，非常容易让人厌烦。

系统协调是让计算机系统进行协调，通过计算机软件来构成其中的流程，所有工作岗位围绕着计算机布局，岗位之间的信息传递通过计算机进行，企业的ERP和CRM系统都属于类似的系统，加上各种自动化的设备，可以大幅度提高生产和工作的生产率，是非常有希望的发展方向。存在的问题是企业的生产规模必须足够大，否则难以分摊昂贵的成本，这使其应用领域受到一定程度的限制。

人员协调主要用于机械协调和系统协调不能使用的领域，这些领域过程复杂，具有非常大的不确定性，或者需要与人打交道，机械性地操作无法完成。企业中的项目经理、产品经理、客户经理就是类似的角色，这些人员往往需要面对复杂的环境和局面，除了具备具体的专业知识和技能外，还需要具备非常良好的

沟通和协调能力，以及相应的组织能力，能够妥善协调不同方面，最终在限定的条件下取得预期目的。

协调能力设计和建设

企业的组织协调能力是需要有意识地去建设的，需要根据企业所承担的具体业务来进行设计和建设，这也是企业的业务与企业组织对接的过程。

组织协调能力的设计包括企业业务流程设计、企业管理流程设计、组织结构设计、协调岗位分布等内容，业务流程的设计内容很多，包括规划、设计、生产、销售、服务、物流、资金等环节，分布在企业的各个方面，具有很多层次；管理流程主要是计划、资金、品质等关键环节的调整和控制，在业务流程和管理流程都明确的基础上，可以进行组织布局和关键调控岗位的设计，使整个企业构成一个整体。

组织设计关系到企业的未来，是企业能否高效运转的基本条件，需要实现一些关键性的目标，首先要能够满足企业业务运营的需要，企业的组织协调是为企业业务服务的，企业的组织协调必须能够为企业业务提供足够的支持；其次是均衡性和协调性，企业的组织协调必须与企业业务完美结合，保证企业业务的顺利进行；再次就是效率和体验，需要不断地对企业组织和业务管理进行优化，缩短中间时间和物资占用；最后要不断地完善客户的体验，使企业业务效果变得更加完美。

企业组织协调性设计，首先是业务流程的设计，其次是关键性管理节点和整体业务分布的设计，再次是企业组织结构和布局的设计，最后是管理流程和相应规章制度的设计。企业的组织协调是为企业基本目标服务的，因此，需要对企业的生存优势有充分的支持，这就是需要对企业的组织协调性进行自底向上和自顶向下多次反复直至完美。

组织协调性设计预期效果主要体现企业运转的顺畅性和组织客户的体验两个方面，企业的顺畅性，也就是企业内部不产生矛盾和冲突，企业内部自上而下的各个方面都对企业感到满意，并产生理想的运营效果，还有就是用户满意，这主要体现在企业的产品品质和服务品质，企业不会因为其内部的不协调对客户造成不良的影响。

协调性评价

企业组织的协调性是通过不断的磨合和改进造就的，这成为企业的经常性工作之一，需要反复进行，而改进的基础就是企业组织协调性的评价，只有不断发现问题，才能有效解决问题。

企业组织的协调性评价的第一个环节是聆听，要注意聆听企业内部和外部各个方面的声音，及时发现问题，需要注意的是，不要压制和回避问题，压制和回避问题只能不断地累积企业组织协调性的自身的问题和缺点，最终造成实质性的伤害。

发现了问题之后需要对企业组织的整体结构，以及与业务的关系进行回溯，发现产生问题的原因，并加以改正，需要注意的是，任何组织协调性的改进都需要小心谨慎，不能干扰业务的正常进行，避免在解决旧问题的同时又产生新的问题，造成企业组织协调性问题的不收敛。

对比是发现企业组织协调性问题的另一个途径，包括企业内部的不同产品和服务之间的对比，以及与同行业企业的对比，还有就是现在与过去对比，通过对比可以发现问题，找出问题的根源，然后加以解决。

第12章　产品系统

12.1　产品系统的概念

一个企业必须有产品，所以必须有产品系统，产品是向市场提供的，引起注意、获取、使用或消费，以满足欲望或需要的任何东西。包括有形的物品、无形的服务、组织、观念或它们的组合。在企业中，产品系统的任务就是采用无中生有的方式构造出产品，企业中的产品系统包含三个功能模块——市场分析、产品规划、产品设计。产品系统的工作成果就是完整的产品设计，以及相应的产品样品。

产品系统的任务

在企业中，产品是通过产品系统的相关功能模块构造出来的，然后转入运营系统投入生产和销售，产品系统的任务是完成产品的设计和试验，构造出新的产品。新产品的"新"，可能是市场领域的新，新产品有可能要面对一个全新的，企业还没有开拓的市场，还可以是产品本身的新，设计出的产品可以是一个全新的产品。无论是哪种新，一个新产品都需要经过以下环节，才能完成设计：

（1）市场研究。

（2）技术创新。

（3）产品规划。

（4）产品设计。

产品的形成过程见图12－1。

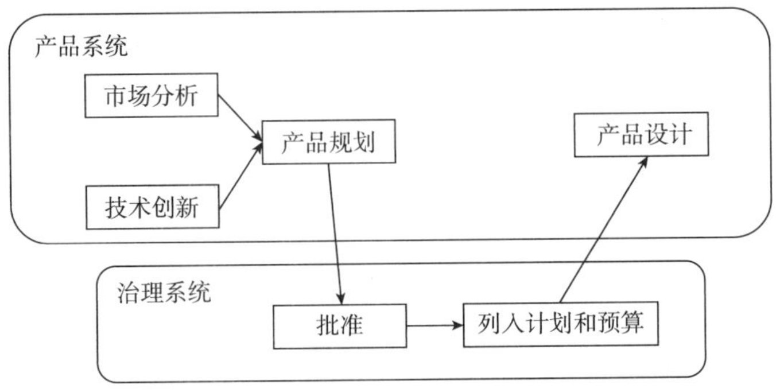

图 12-1 产品的形成过程

市场研究是整个产品工作的第一个环节，不了解市场无法开展后续的工作，市场研究工作繁重而艰巨，同时带有巨大的不确定性，研究市场的任务是为产品寻找机会，同时，也是确定现有产品的市场空间存量，面对着企业的快速成长，任何市场都会饱和，这就需要开拓新的市场，要为企业找到足够的新的生存空间。市场研究的工作难度很大，要有丰富的想象力和开拓精神，市场研究是要发掘还没有开拓的市场机会，小的机会适合对现有产品进行改进，大机会适合开发出新的产品，更为理想的是发现全新的市场领域。然而，随着经济的发展，难度越来越大。虽然企业发现了市场机会，却不一定会被采用，企业自身有各种各样的实际情况，能不能抓住市场机会要看自身的条件和企业的基本价值观，在这样的情况下做好市场研究工作，并取得理想结果的机会非常少。

创新是产品的灵魂，技术创新是市场开拓的基础，有了新的技术创新才能开拓新的市场或者保证现有市场的活力，否则一切都是空谈；创新对于产品规划和产品设计都有很大的帮助，产品规划和产品设计由于要对最终的市场结果负责，所以，在产品中包含的进步因素完全来自技术创新，通过将技术创新成果融合到产品之中去，提升产品的价值。技术创新的方式很多，可以是比较简单的外观创新和功能创新，也可以是有一定难度的结构创新或工程技术创新，甚至是非常有难度的技术原理创新，具体如何创新取决于机会，也取决于企业所拥有的实力。

产品规划是在产品设计开始之前，对产品的轮廓进行描述，这是整个产品系统工作流程中的一个关键环节，工作成果是产品规划文件，产品规划工作是一个分水岭。经过产品规划后，天马行空的想象将变成具体的工作目标，由后续的产品设计实现，产品规划是市场研究成果、技术创新成果、企业治理系统的计划、资金、组织要素以及运营系统的现状和能力等方面要素综合而成，产品的市场研

究成果和技术创新成果描述了产品的未来和希望，是产品前进的驱动力；运营系统的现状和能力是产品存在的基础，在产品设计完成后，产品的设计结果需要提交给企业运营系统去具体实现其商业价值，在产品规划和设计的过程中必须充分考虑相关因素；企业治理系统的计划、资金、组织等则是在未来和现实之间取得平衡，需要决定某一个具体产品前进步伐，使产品既能够有所发展，又限制在企业力所能及的范围之内。

产品设计是产品系统工作的最后一个环节，它以产品规划文件为依据，具体实现产品，在产品设计完成后，形成三个方面的具体成果：①产品的设计文件，根据不同的产品特征，有不同的要求，需要从产品的外在特征、内在构造以及各种应用特征，如功能和形成等，这些都需要详细地描述出来；②产品样机或样品，将描述出的产品做出样品，包括原理样机和工程样机，原理样机用来证明产品的总体结构和框架是正确的，工程样机用于证明，产品具备了实际生产和实际应用的可能性；③产品投产文件，包括原材料选择要求、生产工艺要求、产品质量和技术标准以及营销和培训指导资料等指导运营系统实现产品的文件。

产品系统组织

出色的产品源自出色的产品系统组织，由于产品技术的复杂性和产品工作的创造性劳动特征，产品系统的组织建设的完善和运转顺利是形成有效工作能力的关键，这与产品系统对人员和人员的能力依赖很大有着密切的关系，产品系统的工作基础是人员的知识和能力，这些知识和能力转换成企业需要的产品设计成果，完全依靠人员的自主和主动工作，如果企业与产品系统的员工之间不能建立起相互的信任，产品系统的员工不愿意积极主动地工作，产品系统的业绩将大打折扣，因此，产品系统的组织管理非常重要，要充分协调到位，保持企业产品系统的组织稳定和工作有序。产品系统的组织结构见图12－2。

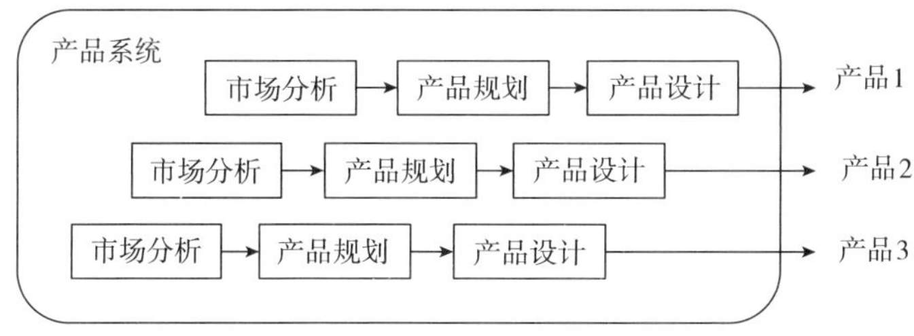

图12－2　产品系统的组织结构

产品系统的组织工作有相当的难度，这是由于技术人员是产品系统的主体，这些人受过良好的教育，有比较强的能力，对未来有着很高的期待，如果不从思想意识上与企业统一，行为会有很大局限性。同时，产品工作内容复杂，具有非常大的不确定性，良好的产品组织结构设计是搞好产品工作的重要基础，产品系统的人员组成包括负责人、市场管理人员以及技术人员。

负责人可以是一个人，也可以是多个人，完全取决于企业的能力和规模，产品系统的负责人负责产品的整个工作流程控制，以及市场研究、产品规划、产品设计每个具体环节的管理和控制，需要对与产品相关的所有工作都有深入的理解，需要具有较强的管理控制能力。

市场管理人员主要负责研究产品市场，挖掘新的市场机会，洞察市场的趋势和变化，还需要进行一些市场推广工作，主要目的是接触客户，获得亲身体验，也要协助运营系统推进产品在市场上的落实。

技术人员是产品系统的主体，负责产品的规划和设计，需要受过良好的教育，具有丰富的专业实施和良好的实施能力。

需要产品系统的企业

并不是所有的企业都需要建立独立的产品系统，例如，仅有几个人的街边小店，完全没有必要建立独立的产品系统，但是，这种街边小店并不是没有产品工作，这种商店同样需要改进和完善自己的产品，推出新的产品，只是产品工作由小店的负责人完全承担起来，是这位负责人工作内容的组成部分。企业之所以需要独立完整的产品系统，一般出于以下原因：

(1) 产品较多，如果产品的种类很多，具有很多具体的细分，就需要建立独立的产品系统，例如，电器、设备制造业、消费品行业等，这些企业的产品往往是两级分类，也就是大类和更细的细分，产品型号可能多达几十种或上百种，需要一个强大的产品系统进行产品工作。

(2) 市场经常变化，有的行业市场在不断地变化，因此，需要建立强大的产品系统，以保持与市场同步，例如，服装行业和餐饮行业就有这样的特点，服装市场非常注重流行趋势，稍不小心就会过时，餐饮行业需要不断注意客人口味的变化，避免出现陈旧腻味的感觉。不断适时调整产品，保持新鲜的感觉，这需要产品系统对市场有非常敏锐的感觉，能够洞察市场的细微变化。

(3) 技术不断进步，企业需要建立产品系统以保持与技术发展同步，并争取适当的领先，计算机和高新技术企业就属于这种情况，以个人电脑行业为例，

行业最高潮的时候，每18个月性能提高一倍，相应的功能和性能都有大幅度改善，因此，相关企业必须建立产品系统积极应对。保持企业产品与技术发展同步。

（4）在企业处于初创和成长阶段的时候，企业的产品还没有成熟和稳定，需要投入相当的力量在企业的产品工作方面，因此，需要建立产品系统，以便能够承担起相应的工作任务。

12.2　产品管理方针

产品成功要素

产品系统非常重要，但不是企业中的唯一系统，产品工作对于企业的重要性不言而喻，它会影响企业的方方面面，同时，也受到企业方方面面因素的限制，不能随心所欲地工作，产品系统需要综合平衡，需要各个方面的配合和支持，这就需要恰当地使用企业内外的各种力量，使这些力量成为产品工作的动力，而不是阻力。这些力量包括：

（1）综合控制能力。

（2）企业投入。

（3）综合实现能力。

（4）创新积累。

（5）运营支撑能力。

这些能力构成了产品系统可以完成相关使命的基本动能，并因此推动企业产品的向前发展，产品关联因素见图12－3。

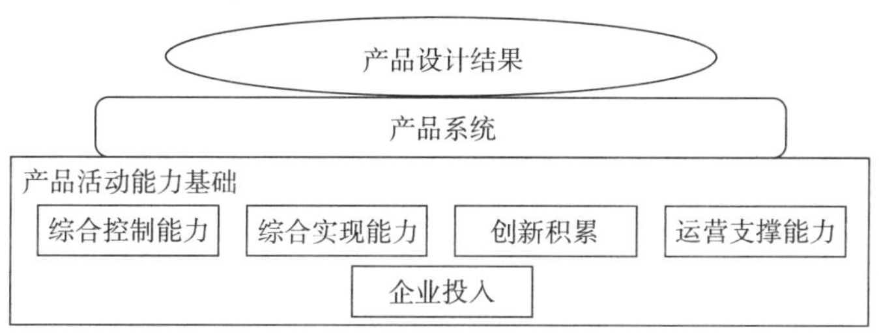

图12－3　产品关联因素

综合控制能力来自企业的治理系统，企业的治理核心对产品系统的工作有着最终的决定权，企业治理系统的计划、组织、资金等功能模块也对产品工作的具体实施有各种各样的影响，企业产品系统需要与企业治理系统之间保持一种协调，双方要多为对方着想，相互积极配合。

企业在产品工作方面的投入对产品工作的影响很大，没有足够的投入，产品系统无法开展工作，企业对产品系统的投入力度与企业自身的状况和能力有关，也表达了企业对于产品系统的态度，是企业的核心策略之一。与此同时，产品系统的工作成果对于企业的生存和发展极为重要，如何恰当地处理企业的投入与产品系统产出的关系就显得非常关键。

综合实现能力是指产品系统自身的能力，包括人员、设施、场地以及各种经验和积累，这是制约产品工作的一个非常重要的因素，完成出色的产品设计需要充足的能力，这些能力需要经过一个相当长时间的建设，整个产品队伍需要经过充分的磨炼才能成熟，不是一朝一夕所能完成的，是企业长时间投入的结果。

创新积累按俗话说就是发明创造，按规范的描述就是技术成果，存在的形式包括专利、著作权、实用诀窍、技术规范、技术标准等，这些都是产品中的构成元素，也是产品的价值所在。当企业的产品系统拥有足够数量的创新积累后，企业就可以在市场上占据主动地位，否则就会处处被动，受到很大制约。

运营支撑能力是企业的运营系统接收创新成果，并且实际投产，在市场上实现价值，创造出利润。运营支撑能力是产品工作需要考虑的非常现实的问题，如果产品设计大大超过了运营支撑能力，则只能有两个选择：一个是提升运营系统的支撑能力，这是一种积极方式，一般用作在技术发生重大跃升的时候；另一个是调整产品设计，使其适应运营系统的现状，这一般在产品设计有小的差异时使用。

与企业中的相关能力和因素处理好关系和摆正产品工作在企业中的位置是产品工作能否取得理想成果的关键，最理想的目标是以企业尽可能少的投入，实现企业最希望的理想目标，这是一个美好的理想。由于整个社会的不断发展，这一目标实现的难度不断增加，因此，产品工作只能尽力而为，取得尽可能完美的结果。

产品工作成果评价

有投入就必须有产出，产品系统不需要直接产生经济收入，但不是不需要成果，产品系统的工作成果是产品设计和样机，对于产品设计和样机的最直观的评

价是产品投产后的经济效益，但是更为客观的评价是产品的各个主要结构性目标，这些目标构造出了产品的持续的盈利能力，这些结构性目标的内容是：

（1）市场规模。

（2）先进程度。

（3）实用化程度。

（4）预期收益。

（5）实现难度。

产品工作目标的构成见图 12－4。

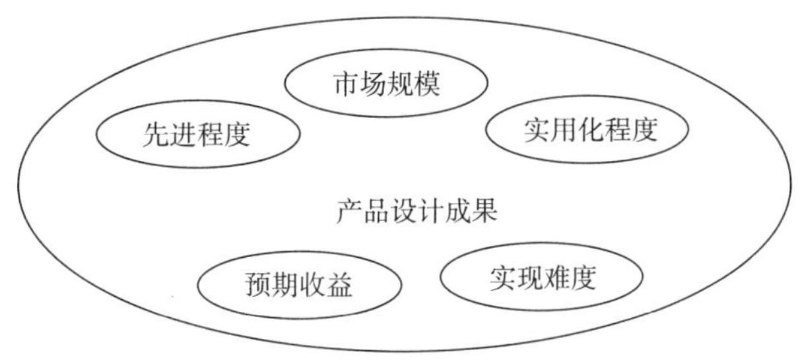

图 12－4　产品工作目标的构成

市场规模是指产品未来市场的规模，包含三层含义：可以容纳的销售规模、销售的时间长度、市场分布格局。销售规模是指在单位时间的销售量，如每天、每周、每月、每年的销售量；销售时间长度，是指产品在市场上的生命周期，一个产品在市场会经过导入、成长、平稳、下降的过程，销售时间长度是指一个产品从推向市场到退出市场的整个时间长度，长度越长越好；市场分布格局是指产品在多大范围内销售产品，一个社区、一个城市、全国等。

先进程度是指产品表现出的优势特征，这种优势特征可能体现在产品不同角度和侧面，如新颖的外观、坚强的结构、突出的功能和性能等，这些优势特征是相对于本企业现有的产品而言的，也可以是相对于市场上的同类产品而言的，对于每一个已经完成的产品设计和样品来说，这种优势特征是必须具备的，且必须达到一定的强度。

实用化程度是指产品与客户实际需求的符合程度，也就是产品能在多大程度上解决购买者的实际需求，产品的品质如何等。这是客户对产品价值的体验，也是客户付出的代价和得到收益之间的对比，对于客户来说付出的代价越低，得到的收益越高，客户对于产品的价值体验就越好。

预期收益是指完成的产品设计和样品投产以后能够取得的经济效益和社会影响力。经济效益是指产品获得的销售收入和利润，包含两个层次：第一个层次是产品销售获得的利润高于产品的初期投入，这些初期投入包括产品设计费用、产品投产费用以及分摊的管理成本；第二个层次是在收回投入以后取得的进一步盈利。社会影响力是指用户使用产品后获得的好评，并因此产生的对于产品的信任。

实现难度是指产品设计与样机转交给企业的运营系统后，企业的运营系统将其转化为实际产品的难度，主要是指产品实现生产、销售和服务的可能性，工作量以及所要付出的代价，如果新的产品设计与过去的产品差异很小，产品实现的难度就会很小，但是这样失去了重新设计产品的必要性，因此，在产品设计时需要在创新和可实现之间取得平衡。

产品工作的风险

先驱与“先烈”之间的距离很近，由于产品工作的创新特征，风险不可避免。风险是指未来失败或出现问题的可能性，产品系统所进行的产品设计工作是整个企业中风险最高的工作，这源自产品设计工作的探索性和创新性特征，面对未知的世界，在没有确实在市场上取得预期目标之前，风险是难以避免的，对于产品设计而言，风险可能存在于这些方面：

- 设想与现实：想象与现实一致吗？
- 先进与“先烈”：先进程度是否恰到好处？
- 沟通与理解：所有人都能理解现在的工作吗？
- 投入与回报：收回投资有把握吗？

产品设计是带动企业的基本动力，引领企业前进，由于产品设计是人们想象的结果，虽然经过充分的验证和试验，但是，难免与企业的现实情况有差距，在产品的构思变成设计、在变成商品的过程中难免会出现不可预测的问题，我们能做的就是将设想限定在企业能够承受的范围之内，避免问题和失败给企业本身带来问题。

为了取得理想的市场业绩，产品设计中必须具有先进性的内容，如果过于先进，超过了市场的承受能力，就会给产品造成麻烦，使产品一时难以取得预期的经济收益，如果事前进行了大量的投资，而这些投资一时无法收回，无法进行后续的工作，会造成整个产品中断和失败，成为“先烈”，因此，在产品设计中需

要把握产品的先进程度，不要过于超前。

沟通与理解涉及企业产品系统与企业内外的方方面面，最主要的是产品系统与治理系统之间的沟通问题，不理解往往发生在企业治理系统面对产品系统对于计划、资金、组织提出自己要求的时候，由于产品系统工作的超前特征，不理解会经常产生。在这时，相互之间的沟通和理解就显得非常重要，双方都需要多为对方着想，要从对方的角度考虑问题。

投入与回报是产品系统最大的风险所在，而且难以避免，产品设计工作无疑需要人力、物力和资金的投入，但是，经过了大量艰苦的工作，是否能够取得预期的回报，带有很大的不确定性，最终的结果只能到产品在市场上的具体表现实现后才能有结论，在此之前，可以做的就是为失败做好准备。

12.3　产品发展原则

相对于企业治理原则，产品系统需要建立产品发展原则，以便产品系统能够沿着正确的方向前进。把握好前进的节奏，还需要与各个方面搞好关系，这一切通过产品发展原则来予以规范。产品工作是面向未来的工作，只有牢牢地把握住产品发展原则这条主线，才能稳定产品工作的总体局面，产品发展原则的具体内容有：

原则一：努力构建产品的优势特征。

原则二：保证产品全面符合企业要求。

原则三：保持产品的高水准。

原则四：选择有充分价值和高度可行性的市场领域。

原则五：保证产品与社会和行业的状况相适应。

原则六：建设强有力的产品队伍。

原则七：在产品设计中充分考虑运营体系的需求。

原则八：持续优化产品管理和设计水平。

原则九：保持行业内技术水平领先。

原则十：持续提升产品工作手段和实施的水平。

原则十一：严格控制产品成本和其他资源投入。

原则十二：建立规范的产品运作体制。

原则一：努力构建产品的优势特征

产品的优势特征是产品中具备某种突出的功能或性能，使客户对本企业产品情有独钟。优势特征是产品在市场上获得成功的重要基础，需要在产品的规划和设计过程中去刻意营造。

构建产品的优势特征是产品系统最为核心的任务，这里有两个关键：第一，产品的吸引力和竞争力，一个产品要想在市场立足，必须具有自己的优势，正是这些优势使自己的产品显著区别于其他产品，成为客户购买该产品的理由，这些优势越显著越好；第二，产品的优势需要保持，而且是长时间的保持，用一句广告用语："总是被模仿，从未被超越。"这样就可以形成产品的灵魂，长久地保持产品的生命力。

原则二：保证产品全面符合企业要求

产品系统的各项工作需要与企业的计划、预算等企业目标保持一致，产品必须向着企业认可的方向前进，为企业的发展提供支撑。

产品系统的工作需要主动积极地开展工作，对于企业的计划和预算等管理文件所提出的要求需要采取一种建设性的态度，积极配合企业的目标，努力为实现企业的计划和预算提供帮助和支持，虽然探索和开拓具有不确定性，很难做到心想事成，但是首先要做的是与企业计划和预算的方向保持一致，保持实现最低目标，并争取更好的结果。

原则三：保持产品的高水准

除产品具有的突出优点外，产品其他各个方面都必须保持高水准，不能有任何瑕疵，客户在使用过程中不能有任何问题。

产品的高水准是指产品外观、结构、功能、性能、质量、稳定性、可靠性、耐久性等方面不能有任何问题，客户使用时不能出现任何障碍，产品的故障率必须保持在客户可以接受的水平内。产品赢得市场的关键是产品包含的优势特征，而优势特征发挥作用的基础是整个产品的高水准，不能有任何问题，这样才能使产品赢得客户。

原则四：选择有充分价值和高度可行性的市场领域

不是所有的市场都对企业有意义，如果市场空间过小，难度过大则完全失去

开发的意义，因此需要尽可能地选择对于企业来说价值和可行性都比较高的市场。

成功的产品依赖于恰当的市场，如果出现市场饱和或者是市场开拓成本过高，对于产品的损耗是致命的，还需要避免的是，对于市场的想象和产品实际推向市场后结果差距很大的可能性。为此，在产品的规划开始之前需要对市场进行全面和深入的分析，如果难以确定，可以进行实验和验证，必须保证产品在市场上取得成功的可能性比较高，并且其开拓难度必须在企业的成熟范围之内。

原则五：保证产品与社会和行业的状况相适应

国家制定一些对于企业和产品的法律法规，行业内也会有一些规则和约定，产品必须与这些规则保持一致，并努力朝着社会和行业需要的方向发展。

社会和行业对于产品的影响和约束包含两种，一种是限制性的；另一种是引导性的。限制性的规则约束产品不得出现某些情况，如环保标准和安全标准等，带有一定的强制性，企业的产品必须符合这些规则才能在市场上存在。社会和行业希望企业的产品朝某个方向发展，如希望提升产品的技术水平和科技含量，为此可能会有某种鼓励，如减税或补贴，这些都应该成为产品特别关注的内容，首先不能违反强制性约束，并努力地朝着期望的方向前进。

原则六：建设强有力的产品队伍

强有力的产品队伍是形成优秀产品设计的基础，强有力的产品队伍通过人员的专业能力、人员素质、工作秩序、工作效率等多方面因素构成。

产品队伍的建设和发展是经常性和持续性的工作。通过有目的的引导和培养，使产品系统中每个人都能够更好地承担起自己的使命，为此，每个人都需要不断地增加自己的专业知识，需要与企业的现状和社会的发展保持一致，同时，还需要提高各自的实践和动手能力，在个人能力提升的基础上提高相互之间的合作，形成整个产品系统的合力。

原则七：在产品设计中充分考虑运营体系的需求

在产品设计过程中，要充分考虑企业运营系统在承接产品设计结果的实际能力，包括市场、生产、销售、服务、物流各方面的条件和实际情况，以便产品可以在真正意义上投入实际的运营。

在产品设计时，对于实际投产的充分考虑是非常必要的，为此需要进行大量深入细致的工作，涉及产品的众多细枝末节。设计中的一个非常细小的问题，量产和实际市场的放大会成为巨大的问题。另外，需要考虑为运营系统降低成本，在设计产品时，有时为了技术上容易实现，往往会忽视产品成本的因素，但为了企业的实际利益，在保证质量的情况下，充分降低成本是必需的。

原则八：持续优化产品管理和设计水平

产品管理和设计水平通过产品工作目标实现程度来体现，所实现的预期目标越多，就越能证明产品管理和设计水平，如产品工作进度、产品设计成果水平和质量、产品在市场上的表现等。产品管理和设计水平的优化与提高通过产品系统的负责人和各个功能模块负责人的能力提升实现。

产品管理水平和产品设计水平通过产品系统的不同层次的负责人对产品系统工作的指导效果体现，是产品系统管理机制是否成熟的表现，体现了产品系统的内在能力，首先是产品系统人员的工作能力，其次是相互之间配合的默契程度，还有就是经验丰富和成果的积累程度，这是产品系统的负责人通过长期优化和完善产品系统工作机制的结果。为了实现这样的目标，首先要树立相应的意识，引导产品系统的各个方面的人员逐步完善自己，做好自己的工作。

原则九：保持行业内技术水平领先

通过对行业技术的现状和趋势的分析，掌握与产品相关的技术发展动向和趋势；通过专利和技术标准等方式保持技术的领先；通过创新和探索引领技术的发展。

保持行业内技术水平领先是产品规划和产品设计之外，产品系统最应该做的事，技术对产品的重要性不言而喻，没有先进的技术，其他一切都无从谈起。因此，产品系统必须具有先进的技术，只有掌握所有相关技术，才能有效地面对市场，通过对技术的巧妙运用掌握在市场上的主动权。产品系统的技术策略可以有三种形式：第一种是跟随，通过跟踪掌握技术的发展趋势，跟随着发展自己的技术，优点是节省力量，缺点是被动；第二种是跟随为主、创新为辅，在跟随技术发展趋势的同时自己有所创新，优点是可以适当争取主动，缺点是不能取得市场主导地位；第三种是主导技术发展，通过专利和标准等方式主导技术的发展，优点是在市场上取得主动，缺点是投入太大。

原则十：持续提升产品工作手段和实施的水平

提升产品工作手段和实施水平包含两个方面的工作：一方面是改进和提升产品市场分析、产品规划和产品设计的设施和设备；另一方面是改进相应的工作技术和过程方法，目的是更好地完成产品工作任务。

更好的产品源自更好的设备和技术，这是持续提升产品工作手段的重要原因，这些设施和技术方法上的改进和提升是产品发展和前进的一个重要条件，正是因为这些在设施和技术方法上的改进，使过去不可能的事变成了现实，因而使产品能够获得发展，变得更为先进。为此，需要对产品工作的设施和技术方法的改进有足够的重视，在企业能力的许可范围内尽可能地持续提升和改进产品市场分析、产品规划、产品设计的设施和设备，选择更为先进的技术方法，保持产品系统的高水平和高能力。

原则十一：严格控制产品成本和其他资源投入

产品规划和产品设计工作，以及以产品设计结果为依据的企业运营系统的各项工作都要保持在企业能够提供的能力之内，避免出现资源短缺的现象，设计出来的产品要尽可能降低成本。

在任何情况下，企业的资源和能力都是有限的，而整个企业的能力和资源的实际使用都是依据产品规划和产品设计的结果进行的，善用企业的资源和能力就成了产品规划和产品设计工作需要遵循的一条重要原则，通过产品规划和产品设计，将企业的各项操作限制在企业的资源和能力的允许范围之内，同时，要使企业资源和能力发挥出最大的效益。

原则十二：建立规范的产品运作体制

产品运作体制是对运作过程和运作结果的要求，产品系统的运作体制是对市场分析、产品规划、产品设计三个产品系统关键环节各自的工作过程、工作结果以及相互之间的衔接方法的规则性描述，用于指导相关工作。

产品运作体制的成熟程度以及执行效果是产品系统是否成熟的关键性标志。产品运作体制的存在形式是一些书面的规章制度，它描述了市场分析、产品规划、产品设计，以及这三个关键环节各自的工作过程、工作结果以及相互之间的衔接方法。产品运作体制是否成熟主要体现在这些规章制度是否在实际工作中被产品系统中的全体人员自觉地执行。另外，通过执行相应规则，产品系统工作成果如何，是否具有很高的水平。

12.4 产品发展目标

与企业治理目标和产品发展原则对应，产品系统需要建立产品发展目标，以确定产品系统工作的具体努力方向，这些目标同时与产品发展原则和企业治理目标相对应，描述了产品工作具体达到的程度，并同时给出了改进和完善产品工作的目标，产品发展目标包含以下具体内容：

目标一：产品的市场特征。

目标二：产品的目标控制特征。

目标三：产品的设计效果。

目标四：对于企业发展的支持。

目标五：与社会环境的吻合。

目标六：市场友好特征。

目标七：运营体系支持特征。

目标八：技术成果积累。

目标九：产品规划能力。

目标十：产品设计能力。

目标十一：产品技术标准。

目标十二：产品管理规范。

目标一：产品的市场特征

A. 产品具有非常巨大的市场和客户群，对客户有极大吸引力。

B. 产品有很大的市场和客户群，对客户有很大吸引力。

C. 市场和客户群规模基本符合要求。

D. 需要改进。

产品的市场特征是指产品所具有的某些优势特征，这种优势特征构成了企业产品在市场上的独特性，这种独特性是客户购买该产品最重要的因素，客户正是因为产品所具有的优势才购买本企业的产品。因此，产品系统如何使产品塑造出这些独特优势，就成了产品系统的基本责任，也是产品系统各个方面的首要任务。

目标二：产品的目标控制特征

A. 产品极为均衡协调，全面符合全部控制目标。

B. 产品基本协调，基本符合全部控制目标。

C. 实现大部分主要控制目标。

D. 实现部分控制目标。

产品的目标控制特征是指产品不同侧面和不同角度对于客户的体现，如外观、功能、性能、结构、先进性、可靠性、耐久性、成本等多方面的约束指标，这些指标各自体现了产品的一个特征，组合起来构成产品的全部特征。只有所有的指标都表现良好，才能构成一个优秀产品，因此，成了产品的控制目标，这些控制目标在产品规划中设定，在产品设计中实现。

目标三：产品的设计效果

A. 形成极为优秀的设计效果，对市场推广有极大帮助。

B. 形成良好的设计效果，对市场推广有帮助。

C. 设计效果基本良好。

D. 需要改进。

产品设计效果是指产品的总体表现，这种总体表现在某种程度上带有艺术的因素，它是产品核心优势和各种主要控制目标表现良好的基础。通过对产品外在体现和细节的处理使产品塑造出一种整体的完美，充分体现出产品的高贵品位，这种完美必须非常显著，可以用简单的方式传递给客户，使客户可以充分体验到这种完美，让客户认为公司的产品物超所值。

目标四：对于企业发展的支持

A. 构造出企业大规模成长空间，大幅度促进企业发展。

B. 构造出一定的成长空间，明显促进企业发展。

C. 有助于企业发展。

D. 效果不明显。

一个产品可能是非常优秀的产品，市场反应很好，经济效益理想，但是，这并不意味着对于企业的作用非常大，有可能只占企业效益的很少一部分，无足轻重。因此，产品系统需要特别关注产品对于企业整体的影响，要争取每一个产品都对企业的发展做出比较大的贡献，在企业的整体营业收益中占有一定的比例。

目标五：与社会环境的吻合

A. 与社会环境高度吻合，实现相互促进。

B. 与社会环境吻合，得到相应鼓励。

C. 与社会没有明显矛盾。

D. 有矛盾。

企业是社会的组成部分，产品也是社会的组成部分。为了使整个社会更加美好，产品要与社会和谐相处，在这里，社会环境包含自然环境、人文环境、法制环境等组成社会的多种因素，作为社会的一分子需要为社会做出有益的贡献。例如，生产环保产品，产品需要符合普遍的社会共识；保证食品的安全和质量，不能危害社会；不能生产污染环境的产品，这体现了企业的社会责任。由于产品系统的工作决定了产品的很多因素，所以注重与社会环境的和谐相处是产品系统的重要任务之一。

目标六：市场友好特征

A. 产品对市场极为友好，推广极为便利。

B. 产品对市场友好，推广顺利。

C. 基本上有利于产品工作开展。

D. 有不便利的地方。

市场友好特征是指产品为便于在市场上销售和推广所特别安排的某些特征，通过在产品中安排和强化这些特征，使产品在市场上的销售更为容易，如产品非常有特点的包装和造型等。通过产品的市场友好特征的帮助，产品会更加容易地在市场上进行销售和推广。

目标七：运营体系支持特征

A. 与运营体系完美契合，构成极为有力的支持。

B. 与运营体系合作良好，支持有力。

C. 与运营体系合作基本顺利。

D. 有问题和障碍。

在企业中，产品系统设计出的产品需要运营系统才能变成企业的收益。因此，产品设计需要为产品向运营系统的转产提供尽可能多的帮助，特别是产品进行较大幅度的创新和改造之后，可能会形成与现有的运营系统一定的差异，这时

就需要产品设计中尽可能多地为运营系统提供方便。

目标八：技术成果积累

A. 有极为丰富的成果积累，可以根据需要在不同产品中选用。

B. 有较多的成果积累，提高产品先进性。

C. 在产品中包含了创新因素。

D. 需要改进。

技术成果包括创新性研发取得成果，以及对产品进行改进和优化形成的成果，无论是哪种方式形成的技术成果，不断地对技术成果进行积累是企业产品系统自身能力提升的一种重要途径，要把技术成果的积累作为产品系统的工作之一，对于创新成果，需要进行成果化处理，以便在产品中应用，对产品设计需要有意识地从中提取技术成果，便于在今后应用。

目标九：产品规划能力

A. 具有非常强的产品规划能力，实现了极高的创意和均衡水准。

B. 具有很好的产品规划能力，实现创意和均衡性并重。

C. 产品规划符合各方面要求。

D. 能力有明显不足。

产品规划能力的基础是对产品技术、市场环节、企业状况条件的了解和掌握，并在此基础上的发挥，以及与其中相关各方的平衡和协调。最为理想的状况是产品有了良好创意，同时又满足了企业各个方面的要求，然而这两方面是矛盾的，如果在产品规划上有很好的创意和发挥很可能不能满足企业其他方面的要求，产生某些不协调；如果充分满足了各个方面的要求，产品可能会显得平庸，因此，创意和企业意愿之间的平衡是产品规划能力高超的体现，也就是产品创意要向着企业需要的方向发展。

目标十：产品设计能力

A. 产品设计能力很强，设计效果完美。

B. 产品设计能力比较强，设计效果好于预期。

C. 能够完成产品设计。

D. 设计能力有欠缺。

产品设计能力是产品设计方面依据产品规划，以及企业提供的条件完成产品设计工作的能力，包括对于产品技术知识的掌握和实际的动手设计能力，是一种实际的技术能力。各个行业都有各自对于产品设计水平的要求和标准，设计人员需要经过相应的专业训练，并通过实践不断积累和丰富经验。需要注意的是实际的产品设计需要充分领会设计意图，并充分实现这些意图，这些意图在产品规划、企业计划和企业预算中要有非常充分的表达，产品设计人员需要充分地了解和掌握这些意图，并努力在产品设计中实现。

目标十一：产品技术标准

A. 采用最先进的技术标准，且是标准的主导者。

B. 采用先进的技术标准，是标准的主导者之一。

C. 符合相应的标准。

D. 需要努力。

技术标准对于产品的重要性是众所周知的，微软曾经的辉煌就是因为其掌握了对于个人电脑操作系统的话语权，而今天的逐步失落就是因为个人电脑已经不是个人终端市场的唯一选择。在产品中技术标准用于定义产品外在应用特征，如插座和插销，列车与铁轨，如果产品不符合相应的规范，很可能根本没有市场。掌握了标准在很多意义上就是掌握了市场的主导权，标准对于产品的重要性如何描述都不为过。

目标十二：产品管理规范

A. 完整、完善、清晰、实用，保证产品活动平稳、顺利进行。

B. 完整、实用，保证产品活动基本顺利进行。

C. 有明确的产品管理体系。

D. 没有明确的产品管理制度。

产品管理规范定义了产品市场分析、产品规划、产品设计各自的流程，其中包含的阶段、过程、人员组织、工作标准、应该形成的工作成果，以及市场分析、产品规划、产品设计之间相互衔接方法等内容，是对整个产品过程的约束。只有建立的产品管理规范，并真正落实到位，才能设计出高质量和高水平的产品。

12.5　产品系统建设方法

建设符合预期的产品系统

建设一个理想的产品系统是每个企业所期望的，这些在产品系统的发展原则和发展目标中已经有所描述，但这是对产品运作行为进行约束的一种方法，并不是产品系统需要追求的根本目标。更形象地说在产品系统的发展原则和发展目标是产品系统的导航盘，用于保证产品系统沿着正确的方向前进，真正的目标是企业的其他部分赋予产品系统的，产品系统需要达到这些目标才能让各个方面满意，这些目标包括：①能够实现最理想的产品，在市场上有出色的表现；②仅需要最低的资金和人员投入；③在最短的时间完成任务，并取得理想的效果；④完成的产品需要支持最便捷的运营方法；⑤产品在保证其所包含的品质的前提下，具有最低的产品成本。然而这样的预期目标是不可能实现的，因为这意味着永远需要比现在做得更好，可是人和企业的能力都是有限的，必须把产品系统的目标锁定在可能的范围内，这就是，产品系统的发展原则和发展目标，它更现实地指导着产品系统的具体工作。

产品系统仅仅有美好的愿望是不够的，还需要有具体的内容，产品系统最重要的就是人员，分属于不同专业的技术人员，这些人受过良好的专业培养，具有丰富的知识和高超的能力，分别负责产品系统中的各项具体工作。有了人员，还需有相应的场地和设备，以便这些人员能够有地方和工具完成自己的任务。有了人员和场地后，就要明确产品系统的各个部分的工作任务。这些工作任务都是完成企业赋予产品系统中各个功能的使命，也是产品系统存在的价值，更为重要的是，产品系统的运转需要企业的投入，各种实验和活动等都需要资金的支持才能完成，这些就是组成产品系统的主要元素。

产品系统中的各种组成元素必须按一定规则组织起来，形成有效的工作机制，才能发挥作用，产品系统需要一个恰当的组织结构，组织结构中的人按照工作流程进行划分。在现实的企业中，按照企业的规模和对于产品的需求有不同的存在形式，如研究院、技术部、研发中心等，按照一种相对抽象的结构可以划分成系统、功能、环节，研究院、技术部、研发中心等，在企业中相对独立的产品技术机构在这里就是产品系统，产品系统中需要包含市场分析、产品规划、产品设计等功能，在现实企业中就是不同的部室，在每个功能中需要有完成不同环节的人员，可以是不同的项目组或技术组。贯穿整个系统的是产品工作流程，它按照系统、功能、环节的层次逐层分解和细化，各个环节相对独立又相互配合，每个环节都有任务的提出、任务的执行、结果的验收等操作，上一个环节的结果就是下一个环节的工作基础和起点。产品系统对企业赋予其使命负责，执行企业下达的计划、使用企业提供的资金和人员，为了完成企业的计划需要按照结构和流程对企业的计划目标进行分解，形成各个环节的目标，进行具体的实施，具体说就是从产品的市场分析开始到最终完成产品的设计，提交完成的产品设计资料和样品。

市场分析机制

市场分析是整个产品工作流程的第一步，也是整个产品工作的基础，市场分析成果的可靠性对产品的最终价值实现至关重要。由于市场分析工作自身就带有很大的不确定性，因此，市场创新机制的核心就是要保证市场分析成果的可靠性和应用价值，市场分析机制的建设需要注意以下问题：

明确方向。明确市场分析的方向，重点关注能够在现在和未来给企业带来最大价值的市场，对于其他市场需要关心，但不能分散精力，失去工作重点。

搞清格局。对于关注的市场必须搞清楚其格局和结构，需要准确地掌握所有的参与者，弄清楚各自扮演的角色，对于再小的角色也要关注，千万不能有遗漏。

深入理解。必须准确地搞清楚市场的过去和现在，掌握其中每件事的前因和后果，搞清楚整个市场现状形成的原因，对市场有充分理解。

掌握趋势。根据市场的各种信息判断市场未来的趋势，预测未来市场的关键在于预测结果的准确性和可靠性，趋势的构成源自市场中存在的客观规律，深入和准确地掌握这种规律就能掌握市场的变化趋势。

结论可靠。结论可靠是市场分析和研究的最重要的目标，为此，需要认真对待，结果推出需要慎重，需要经过一系列的认证过程。

产品市场分析工作目标见图 12－5。

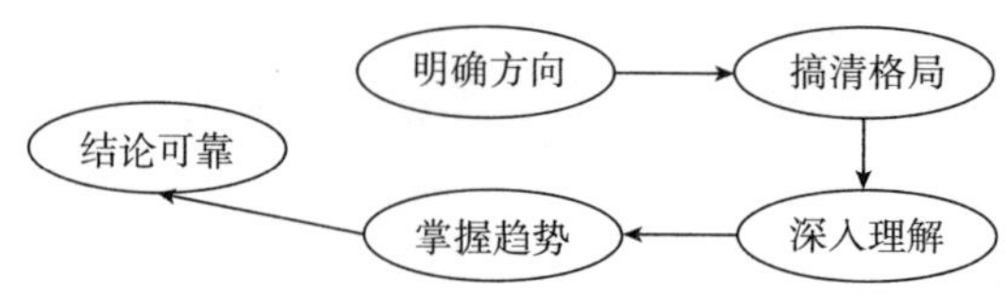

图 12－5　产品市场分析工作目标

技术创新机制

技术创新机制是推动与产品有关的技术成长和发展的关键，如何让技术创新取得尽可能多的有价值的成果是一个重要课题，为此，需要在鼓励勇于尝试的基础上引导相关工作的实效化，使技术创新向企业期望的方向发展，最终产生一种便于应用的形式，如形成技术标准、专利等承载方式。为了保证企业需要的目标能够实现，企业产品系统的创新机制需要注重以下问题：

大胆设想。技术创新的关键在于新，而新的关键在于想象出原本不存在的产品。在创新的初期，敢于想象非常重要，如果顾虑太多，畏首畏尾，就会失去创新的意义，反而浪费了宝贵的企业投入。

小心求证。对于创新设想不要轻易放弃，因为随着技术的持续开拓，能够想象的空间越来越小，任何想法都要尊重，最重要的是将设想朝企业需要的方向引导，这可能是个漫长的过程，逐步现实化，不断加入企业需要的元素，最终形成理想的结果。

有限目标。一口吃不成胖子，创新必须追求有限度的可实现的目标，哪怕这个目标只是整个设想的一个很小的组成部分，其余目标可以在后续逐步实现，如果漫无目的的天马行空，会使整个企业的各个方面失去耐心。

注重效益。效益因素是在进行技术创新时必须注意的，在创新的初期可能没有过多地考虑效益，但是随着创新的进展，效益因素必须逐步加入进来，以便最终为企业获得满意的效果。

明确成果。如何明确技术创新的成果是技术创新必须关注的问题，伴随着技术创新的进行必须分阶段地明确，且被大多数认可的成果，如形成可以实际使用的成果，以便在产品中使用。

技术创新机制的内容见图12－6。

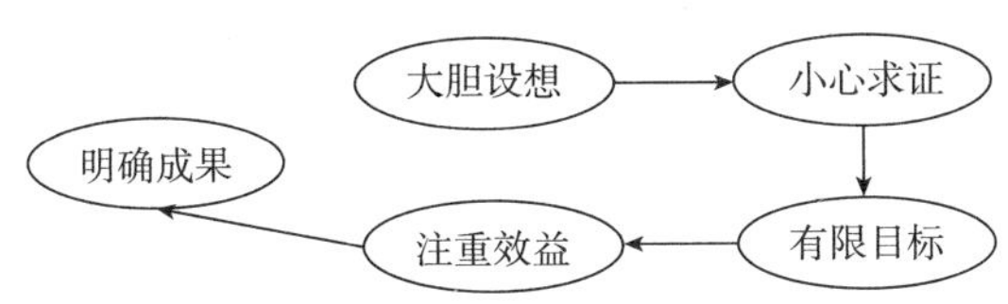

图12－6　技术创新机制的内容

产品规划机制

产品规划的使命是在理想和现实之间取得平衡。在这里，海阔天空的幻想就要被现实的绳索固定，为企业创造实际利润。对于产品规划来说，过程和结果必须按照企业认可的规范进行，不能有所偏差，但是，这并不影响产品内容中的创新性，产品规划过程必须注意以下问题：

明显进步。每一个产品规划必须有明显的进步，至少与上一个产品相比具有明显的进步，这种进步可以是技术层面的，也可以是市场层面的，这些进步必须为企业带来新的价值和收益。

综合平衡。这种平衡包括创新与现实间的平衡，包括各个不同部门间需要的平衡和投入与产出之间的平衡。产品规划中的平衡涉及许多内容，影响到许多方面，因此，产品规划需要认真细致。

清晰完整。这是对产品规划结果而言，清晰是指产品规划的语言描述必须意思明确，不能让人产生误解，完整是指产品规划中的所有内容必须全部有所涉及，不能有遗漏，这时候产生的文字错误对于后续工作的影响会很大。

切实可行。是指产品规划中的所有要求都能够在企业中具体实现，这主要是对企业的运营系统而言，与企业治理系统也有一定的关系，需要在产品规划最终确定之前与各个方面进行确认。

步伐平稳。是指需要稳定每个产品规划的前进步伐，每个产品规划都需要有所进步，但是进步的步伐不能太快和太大。为了保证步伐的稳健，有些事可以分阶段在几个产品规划中逐步实现，避免对一个产品形成过大的压力。

产品规划机制的内容见图 12 – 7。

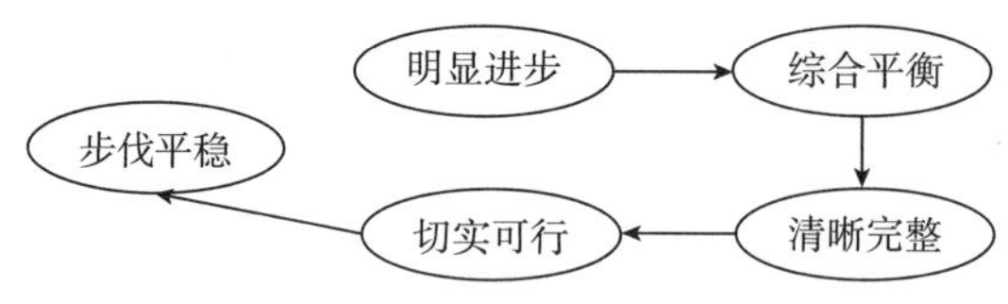

图 12 – 7　产品规划机制的内容

产品设计机制

进入产品设计阶段后，所有的冲动都被理性代替，所有的工作都围绕着将产

品规划变成具体的产品设计文件和产品样品进行，要求严谨细致，一丝不苟，对于工作过程的要求更为严格，对于工作成果的要求更为精确。精湛的技术和严格的管理成为主导，产品设计工作必须注意以下问题：

清晰要求。产品设计团队首先需要明确产品规划中的所有描述，要用技术和工程的眼光对产品规划进行审视，不清晰的部分要与产品规划负责人进行核实和讨论，千万不能凭自己的理解行事。

明确步骤。在明确产品规划的要求后，就需要制定设计工作计划，要明确工作内容、所有的步骤以及所需要的时间。设计计划需要经过自顶向下和自底向上的多次反复，以便计划切实可行。

充沛资源。在确定设计计划后，就需要为设计工作配置资源，包括人员、设施、资金等。充足的资源是完成设计工作的基本保证，在获得相应的资源后，就可以组织工作团队，按照计划开始具体的设计工作。

考虑实现。在具体的产品设计工作开始以后，特别需要注意的是，企业运营系统对于产品设计的要求。产品设计要充分考虑运营系统的实际情况，避免给运营系统造成麻烦，影响产品的投产。

完整准确。这时对产品设计成果的要求，就是要完整、准确。产品设计只是产品工作流程中的一个环节，必须为下一个环节做好准备，必须按照产品设计规范的要求，高质量地提供所有设计成果。

产品设计机制的内容见图 12－8。

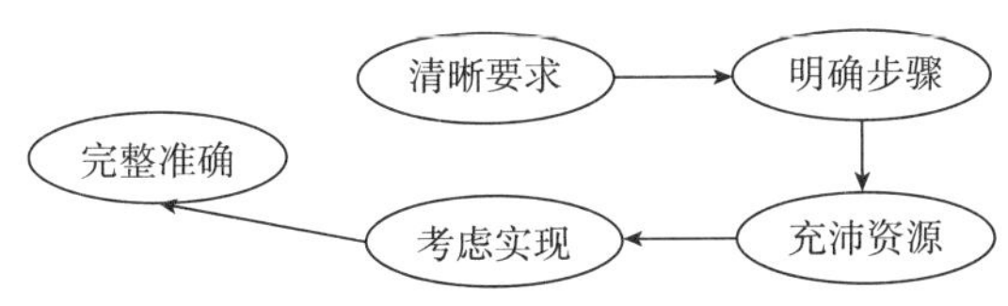

图 12－8　产品设计机制的内容

产品推广机制

产品推广是产品系统对外交流的一种形式，目的是使相关各方理解产品。同时，通过与各个方面的接触了解各个方面对于产品工作的要求，一方面使相关各方面了解产品，另一方面也使产品系统了解各个方面的要求，产品推广需要注意以下各方面：

细心聆听。认真仔细地听取各方面的意见是产品系统从事市场推广的基本目的，听取的对象包括产品客户和企业内的运营系统，他们对产品的反映都是有价值的。

充分思考。由于产品系统与外界的接触有限，所以，需要认真关注所有获得的信息。当产品大规模投产后，所有细小的问题都会被大规模放大，成为真正的问题，必须防微杜渐。

积极沟通。由于观察事物的角度不同，会产生不同的理解，这是产品推广工作中经常遇到的问题，为此，需要认真仔细地向对方解释，充分为对方考虑。

真诚平和。这是产品推广工作需要保持的一种心态，要把自己与其余各方保持一种平等位置，要明白产品工作是为其他各方面服务的。

信任第一。与其他各个方面建立信任关系是产品推广工作能够顺利进行的基础，包括让其他各方面信任产品和产品系统，同时，也要让自己逐步信任其他各个方面。

12.6 技术创新

技术创新是企业发展的一种重要方式，基础创新的成果与企业的产品融合后可以提升产品的价值，至少可以保证企业的产品达到社会上同类产品的相同水平，以保证企业不落后。从某种意义上说，创新是一种投资，投资就会有风险。恰当地把握创新对于企业而言，可以使企业获得最大的收益，尽可能减少相应的风险。

技术创新模型

创新是必须坚持的基本策略，是企业生存、成长、发展的基本内生动力。企业的发展战略、盈利模式以及资本策略都是建立在企业所具有的创新能力之上的，企业发展战略目标的高低、发展速度的快慢都以企业所具有创新能力为基础；企业的盈利模式是创新能力在市场上的表现形式，企业在市场上的分布和格局取决于企业创新能力的努力方向，企业在市场上的竞争策略和方式，取决于企业所具有的创新能力的大小。而资本策略是资本市场在对企业创新能力进行评价后，对企业发展后续结果支付的订金。因此，企业的创新能力建设是企业的重要基石。技术创新不是一蹴而就的，有一个循序渐进和不断发展的过程，技术创新

的结构模型见图12－9。

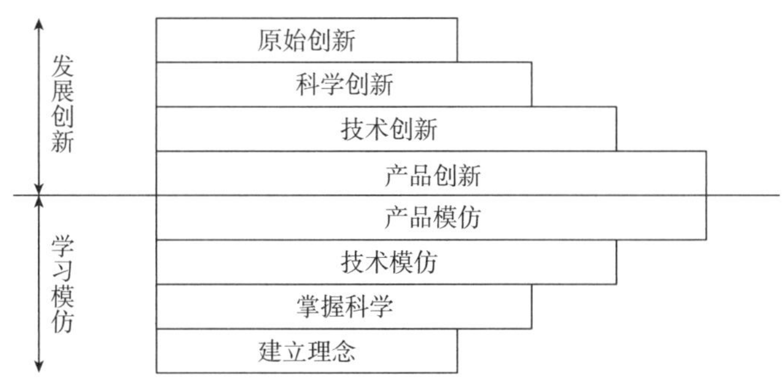

图12－9 技术创新的结构模型

企业的技术创新是指研究或开发出独一无二的技术成果或者产品，而取得这一目标的基础是对现有技术的学习与掌握，这种学习分成四个阶段：第一阶段，理论学习，作为一个企业，首先需要理解和掌握当前技术发展的最新进展，清楚其中的全部内容；第二阶段，原理实现，在掌握理论的基础上，形成原理样机，这是对理论的验证，作为软件可能会非常小，但是只要实现了相关理论就是成功；第三阶段，技术实现，在原理样机的基础上开发工程样机，作为一个软件，需要在原理内核的基础上，加入支撑平台、表示阶段、维护体系、稳定性机制等一系列工程和技术内容，成为实用的基础；第四阶段，产品实现，产品实现是在工程样机的基础上形成具体的产品，需要在工程、服务、销售、市场、可靠性等方面反复进行试验，发现问题，进行调整和修正，使软件达到可以进行大规模应用普及的程度。

通过学习所形成的产品有一个核心的问题，就是自己产品跟别人的产品完全一样。这样，在市场上只能采取价格竞争的方式，这就是价格战的基本因素。如果要形成差异，需要在产品中加入自己的特点，这就是创新，为了保持企业的竞争优势，这种创新必须能够持续进行，不断取得创新成果。为了进行持续创新，企业所确定努力方向和实现方法就是企业的创新策略，为持续创新所形成的组织、设施以及相应的投入就是创新条件，创新的策略和创新条件的相互结合就形成了创新能力。

创新能力分成四个层次：产品创新、技术创新、原理创新和原始创新。对于产品来说，产品创新是最容易实现的一种，只要增加一些功能就可以实现，需要增加的功能通过市场调研和市场推广可以从用户那里发现，这种创新可以通过产品管理机制来实现。在产品创新层面，产品的技术内核保持不变。产品的技术创新，难度就大了许多，它的技术内核发生了变化，这类创新在形成产品后就是使应用格局发生巨大的变化。原理创新难度就更大，会使产业格局发生变化，例如，浏览器的出现就属于这一类型的创新。

在学习阶段，越接近产品，实现技术的复杂性越高，因为在原理实现阶段只需要参照资料中的概念完成一个运作原理模型，而产品实现阶段需要考虑大量的技术细节，并需要对整个产品的质量提供保证，工作难度和工作量大幅度增加；在创新阶段，需要非常丰富的创造力和想象力，即使有了想法，还需要通过艰苦的工作将这种想法变成产品，才能实现创新的目的。

创新的意义

作为一个快速发展的产业环节中的一员，产品的创新是企业成长和发展的基本动力，原因是各个产业始终处于高速发展状态，这就使产品的生命周期非常短暂，平均寿命在2～3年就进入衰退期，为了生存，必须保证企业中的产品具有明显的领先优势，这就要求必须不断地创新。到目前为止，一个产品如果要成为产品市场的领导者，必须在原始创新的层面保持领先，如果要占有市场一定份额，必须在特定技术创新层面保持领先。

产品的技术创新的最终体现是本企业的产品与市场上的同类产品相比具有明显的功能和性能优势，并为应用者提供更为便利的应用方式和手段。这种产品在功能、性能以及用户应用体验上的领先，就形成了产品技术竞争的优势，而这种领先优势将会为企业带来巨大的商业价值。在某个企业的某个产品获得的巨大商业价值的牵引下，市场上的同类企业的同类产品会迎头赶上，并推出更有竞争力的产品，在此状态下，以前拥有的优势就会丧失，进而造成在营业收入方面的连锁反应，为了取得稳固的市场地位，必须保证产品的持续领先，这就要求产品不断地将新的创新成果加入其中，因此需要相应的产品的创新成果储备机制，也就是不一定一次性将全部创新成果都推向市场，只保持产品在市场上的领先地位，从而保证产品的市场主导权。可是最大的挑战在于并不是所有的创新想法最终都可以变成具体的成果，也不是所有进入产品的创新成果都具有市场价值，假设每两个创新有一个能够取得成果，每两个创新成果有一个可以取得市场价值，这就意味着每进行4个创新，才能有1个创新结果取得市场价值，通过创新保证产品在市场上的成功是一件非常困难的事。

如果一个产品不进行创新，只是不断学习市场的领导者，推出与市场领导者

相同的产品，也是一种可以考虑的方式，特别是对于规模小的企业来说，更是一种可以考虑的方式，这种方式的优点是创新成本大幅度降低，可以不承担探索的风险，但是缺点也是非常明显的，只能采取价格竞争的方式，这就意味着以丧失收益为代价，而收益减少就意味着在创新方面投入能力的降低，最终进入一种恶性循环。

理想的方式是一个企业保持与自己能力相匹配的创新能力，这种匹配包括技术积累、资金能力、市场环境、组织和人员情况等多种因素，同时可以考虑选择一个与企业能力和规模性适应的市场细分进行创新，取得相对优势。

创新能力设计

企业的创新能力必须有相应的组织来承担，具体可以分成两个部分：一部分是产品运营体系，由产品经理和产品开发部门具体承担，具体负责产品层面的创新；另一部分是技术研发部门，负责原始创新、原理创新和技术创新，具体成果体现就是产品内核或者是产品平台。技术研发部门所进行的工作带有很大探索性，不追求直接的市场效益，而是侧重于占领技术水平的高度，为今后的市场战略布局奠定基础；而产品运营体系则以经济效益为核心，侧重于即时的经济效益；技术研究部门通过产品的技术内核向产品运营体系中产品经理和产品开发部传递在原始创新、原理创新、技术创新方面取得的成果，而产品运营体系通过产品向市场和销售部门传递全部的创新成果，市场和销售部门把获得的市场信息和发展动态传递到产品运营体系和技术研发部门，根据情况进行不同层次创新，这样就构成了保证企业中创新能力持续运转的体系。

具体的技术创新实践需要企业中技术研究、产品开发以及其他相关各部门的人员通力协作完成，技术创新是一种具创造性的工作，需要员工发挥其主动性，这种主动性需要在遵循一系列创新行为原则的基础上开展工作：

（1）开阔思路、树立自信心，创新首先要有信心，正确认识自己和站在更高的层次上观察外部世界，不要迷信权威，也不能自满，要看到目前技术变化趋势背后的含义，要注意发现自己的长处和不足，扬长避短，做出最有利于自己的选择，千万不要盲从，别人做出的选择有利于别人，但是未必有利于自己，自己做出的选择才有利于自己。

（2）寻找正确的方向，创新需要有一定的连贯性，创新的方向可以有所变化，但不能跳动过大，要善于观察、勤于思考；逐步找出一条正确的创新道路，这条创新的道路需要符合自己的想法、符合企业的要求，同时，与市场和外部的情况相吻合。

（3）根据自身力量推进，量力而行是创新所必须遵循的另一条基本原则，创新是有投入的，只要有投入就要求产生相应的结果，必须把创新前进的步伐控制在企业能力之内，把创新的目标设计得过于远大往往会适得其反，一般情况下可以分阶段进行，逐步推进，对于前景不明朗的探索要积极思考，小心行动。

（4）超越自己，不断地超越自己是创新不断前进的基本，一旦创新成功就意味着新的创新开始，在软件产品市场上，目前还没有一个产品可以永远获益的情况出现，而为了保证现有的市场份额而拒绝创新，最后全军覆没的情况屡见不鲜，虽然自己否定自己是一件非常困难的事，但是在竞争激烈的产品市场上自己不能超越自己，就会被别人超越。

在一个奉行中庸的国度中推进创新是一件非常具有挑战的事，然而激烈的市场竞争又迫使企业不得已而为之，这是一条极为艰苦的道路，实现真正意义上的创新需要突破来自自身和外部的一系列阻力。

知识产权管理

通过创新取得的成果在办理相关登记手续后，就可以得到国家法律的保护，这些法律是《中华人民共和国专利法》《中华人民共和国商标法》《中华人民共和国著作权法》以及国务院颁布的《计算机软件保护条例》，这些法规分别从专利、商标和软件著作权的角度对创新成果进行保护。从企业制定的创新策略的角度考虑，如果运用这些法律手段对创新成果进行保护是需要认真对待的，将专利、商标、软件著作权结合起来设计对原理创新、技术创新以及由这些创新形成的产品进行法律保护对企业会非常有利，但是，这也是竞争的一种方式，而且是高手之间的较量，在采取保护措施时，产品往往还没有在市场上出现，而自己在用法律手段限制别人的时候，别人也在用同样的手段限制你，如何形成能够限制别人而最有利于自己的局面是相关策略制定的关键。

（1）专利。专利保护的是技术，从产品的角度描述，是对原始创新、原理创新、技术创新形成的成果进行保护。具体的防护方法是：国家颁发专利证书授予专利权的专利权人，在法律规定的期限内，对制造、使用、销售享有专有权。其他人必须经过专利权人同意才能为上述行为，否则即为侵权。专利期限届满后，专利权即行消灭。任何人皆可无偿地使用该项发明或设计。

专利保护的是发明、实用新型和外观，对产品来说主要是发明专利和实用新型专利，发明专利是从技术原理的角度对创新成果进行保护，这意味着一旦获得

专利，除非经过授权，否则就不能采用同样的技术。那么，关键问题是如何将创新成果成为一个产品中的唯一技术路线，并不能具有躲避和绕行的方法，如果能实现这一目标就能在竞争上取得优势，实用新型保护是技术实现，对于产品来说，这种保护的作用有限，只要在产品中采用不同的技术实现就可以绕开。

按照《专利法》的规定，获得专利的条件如下：

1）新颖性，是指该发明或者实用新型不属于现有技术；也没有任何单位或者个人就同样的发明或者实用新型在申请日以前向国务院专利行政部门提出过申请，并记载在申请日以后公布的专利申请文件或者公告的专利文件中。

2）创造性，是指与现有技术相比，该发明具有突出的实质性特点和显著的进步，该实用新型具有实质性特点和进步。

3）实用性，是指该发明或者实用新型能够制造或者使用，并且能够产生积极效果。

在这里，现有技术是指申请日以前在国内外为公众所知的技术，或者被普遍采用的技术。

（2）商标。商标保护的是产品在市场上的品牌，是对产品在市场上形成知名度和信誉进行保护。商标是通过《商标法》进行保护，《商标法》是调整商标关系的法律规范的总和，即是调整商标因注册、使用、管理和保护商标专用权等活动，在国家机关、事业单位、社会团体、个体工商户、公民个人、外国人、外国企业以及商标事务所之间所发生的各种社会关系的法律规范的总和。

商标需要通过注册受到保护，经商标局核准注册的商标为注册商标，包括商品商标、服务商标和集体商标、证明商标；商标注册人享有商标专用权，受法律保护。集体商标是指以团体、协会或者其他组织名义注册，供该组织成员在商事活动中使用，以表明使用者在该组织中的成员资格的标志。证明商标是指由对某种商品或者服务具有监督能力的组织所控制，而由该组织以外的单位或者个人使用于其商品或者服务，用以证明该商品或者服务的原产地、原料、制造方法、质量或者其他特定品质的标志。

根据《商标法》的规定，下列属侵犯注册商标专用权：

1）未经商标注册人的许可，在同一种商品或者类似商品上使用与其注册商标相同或者近似的商标的。

2）销售侵犯注册商标专用权的商品的。

3）伪造、擅自制造他人注册商标标识或者销售伪造、擅自制造的注册商标标识的。

4）未经商标注册人同意，更换其注册商标并将该更换商标的商品又投入市场的。

5）给他人的注册商标专用权造成其他损害的。

对于产品来说，在注册商标后，产品所包含的技术创新成果，以及通过对产品进行市场推广和开拓所形成的信誉都受到法律的保护，产生了一种排他性。

（3）软件著作权。软件著作权是通过中华人民共和国出版法和国务院颁布的软件著作权管理条例形成的对软件在发布后进行保护的权利，原则上软件形成后就产生了软件著作权，但是，为更好地保护软件著作权，需要向国家著作权行政管理部门进行软件著作权登记，通过登记发给软件著作权登记证，计算机软件著作权登记证书是软件著作权有效或登记申请文件所述事实的初步证明。经过软件著作权登记，产品著作权持有人具有以下好处：

1）软件著作权登记申请人通过登记，通过登记机构的定期公告，可以向社会宣传自己的产品。

2）在发生软件著作权争议时，软件著作权登记证书是主张软件权利的有力武器，同时是向人民法院提起诉讼，请求司法保护的前提。

3）在进行软件版权贸易时，软件著作权登记证书作为权利证明，有利于交易的顺利完成。同时，国家权威部门的认证将使您的软件作品价值倍增。

4）合法在我国境内经营或者销售该产品，并可以出版发行。

5）申请人可享受产业政策所规定的有关鼓励政策。

一个软件在进行登记后，就享有法律赋予的权利，通过行使这些权利，为软件在流通过程中的保护带来便利，这些权利是：

1）发表权，即决定软件是否公之于众的权利。

2）署名权，即表明开发者身份，在软件上署名的权利。

3）修改权，即对软件进行增补、删节，或者改变指令、语句顺序的权利。

4）复制权，即将软件制作一份或者多份的权利。

5）发行权，即以出售或者赠与方式向公众提供软件的原件或者复制件的权利。

6）出租权，即有偿许可他人临时使用软件的权利，但是软件不是出租的主要标的除外。

7）信息网络传播权，即以有线或者无线方式向公众提供软件，使公众可以在其个人选定的时间和地点获得软件的权利。

8）翻译权，即将原软件从一种自然语言文字转换成另一种自然语言文字的

权利。

除了通过软件著作权进行保护，在软件产品中采用技术手段进行保护也是非常必要，通过在软件产品中设置技术保护手段，可以大幅度提高侵权者的侵权成本，减少法律维权的工作量。

无论是专利、商标、软件著作权，保护的都是产品中创新成果所具有的权益，这种权益的价值只有在获得市场价值后才能体现出来，当然，专利、商标和软件著作权策略的布局，对产品的市场竞争会有一定帮助，但是，这种保护只能防止竞争者采取非法手段干扰软件产品在市场上的成长，能够减少软件产品所形成的价值的损失，不能提升产品的价值。

创新成果的应用

创新成果只有加入到产品之中，才能发挥其应有的作用，所以，需要慎重考虑创新成功与产品的对接，这种对接要以产品的开发和后续营销的成功为目标，而对接成功与否的基础是整个创新过程中对于对接的考虑和把握，在此基础上需要通过相应的环节与产品实现对接。

（1）应用时机判定。创新成果应用的第一个环节是判断其是否有应用的机会，包括能否在产品开发过程中应用，以及是否具备在市场上成功推广的可能性，由于创新成果本身所具有的探索性特征，在开始阶段很难充分考虑应用因素，在创新成果基本成形后，需要向应用的方向进行调整，以便抓住应用的机会。

（2）应用价值判定。如果判断创新成果有应用价值，则需要具体核算其应用价值，需要从技术、市场和资源投入的角度进行核算，如果收益明显大于在各方面投入的总和，则创新成果就可以应用到产品之中。

（3）验证。在创新成果具体应用到产品之前，需要对可能性和价值进行验证，以确认其真实的可行性，具体方法包括贴近于真实环境的测试。

（4）加入产品。在完成上述所有环节后，创新成果就可以加入产品，首先需要加入到产品计划之中，成为实际产品，然后通过产品进入市场。

第 13 章　运营系统

13.1　运营体系的结构

企业必须赚钱，而赚钱是通过运营系统实现的，在企业中，运营系统似乎低人一等，没有治理系统那样风光，也没有产品系统那样睿智，每一天都重复着昨天，实际上运营系统是企业基础，没有这个基础，其余的一切都是空中楼阁，就像一个人没有躯干，聪明的大脑和灵巧的手臂就不复存在。

运营系统的组成元素

在企业中，运营系统是除了治理系统和产品系统以外的部分。与治理系统所具有的决策特征和产品系统所具有的开拓和创新特征不同，运营系统的特征是执行，运营系统需要按照治理系统下达的要求，按照产品系统完成的产品设计，真正在市场上实现产品，为企业真正地获得收益，实现治理系统和产品系统的设想和预期。这些都需要在运营设施中按照规则生产、销售产品，并将各项工作做到最好。

企业中运营系统的中心工作就是日常运营，用通俗的语言描述就是开门做生意，最大期望就是："买卖兴隆，日进斗金"，这就是任何企业的日常运营都必须包含的部分——营销。从企业的角度看，营销是整个企业运作的核心环节，把产品销售给顾客，并从顾客那里取得收益，就完成了整个企业所有业务工作中的关键环节，也是企业存在的基本目的：获取经济收益。对于销售的是物质产品的企业来说，为了实现良好的销售，企业必须进行另一个环节就是产品生产，所谓生产就是把原材料通过加工变成产品的过程，这种加工可以通过手工完成，为了获得更为理想的结果，在大多数情况下使用机器设备完成，目前的趋势是逐步地

提高加工机器的智能化程度，由简单的重复逐步转变成为高智能、高柔性的生产设备。生产和销售构建起了日常运营的核心环节。然而，只有核心环节是不够的，还需要一个支撑系统把生产和销售组合起来，这个支撑系统包括原材料采购、仓储物流、信息互联、动力供给、设备保障、客户服务等，这就构成了一个完整的日常运营系统。运营系统的内在逻辑结构见图 13－1。

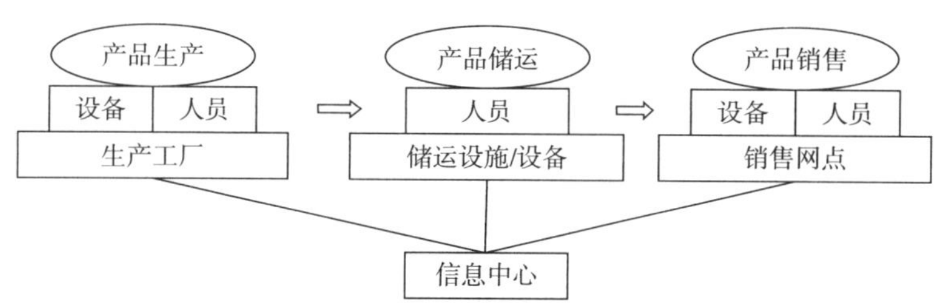

图 13－1　运营系统的内在逻辑结构

企业中的日常运营系统包含人员、信息系统、设备/设施三个部分，销售、生产、支持保障的下面又分许多层次，有很多分工，因此需要许多人员，这些人员按照业务工作的要求分布在各个岗位，根据要求完成自己的工作，在日常运营工作岗位上的每个人员都有自己的领导，由领导分配给他们任务，企业中日常运营的领导正是这样一层层地将任务下达到每个岗位。随着技术的进步，虽然这样的领导层次还普遍存在，但是更多管理要求是通过信息系统进行传递的，信息系统由网络和节点构成了其分布式的结构，可以自然地与企业的业务分布重合。现在互联网又解决了企业内外互联的问题，在更大程度上为企业的日常运营提供了便利，目前企业的 ERP 系统、CRM 系统、电子商务系统等已经解决了运营中的大部分问题，日常管理的自动化程度已经很高。除人员和信息系统外，最为重要的就是设备/设施，设施是指日常运营需要的店铺、工厂、仓库等，在这些设施中安装了进行营销、生产、业务支持需要的设备，工欲善其事，必先利其器，先进的设备和设施是取得理想业绩的基本条件。

良好的运营设备/设施、强大的信息系统不会从天上掉下来，必须有一个建设的过程，同时，企业运营系统的整体布局也是要认真考虑的问题，如果企业处于成长阶段，需要考虑扩展运营规模，因此必须扩展运营设施，如果企业已经进入平稳阶段，则需要考虑下一步的发展目标，或者对现有设施进行升级，以便与时代同步。有鉴于此，在运营系统中除了负责日常运营的模块之外，还需要包含两个功能模块，运营布局功能模块和运营设施建设模块，运营规划与布局功能模块负责运营设施的规划与布局，这是真正意义上的市场建设，它的使命是构造整个运营系统的市场布局和分布，这种分布的关键点在于营销网点的设立，而营销点的设立需要考虑的首要因素是这个营销点设立以后能否形成足够的销售量，这需要考察客户的分布关系和客户的购买习惯，营销点一定要设在最利于客户购买产品的位置，在有足够的营销点的支撑下就可以选择工厂的位置，选择工厂的前提条件是有足够的销售点支撑工厂的产量达到盈利平衡点；在有了营销网点和支撑点之后就需要建立相应的配套支撑设施，构成完整的运营布局。此后还需要对营销、生产、支撑设施进行建设，需要经过设计、施工、设备采购安装等环节，最终形成运营设施，需要注意的是，运营设施需要与周边的环境和氛围协调配合，并且具备支撑运营的条件。运营系统的任务分布见图 13 – 2。

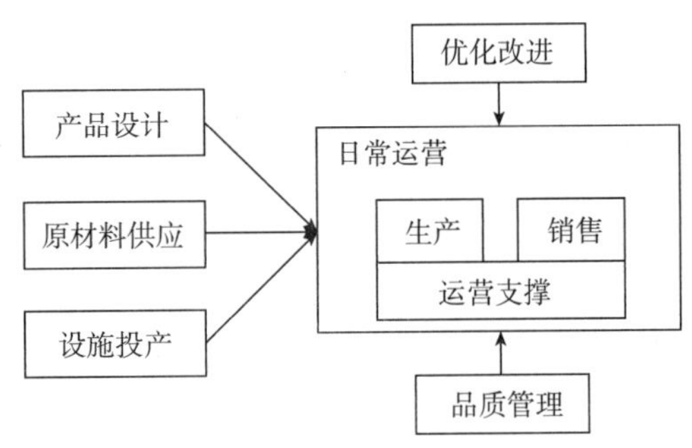

图 13 – 2　运营系统的任务分布

人们可能都是善良的、自觉的、愿意凭良心工作，即使这样，相应的监督仍然是必需的，进行监督的原因是在很大程度上设施建设和日常运营中取得的结果与预先设想的不一样，或者经过实际的设施建设和日常运营发现仍然有改进的空间，因此需要进行监督和管理。首先需要监督的是产品的品质，品质应该包括产品的品位和质量两重意思，质量的含义是符合要求，品位的含义是完美和高尚，质量在产品设计时提出要求，在实际运营生产中进行监控，而品位的管理更多的是对美好的一种追求，需要所有相关人员养成一种职业素养，并将通过职业素养形成的文化融合到产品和服务之中，形成对产品的美好和高尚的感觉；另外，还需要对各项运营指标进行监管，其目的主要是看各个环节是否完成了预定的任务，各项具体指标是否达到要求；在进行品质和指标监管的同时，还需要进行的

工作是优化，要根据质量和指标监管的结果看看是否存在着改进的空间，目前的质量和运营指标的设定是否合理，是否是成本最低的方法。

布局规划、设施建设、运营管理、品质管理、评价与优化构成了企业完整的运营流程，各个功能模块属于同一层次，相互之间按照流程顺序衔接，因此，每个功能模块受到三项规则的约束，即功能模块的内部流程规则、工作成果要求、功能模块间的衔接关系。各个功能模块按照要求完成了各自的任务之后，整个运营系统就完成了自己的使命：为企业持续地产生盈利。

日常运营

日常的生产和销售是运营系统的基础工作，也是企业的基础工作，是相对于设施建设更为重要的工作；从企业角度看，是整个企业中最为基础的任务，没有日常的运营所完成的生产和销售活动企业就无法生存。

日常的生产经营活动由运营系统的日常运营功能、品质管理、评价与优化共同完成，日常功能是日常生产、销售及相关的配套和支持活动的主要载体，需要完成企业中最主要的经营活动，提供企业最主要的收益来源；品质管理负责保证日常运营所提供产品和服务的品质，标准是在现有的产品设计和设施水平的基础上让产品的品位和质量达到最好，这需要管住源头，也就是产品设计的质量和配套零部件的质量，也需要对整个产品的生产和销售过程进行质量控制，以保证最终产品和服务的品质；评价和优化的任务的作用是挖掘日常运营活动和品质管理活动中存在的空间，这并不是说明日常运营活动和品质管理活动所做的工作不好，而是挖掘能否取得更为优秀的结果，能否进一步降低工作难度、改善工作条件、提高工作效率，也包括提出新的方法以改进用户的体验。

运营系统的日常运营、品质管理、优化改进功能都是围绕着业务运营流程进行，运营流程包括输入、处理、输出三个环节，输入的内容包括治理系统下达的计划、预算、组织规划，产品系统完成的产品设计，以及运营支撑方面采购的原材料；处理过程就是生产过程，在生产设施上采用根据产品形成的生产工艺要求生产产品；输出是相对于企业而言的，输出过程就是产品销售过程，也就是销售网点上销售产品；整个过程需要物流方面提供采购、运输和仓储支撑，需要信息系统提供信息支持服务，还需要服务方面提供销售服务支持。

运营过程是需要管理的，管理的依据来自两个方面：一方面是企业治理系统下达的管理文件；另一方面是各种规范和标准，包括依据产品设计结果形成的产品工艺技术规范。管理的实施通过三个角度实现：①日常运营方面，直接执行这些动态和静态的规则和要求实现产品；②品质管理方面，对整个运营过程的产品和服务品质进行监督，以便保证完成的产品和服务符合企业的要求；③改进和优化则是发掘在运营和品质管理的各个环节中的潜力，力求做到最好和最完美。日常运营及各个相关功能如图 13 –3 所示。

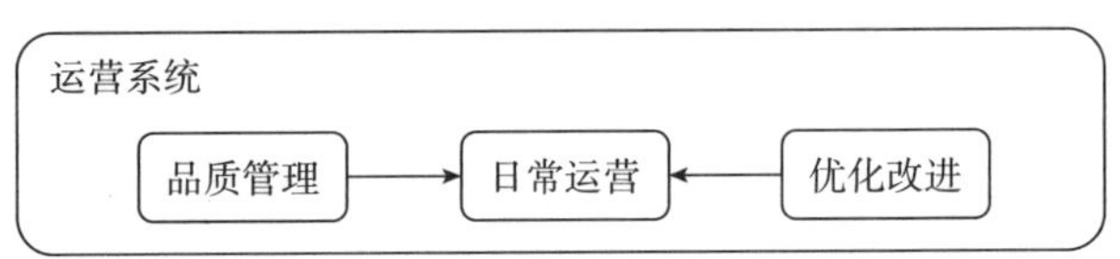

图 13 –3　日常运营及各个相关功能

设施建设

“工欲善其事，必先利其器。”优秀的运营设施是实现优秀产品的基础，这些设施包括生产设施、营销设施、运营支撑设施，具体说就是生产工厂、销售网点、仓库、运输车辆、各种检验和品质管理设施、信息处理中心、售前/售中/售后服务中心等，这些设施的规模和复杂程度与企业业务的规模成正比。企业规模越大，销售量越大，设施就越复杂，这就是一个煎饼店与麦当劳的区别，在现实环境中煎饼店更容易把事情做好，只要稍加努力即可，而麦当劳在相关的所有环节中只要有一个环节出问题，就会造成灾难性的后果，随着企业规模的扩大，设施建设的任务和要求就越复杂。

设施的形成需要经过设施规划和设施建设两个阶段，这是运营系统的另外两个功能，设施规划负责整个设施网络的规划和每个具体运营设施的规划，规划的基础是市场和客户的分布，而规划的依据是产品对于运营的要求和企业所具备的各种能力和条件。设施规划首先规划整个实施的网络布局，然后将网络细化，设置每一个具体的设施，最后形成的结果就是面向客户的企业产品提供能力，这种能力是通过不同类型的设施组合而成的。设施规划形成后需要报送企业治理系统审批，并且需要与企业管理文件相融合，在得到确认之后，就进入设施的建设过程，每个设施包括相应的房屋、相应的设备以及相关配套设施，具体的操作需要经过设计、建设、验收等环节，然后交付日常运营方面投入使用。运营设施的规划和建设见图 13 –4。

每个设施都有各自的功能，生产设施需要具备相应的生产能力，营销设施需要具备相应的营销能力，所有设施共同构成了运营系统所具备的能力，其中起关键作用的是各种设施中的设备，如生产加工设备、运输设备等，而这些设备需要

相应的场地和房屋，还需要为设备本身和操作设备的人员提供相应的条件，这三者共同构成了某种类型的设施。但是，一个产品需要经过不同类型的设施才能完成，需要经过生产、储运、销售等不同过程，这需要将不同的设施进行配套成网，构成设施网络，构成企业的运营设施网络。

图13－4　运营设施的规划和建设

如何形成出色的运营系统

一个出色的运营系统除了在具有共性的结构、流程、原则、目标等方面下功夫认真建设之外，还有一些与自身所在行业相关的因素需要认真地加以考虑，这些因素涉及因为行业自身存在的特性而需要优化运营整体的效果的问题，也就是如何结合行业自身的特点，强化运营系统的优势，因而可以进一步强化产品的特点，这些因素包括：

（1）技术设备：在许多行业，特别是重工业中，先进的设备在提高产品质量水平和产品产量方面具有重要意义。虽然，更换设备意味着资金的投入，但是，对于产品质量的提高，生产效率的提升而言，只要是在企业的承受能力之内，相应的投入是值得的，同时，这有助于客户采用先进的设备提升客户对企业的信任，使客户相信，该企业是最好的企业。

（2）加工方式：产品的加工方式取决于产品的工艺和流程设计，有些行业对加工方式极为敏感，如餐饮和食品行业。具体的加工方式对产品的影响极大，设备是先进的，质量很高，但是如果加工方法不得当，使饭菜和食品的口味变差，会使产品价值损失很大，同样的问题也会出现在服装、影视等行业。

（3）原材料供应：原材料供应对企业的影响巨大，许多企业因为原材料的供应出现问题而受到了致命打击，原材料供应是企业运营系统需要注意的关键性问题之一，它涉及工商管理的能力、原材料供应的数量、交货周期、原材料的质量等，甚至与原材料的初始原料都有关系，台湾顶新集团的潲水油事件正是源于此，对企业的运营系统来说，需要打起十二分的精神，付出再多的努力也是值得的。

（4）产品提供形态：这涉及产品的包装形态和产品的分发形态，也就是客户拿到产品是什么样的和如何拿到产品。对于重工业来说，包装问题和派送问题都相对简单，而对于轻工业产品、服务行业、知识产品问题就比较大，也就是与普通消费者关系越密切的产品，产品的提供形态就越重要，目前兴起的电子商务热潮正说明了这一问题，传统的豪华商厦方式虽然能够为商品增色，但是相对于网络的大覆盖面、低交易成本而言，竞争力明显不足，需要迎头赶上。

（5）环境因素：在环境问题日益受到重视的今天，企业运营系统需要认真地考虑环境问题，一方面，需要考虑企业是否干扰了环境，破坏了环境的和谐，如给环境造成了污染，或者与周边环境非常不和谐；另一方面，需要考虑如何利用环境为自己的运营提供便利，例如，在企业的周边为企业职工提供高质量、低价格的午餐。环境因素在运营系统中需要引起特别注意，当企业形成很大的分布面的时候，环境问题就会变得突出，千万不能在居民区周围建危险品仓库。

（6）服务因素：所有企业都涉及服务问题，许多企业正是因为出色的服务赢得了客户的信任。由于企业提供的产品不同，所需要的服务也就不同，对于越简单的产品提供的服务就越少，越复杂的产品提供的服务就越多，买了一包饼干，如果没有质量问题，打开吃了就是，而购买了一套复杂的生产设备，则需要通过安装、调试、培训等环节才能投入使用。恰当的设计服务，是运营系统整体设计的一个组成部分，我们需要的服务是高水平、高质量、低成本。

影响运营系统的各种因素见图 13－5。

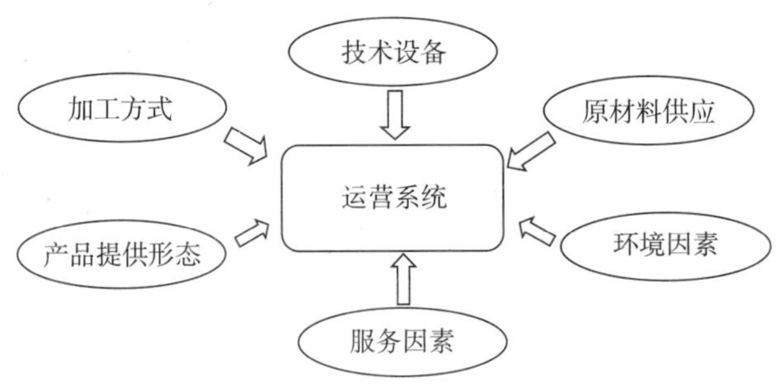

图 13－5　影响运营系统的各种因素

运营的价值

运营系统在企业中处于一种非常基础的地位，人们常说基础不牢，地动山摇，这说明了基础的重要性，运营系统正是这样一种企业的基础，企业所有的辉

煌都是建立在这一基础之上的，没有运营系统的基础，企业上层建筑就成了空中楼阁，运营系统的基础性体现在以下方面：

（1）企业投入：运营系统是企业投入的重点，生产设施、营销设施和支撑设施都需要大量的资金投入，正是由于这些设施的存在，才形成企业的外在特征。

（2）企业的日常运转：企业的资金主要在运营系统内流转，首先使用资金购买原材料，然后加工成产品，将产品销售后产生应用收入，取得的收入除用于支付工资和费用外，再投入购买原料，这就形成资金在运营系统内部的循环流动，这种流动支撑了整个企业的运转，也带动了企业的发展。

（3）组织的大部分实体：运营系统包括了企业组织体系中的大部分实体，运营系统的员工构成了企业组织的大多数，这些员工根据企业所在行业不同，具有不同的特征，如工业企业，企业员工大多数是普通社会人员，不要求有太高受教育程度，而高技术企业，员工大多数是高技术人才，受过高深的学识培养，具有较高的学历。因此，对于运营系统，员工的组织建设的效果关系到整个企业组织建设的成败。

（4）与外界互动：运营系统是企业与外界互动的主体，这是由运营系统的使命决定的。运营系统承担的布局规划、设施建设、日常运营、品质管理等任务决定了必须与各个方面的人进行接触，包括企业上下游的合作伙伴，客户以及周边邻里，运营系统给予外界的印象构成了整个企业的外部形象。

企业中运营系统的重要性见图13－6。

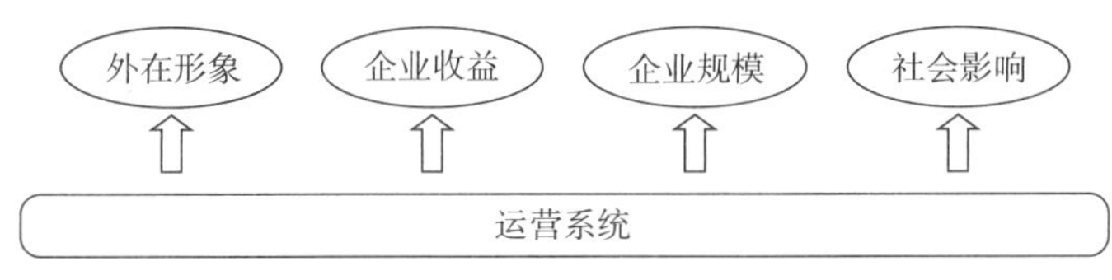

图13－6　企业中运营系统的重要性

实现产品的价值

产品对于运营系统的支持是巨大的，在日常运营中，产品是运营的具体工作对象，运营系统所有的活动都是围绕着产品进行的，更为重要的是，运营系统必须充分地发挥出产品的价值，才能实现自己的价值。由于产品是由产品系统设计的，所以与产品系统的良好合作对运营系统来说非常重要，主要体现在以下方面：

（1）市场领域：运营系统需要在产品系统划定的市场领域中开展工作，运营布局的工作就是把产品系统设想的市场领域，通过每个营销设施点和生产设施点的布局变成真正的市场领域，在产品系统层面，市场更多的是概念，在运营系统层面，市场就变成了看得见、摸得着的由具体客户组成的实体。

（2）产品设计：产品系统完成的产品设计需要通过转产过程才能变成运营系统中运转的实际产品，这是产品系统与运营系统进行交流的过程。产品系统完成的产品设计在更大意义上是一种思维的成果，而运营系统生产的产品是提供给消费者的实体，在由虚到实的转换过程中，相互适应、相互调整是不可避免的，双方都需要认真面对。

（3）发挥产品的优势：产品设计在实现转产以后，主动权就完全转交给了运营系统，运营系统对于产品并非完全无事可做，产品的原材料选择、产品加工过程、产品的品质管理、产品的营销和服务过程都由运营系统负责。运营系统需要用自己的工作使产品更加完美，扩大产品中内在优势，使其充分地发挥出来。

13.2　运营系统的监控

监控机制

对于运营系统的监管是必不可少的，目的是保证运营系统沿着企业期望的方向前进，并且保持恰当的步调，如果不对运营系统进行监管，后果是不可想象的，随着企业规模的扩大，出现问题后给企业造成的伤害也就越大，很可能形成无法收拾的局面。运营系统的监管分成内外两个层次，运营系统的内部监管通过品质管理和优化改进来实施，外部监管由企业治理系统负责，主要的方式是管理文件和任务文件。在内外两种监管方式中，由治理系统进行的外部监管更为重要，内部监管是为了实现外部监管确定的目标，而外部监管体现了企业对于运营系统的期望和要求，更具有约束力。

管理文件包括计划、预算、组织规划，任务文件包括运营任务安排和设施建设规划，之所以要形成文件，是因为运营系统与治理系统之间需要达成某种契约，以便约束双方，取得让双方都满意的结果。企业治理系统需要运营系统取得理想的经营业绩，以获得理想的收益，对股东和投资者有所交代；而运营系统则

需要在自己的能力之内进行工作，保证能够取得自己承诺的结果。为了实现这样的目标，这些文件需要经过一个严肃的制定过程，企业治理系统和运营系统都需极为谨慎地对待这些文件中的每个细节。

制定管理文件和任务文件的另一项意义是使用恰当的资源，包括各种运营设施、资金、人员、企业的技术成果和积累等，没有这些资源，运营系统难以开展工作。使用资源过少，会造成企业的开工不足，造成资源的闲置和浪费，使用强度过大，会造成运营系统的负荷过重，造成运营系统的超负荷运转，这是许多问题形成的隐患。为此，企业各种资源的使用必须保持在合理的范围之内，通过管理文件和任务文件将会给予细致的规定。

制定管理文件和任务文件的最根本目的是要求运营系统产生最好的效果，也就是低投入、高产出，使用最少的资源获得最好的收入，这在很大程度上依赖这些管理文件和任务文件本身的质量，也需要运营系统能够认真细致地执行这些文件，取得文件中所预期的效果，更具体地说就是利润，这是治理系统和运营系统共同努力的结果。

管理文件

管理文件是企业意志在运营系统的具体体现的一种主要方式，企业通过管理文件的方式体现其治理意志，虽然在大多数情况下，管理文件在正式下达前征求了运营系统的意见，以便能够被切实地执行。但是，一旦这些管理文件被批准，并由企业治理系统下发，就成了企业意志和决定的体现，对运营系统具有完全的约束力，运营系统必须执行。管理文件是一种以书面的形式描述企业意志的表述形式，管理文件包括：

（1）计划。

（2）预算。

（3）组织规划。

计划安排运营系统具体操作实施的任务，是运营系统对于企业的承诺，运营系统承诺了在每天、每周、每月、每季度、每年等时间节点上需要完成的任务，这些任务通过一系列数值或逻辑变量作标志，这就是运营指标，它构成了计划的核心。对于治理系统而言，计划是一种期望，也是对运营系统的一种信任；对于运营系统而言，计划是一种承诺，是自身能力和自信的一种表示，而对于计划本身，最为重要的是与实际情况完全重合，具体安排日常运营任务和设施建设任务。

预算用于管理运营系统需要使用的资金和运营系统必须取得的收入，资金是运营系统维持运转的血液，没有资金，运营系统将很快僵化。因此，资金是治理系统与运营系统进行对话的一种语言，也是最为关键性的语言。企业治理系统投入到运营系统的是设施建设投资、运营周转资金以及各项费用支出，企业治理系统从运营系统得到营业收入，支出和收入之间一般会有差距，可能是支出大于收入，也可能是收入大于支出。企业治理系统的期待是收入大于支出，而且这个差距越大越好，这是运营系统需要努力的方向。运营系统的每个人都必须时刻记住，治理系统的每一分钱的投入都是需要回报的。

组织规划用于确定运营系统的组织构成和规模，组织管理是企业治理系统对于企业运营系统最重要的管理，运营系统的组织架构和所有的人员配置都是企业治理系统的组织功能模块负责设计和建设的。因此，企业治理系统对运营系统的表现负有重大的责任，在运营系统组建以后，运营系统需要遵循企业治理系统建立的各项组织规则，在约定的范围内工作，而企业系统的组织功能模块也需要关注运营系统的表现，适时做出调整，保证运营系统的正常运转。管理文件在运营系统中的作用见图 13 –7。

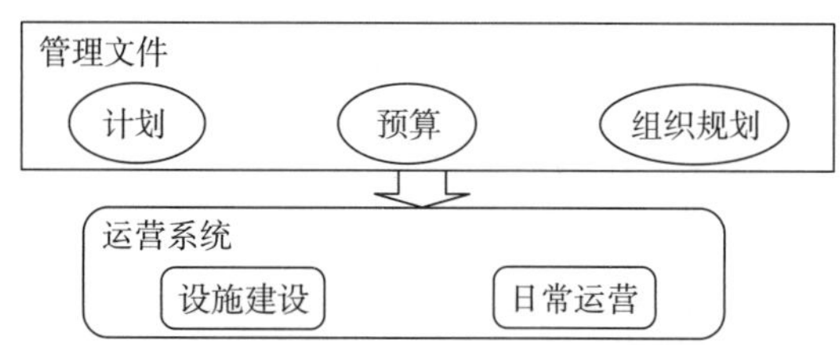

图 13 –7　管理文件在运营系统中的作用

任务文件

任务文件由运营安排和设施建设规划组成，用于描述相应任务的具体细节内容。从企业治理系统的角度看，任务文件是制定企业计划、预算、组织规划的依据，企业治理系统需要在计划中依据任务文件确定需要完成多少生产和销售任务，以及建设哪些新的运营设施；企业预算需要确定为了保证日常运营和设施建设的顺利进行需要提供多少资金，以及从营业中获得多少收入，最终形成多少利润。

运营安排是治理系统与运营系统之间形成的一种对于日常运营能力的评估，企业管理文件依据运营安排中的内容和企业的预期确定管理文件中的各项内容，运营安排中包含设施承载能力、人员负荷程度以及品质和实施控制能力的数据，这些数据来自设施建设的结果和对前期管理文件实施后的结果，运营安排是一个

相对稳定的描述，对于它的修改来自两个方面：一是新的运营设施的建成和投入使用；二是优化改进提出的建议。为了使管理文件有更多的发挥余地，运营安排中描述的是一些合理区间，而不是一个固定值，这样治理系统可以根据其他因素考虑管理文件中的内容。运营安排的结构示意图见图13－8。

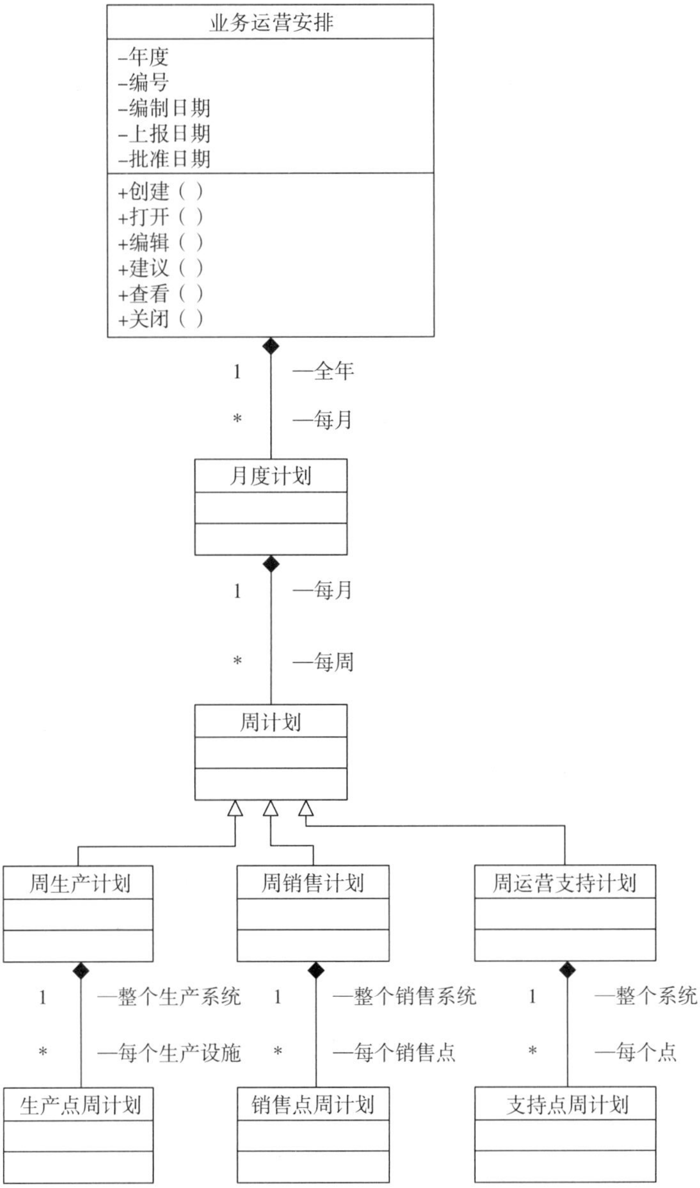

图13－8　运营安排的结构示意图

设施建设规划对应着一个个具体的设施建设任务，设施建设规划描述了一个或一组设施的具体安排细节，包括设施的类型、结构、功能、能力、先进性、实用性等，进行这些描述的目的有两个：一是后续设施设计和建设的依据，设施建设需要根据规划开展后续的工作；二是明确设施建设需要投入多少人员和资金等资源，以及建成后能够带来多少收益，以便治理系统评估设施建设的必要性和合理性，做出最终的决定。设施建设规划由设施规划方面起草，治理系统批准后，由设施建设方面具体建设，建成后交日常运营方面使用。设施建设规划的结构示意图见图 13 -9。

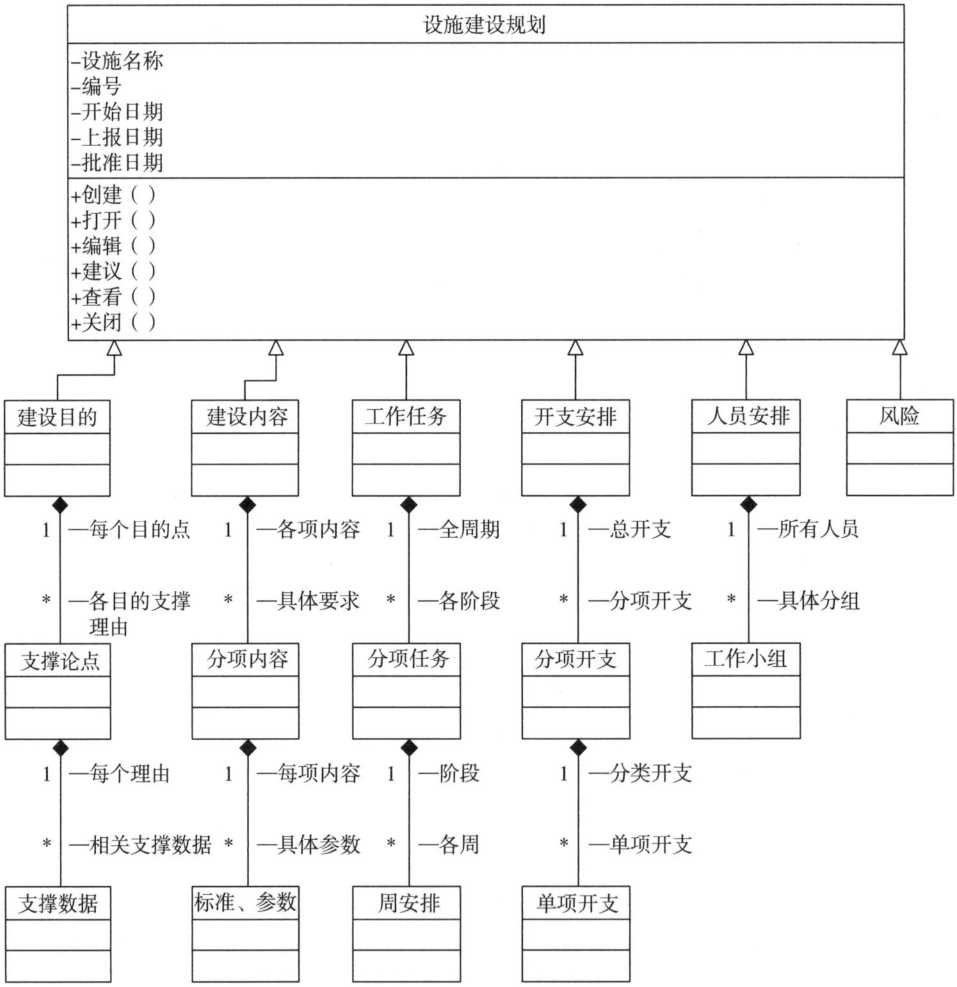

设施建设规划
-设施名称
-编号
-开始日期
-上报日期
-批准日期
+创建( )
+打开( )
+编辑( )
+建议( )
+查看( )
+关闭( )

建设目的　建设内容　工作任务　开支安排　人员安排　风险

1 —每个目的点　1 —各项内容　1 —全周期　1 —总开支　1 —所有人员
* —各目的支撑理由　* —具体要求　* —各阶段　* —分项开支　* —具体分组

支撑论点　分项内容　分项任务　分项开支　工作小组

1 —每个理由　1 —每项内容　1 —阶段　1 —分类开支
* —相关支撑数据　* —具体参数　* —各周　* —单项开支

支撑数据　标准、参数　周安排　单项开支

图 13 -9　设施建设规划的结构示意图

13.3　运营管理原则

运营管理原则对运营系统是至关重要的，产品在变、市场在变、人员在变，许多东西都在变，而运营管理原则需要相对稳定，并清晰明确地阐述出来，否则，就会事事请示汇报，使领导不胜烦恼。运营管理原则是进行日常业务的基本准则，约束运营系统的方方面面，具体内容包括：

原则一：以取得优秀运营效益为使命。

原则二：确保企业资产的保值增值。

原则三：确保实现企业管理文件的所有要求。

原则四：各个环节保持与环境和社会的和谐。

原则五：确保产品品质和信誉。

原则六：不断扩大运营规模和分布。

原则七：保证整个运营系统都处于良好状态。

原则八：建设优秀的运营团队。

原则九：不断提升运营建设和管理能力。

原则十：与企业其他部门进行良好合作。

原则十一：采用恰当的运营制度和规范。

原则十二：采用先进的技术体系和标准。

原则一：以取得优秀运营效益为使命

运营效益是指营业利润，运营系统排在第一位的任务就是尽可能高地取得营业利润，运营系统的一切都是围绕这一目标展开的。

运营效益是整个运营系统为之努力的终极目标，只有把所有的工作都做好，才能实现这一目标，这意味着需要构建一个布局完美和设施先进的分布式运营系统，组建精明能干的运营队伍，高效平稳地开展工作，与上下左右搞好关系，即使这些都做到了还要处理好各种突发事件。更为关键的是，在整个运营系统中树立效益意识，使运营系统的每个人都清楚自己是构造运营系统的运营效益的组成部分，需要努力为此工作。

原则二：确保企业资产的保值增值

运营系统拥有企业中大部分的资产，包括固定资产、流动资产、无形资产。运营系统通过这些资产为企业创造经济效益，同时要保持运营系统所拥有的资产的价值的稳定和提升。

按照会计准则，固定资产会折旧，现金使用以后会减少，货物销售以后也会减少，销不出去会贬值，这样运营系统的资产是会自动减少，出现这种情况的原因是整个运营系统处于亏损或停产状态。要想扭转这种状态，整个运营系统必须处于发展和盈利状态，这要求企业的营业收入不断成长，运营规模持续稳健扩大，这样企业的资产就会伴随着企业的成长而成长，实现企业资产的保值增值。

原则三：确保实现企业管理文件的所有要求

一般来说，营业额和利润是计划和预算等管理文件的核心目标。除核心目标外，还会有一些其他要求，运营系统应该全面地实现企业下达给运营系统在管理文件中的各项指标和目标。

管理文件，特别是需要具体执行的计划是运营系统与治理系统良好互动的结果，在管理文件中包含了企业方面的期望和运营系统的承诺，企业的期望就是企业股东的期望，也就是期望企业得到发展和壮大，这种期望的主体就是企业管理文件中的各项要求；对于这些管理文件的执行者——运营系统来说，管理文件的目标必须设定在运营系统的能力范围之内，运营系统必须认真地去执行管理文件，全面实现其中的各项内容，满足企业的期望。

原则四：各个环节保持与环境和社会的和谐

鉴于运营系统的生产、销售、服务等操作特性，运营系统是企业中与自然环境和社会接触最为密切的部分，因此，保持企业与自然环境和社会环境的和谐就成了运营系统的重要使命，特别是在设施布局和建设方面，需要着重考虑。

企业与自然环境和社会环境的关系在很大程度上取决于企业的产品定位，如果企业选择了恰当的产品之后，企业与自然环境和社会环境的关系就需要运营系统来处理。各个运营设施处于自然环境和社会环境之中，对于环境的影响主要是这些部分造成的，为此需要与自然环境和社会环境保持和谐，即使是产品自身或制造过程中会对自然环境和社会环境产生某些难以避免的不利影响，如消耗水资源，或者员工的社会活动等，运营系统也要尽量消除。企业或运营系统与自然环

境和社会环境的冲突对企业的损害是重大的，会压缩企业的生存空间，引起与社会的冲突，运营系统必须着力消除。

原则五：确保产品品质和信誉

产品品质和产品信誉是运营系统的基础性和经常性的任务，是运营系统的基本使命，需要在运营系统内建立长效机制，保证稳定的产品品质。

高水平的产品品质和产品信誉是运营系统管理成熟的标志，这说明运营系统已经完全有效地实现了深层次的控制，整个运营系统的操作趋于完美，已经堵塞了全部可能的漏洞，所有管理已经充分细化，清晰地规范了每个细节，产品系统的文化意识已经深入人心，得到了员工的认同，造就了企业的优秀产品品质，进而不断地提高产品的信誉。

原则六：不断扩大运营规模和分布

运营系统应该有条不紊地增加营销网点、生产设施以及支撑设施，必须保证每个增加设施的成功并网，进而持续稳定地扩大运营规模。

运营系统规模的稳步扩大是业务蒸蒸日上的一种表现，如果能够扩展运营系统的规模，首先，目前的运营设施必须表现良好，设施和设备运转状况理想，营业业绩表现不俗；其次，能够寻找到相应的市场空间去扩展营业规模；最后，能够筹集到足够的资源去扩展营业规模。在运营规模扩展的过程中，需要注意的是稳健，千万不能为扩大规模而扩大规模，扩大规模的目的是为了提升营业业绩。因此，需要保证每个扩展点的成功，这样规划布局工作就非常关键，相关工作要做深、做细。

原则七：保证整个运营系统都处于良好状态

保证整个运营系统处于良好状态是对整个运营系统的工作任务，对所有人员、所有设施设备进行恰当的协调和控制，使他（它）们达到协调运作的局面。

在企业达到一定规模的情况下，运营系统的状态控制和调整就变得非常重要，随着工作任务的增多，设施覆盖范围的扩展、人员的分布和差异加大，整个运营系统的状态控制的难度就会不断增加，这主要是各种差异的不断增加形成的结果。治理系统必须采取一种恰当的调整方法，在尊重地域和人员个性的基础上，引导运营系统的各个部分朝着企业需要的方向聚拢，这需要深入了解各个个体的差异形成的原因，有针对性地解决问题。

原则八：建设优秀的运营团队

运营团队由经理人员、技术人员以及具体操作人员组成，优秀的运营团队具备胜任相应岗位的职责的能力，并能够为此而努力工作。

在目前的社会环境和氛围中，运营团队的建设极具挑战性，这是因为整个社会并没有为现代企业的运营构造出理想的文化环境。社会正处在农业社会向工业社会的转型过程中，思想情绪不稳定，因此，企业的员工情绪也难稳定，在这种情况下，运营系统的组织结构设计必须相对宽松，便于员工适应和融合。

原则九：不断提升运营建设和管理能力

运营建设和管理能力是通过设施建设和日常运营目标的实现程度体现的，也就是心想事成的程度，这样形成了运营管理的整体可控，这种管理可控程度必须是在产品高品质和低成本的基础上实现的。

运营建设和管理能力对运营系统非常重要，这是因为运营设施建成了不能拆除，时间过去了不能重来，任何失败都是无法挽回的，所以必须保证预定目标的实现程度。如果把目标定得过于稳健，实现难度就会提高，过于保守会使企业失去机会，以及处于不利的地位。因此，必须保持适度的进取度，这就给运营带来了风险，降低风险的方法就是深入细致高效的准备工作，以及充分的经验积累，这样就提高了运营建设和管理能力。

原则十：与企业其他部门进行良好合作

运营系统需要从策略层面建立与治理系统、产品系统稳定的合作关系，以便从不同层面获得其他系统的支持，保证业务运营的顺利进行。

运营系统与其他系统合作关系密切，需要建立规范化的合作机制，通过与治理系统的合作关系可以获得资金方面和人员等资源供给方面的支持，通过与产品系统合作可以获得最新的产品设计，这些都是保证运营系统持续稳健发展的基础。这种合作成功的关键是各个方面对于合作的认识，这种合作是企业正常业务的一部分，需要严格执行企业相关规则，本着平等互惠的思维处理合作关系。

原则十一：采用恰当的运营制度和规范

运营系统中包含规划布局、设施建设、日常运营、品质管理、评价优化五个功能模块。这五个功能模块都包含了若干日常性的工作，运营系统需要根据其规

模和状况建立相应的机制，保证每个功能模块中的每项任务都有人负责，且工作结果可控。

不同企业的运营系统大体上可以分成规模和不成规模两类，无论是成规模的企业还是不成规模的企业，总体的工作内容是一样的。对于成规模的企业，可以采取规范化的方式进行管理，包括建立涉及各个环节管理和操作规范，甚至可以用信息化的方式将其固定下来，而不成规模的企业，则需要通过明确责任和工作目标的方式来建立管理机制。无论采用哪种方式，目标只有一个，就是使运营系统的日常行为可控。

原则十二：采用先进的技术体系和标准

在产品品种、运营设施中，品质管理方面涉及各种技术体系和标准，这些标准的水平决定了最终产品的水平，相关工作是运营系统技术管理工作的核心任务。

技术体系和标准是运营系统的核心，决定了运营系统很多问题，构成了运营系统的整体技术框架，其中的一些元素，特别是产品中的一些元素是由产品设计中带来的，有些元素需要根据市场的情况决定。因此，运营系统需要根据自己的各种情况和因素考虑产品品种、运营设施中、品质管理方面的技术体系和标准，由于产品设计在产品系统中完成，所以还需要与产品系统进行协调。

13.4　运营发展目标

运营发展目标与运营管理原则相对应，是对运营管理原则实施情况检查和核实，以便确认运营管理原则是否得到认真贯彻执行，执行的程度如何。这些目标同时与运营管理原则和企业治理目标相对应，描述了运营工作具体达到的程度，具体的运营发展目标包括以下内容：

目标一：运营收益。

目标二：市场覆盖。

目标三：运营设施利用效率。

目标四：与环境和谐程度。

目标五：运营设施发展状况。

目标六：市场基础。

目标七：品质水平。

目标八：工艺和设施先进程度。

目标九：运营控制能力。

目标十：改进优化能力。

目标十一：运营管理规范。

目标十二：运营资源供给。

目标一：运营收益

A. 实现很高的盈利水平，且仍在稳步提升。

B. 实现较好的盈利水平，处于提升状态。

C. 基本达到目标。

D. 没有达到目标。

运营收益是指营业收入和利润等指标，是企业成立的基本目标，成立企业就是为了获得营业收入和利润，企业中的所有工作都是为了营业收入和利润，其重要性不言而喻。营业收入和利润的实现的最为关键环节是运营系统，而运营系统中直接取得营业收入和利润的是日常运营功能模块，在日常运营机构中直接取得运营收入的是销售活动，销售是支撑整个运营系统乃至整个企业的最为关键环节。

目标二：市场覆盖

A. 规模理想，且在稳步持续成长。

B. 有一定规模，处于成长状态。

C. 稳定，基本达到目标。

D. 不稳定。

市场覆盖程度是营业收益的直接基础，理想的营业收益是建立在理想的市场覆盖规模的基础上的。同时，理想的市场覆盖面也需要理想的营业收益去支撑，空有庞大的规模，而没有相应的营业收益作支撑将难以为继。市场覆盖是通过一个个运营设施形成的，如果要想取得理想的市场覆盖，需要建设好每个运营设施。

目标三：运营设施利用效率

A. 运营设施利用效率恰当，始终处于最佳比例。

B. 运营设施利用率基本恰当，处在合理区间。

C. 运营设施能够满足企业业务需要。

D. 运营设施利用效率偏差严重。

运营设施的利用效率是考察运营系统工作情况的重要手段，如果运营实施的利用效率偏低，说明运营系统开工不足，这是经营状况不好的表现，如果运营设施利用效率达到极限说明经营状况很好，但是，运营设施的准备不足，最好的状态是运营设施的利用率始终保持在一个恰当的位置，如80%，也可以设定一个上下的浮动范围，如75%～85%，这说明运营系统处于一种良好的状态。

目标四：与环境和谐程度

A. 与自然环境和社会环境保持高度和谐。

B. 与自然环境和社会环境基本和谐。

C. 与自然环境大致保持和谐。

D. 有明显矛盾。

企业环境包括政治环境、经济环境、人文环境以及自然环境，运营系统主要需要面对的是社会环境和自然环境。社会环境是指社会和经济的状况和变化趋势动态，它对运营有直接影响，如果整个社会十分萧条，对于业务运行势必会造成影响；自然环境与业务运营的关系重大，而且是相互影响，一家酒店建立在风景如画的环境中自然对酒店有加分的作用，如果企业污染环境，对环境造成不利的影响，最终会影响到企业自身。

目标五：运营设施发展状况

A. 设施内涵和规模保持平稳发展。

B. 设施保持发展。

C. 设施规模基本满足需要。

D. 设施规模与需求不匹配。

运营设施利用效率是在运营设施规模和状态相对稳定的情况下对于运营系统状态的一种考察，而运营设施的规模发生变化则说明运营系统正在发生更大范围和更深层次的变化。如果运营设施的规模和水平在发展，说明运营系统正在成长，如果运营设施的规模在缩小，水平没有提升，说明运营系统正在萎缩。这种结果是多方面的因素造成的，运营系统需要做到的是在运营设施利用效率发生变化时及时采取相应的措施，而不能等到运营设施规模真正地发生变化时再做考虑，这时工作的难度会很大。

目标六：市场基础

A. 占据有利格局，持续扩大优势。

B. 占据较好格局，有优势。

C. 有一定地位。

D. 需要改进。

市场基础由产品和设施共同构成，包含三层含义：一是目前运营系统总体运转的情况是否良好；二是目前的客户对企业的忠实程度，以及对产品的依赖性；三是未来的前景怎样，运营系统获得的运营收益在很大程度上依赖于市场基础，同时，需要不断地完善和优化市场基础，为今后的发展奠定基础。

目标七：品质水平

A. 产品品质始终保持极高水平。

B. 产品品质水平保持良好。

C. 产品品质基本符合要求。

D. 需要改进。

产品品质是运营系统的中心工作之一，为此，运营系统设有专门的功能模块，除专职的品质管理人员外，整个运营系统的各个方面都与品质有关，需要从输入、处理过程、输出三个方面全面地对产品品质进行控制，并逐步地提高产品水准。输入包括原材料的采购，同时包括产品的设计；输出是指产品的成品检验，在产品的生产和储运过程中也需要对产品质量进行管理，只有通过全方位、多层次的产品品质控制，产品品质才能够保持在一个比较高的水平。

目标八：工艺和设施先进程度

A. 运营设施非常先进，有明显的领先。

B. 运营设施保持行业内的先进水平。

C. 运营设施的综合水平满足要求。

D. 需要改进。

“工欲善其事，必先利其器。”运营设施的先进程度对于生产和销售的影响重大，先进的生产设施对于生产出先进的产品有很大帮助，通过先进的加工设备和工艺，可以使产品的技术水平大幅度提高，进而提升产品价值；营销服务也是一样，设施的先进程度对产品的销售影响很大，与产品相适应的设施是吸引客户、给客户形成美好印象的关键。除了在规划建设的时候需要保持设施的先进性外，在日常的运营规程中，也需要及时进行升级，以保证实施的先进水平。

目标九：运营控制能力

A. 能力很强，保证高效率运转。

B. 能力较强，顺利完成任务。

C. 基本符合要求。

D. 需要改进。

运营控制能力是指运营目标的设计和实现能力，运营的总体目标包括：营业额、利润、成本、资金周转速度等，然而，这些通体性目标描述的是整个运营系统的综合成果，如果要想取得这些理想的成果，必须将总体的目标进行分解，这种分解包含按时间的分解和按分布的分解两种。按时间分解就是把年度目标逐层分解到日，按分布分解是把对整个运营系统的目标逐层分解到每位员工，通过进行充分细化的管理强化整个运营系统的控制能力，保证实现总体目标。

目标十：改进优化能力

A. 能力很强，运营情况持续优化和改进。

B. 能力较强，能够进行一些优化和改进。

C. 基本符合要求。

D. 需要改进。

改进优化的重要性不言而喻，通过改进优化可以使运营系统逐步走向完美，由于设施使用过程中的损耗，以及外部环境的变化，运营系统的设施、操作工艺、管理能力、技术及标准都会有这样或那样的问题出现，而优化和改进就可以发现问题和解决问题，保持和提升整个运营系统的状态，而良好的状态是运营系统良好业绩的基础条件。

目标十一：运营管理规范

A. 全面、完善、有效，保证运营取得优秀成绩。

B. 基本完善，保证运营取得良好成绩。

C. 基本符合要求。

D. 需要改进。

管理规范是沉淀下来的管理成功经验，由于运营系统的自身性质，管理规范是约束整个运营系统的基本手段，运营系统中的每个员工必须通过严格执行规范使自己的行为符合企业要求，而每个具体的行为符合要求之后就形成整个运营系统的有序运转，使整个运营系统构成一个整体，对运营管理规范来说，可以有很多种存在形式，口头的、书面的、信息化的，最重要的是员工能接受，并转化成为自觉的习惯。

目标十二：运营资源供给

A. 充分保证各种资源供给。

B. 保证各种资源的充足。

C. 基本保证相关资源供给。

D. 个别资源欠缺。

运营资源供给包括人力资源和资金等，是运营系统基本生存基础，也是许多问题的根源，保证充分的资源供给是保证运营系统正常工作的必备条件。当然，运营系统也要善于利用资源，让宝贵的资源充分发挥出应有的作用。在运营系统建设和成长过程中，企业的治理系统需要提供相应的资源，以便运营系统能够启动起来，或按照企业的要求快速成长，在稳定运营以后，对于治理系统的依赖就会逐步减少，处于一种平稳状态。

13.5 运营系统的实现

运营系统的建设是企业建设的重心，也是投入的主要部分，是企业成功与否的关键因素，与运营系统相关的问题很多，包括内部和外部等各个方面，这为运营系统的具体运作带来很多问题，需要付出巨大的努力。

基本使命

企业运营系统的任务就是“赚钱”，运营系统是企业收益的常规来源，企业还可能有其他的收益，如出售资产，但这不是常规的收益来源，不能作为经常性收入，运营系统的收入是企业最为常规的收入，运营收入是运营系统的关键性表现，可是，这不是约束运营系统的唯一目标，如果希望运营收益有良好的表现，必须在一组目标上取得理想的表现，这组目标包括：

大规模。规模是对运营系统的最基本的要求，没有规模就没有办法保证企业的生存，即使办一个街边小店，也需要有一定的交易规模支持才能生存。一般意义上，运营规模分为三个层次：第一个层次是启动规模，例如，电子元器件的订货起点是1000件，因此，生产批量必须高于此，并且是1000的倍数；第二个层次是经济规模，这个规模的含义是在市场上有竞争力的价格内摊销企业治理、产品设计、运营设施建设等方面的费用，如汽车企业的经济规模是30万辆；第三个层次是主导规模，达到这个规模可以在市场取得稳定的地位，并且可以影响市场。对于运营系统来说，追求规模的成长是一项基本任务，但是必须做到量力而行。

高利润。利润是企业运营系统追求的基本目标，也是成立企业的目的，利润来自有效规模之上的理想价格，首先是定价，要想取得比较高的价格产品必须拥有较高的市场价值，这种价值的基础来自产品系统的产品设计，而运营系统的任务是如何充分将这种价值发挥出来，得到客户的认可，使客户认为物超所值；在定价的基础上取得利润的基础就是规模，这个规模必须大于经济规模，如果产品的利润率较高，经济规模可以适当缩小，因此，降价是运营的下策。

低成本。降低成本是运营中的一项艰巨工作，问题的关键是度的把握，降低成本最简单的方法是降低原材料的采购价格，加大工人的工作量，如果原材料的价格过低，影响了产品的质量和品位，会对产品的价格造成负面影响，起到相反的作用，如果将劳动强度加得过大，会影响工人的情绪，造成工人与企业的矛盾。有鉴于此，如何恰当地降低成本是运营系统需要认真考虑的问题。

优品质。高品质考验着运营系统的管理水平，形成优良的产品品质需要关注企业运营系统中的每个细节，只有每个细节都做得完美，整个产品才能完美，这非常不容易；可是只要有一个问题不小心，就会造成产品质量的大问题，给企业带来巨大的损失，甚至是灭顶之灾；这是任何企业都必须重视质量和产品品质的关键原因，然而，产品质量是需要成本的，产品质量上去了，但成本增加过多也不划算。

高效率。高效率是对企业运营系统管理能力的考验，体现运营系统高效率的最重要的指标就是商品周转率，最理想的状态是早上原料进入，晚上所有的商品都销售完毕，一件不留，这是一个美好理想，很多行业难以做到。但是，争取尽可能高运转效率确实是运营系统必须关注的问题，必须充分重视起来。

产业类型

企业的运营系统由于企业所处的行业不同而千差万别，管理规则和操作方法也不同，如何能够更好地开展业务，只能因地制宜，以能够实际解决问题为出发点。随着信息技术以及现代企业管理技术的发展，在运营管理方面趋同的因素正在增加，现在需要考虑的是根据不同行业的特点，将信息技术、管理技术、工业技术结合起来，促进企业的成长和发展。

重工业。钢铁、石油、机械、汽车、飞机制造等行业，基本特点是重资产企业，需要有非常巨大的市场作支撑，企业转型或改变的难度巨大，由于自身加工方式的问题，与周边环境关系密切。因此，企业的运营是以超大规模市场和超长周期为基础的，业务运营是从远期战略角度考虑的，所有的决策都事关重大，需要慎重考虑。

轻工业。服装、鞋帽、日用品等，基本特点是企业起点低，加工技术相对简单，企业需要的资金和资产规模也比较小，这就造成了行业非常拥挤，生得快，死得也快，最为关键的是企业如何建立有价值的企业品牌，在市场上占有稳定的位置，这有赖于取得客户的信任。对于企业，最大的考验是每个客户一般只能记住一个分类中的 1 ~ 2 个品牌，如何成为其中之一，难度很大。

工程。建筑工程、水利工程、交通工程、装修工程等，工程有大有小，特点是从无到有建造出点什么东西，优点是一般情况下不需要生产工厂和营销网点，哪里有工程就到哪里去，缺点是没有工程就没有一切，工程越大，收入就越大，但是数量也就越少，另外，客户能否拥有足够的资金去支付建设费用。

科技产品。互联网、信息产业、通信设备、生物医药、节能环保等，都是当今的热点，这些企业的第一个特点是以创新驱动，企业必须不断通过创新来保持在市场上的地位，产品的先进性是决定性的，产品失去先进性就失去一切；第二个特点是高技术、高投入、高风险，属于资金密集、人才密集、技术密集的行业。

知识产品。影视、出版、新闻、演艺等，企业生存的基础就是创作，其收益来源于提供给客户新的知识和美好的艺术享受，这要求从业人员自己拥有非凡的创作能力和深厚的艺术功力，最为理想的状态是形成了艺术精品，客户百看不厌，这可能非常难得，更多的结果是产品昙花一现，甚至没有面世就死亡了。在

这里我们只能感叹，知识产品常有，而精品不常有。

服务。电信、金融、餐饮、交通、旅游等，这些企业通过为客户提供服务获得收益，优点是消费不存在饱和，消费完以后还会消费，不像工程那样，工程完结后就不需要建设完全相同的工程，缺点是客户对服务的品质和价值敏感，如果客户对服务不满意会很快转向其他服务提供者，为此，服务提供者需要保持持续提供高质量的服务。

确定规模

确定规模是运营系统一切工作的起点，规模是指市场规模，也就是企业的运营系统具体在哪里做生意，营业覆盖的区域有多大，这决定了很多东西。首先是客户的数量，覆盖范围越大，客户就越多；其次是销售数量，销售数量决定运营系统的规模和结构，这也就决定了运营应该如何工作。

最小规模的运营系统应该属于一个社区，可能只是一个门店，这是一个事业的起点。万事开头难，经营好第一笔生意和第一个营业部是最困难的事，因为不可避免地要一人身兼多职，而且要把每项工作做好，你有再高的能力也不多，这是对整个企业真正的考验，如果能闯过这一关，后面的事就会顺利很多。

如果运营系统的规模是覆盖一个城市，证明企业已经初具规模。在一个城市中已经有许多营业点，支撑设施也逐步完善，这时需要进行运营系统的初步正规化，也就是逐步减少兼职的数量，确定每个人的专业，通过专业分工构建完善的运营系统，这是企业的一道门槛，也是企业脱胎换骨的一个过程，企业需要正规化和成熟化。

如果一个运营系统正在覆盖全国，说明企业进入成长周期。在这一过程中，伴随着一个个城市的逐步覆盖，企业的营业收入正在稳步成长，企业规模正在逐步扩大，在这一阶段需要关注的是成长的质量，每一步都需要走得坚实，千万不要留下漏洞。

如果一个运营系统正准备覆盖世界，说明企业进入一个新的阶段。对于一个中国企业来说，进入世界难度很大，而一个美国企业进入中国会相对容易，出现这种现象的原因多种多样，最核心的原因是中国企业是后来者，失去了先机，如何将中国的企业文化融入世界，对任何一个中国企业来说都是巨大的挑战。

构建系统

确定了运营系统的覆盖范围之后，就要去建设符合要求的运营系统，由于企业所在行业、企业实力、市场覆盖规模等因素的差异，各个企业的运营系统千差万别，没有统一之规，也不存在放之四海而皆准的企业运营系统模式，具体如何建设运营系统需要具体情况具体分析，但是任何一个运营系统的核心内核是相同的，这是由运营系统的使命决定的。

（1）规划布局。即使只存在于一个社区，规划布局的功能也是必需的。在规划布局阶段决定业务运营的基本格局，特别是对于位置敏感的业务，运营设施的设施地点，对于将来的营业效果关系重大，初创企业由企业负责人负责，而有规模的企业则可以使用专职人员或专业团队。

（2）设施建设。运营设施的建设决定了企业的整体形象、运作工艺和制作质量，必须严格把控。具体的设计和建设可以聘请专业机构，但是整个过程和效果需要企业运营系统自己去掌握。

（3）运营管理。运营管理是运营系统的中心工作，运营管理的任务就是盈利，其关键是整个运营系统的队伍的状态，要保持一种稳定均衡的状态，日常运营队伍是运营系统的基础，需要下功夫去建设，对于加盟团队必须能有效控制。

（4）品质控制。包括设施建设的品质、日常运营的品质和产品品质，初创阶段有核心负责人负责，之后逐步走向专业化，品质控制的任务是构造出完美的产品，这需要重视、认真、细心。

（5）评价优化。对于整个运营系统的运转情况的评价，以及根据评价结果进行的改进是运营系统负责人必须亲自负责的工作，如果企业规模庞大，具体工作可以委托专业团队进行，但是结果必须由运营系统负责人亲自控制，这是运营系统的最关键工作。只有发现问题并解决问题，才会成长，而且也很简单，只要下班前认真回忆一下当天的工作就行。

实现价值

运营系统创造营业收入是通过产品实现的，在确定了覆盖范围和组建了运营系统之后，需要将产品运行起来，整个运营系统才算真正地建立起来，产品是由产品系统设计的，原则上转入运营系统前已经做好了所有的准备工作，在此基础上，运营系统需要做好以下工作：

（1）导入产品。接收产品系统的产品设计结果和样品，进行理解和消化，与运营系统的现状进行核对，对于不适应的地方进行调整，然后进入转产程序，将产品纳入运营系统的日常工作流程。

（2）构建市场。从小批量试运营开始，逐步发现问题并解决问题，同时逐步扩大产量，直至进入正常生产，其中的关键是市场上客户的反映，如果客户反映出问题应及时解决。

（3）熟化业务。在产品进入正常运营后，就要熟化业务，通过工艺、原材料、品质、物流等方面细节的调整，进一步完善产品，使整个产品变得完美。

（4）总结提高。随着产品销售量的逐步提高，需要考虑产品今后的前途。为此，需要考虑下一代产品应该向哪个方向前进，需要与产品系统进行协商，启动产品系统的相关工作。

13.6 运营系统中的企业网络

企业网络的概念

每个企业都有自己的特点，因此，企业网络也就不同，企业网络发挥的作用也不尽相同。具体效果如何，只有企业自己有发言权，但是，美好是大家共同追寻的目标，在这里描述一个处于理想状态的企业网络，这个网络具有如下特征：

信息系统：内网＋外网。

生产方式：全自动无人生产。

决策方式：辅助智能决策支持。

客户体验方式：B to B \ B to C。

物流方式：基于快速物流网络的门对门服务。

资金流动方式：电子支付。

运营方式：动态规划/点对点直销，最低库存。

企业网络的信息系统是指由计算机软硬件组成的业务信息处理系统，由设备平台、网络系统、应用软件平台组成，其任务是处理企业的各种业务信息，包括内网和外网，内网是指企业网络的内部信息平台，供企业内部人员使用；外网是企业网络的外部信息平台，供企业的客户使用；内网和外网的组合构成了覆盖全部业务环节的企业网络。

企业网络的生产方式是指企业实体产品的生产方式，如果企业有具体的实体产品生产，而不仅仅是网络服务的话，全自动的无人生产和物流是一个很好的方式，这种方式以企业网络为骨架搭建覆盖全部生产流程的全自动生产系统，在企业网络依据企业流程连接各种生产制造设备，将人工操作降至最低，可以大幅度降低人力资源成本，提高生产质量和生产效率。

辅助智能决策支持是建立在企业网络的大数据和人工智能应用的基础上的，在企业网络覆盖了企业的大部分流程后，各个环节会产生大量的操作数据，通过对这些数据的抽取和提炼，然后采用数学工具进行推导和分析，就能产生对于企业治理决策有帮助的信息，使企业的决策更加准确。

B to B 和 B to C 客户体验方式是完全网络化的客户体验方式。与传统的“广告 + 人工”推销的方式不同，基于网络的客户体验方式强调人工体验，B to B 是指企业对企业的服务方式，B to C 是指企业对客户的服务方式，企业网络需要在最大程度上减少人工的参与，所以逐步形成了目前的两种方式，其特征是通过体验逐步提高客户对于企业的信任。

基于快速物流网络的门对门服务是基于企业网络形成的物流方式，其关键特征是信息网络对于物流全部过程的参与，使整个物流过程变得透明和可控，这种透明和可控不仅是对企业，对于客户也一样，在这些信息技术的支撑下，各种因为不透明带来的损耗彻底消失，物流的时效大幅度提升，“跑冒滴漏”造成的损失降到最低。

基于网络的电子支付对改善企业的管理和运营帮助很大，在实现电子支付之前，支付手段是现金、支票、转账，现金是不记名的，谁拿走都可以用，所以安全性很差，企业需要采取各种技术手段和防护手段来保证其安全；支票和转账的特点是单笔额度大，凭借纸质票据，耗费时间长，这些特征使交易操作很麻烦，而且企业要到银行后，并经过若干天的在途时间才能兑现，费时费工，而基于网络的电子支付通过第三方网络进行，安全可靠，中间环节大幅度减少，由于全过程信息化，痕迹清晰，问题很容易查找，风险和难度大幅度降低。

企业网络对于运营管理方式的改进是巨大的，动态规划、最低库存、高效率运转在信息手段的帮助下变得比较容易，信息技术相对于人工处理无论是处理速度还是信息负载能力都是一种飞跃，企业网络通过对人工处理过程的仿真，可以通过企业网络将大部分环节纳入其中，使运营管理的效率和质量都得到实际的提升。

企业网络的这些先进性特征中的任何一项都非常出色，当把所有这些都融合到一个企业网络之中，在一个企业中全面实现，其作用可想而知，这就是当前企业网络迅猛发展的根本原因，现在带来的问题是网络化的企业和非网络化的企业之间的差距，如果企业不能实现网络化，则经营难度巨大，这对新设立企业非常不利。

认识企业网络

要建设企业网络首先需要了解它的组成和机构，在信息技术已经深入渗透企业数十年的背景下，整个企业都与企业网络有关，从另一个角度描述，企业网络由设备平台、应用软件平台、设施、人员组织组成，其中设备平台和应用软件平台构成了企业网络的实体，人员和设施构成了企业网络的应用环境。

企业网络中的设备平台和应用软件平台共同支撑起企业的实际运营，设备平台是企业网络中的核心部分，也是整个企业网络的基础，是整个企业网络的处理核心，如果企业网络分布很广，可能在某些区域也安装服务器，形成处理分中心。计算机终端设备是企业网络设备平台的另一个重要组成部分，用于提供给企业员工使用，在上面完成各项业务操作。企业网络负责连接服务器和终端，三者共同构成了一个完整和互联互通的企业网络实体。应用软件平台是企业网络中最重要的部分，由基础软件部件和应用软件组成，在设备平台上建立一个基础系统平台；应用软件则包含了企业需要的业务处理逻辑，也就是各种业务处理流程；二者构成了一个覆盖企业各个部分的整体应用软件平台。

应用软件平台和设备平台构成了完整的企业信息网络主体，但仅仅这样是不够的，依旧无法发挥作用，需要和企业的各种设施相匹配，为了实现企业的运营目标，企业需要建设各种设施，如销售门店、服务中心、生产工厂、企业总部、信息中心等，为了可以在业务操作过程中使用企业网络，需要在企业的各个设施中安装服务器或者终端设备，还需要与设施中的设备进行连接，如与工厂的生产设备进行连接形成自动化的生产过程、与销售门店中的设备进行连接等。

最关键的是人员，设备与设施匹配后需要有相应的人员使用，这些人员就是企业员工，每个员工都有自己的岗位，根据岗位的业务规则和操作方法对相应的终端进行操作，同时进行相应的业务处理，如生产加工、货物销售、货物配送等。在企业系统的服务器中的应用软件会根据预先设计的流程进行信息处理、信息存贮和信息传送，完成企业网络的使命。

建设企业网络

企业网络建成后才能发挥作用，由于每个企业都有自己的特点，所以每个企业都要经历企业网络的建设过程，企业网络的建设分成两种情况：一种是全新建设，另一种是改建扩建，企业更多经历的是改建和扩建。网络建设需要经过规划、设计、建设、应用四个环节，无论哪种企业，其网络建设方式都一样。

规划是企业网络建设的第一个环节，规划的目的有两个：一是描述出企业网络建设的任务目标；二是需要得到企业计划、资金、组织等各个方面的同意和批准，以便取得所需要的资源。规划需要完成3个文件：企业网络建设规划、应用软件平台版本计划、应用软件功能说明书，这些文件的制定依据是市场和应用分析报告。

在规划完成后，企业网络建设就正式在企业中立项，分别从设备平台和应用软件平台两个方面开始进行。在设备平台方面需要进行网络拓扑设计，在应用软件平台方面按照工作流程规范开始设计过程，在设计完成后需要进行评审，以确定设计的结果与规划是否相符。

在设计完成后，就要开始具体的建设过程。在设备平台方面开始设备的采购和安装工作，在应用软件平台方面，开始软件编码和测试工作，设备平台和应用软件平台各自完成后，需要进行集成和联合测试，以确定整个企业网络是否能够正常运行，以及与当初的规划是否相同，如果有问题，则需要做出调整。

在企业网络建设完成后就要开始应用过程，也就是上线运行。在此过程中企业网络的设计和建设人员需要进行一校，需要辅导运行管理人员开始接收企业网络，更为重要的是，辅导企业中各个岗位的员工使用企业网络，保证企业网络能够发挥预想的作用。

管理企业网络

作为企业最重要的资产和组成部分，企业必须对企业网络实施有效的管理，以便企业网络能够发挥出应有的作用。这种管理包括两个方面，一方面是投入产出的管理；另一方面是企业网络建设过程的管理。

首先是投入产出的管理，这种管理体现在对于企业网络建设规划的审查和批准，审查由企业的计划、资金、组织方面的部门负责，目的是确定能否产生足够的经济效益、企业网络建成后对企业的价值在什么地方、企业是否有能力负担这样的建设、对企业目前正在进行的业务有何影响等。除各个部门进行的审查外，还需要进行交叉审核，以便平衡计划、资金、组织三方面的意见，形成统一的结论。如果认为规划有问题，则需要由企业网络的规划方面进行修改，如果形成了统一意见，则需要对规划进行汇签，然后正式批准规划。

其次是企业网络建设过程的管理，在项目批准后进入建设过程，企业治理系统中的各个部门需要对建设过程进行监管，需要保证项目按照预定规划进行，如果出现偏差，则需要督促具体实施团队加以修正，如果需要对规划做出调整，则需要进行再次审核和批准过程，直至建设工作完成，企业网络正式上线运行。

第 14 章　模板 1：老年关怀网

在本书的第 14 章和第 15 章将提供两个模板，这里提供的是模板，而不是案例，在很多书籍中都提供了案例，企业管理理论也来自对于案例的研究，然而中国革命的成功有“案例”的作用，但是，更多的是对于理想目标的追求，改革开放更没有案例可循，因此要摸着石头过河，企业治理的实践也是一样，案例的作用很小，就像每个人都不能复制别人一样。

这两章的模板是对企业理想化的一个塑造，这里描述了两个理想化的企业，以及企业的成长过程，这两个模板完全是虚构的，但是有很多的真实背景和资料，这两个模板的核心是把“设想”通过企业柔性治理架构全面完整地描述出来，现实与模板中的内容肯定不完全一样，因此，模板与实际操作之间会有差异，每发现一个差异后可以对整个架构的其他内容进行调整，随着差异的逐步减少，企业就变得完美了，这就是改革和深化改革所经历的过程，在这里通过企业柔性治理架构将这一方法引入企业中。

14.1　老年网运营机制

这是一个与大多数互联网企业情况非常类似的企业，首先需要了解企业的运营系统和运作机制，整个企业以基于网络的服务为中心，在此基础上组织和运营企业，它的客户对象是老年人，其生存优势是让老年人和家属放心，为此需要考虑全周期和全环境的高强度服务。

基本情况

老年关怀网是一个服务型企业，根据老年人的健康状况、行动能力和意识能力提供不同层次的关怀服务，包括不同层次的居家养老服务和集中照料，所有服务通过最先进的网络平台进行，它由老年家居服务设备、各种服务终端和后端服务系统组成。

建立老年关怀网的目的是尽可能解决老年人和子女的后顾之忧，随着人口老龄化程度的加深，老年人的关怀和照料日益重要，老年关怀网将网络技术和智能家居技术相结合，形成一种智能化和社会化的老年关怀模式，同时满足老年人和子女的需求，并且在老年人和子女的支付承受能力之内。

服务内容

老年关怀网为老年人提供全方位和多层次的养老服务，覆盖各个养老环节，并可以根据老年人不同的支付能力定制相应的养老服务，服务内容包括生活服务、医疗服务以及关怀服务。

生活服务的主要任务是照顾老年人的生活，包括生活照料、采购服务以及沟通服务。生活照料就是做饭、洗衣服、收拾房间等，其中做饭是主要工作，可以根据老年人的需要提供半成品原料、简易加工食品以及热菜热饭，随着老年人的行动能力逐步衰退和饮食数量的逐步减少，提供的餐饮的熟食化程度逐步提高，以便使吃饭不成为老年人的负担；采购服务是生活服务的另一项内容，主要是提供老年人需要的一些专用商品，如尿布和专用营养液等，还包括一些需要定期定量提供的商品，如清洁用品等，以便在最大程度上减少老年人的麻烦；还有就是沟通服务，包括与子女的定期沟通和专业服务人员的沟通服务，以排解老年人的寂寞和孤独。

医疗服务包括老年人监护、辅助医疗和医疗支持。随着老年人的年龄增大，健康状况和行动能力逐步转差，因此，医疗服务就显得十分重要，这里的医疗服务是医院治疗以外的服务，包括日常状况监护，如血压、体温和行为状况监控等；辅助治疗是进行一些简单和初步的治疗，如一些轻微的疾病和例行性的药品等；医疗支持是陪护患者去医院治病，以及住院期间的陪床看护等。

关怀服务包括老年人状态评估、套餐服务、事件处理知识咨询，随着社会的发展，人们需要为老年人提供更周到和恰当的服务。老年关怀网通过自身不同的数据和案例积累为老年人和家属提供全方位和有针对性的支撑服务。老年人状态评估是通过对老年人的监护、交流获得的数据对老年人的状况进行评估，并提出针对性的建议；套餐服务是根据老年人和家属的经济能力为老年人制定具有针对生活服务和医疗服务方案；事件处理知识咨询是对于出现的各种事件为老年人和家属提供相应的知识辅导和处置建议，方便后续的处理操作。

生活服务、医疗服务、关怀服务组合成四个级别的整体服务包，这就是简易家居服务、完整家居服务、集中关怀服务、深度关怀服务。简易家居服务适合各方面都比较良好的老年人；完整家居服务适合行动能力开始衰退但智力完整的老年人；集中关怀服务适合各方面都有缺陷的老年人，需要居住到关怀中心；深度关怀服务适合完全失能的老年人，需要居住到深度关怀中心。

网络构成

老年关怀网是一个 OTO 模式的网络服务平台，也就是一个线上和线下相结合的互联网平台。就网络部分而言，有三个关键要素，即先进的核心技术、完善的网络结构，以及丰富的网络功能。

老年关怀网有两项核心技术，老年评价功能和老年服务设备，老年评价功能是老年关怀网的核心功能，它通过收集和积累的数据对老年人行为状态、能力评价、健康状态进行评价、根据评价的结果形成处理对策建议；老年服务设备安装在老年人的居所，可以是老年人的家中，也可以是关怀中心或深度关怀中心中老年人居住的房间，它是一个网络系统，核心设备是智能家居网关，可以根据需要在网关上连接各种设备，如安防、房屋调节、老年人监护设备等。

老年关怀网由服务平台、老年端系统、子女客户端、工作服务客户端以及服务设备组成。其中，服务平台是整个老年关怀网的核心部分，是整个网络的服务端系统、数据处理和控制中心；老年端系统是一个智能家居网关为中心的客户端网络系统，连接着各种传感器和控制器，以便采集老年人信息，做出各种相应的操作；子女客户端是普通的 B/S 模式的终端设备，可以是手机，也可以是电脑，用于查询老年人的情况，处理各种相关事务；工作服务端和服务设备提供给老年关怀网的工作人员使用，是一般的企业网络和相应的联机设备。老年关怀网系统结构如图 14－1 所示。

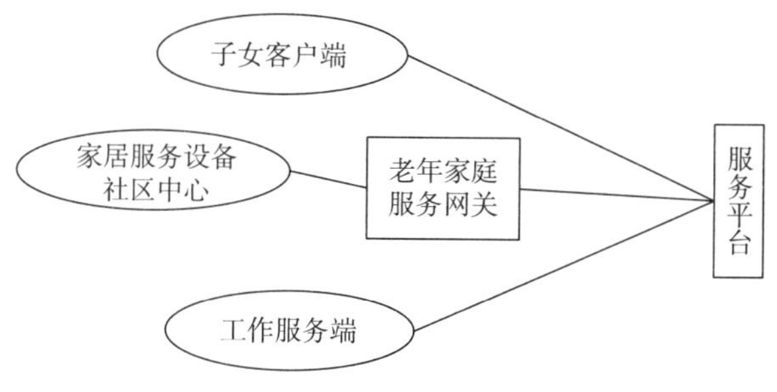

图 14－1　老年关怀网系统结构

老年关怀网的所有功能分布在网络服务端的三个层次，而控制层、交互层和操作层。控制层是功能层次中的最高层次，位于网络的服务端，功能包括：老年人信息处理、子女信息处理、服务信息处理、紧急情况处置、老年信息分析、服务信息分析等。操作层位于功能层次的最底层，包含有老年系统、服务终端和子女客户端 3 种设备，其中，老年系统的功能包括：行为采集、身体状况采集、家庭环境采集、手动操作、智能交互操作、多方交互等；服务终端的功能包括各种服务操作，医疗操作等；子女客户端的功能包括交互操作、查询操作等。交互层位于控制层和操作层之间，用于实现两者的互联，互联的方式包括 Wi－Fi、蓝牙、4G/5G、宽带等。老年关怀网的功能层次和分布见图 14－2。

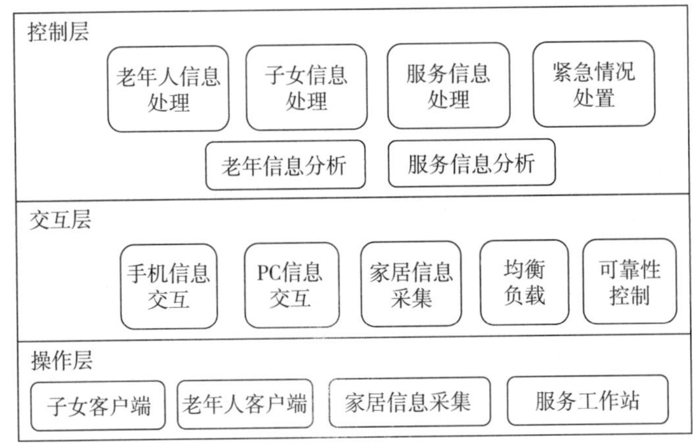

图 14－2　老年关怀网的功能层次和分布

支撑实体

老年关怀网的各项服务需要通过相应的实体来完成，因此，要有一个实体的服务网络来支撑信息网络，来为老年人实施具体的服务，这个实体网络除工作人员外，还有各种服务设施，这些设施通过人员和物流运输，以及资金流构成实体支撑网络。服务设施、运输物流、资金流之间的关系见图 14－3。

服务设施是老年关怀网的支撑实体，包括城市运营中心、社区中心、中心厨房、关照中心和深度关切中心，其中城市运营中心负责信息数据中心的运营管理和具体服务的调度管理；社区中心负责一个区域中的老年人的服务，也是值班室和物流分发中心；中心厨房负责制作老年人需要的不同类型的饭菜和相应的饮

食；关照中心是老年人的综合服务中心，老年人集中居住，目的是照顾健康和行动能力都比较差的老年人；深度关切中心是一个辅助医疗机构，用于照顾完全失能的老年人。

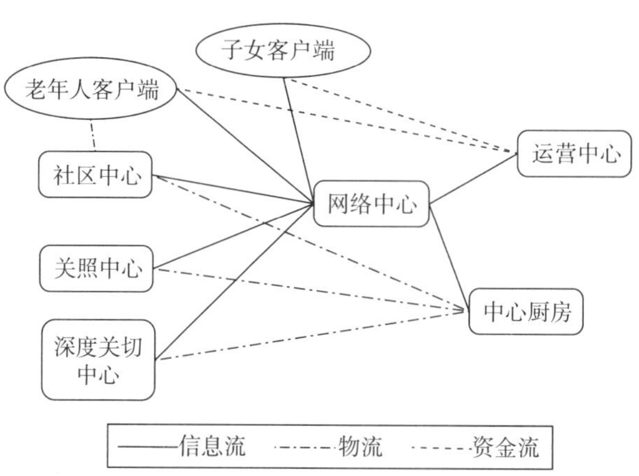

图 14－3　服务设施、运输物流、资金流之间的关系

运输和物流提供老年人和物资的运送，老年人运送包括接送老年人去医院或去关怀中心和深度关切中心，由于老年人比较特殊，所以相应的车辆也需要进行特殊处理；物资运输主要是餐饮成品或半成品的运输，以及专用物资的运输，物资运输主要在城市运营中心、中心厨房、社区中心之间进行，其他物资可以通过第三方物流企业进行运送。

资金流对于老年关怀网的持续运营非常重要，由于目前的金融服务已经非常发达，各种支付可以通过第三方进行，手段灵活方便，具体的支付方式可以为套餐式、现付式或结账式，方便老年人和家属的选择，为了降低老年关怀网的运营风险，可以向保险公司购买保险，以降低突发事件造成的困扰。

可行性策略

要想使老年关怀网获得成功，就必须做好多方面的工作，首先要确保老年关怀网提供服务有突出的价值和优势，以保证能够盈利；其次要使整个网络在技术上和处理过程中是可行的；再次是与政府、社会、环境等各方面能够和谐相处；最后是能够对整个网络进行有效的管理。

老年关怀网生存与发展的基础是能够保持持续盈利，而保持盈利需要尽可能地提升老年关怀网的体验价值，同时又尽可能多地降低成本，老年关怀网的体验价值首先来自于全方位、多阶段、多方式的服务，以便适应老年人的不同健康状况、不同行为能力和意识能力情况，同时，以增加家属和老年人的信任为中心，持续地针对每个老年人优化关怀照顾方案，而这些优质的服务是以老年人和家属可以承受的层次化保险机制为基础，确保服务费用限定在老年人和家属能够承受的范围之内。在降低成本方面，首先是各种关怀设备的重复利用，如辅助医疗仪器、轮椅、护理床等的重复利用可以提升老年人和家属的体验价值；其次是运用各种自动化和智能化技术可以降低操作的复杂性，以降低工作量和人力成本。

要保证老年关怀网真正实现其价值，就要在技术上与处理过程中保证切实可行，相关技术中大多数是通用技术，所有处理过程也是明确的，没有明显的技术风险。运营过程中的关键点有两个：首先是老年人家中和房间内的老年系统，相关的传感器和探测器可以通过市场配套获得，但网关需要自己设计和开发，由于技术比较普通，生产可以外加工，因此，难度不大；其次在服务端，最为关键的是老年人状态能力评估算法和情况处置算法，这是整个系统的核心，需要建立相应的数学模型，采用人工智能技术。

要保证老年关怀网的成功，必须保证与社会上方方面面的和谐相处，一方面，由于养老是政府支持的产业，社会上又需求迫切，因此，只要各个环节设计得当，比较容易获得整个社会的支持，基本上没有障碍；另一方面，如何获得老年人和家属的信任和理解，这是一个持续的过程，首先是通过技术手段予以解决，其次是严格的管理和对所有相关服务人员的约束，防止出现不应该出现的问题。

老年关怀网各方面的优势必须通过有效的控制与运营来实现，这需要机制化和规范化，首先必须以提升服务质量和信任感为中心开展产品和运营系统建设，需要在全体人员中牢固地树立相关的意识，严格约束，逐步成为各个方面的自觉行动。其次，通过适当的规模化来提高服务质量和降低运营费用，通过规模化和专业化可以对各个方面的工作进行更为专业的分工，压缩每个人的工作范围，降低出现问题的可能和相应的工作难度，同时，通过适度规模化降低各种设施和设备的利用效率和管理费用，有效降低成本；在持续地运用内功的过程中，始终将任务安排控制在各种能力许可的范围内，不盲目地发展产品和运营系统，要保证力所能及和有效掌控。

14.2　盈利设计

企业生存的前提是保持资金的稳定流动，为此需要保证企业的盈利能力，这是企业基本机制的组成部分。企业的盈利能力和企业在财务会计层面的盈利是两个完全不同的概念，由于投入大于产出，企业在发展阶段可能是亏损的，当企业稳定后盈利能力开始发挥作用，进入盈利周期。

老年关怀网的盈利设计通过三个内容完成，首先是价值布局，这里描述的是企业如何实现自己的价值，主要是如何使老年网提供的服务为客户创造便利，同时从客户获得营业收入；其次是老年关怀网的成本设计，通过各种手段提高效率和降低成本，主要是在老年人感到满意的情况下，如何将无效的操作降到最低；最后在价值和成本的基础上设计运行环节的资金流动方式，确保资金的稳定供给，以便使整个企业可以持续稳定地运行。

价值布局

老年关怀网的价值的核心是充分获得老年人和家属的认同，这样才能获得足够大规模的客户，这种认同首先来自所提供的服务能够满足处于不同阶段和不同情况的老年人的需要，同时，这些服务是老年人和家属所能够承受的，还有所提供的服务必须得到老年人和家属的信赖，此外，还需要能够及时和恰当地处理各种意外情况。

老年人的老化过程表现在健康程度、行为能力和意识能力等方面。随着老年程度的提升，各种情况逐步变差，因此，需要逐步加强服务程度，老年关怀网设计了 a，b，c，d，e 五个服务级别，适合老年人的不同情况，其中 a ~ c 级别是家居服务，d 级别是关怀中心服务，适合各方面比较差的老年人，e 级别在深度关切中心提供服务，适合完全不能自理的老年人。

老年人的收入有限，因此，老年关怀服务应充分考虑老年人的经济能力，家居养老的费用要限定在老年人的经济收入以内，还要有一定的剩余，以备不时之需，在关怀中心和深度关切中心的费用要限定在老年人收入的 130% 左右，不给老年人和子女增加过多的负担，另外，还提供养老设备租赁服务，以非常低的价格提供轮椅、护理床等护理设备，降低相应的负担。

获得信赖和理解是老年服务中非常重要的问题，随着老年人的逐步老化，各种问题会不断出现，因此需要获得老年人和家属的充分信任，这种信任来自于老年网自身具备的学习能力，不断自我完善，持续调整，将服务与老年人和子女的想法充分靠近；此外，还需要考虑的问题是突发情况处理，解决的方法包括：老年人和家属购买企业的意外处置服务，在服务套餐中包含有限次的紧急处置服务，以及企业中特备先处置和结算的机制，这些都是基于保险机制实现的。

成本设计

降低老年关怀网的成本开支需要根据养老产业的特点来实现，除传统的提高效率和规模化外，还需要充分利用政府对养老事业的支持，以及对于现有的一些资源的整合来降低成本和开支，特别是物理设施的开支。

降低成本的最重要环节就是充分利用政府的养老设施和人员，包括使用或收购现有的养老企业或设施，有些地方有公建民营的政策，还可以与政府的养老机构合作，如社区有一些养老服务点，可以选择进行合作；还可以直接寻求政府的自助来降低成本。

优化管理是更为根本的解决问题之路，首先是规模化和专业化，将老年关怀网的规模建立在盈利规模以上，最大程度地降低运营成本和管理成本；同时需要利用信息技术来优化操作，减少无用功，尽可能实行自动化和智能化，尽可能采用最短路径，优化供应链，在充分保证供应质量的同时，通过扩大采购规模和稳定供应节奏来取得一个更为理想的供应价格。

资金流设计

始终保持充足的现金是保证老年关怀网能够长期稳定运营的关键，因此，需要在资金流的运转设计上下功夫，首先是恰当的收费套餐设计和收费项目设计，要在老年人和子女能够接受的范围内尽可能地扩大毛利率，并通过收费方式的设计保证各项资金的及时到位，同时，需要将资金的占用程度降到最低，这需要通过优化管理和操作来实现，医疗费用是老年开支的重要组成部分，而且占有很大的比例，因此需要与社保和保险机构进行结算合作，本身可以取得社区卫生服务资质，就某些项目直接与社保结算，另外，是与医疗机构强化结算关系，增强医疗机构的信任，保证资金的正常流动。

购买保险和再保险是改进资金流状况和降低成本的有效方式，这样可以防止因为意外情况出现而产生的支付高峰，避免资金流失去控制，保证整个老年关怀

网资金的有序流动。

14.3　网络可用性设计

老年关怀网的基础是网络，网络的质量决定了企业和企业所提供的服务的质量，为此，需要进行周密的策划和考虑，需要从使用的角度出发，为最终客户和网络的运营部门提供足够的方便。

网络的可用性设计是老年关怀网在实现基础功能后，需要为网络的实际运营提供的一些便利性功能，这是产品系统通过网络软件和系统平台的功能为运营系统提供便利的一种手段，这种便利通过增加服务范围和能力，以及降低客户和运营部门的使用难度而使企业最终获益。

客户范围设定和特征设计

老年关怀网的客户覆盖弹性是形成理想规模的覆盖范围的关键，而客户覆盖弹性将客户范围设定为老年人服务模式、收费模式、子女关怀模式、服务人员服务模式的对象化设计，这些对象是两层结构，既相互独立，又相互关联，以适应老年人群的规模和需求的变化。

老年人服务和收费的对象化划分是避免一个服务过程和收费过程覆盖所有人群所造成的顾此失彼的情况，由于老年人需要服务的时间周期很长，可能需要 10～20 年，期间需要服务的程度逐步加强、内容逐步增多，如果通过合理的模式划分可以塑造比较强的针对性，各阶段的服务变得恰当和合理。收费模式的情况也类似，一次一付、月结、套餐收费等属于不同模式，需要进行不同的处理，针对的服务也不相同，恰当的收费模式划分和设计就显得非常重要，这不仅是收费过程自身的问题，同时也涉及对应于收费所提供的服务。

受中国传统文化的影响，子女对老年人的关怀是一种必然的行为。但是，由于文化背景、地域特征和生活环境的差异，同时，老年人的状态也会影响子女的关切程度，这些都要做相应的区分；对应于服务人员的服务终端也要注意，其中包含有餐饮、医疗等专业，主要注意相关的职业要求，要符合相应的习惯，避免不必要的困扰。

容错设计

老年关怀网的容错设计至关重要，由于老年人的意识能力逐步降低，误操作的概率逐步增高，包括未发生情况而进行误操作，或者是发生情况而没有操作，为了能够解决这一问题，需要采取多种手段进行防护，包括老年端进行误操作的防范设计，如双按钮设计，避免老年人的误操作；在服务平台中需要对关键性操作动作复审，审查操作的完整性及与历史情况和背景情况的符合性，同时需要对各种交互操作和信息交流进行强化和保护，防止因老年关怀网自身的原因产生失误。

智能功能设计

智能功能在老年关怀网中占有核心和基础的地位，这是由于老年人的逐步衰老特征决定的。老年关怀网必须通过多种智能功能来保证老年人尽可能的安全，避免一切可防范的风险，在客户端主要是在老年家居系统中设置相应的智能功能，包含观察类的智能功能，也包括一定的辅助支持类的智能功能，以便对老年人有所帮助。

服务端需要设置的智能功能包括老年人自主状态评估和老年人健康风险状态预警，这是整个老年关怀网的核心功能，针对每个老年人的所有生活服务和辅助医疗服务的建议都是依据此做出的，目的是使老年人和子女了解相关的真实情况，做出正确的决定。

14.4 产品内容摘要

老年关怀网的产品系统是由企业的技术开发部负责，他们负责网络和相关技术的开发，并最终形成可以提供的服务产品，产品系统的产品周期需要经过市场分析、产品规划、产品设计等阶段，每个阶段都会分成许多环节，这就会产生许多技术文件，每个文件都很长，在这里摘抄其中的一部分，加深对老年关怀网的理解。

老年关怀网的服务通过一个个网络软件和设备平台的版本持续为客户提供服务，生命周期模型描述的是版本推出的具体安排，老年关怀网通过用新的网络软

件和设备平台的版本来替换现有版本的方法来升级网络的软硬件；功能迭代模型描述了老年关怀网每个版本相对于上个版本升级和改进内容，通过新版本的不断推出使网络得到持续的升级和改进。在这里还提供了一个规划文件和一个设计文件，以便使大家了解老年关怀网在规划和开发过程中的一些考虑。

老年关怀网生命周期模型

老年关怀网的应用软件平台2.2是应用软件平台2.0系列中的一个版本，它的使命有两个：一是完成老年关怀网应用软件平台的第二阶段的实用化，二是改进应用软件平台2.1中的差错和不足，以构建相对完善的服务功能，同时实现服务操作、物流、资金流之间的无缝衔接。应用软件平台2.2是在应用软件平台2.1的基础上进行开发的，继承了其全部功能，当前版本是老年关怀网整个城市布局的组成部分，是循序渐进推进环节中的重要一步。

老年关怀网的应用软件平台2.2的整个生命周期从版本规划开始，到版本下线结束，经历规划、开发、上线运行三个阶段，每个阶段根据流程又有许多不同的环节，各阶段主要情况如下：

第一阶段：版本规划。

时间：第三年5～12月。

承担者：产品经理。

工作任务：用文字的方式描述出应用软件平台2.2的各项目标，并取得企业内各个方面的认可。

工作结果：产品版本计划，产品功能说明书。

第二阶段：应用软件平台开发。

时间：第四年1～11月。

承担者：软件开发团队。

工作任务：根据产品版本计划和功能说明，完成对于应用软件平台的开发。

工作结果：运营代码，设计文档，测试文档，验收和移交文件。

第三阶段：应用软件平台上线运营。

时间：第四年11月至第五年6月。

承担者：运营部门。

工作任务：运行软件服务平台，依据老年关怀网的各项指示和要求完成对老年人的服务。

工作成果：为老年人提供优质的餐饮、日常起居和辅助医疗服务。

老年关怀系统应用软件平台的功能演进

老年关怀网应用软件平台的功能沿着三条路线逐步成长和演进：一是技术内核老年人行为能力评价和对策模块；二是餐饮配方的不断改进；三是服务的改进，包括服务规模和方式的成长，服务功能的实际化和规范化，这些成长都是在继承的基础上不断进行优化和完善的过程。

从技术的角度描述，老年关怀网的应用软件平台版本 2.0 系列是对应用软件平台版本 1.0 系列的实用化扩展，应用软件平台版本 2.1、版本 2.2、版本 2.3 是这种实用化扩展一个逐步推进的过程，应用软件平台逐步得到完善和改进。

当前运行版本功能演进要点：

版本：应用软件平台版本 2.1，软件 2.0 的实用化版本。

主要成长功能：

建立完整的城市服务框架。

餐饮服务的初步标准化。

医疗服务的初步结构化。

日常照料的关键风险防范。

当前开发版本功能演进要点：

版本：应用软件平台版本 2.2，应用软件平台 2.0 的优化改进版。

主要成长功能：

优化和改进各项服务功能。

实现服务操作、物流、资金流之间的无缝衔接。

完全采用第二代餐饮配方。

日常照料规范化。

增加关怀中心功能。

改进医疗服务功能。

当前规划版本功能演进要点：

版本：应用软件平台版本 2.3，应用软件平台 2.1 的改进完善版。

主要成长功能：

完成整个城市服务布局。

完成社区—关怀中心—深度关切中心的结构布局。

各项服务的细化和量化控制。

中心厨房规范化。

优化运输和物流操作。

老年关怀网应用软件平台版本计划

一、概述

（一）计划的目的

本计划是老年关怀网的应用软件平台版本 2.2 的技术和管理操作描述，用于按照既定的节奏推进老年关怀网的成长和发展。

（二）文件背景描述

本计划所描述的产品，是以 2.0 版和 2.1 版的产品为基础的。

本计划由老年关怀网产品管理部×××编写，×××审查，×××批准。

老年关怀网软件开发部第×项目组负责开发，第×测试组负责测试。

质量保证由质量管理部负责。

项目经理为：×××。

参考资料：略。

（三）产品的组成

（1）本产品为老年关怀网应用软件平台版本 2.2。

（2）运行于老年关怀网运营中心的服务系统之上。

（3）与老年家居服务系统 1.2 之前版本进行互联和互操作，共同完成老年人服务使命。

二、产品计划的基础

（一）产品背景

1. 当前产品的市场地位

成为一个城市内有影响力的老年人服务网络企业，本年内支持对于 2 万老年人的服务，支持 40 个社区的稳定服务。

2. 过往产品的市场占有率

在城市中占有有效位置，保持服务规模在前 3 名之内，实现对整个城市的有效覆盖，到第二年底支持对于 5 万老年人的服务，支持 100 个社区和一个关怀中心的稳定服务。

3. 销售收入展望（见表 14－1）

4. 当前可以提供的用于产品发展的资源

（1）保持一支有足够规模能力的开发队伍和足够的开发设备。

表 14-1　销售收入展望

项目 时间	营业收入（元）	被服务老年人（人）	覆盖社区（个）	盈亏（元）	毛利率（%）	产品版本
第一年	0.00	0		-809.5		1.0
第二年	43200000.00	3000	6	-498.75		1.2
第三年	144000000.00	10000	20	1790	12.43	1.5
第四年	288000000.00	20000	40	5877.5	20.41	2.0
第五年	720000000.00	50000	100	16752.5	23.27	2.3
第六年	1440000000.00	100000	200	35960	24.97	3.0
第七年	2880000000.00	200000	400	74090	25.73	3.2
第八年	5040000000.00	350000	700	131742.5	26.14	3.5

（2）充裕的资金支持。

（3）充足的服务运营设备。

（4）按照计划目标配备服务人员和服务设备。

（二）策略

1. 本产品在整个公司发展战略中的当前位置

展开在一个城市中的布局，初步在城市中站稳脚跟，本版本应用软件平台将发挥基础性作用，所有工作基于本平台展开，服务规模的扩大和服务水平的提高完全依赖本平台的功能实现。

2. 本产品在整个公司发展战略中的潜在位置

在老年关怀网的后续发展中具有决定性作用，是老年人服务完善、规范化、规模化的关键步骤。

（三）客户

1. 典型客户的描述

（1）居家养老的老年人。

（2）在关照中心的老年人。

2. 产品应用分析

（1）餐饮服务。

（2）家居老年人服务。

（3）关怀中心对老年人的服务。

（4）辅助医疗服务。

（5）老年人状态监控和应急处置。

（6）与子女沟通和交流。

3. 有关产品应用的统计资料

见销售收入的历史和展望。

（四）竞争

1. 竞争分析

实现了根据老年人健康状况、行为能力、意识能力提供家居、集中、深度三种服务方式，是真正意义上的创新，获得了老年人和子女的高度好评，在行业中处于领先地位，是一般家政服务和现有养老服务所无法相比的。

2. 潜在的新的技术及应用发展趋势

已经采用了人工智能、大数据、移动互联网的最新技术。

3. 潜在的新的竞争者

暂无。

4. 本产品与竞争对手的产品的对比明细

（略）。

（五）趋势

1. 潜在的趋势

人工智能、大数据、移动互联网等最新技术进一步向养老服务行业渗透。

2. 潜在的机会

（1）老年人群逐步扩大，老年化社会加速。

（2）国家对养老事业充分支持和鼓励。

（3）整个社会的营商环境在不断完善。

（4）各项网络化基础设施不断完善。

三、版本规划

（一）当前版本功能计划

1. 保持版本 2.1 现有的界面、结构和功能

2. 改进版本 2.1 存在的错误

3. 进行以下工作

（1）优化和改进各项服务功能。

（2）实现服务操作、物流、资金流之间的无缝衔接。

（3）完全采用第二代餐饮配方。

（4）日常照料规范化。

（5）增加关怀中心功能。

（6）改进医疗服务功能。

（7）在应用软件平台版本2.2开发完成后，需要实现以上目标，并与功能说明书中的描述保持完全的一致。

（二）后续版本功能计划

后续版本将在继承现有工作成果的基础上对整个应用软件平台进行进一步的优化和细化，以提升老年关怀网的整体服务水准和质量，将风险降到最低，具体任务包括：

（1）完成整个城市服务布局。

（2）完成社区—关怀中心—深度关切中心的结构布局。

（3）各项服务的细化和量化控制。

（4）中心厨房规范化。

（5）优化运输和物流操作。

（三）长期版本功能计划

老年关怀网以持续扩大服务规模和提升服务水准为长远发展目标，实现的方法就是整个应用软件平台的逐步完善，今后应用软件平台的工作方向是：

（1）实现多个城市运营结构。

（2）配餐原材料采购和初加工的统一处理。

（3）医疗资源的优化共享。

四、下一个版本

（一）产品

产品名称：老年关怀网应用软件平台2.2。

上线时间：第四年11月。

上线标准：①实现本计划和功能说明书中的全部要求；②完成试运行，并获得运营部的验收；③提交规定的文件和全部文档。

（二）文件

在本产品开发完成时需交付以下文件代码文件和文本文件，并符合本企业的软件开发规范的相关规定，具体是：

（1）应用软件平台版本2.2内部测试版本。

（2）应用软件平台版本2.2正式运营版本。

（3）开发文档。

（4）服务、配餐、医疗、运输操作指南。

（5）运营管理指南和操作手册。

（三）培训

为保证本软件的顺利投入运营，需要对老年关怀网的以下人员进行培训：

（1）平台运行操作培训。

（2）运营操作培训。

（3）服务操作培训。

（4）通过家庭服务人员、声讯服务人员对老年人和子女进行培训，同时发送相关告知和注意事项信息。

五、后续版本的技术要素

（1）核心内核的升级和完善。

（2）与老年家居系统 1.3 进行对接。

（3）使用第三代餐饮配方。

（4）完善辅助医疗操作，加入智能化的因素。

六、附录

A. 下一个版本的产品规格/功能说明。

B. 相关文件清单。

老年关怀网应用软件平台概要设计摘要

一、运行环境

（略）

二、结构

（一）应用软件平台在老年关怀网的位置

应用软件平台是老年关怀网的组成部分，整个老年关怀网由应用软件平台、老年家居系统、中心厨房系统、关怀中心系统、深度关切系统组成，老年关怀网的组成元素示意图如图 14 - 4 所示。

老年家居系统是一个专门服务于老年人的智能家居系统，它是应用软件平台在老年人家中的延伸，目的是为自理能力很强的老年人提供居家养老，应用软件平台通过老年家居系统将整个老年关怀网的各种资源整合到老年人家中，使老年人获得全面周到的关照。

关怀中心系统安装在关怀中心，由于关怀中心是老年关怀网的独立节点，用于对老年人进行集中服务，在这里的老年人仍然有比较强的自理能力，由于关怀中心相对独立，所以通过关怀中心系统将应用软件平台的功能引入，同时具有关怀中心内部一些附属的功能。

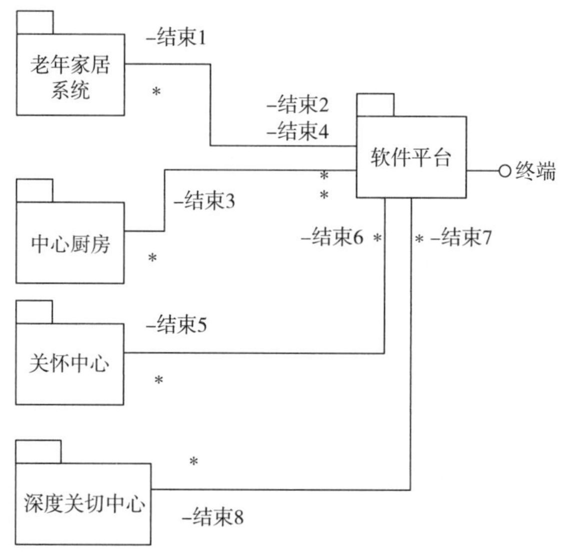

图 14－4　老年关怀网的组成元素示意图

深度关切中心系统安装在深度关切中心，深度关切中心为完全不能自理的老年人提供服务，是老年关怀网的组成部分和相对独立的节点，除了对老年人的服务方式有差异外，其余与关怀中心相同，与应用软件平台的关系也相同。

（二）应用软件平台结构

应用软件平台是整个老年关怀网的数据处理核心，是一个基于企业级服务器的服务端软件，包含老年家居系统交互部件、老年人状态和行为评价部件、服务安排/处置部件、人工服务、终端交互、子系统交互六个部分，其组成结构如图14－5所示。

服务处置安排部件是整个应用软件平台的核心部件，其职能是响应各种服务请求，对服务请求进行确认。然后安排服务的执行和操作，这些服务包括餐饮、家居照顾、辅助医疗等内容，这些服务可以是一次性的，也可以是全月的、全季度的甚至全年的。

老年人状态行为评价根据老年家居系统收集到的老年人身体和行动的各种数据对老年人做出评价，随着老年人年龄的增加，老年人的身体状况、行为能力、意识能力逐步衰弱，老年人状态行为评价用于及时地返现这些变化，以便将服务调整到更为适合老年人的状态，同时发现老年人的紧急情况，并及时进行处理，还有就是对服务请求的真实性进行识别，防止老年人的误操作。

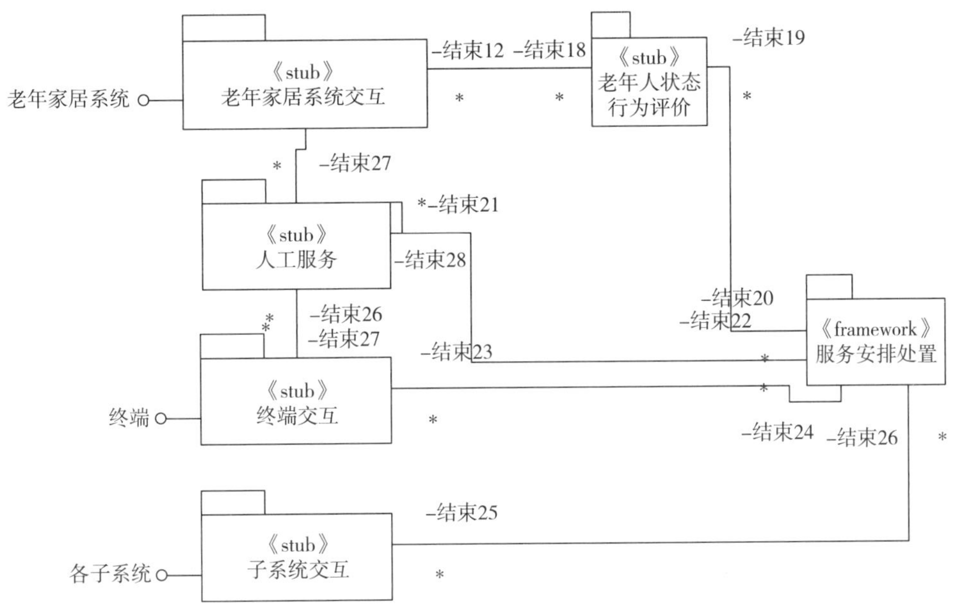

图 14－5　老年关怀的应用软件平台的结构

老年家居系统互动用于保持与老年人家中的老年人家居系统的互联和畅通，及时进行信息交换。当收到服务请求后首先对内容类型进行判断，如果是人工服务请求，则建立老年家居系统与人工服务之间的通达，然后维持通道直到人工服务结束，其他数据，则提交老年人状态行为评价部进行预处理，然后进行相应的操作。

终端交互部件负责与子女客户端、医疗客户端和服务人员客户端进行互联，这种互联包含人工服务互联，也包括自动互联，这需要连接到人工服务部件和服务安排处置部件。

人工服务部件用于提供实际的语音和视频服务，服务的对象是老年人和老年人的子女。提供人工服务可以解决和补充自动服务的不足，更为重要的是，处置紧急和突发情况，人工服务也与服务人员终端和辅助医疗终端进行互联，用于给服务人员和医疗人员下达服务要求，也处理服务人员和医疗人员发现的问题。

子系统交互部件与中心厨房、关怀中心、深度关切中心的子系统进行互联，实现服务的同步、资源共享和协调互动。

三、基本设计概念和处理流程

（一）交互应答关系

老年关怀网的应用软件平台处理两类交互关系：一类是应用软件平台接受请

求，然后进行应答，包括老年人通过老年家居系统发出的服务请求和子女终端发出的服务请求，应用软件平台负责应答这些服务请求；另一类是应用软件平台发出操作请求，相关方面做出应答，包括餐饮服务、家居服务和医疗服务，应用软件平台发出的服务操作请求首先发给相应的服务操作人员，由服务操作人员通知老年人，服务完成后首先由接受服务的老年人进行确认，再由服务操作人员汇报给应用软件平台，具体交互应答关系如图 14－6 所示。

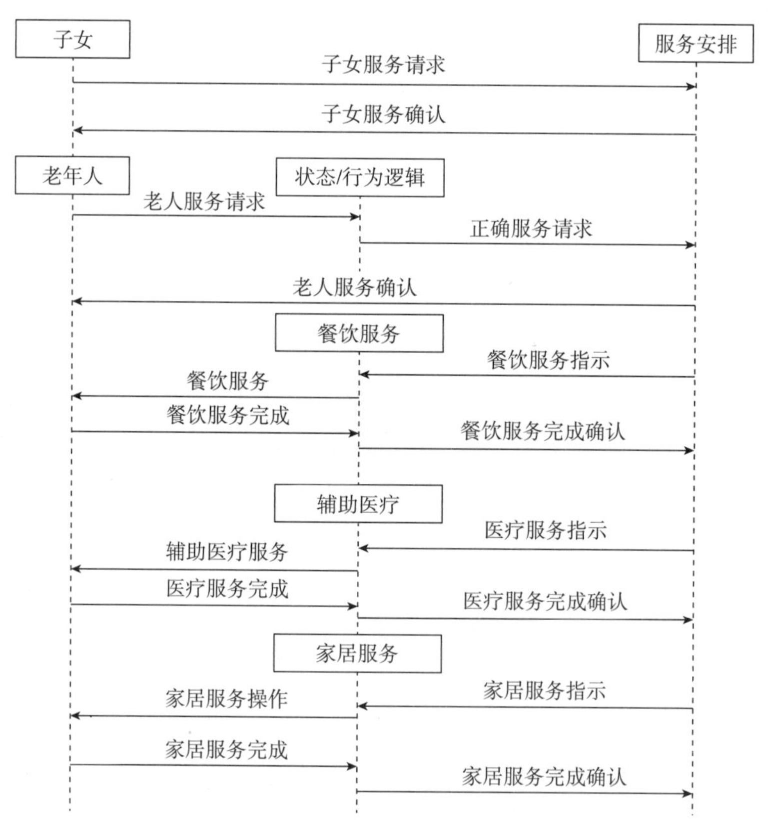

图 14－6　老年关怀网交互应答关系

（二）处理流程

从处理流程的角度看，老年关怀网的应用软件平台有正常处理流程和异常处理流程两种流程。这是根据老年人的特点设计的，如果老年人处于正常状态，则服务请求根据正常处理流程，采用自动或人工方式进行处理；如果发现异常，首

先由医务人员进行判断，然后由医务人员采取相应的措施进行处理，具体流程如图 14 –7 所示。

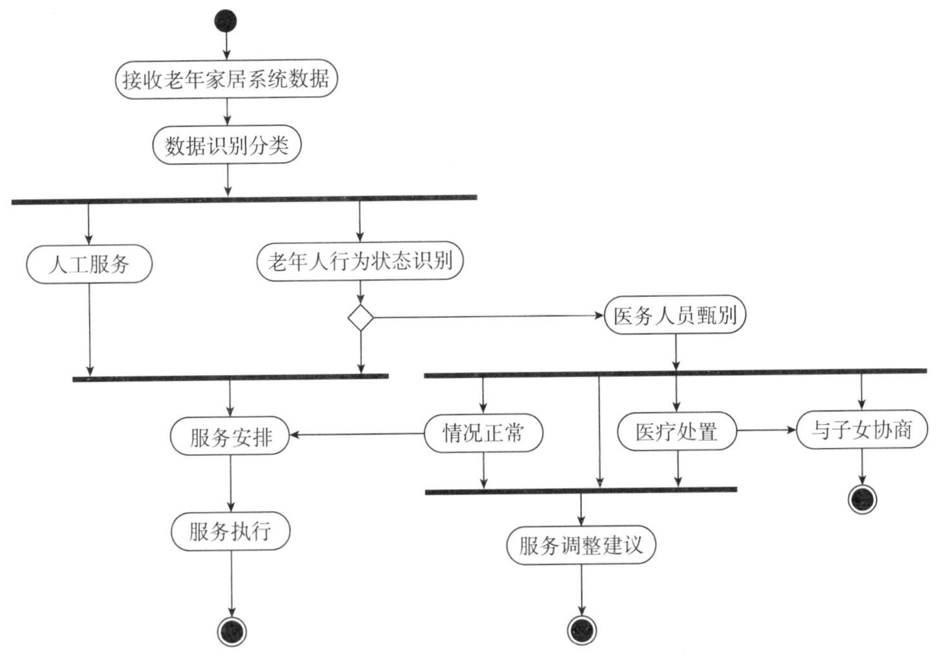

图 14 –7　老年关怀网的处理流程

14.5　计划内容摘要

计划是企业的治理系统指挥和协调企业中的产品系统和运营系统工作的基本手段，它包含了企业对于企业中各个系统和功能的任务安排，以及企业中正在进行的各项具体工作在企业整体运作中的当前和长远考虑，企业中的各个部门和所有人员据此开展各自的工作，形成整个企业的有效运作。

这里提供了一个老年关怀网的企业规划文件和一个计划文件，以便了解企业的长远考虑和每个年度的具体安排，从比较现实的角度观察企业治理系统中计划功能实际存在的形式和作用。

老年关怀网的生存优势设计

老年关怀网的核心生存优势是对老年人和家属的要求进行个性化处理，在老年人和家属层面确实解决了老年人和家属的燃眉之急，在企业方面可以有效地扩大老年人的服务数量，以便降低服务成本和提高服务质量，这一核心优势体现在：

（1）适合老年人不同年龄段和不同关怀照顾程度的需求。

（2）充分理解和适应各方的想法。

（3）在餐饮、生活照料、辅助医疗方面令老年人充分满意。

（4）及时有效地进行沟通，完善周到的服务，令家属充分满意。

养老系统发展规划

阶段 1

时间：第一年至第二年。

总体目标：建立基本运营网络。

产品目标：在成立的 9 个月内推出老年关怀网的平台内核版本 1.0，具备初步的老年人服务和状态评价功能。

在成立 9 个月内建立整个老年关怀网的完整系统版本 1.0，然后在两年内推出老年关怀网版本 1.1 ~ 1.5，逐步完成实用化过程。只提供相对简单的老年客户端系统。

设施建设目标：建设社区服务中心 6 个，实验性中心厨房 1 个。

运营目标：服务老年人 3000 ~ 4000 人，营业额 4000 万元。

阶段 2

时间：第三年至第五年。

总体目标：完成在一个城市的布局。

产品目标：推出老年关怀网的平台内核版本 2.0，具备完整的前后端互动功能，状态评估结果具有 50% 以上的可信赖程度。

根据新的内核，推出老年关怀网的系统版本 2.0，然后根据实际应用效果推出版本 2.1 ~ 2.3，重点是推出正规的老年家庭服务系统，在服务平台方面推出老年关怀中心和老年深度关切中心的支持功能。

设施建设目标：建设覆盖整个城市的 100 个左右的社区中心服务，扩建中心厨房规模，建设 1 个关照中心，建设 1 个深度关切中心。

运营目标：老年人服务数量达到 5 万人，营业额达到 7.2 亿元。

阶段 3

时间：第五年开始。

总体目标：开始在多个城市中布局。

产品目标：推出老年关怀网的内核版本 3.0，实现对于历史数据的背景参考功能和更为精细的状态评估，推出具有较高参考价值的操作建议，实际可信度提高到 65% 以上。

根据内核版本 3.0，推出老年关怀网系统版本 3.0，然后陆续推出版本 3.1 ~ 3.6，解决城市间的系统互联问题，推出更具有针对性的老年人分级分类餐饮配方和服务项目，实现中心厨房的统一采购，以及医疗资源的远程共享。

设施建设目标：建立多个城市运营中心，并依据城市的具体情况建设相应的社区中心、中心厨房、关照中心和深度关切中心。

运营目标：老年人服务数量达到 35 万人，营业额达到 54 亿元。

老年关怀网的发展数据如表 14 - 2 所示。

表 14 - 2　老年关怀网的发展数据

	营业收入（元）	被服务老年人	覆盖社区	员工总数	运营人员	产品人员	治理人员	盈亏	毛利率（%）	产品版本
第一年	0.00	0		28	5	18	5	-809.5		1.0
第二年	43200000.00	3000	6	225.5	192.5	23	10	-498.75		1.2
第三年	144000000.00	10000	20	670	610	50	10	1790	12.43	1.5
第四年	288000000.00	20000	40	1245	1185	50	10	5877.5	20.41	2.0
第五年	720000000.00	50000	100	3055	2975	65	15	16752.5	23.27	2.3
第六年	1440000000.00	100000	200	6000	5900	80	20	35960	24.97	3.0
第七年	2880000000.00	200000	400	11940	11800	120	20	74090	25.73	3.2
第八年	5040000000.00	350000	700	20815	20625	170	20	131742.5	26.14	3.5

老年关怀网年度计划（第四年）

本年度的主要任务是保持已经取得的成绩、持续扩大战果，完成对整个城市的覆盖；在积极开展工作的同时，需要保持清醒的头脑，注意工作的节奏和力度，稳步前进，确实做到量力而行，制止一切冒进的行为，将可能的风险降到最低；不断地完善各项工作的质量和效果，在简化和便利的前提下，不断发现和改进不足，持续优化工作流程和标准。

（1）运营任务。

目标：在产品和设施建设的支持和配合下，有效提升服务质量和水准，充分改善老年人和家属的体验，有效建立信任关系，在此基础上持续扩大服务规模。

运营任务1：日常运营。

继续在已经建立的社区服务中心的覆盖区域内，对老年人进行高质量和高水平的服务的同时，伴随着新的社区服务中心的建设逐步扩大服务覆盖区域；稳步推进服务队伍建设，让新员工尽快融入老年关怀网的企业组织；进一步改进服务流程和服务标准，强化对服务细节的完善，在最大程度上消灭隐患和风险。

完成指标：服务老年人数量达到20000人，营业收入达到2.88亿元。

条件：提供足够的社区服务中心，相关人员到位，中心厨房服务能力到位，运营足额到位。

风险系数：85%的可能性完成任务。

运营任务2：建立关怀中心。

在关怀中心建设工作推进的同时，开始关怀中心的运营筹备，组建运营服务队伍，建立服务流程和服务标准，完成各种配套工作，对可能进驻的老年人进行初步的预选和摸底，进行其他相关的筹备工作。

完成指标：完成关怀中心的筹备，正式开始营业。

条件：关怀中心的建设任务完成，相应的人员到位。

风险系数：90%的可能性完成任务。

（2）产品任务。

目标：以持续提升整个老年关怀网的内在先进性为目的，在各个层面持续开展工作，保持最终体验的持续改进和完善。

产品任务1：系统版本2.2开发。

根据产品计划和企业预算，进行老年关怀网整体系统版本2.2的开发，整个开发过程严格按照流程进行，保证各个环节的质量，有效地实现产品计划中的各项目标。

完成指标：版本正式上线。

条件：资金、人员等各种资源足额到位。

风险系数：75%的可能性完成任务。

产品任务2：系统版本2.3规划。

总结当前老年关怀网的运营情况，确定下一步的发展方向和任务，形成产品计划与开发、运营、治理系统等各个方面进行平衡和协调，明确系统版本2.3的任务安排。

完成指标：完成版本计划，并完成报批过程。

条件：任务得到治理系统的同意。

风险系数：95%的可能性完成任务。

产品任务3：老人服务家居系统1.3开发。

适应系统版本2.3的开发，设计新的老年服务家居系统，对整个智能家居路由器进行重新设计，选择新的核心芯片，提高配套芯片的可靠性和稳定性，扩充新的连接设备，对现有的连接设备进行优化，提供整个系统的稳定性、可靠性、敏感性，形成新的美好体验。

完成指标：设计通过验收，并正式投产。

条件：资金、人员、实验设施等各种资源足额到位。

风险系数：75%的可能性完成任务。

产品任务4：新一代内核版本预研。

在现有第二代内核版本的基础上，为研制第三代系统内核版本做准备，进一步对已经取得的数据进行分析，挖掘新的工作方向；深入运营实践，捕捉老年人、家属、一线运营人员的体验和期待，形成方向性意见。

完成指标：与正在使用的内核版本有明显的改进，获得产品管理、运营管理方面的认可。

条件：资金到位。

风险系数：90%的可能性完成任务。

产品任务5：第三代老年人餐饮配方设计。

改进老年人的餐饮配方，进一步细化不同健康水平、不同行为能力老年人的饮食需要，配合中心厨房的升级和运营配送能力的提升，改进制作工艺，让老年人获得更好的体验。

完成指标：饭菜质量和老年人的体验确实得到提升，令各种不同情况的老年人充分满意。

条件：获得企业和运营系统的支持，并提出方向和目标。

风险系数：80%的可能性完成任务。

（3）设施建设任务。

目标：在企业的资源能力和运营能力有效提供的范围内，本着优质、完美、高效的原则，稳步开展运营设施的布局、规划、建设，实现对一个城市的完整覆盖。

设施建设任务1：社区中心建设。

向尚未延伸的区域进展，以整个城市为目标进行社区服务站的覆盖，包括布局、选址、规划、设计、建设、配套等工作，然后交付运营。

完成指标：完成20个社区中心的建设。

条件：布局和规划完成，预算和资源足额提供。

风险系数：90%的可能性完成任务。

设施建设任务2：关怀中心建设。

在完成选址、规划、设计等工作后，开始关怀中心的建设和配套工作，然后交付运营。

完成指标：竣工验收，具备开业条件。

条件：规划和设计通过评审，相关资金足额到位。

风险系数：85%的可能性完成任务。

设施建设任务3：深度关切中心规划论证。

启动深度关切中心的初期工作，包括选址、规划和设计等工作，力求在充分降低预算的前提下做到完美，充分考虑老年人、子女、运营人员的需求，进行高质量的工作。

完成指标：完成可行性报告和建设方案。

条件：任务列入计划。

风险系数：95%的可能性完成任务。

14.6 资本内容摘要

资本是企业的血液，资金不流动了，企业也就垮掉了。为了防止这种情况出现，企业必须保证资金的持续有效供给，资金在企业中通过三种形式存在，收入、支出和资产，资本管理的任务是清晰地描述出相应的操作，并把三者之间的关系和比例调整到最合理的状态。

这里提供了两个关于老年关怀网的资本内容文件，一个是资本规划，描述出

老年关怀网的整体资本变化情况；另一个是某一年的企业预算，用于描述老年关怀网具体的收支安排设计。

老年关怀网资本规划

从资本的角度看，老年关怀网的表现令人满意，企业很快就能够进入正轨。无论是企业资产、所有者权益、现金流的表现都令人满意，问题的关键是确保稳定的行业地位，保持企业的趋势。

（1）资产。老年关怀网的资产可以分成三个部分，即老年关怀网系统和相关产品技术、老年人服务设施以及运营资金；老年关怀网系统和相应的产品技术是产品系统从创业开始持续研发和升级而来，为此企业投入相当数量的人力和物力，所形成的技术的先进性和实用性是企业发展的基础；运营设施包括社区服务站、关怀中心、深度关切中心、中心厨房、交通车辆以及相应的管理设施，这些是通过持续的规划和建设形成的，是老年关怀网的物理性实体资产，是业务开展的基础设施；还有就是运营资金即现金和存货，这是企业的流动资产，是整个老年关怀网能够维持运转的关键。老年关怀网的资产和成长情况如表 14－3 所示。

表 14－3 老年关怀网的资产和成长情况 单位：万元

时间＼项目	本期新增资产	累计资产	期初现金	期末现金	期末资产合计
第一年	757	757		1290. 5	2047. 5
第二年	1137	1742. 6	1290. 5	10791. 7	12534. 3
第三年	1930	3324. 08	10791. 75	22581. 75	25905. 83
第四年	1930	4589. 26	21865. 75	27743. 25	32332. 51
第五年	2635	6306. 41	25392. 25	42144. 75	48451. 16
第六年	3340	8385. 13	35443. 75	121403. 75	129788. 88
第七年	4510	11218. 1	107019. 75	181109. 75	192327. 8
第八年	6070	15044. 48	151473. 75	283216. 25	298260. 73

（2）所有者权益。原则上老年关怀网的所有资产应该归老年关怀网的借贷提供者和股份持有者所有，由于老年关怀网属于科技创新企业和轻资产企业，所以一般不发生借贷关系。因此，老年关怀网的所有资产归企业创业者和创投资本

所有，二者的区别在于创业者持有的股权是1∶1，而创投资本的投资是经过一个相当比例的议价，是以公司的未来价值为标准的，其获益来自于公司的成长和发展，平时不参与日常业务的操作。老年关怀网的所有者权益的情况和发展变化如表14－4所示。

表14－4　老年关怀网的所有者权益情况和发展变化　单位：万元，%

时间＼项目	企业当前价值	可融资价值（12.5%）	融资股本	原始股本	期初资本现值	期末资本现值	创业者股权比例	投资者股权比例
第一年			2000	100	2100	1808	80	20
第二年					1627.2	12048.2		
第三年	26850	3580	10000		10843.38	24939.38	67.50	32.50
第四年	88162.5	11755			21729.44	30715.44		
第五年	251287.5	33505			25292.9	48152.9		
第六年	539400	71920	50000		36636.6	133276.6	55	45
第七年	1111350	148180			105564.94	199844.94		
第八年	1976137.5	263485			150224.45	316174.45		

（3）资金使用。为了保证整个老年关怀网的正常稳定运行，老年关怀网需要准备充足的资金，这些资金包括备用金、运营资金、研发资金和管理资金。

备用金用于防范老年关怀网的各种风险，是最后一道防线，只有在企业出现了问题的时候才能使用，使用后需要尽快补回。老年关怀网的备用金的数量需要满足两个月的日常运营开支和一个季度的产品、设施、管理开支，具体数量第一年需要约200万元，第四年需要4200万元、第八年需要6.5亿元。

运营资金用于支付老年关怀网的运营系统的人员开支和各种原材料和货物开支的损耗，需要准备的运营资金至少要满足2个月的开支需要，运营资金的数量第二年是600万元，第六年为1.6亿元，具体金额根据营业规模确定，由于营业是有收入的，所以，只要保证营业收入的稳定性，运营支出的资金是有保证的。

研发资金由产品系统用于各项研发和技术开支，主要是老年关怀网的各种软硬件，设施建设资金由运营系统的设施建设部门用于运营设施建设的开支，如社区服务站、关怀中心等，二者是由企业根据需要决定的。其规模一方面取决于业务发展的需要，另一方面也要根据企业实际的能力，企业在这方面具有一定程度

的主动性，可以做到量力而行。研发和设施建设取得的成果将成为企业资产的组成部分，这部分资产通过老年关怀网的具体运营产生效益，并得以回收。

管理资金用于支付老年关怀网治理系统的各项开支，是纯粹的费用开支，老年关怀网的管理资金随着治理系统的规模变化而变化，而老年关怀网的规模变化取决于为老年人服务的效果，也就是具体的营业规模。

老年关怀网所需要的各种资金和所占比例如表 14－5 所示。

表 14－5　老年关怀网所需的各种资金和所占比例　　单位：万元，%

项目 时间	资金总需求	备用金	备用金占比	运营资金	运营资金占比	设施投入	设施占比	产品费用	产品占比	管理费用	管理占比
第一年	973.37	198.87	20.43	7	0.72	10.5	1.08	507	52.09	250	25.68
第二年	2907.68	921.43	31.69	566.5	19.48	282.75	9.72	637	21.91	500	17.20
第三年	6775.5	2335.5	34.47	1634	24.12	876	12.93	1430	21.11	500	7.38
第四年	10948.6	4121.1	37.64	3219	29.40	1678.5	15.33	1430	13.06	500	4.57
第五年	24701.8	9779.3	39.59	8065	32.65	4222.5	17.09	1885	7.63	750	3.04
第六年	46720	18980	40.63	16060	34.38	8340	17.85	2340	5.01	1000	2.14
第七年	90727.5	37417.5	41.24	32120	35.40	16680	18.38	3510	3.87	1000	1.10
第八年	156359.3	64976.8	41.56	56175	35.93	29137.5	18.63	5070	3.24	1000	0.64

老年关怀网年度预算（第四年）

（1）总体安排。

总收入：2.88 亿元。

总支出：2.29 亿元。

毛利：5877.5 万元。

（2）运营预算。

总收入：2.88 亿元。

分项收入：

1）老年人家庭服务收入：2.86 亿元。

2）关怀中心收入：200 万元。

总支出：1.9314 亿元。

分项支出：

1）物料成本：1.26 亿元。

2）运营成本：0.6714 亿元。

（3）产品预算。

总支出：1430 万元。

目标：用于完成以下各项开发工作。

产品项目 1：系统版本 2.2 开发。

概述：按照已经批准的产品计划开发新的老年关怀网系统版本。

时间：11 个月。

支出合计：630 万元。

分项支出：

人员工资：410 万元。

设备：70 万元。

活动经费：150 万元。

产品项目 2：系统版本 2.3 规划。

概述：规划新的老年关怀网系统版本。

时间：7 个月。

支出合计：90 万元。

分项支出：

工资：60 万元。

经费：30 万元。

产品项目 3：老人服务家居系统 1.3 开发。

概述：完成对现有老年人服务家居系统硬件部分的完善和改进，升级部分核心芯片，连接新选型的外接部件。

时间：13 个月。

支出合计：420 万元。

分项支出：

人员工资：280 万元。

设备：30 万元。

外协加工：10 万元。

实验：20 万元。

活动经费：110 万元。

产品项目 4：新一代内核版本预研。

概述：开展新一代内核版本的前期工作。

时间：15 个月。

支出合计：120 万元。

分项支出：

工资：80 万元。

活动经费：40 万元。

产品项目 5：第三代老年人餐饮配方设计。

概述：改善老年人的餐饮配方，增加新的细分品种。

时间：11 个月。

支出合计：170 万元。

分项支出：

人员工资：115 万元。

试验费：25 万元。

活动经费：30 万元。

（4）设施建设预算。

总支出：1678.5 万元。

目标：保证老年关怀网的持续成长，建设新的社区服务中心和关怀中心，筹备深度关切中心。

建设项目 1：社区中心建设。

概述：建立 20 个新的社区服务中心，每个中心 100 平方米。

时间：12 个月。

支出合计：600 万元。

分项支出：

建筑材料：120 万元。

施工费：360 万元。

设备家居：120 万元。

建设项目 2：关怀中心建设。

概述：根据已经批准的计划和设计建设第一个关切中心，面积 7000 平方米。

时间：9 个月。

支出合计：900 万元。

分项支出：

建筑材料：230 万元。

施工费：420 万元。

设备家居：250 万元。

建设项目 3：深度关切中心规划论证。

概述：深度关切中心的前期工作，包括选址、规划、设计、预算等工作。

时间：14 个月。

支出合计：178.5 万元。

分项支出：

活动经费：85 万元。

设计费：93.5 万元。

（5）管理费用预算。

总支出：500 万元。

目标：保证企业治理系统的正常运作。

分项支出：

人员工资：320 万元。

活动经费：110 万元。

其他开支：70 万元。

现金安排：

现金总需求：1.1 亿元。

分项支出：

备用金：4100 万元。

运营资金：3200 万元。

产品资金：1430 万元。

设施建设资金：1678.5 万元。

管理资金：500 万元。

前八年老年关怀网的各项主要财务数据如表 14－6 所示。

表 14－6　前八年老年关怀网的各项主要财务数据　　单位：万元，%

时间＼项目	收入	老年人	社区	盈亏	毛利率	总成本
第一年	0.00	0		－809.5		809.5
第二年	4320	3000	6	－498.75	－11.55	4818.75

续表

项目 时间	收入	老年人	社区	盈亏	毛利率	总成本
第三年	14400	10000	20	1790	12.43	12610
第四年	28800	20000	40	5877.5	20.41	22922.5
第五年	72000	50000	100	16752.5	23.27	55247.5
第六年	144000	100000	200	35960	24.97	108040
第七年	288000	200000	400	74090	25.73	213910
第八年	504000	350000	700	131742.5	26.14	372257.5

表14－6中的总成本及其构成如表14－7所示。

表14－7 总成本及其构成 单位：万元

项目 时间	总成本	可变成本	运营固定成本	运营开支	设施投入	产品费用	管理费用
第一年	809.5		52.5	42	10.5	507	250
第二年	4818.75	2268	1413.75	1131	282.75	637	500
第三年	12610	6300	4380	3504	876	1430	500
第四年	22922.5	12600	8392.5	6714	1678.5	1430	500
第五年	55247.5	31500	21112.5	16890.0	4222.5	1885	750
第六年	108040	63000	41700	33360	8340	2340	1000
第七年	213910	126000	83400	66720	16680	3510	1000
第八年	372257.5	220500	145687.5	116550	29137.5	5070	1000

14.7 组织内容摘要

企业组织安排描述了整个企业组成布局，企业的部门安排，每个部门中的人员数量安排和相应的岗位设置，对应于企业中相应的设施，构成了整个企业实际操作部分。企业治理系统中的组织功能根据这个安排来建设和维护企业的组织，在这里简单地提供了老年关怀网治理系统、产品系统、运营系统的人员分布和变化过程，以便了解老年关怀网的组织运行情况。

治理系统构成

治理系统负责老年关怀网的具体领导和指挥，具体的手段是通过计划、预算和组织建设来实现的，老年关怀网的运营系统和产品系统所需要的任务安排计划、执行各项任务需要的资金以及所需要的人员和组织建设都需要治理系统提供。老年关怀网治理系统的组成结构和发展情况如表 14－8 所示。

表 14－8　老年关怀网治理系统的组成结构和发展情况 单位：万元，人

项目 时间	收入	老年人	治理人员总数	总裁办	资金	计划	组织
第一年	0	0	5	1	2	1	1
第二年	4320	3000	10	3	3	2	2
第五年	72000	50000	15	6	3	3	3
第六年	144000	100000	20	6	4	5	4

总裁办主要的总裁、副总裁以及相应的助手，负责整个企业的日常管理，决定计划、预算和各项组织安排，对董事会负责。

资金人员负责日常记账和现金管理的会计工作，企业资金安排的财务工作，以及资本市场相关操作的资本管理工作。

计划人员负责制定企业的战略发展规划和年度计划，并推进各项计划在产品系统和运营系统的实施。

组织人员负责企业人力资源管理的相关工作和其他组织建设相关工作。

产品系统构成

产品系统的任务是建设和维护老年关怀网，具体包括老年服务前端系统和老年关怀网的后端平台的设计和建设，以及老年关怀网中的一些关键性算法的研究和设计。产品系统的工作成果是运营系统具体为老年人进行服务的方向和指南，它负责沟通老年人、老年人的子女或监护人员、运营系统的人员、治理系统的人员。老年关怀网产品系统的组成结构和发展情况如表 14－9 所示。

表 14－9　老年关怀网产品系统的组成结构和发展情况 单位：万元，人

时间＼项目	营业收入	被服务老年人	产品人员总数	开发人员	产品管理/研究人员
第一年	0	0	18	15	3
第二年	4320	3000	23	20	3
第三年	14400	10000	50	40	10
第四年	28800	20000	50	40	10
第五年	72000	50000	65	50	15
第六年	144000	100000	80	60	20
第七年	288000	200000	120	90	30
第八年	504000	350000	170	120	50

开发人员负责老年关怀网信息网络的开发，包括前端的老年家居服务系统、后端的服务平台以及各种工作客户端，其中老年家居服务系统的开发包括服务网关的软硬件开发和整个系统的集成。

产品管理人员负责老年关怀网的相关市场的分析和研究，老年关怀网的产品计划的制定和执行，老年关怀网新版产品的应用推广和其他相关人员的培训。

研究人员负责研制老年关怀网的核心控制算法，老年人的餐饮配方和制作方法，老年人的照顾和服务方法等关键性技术元素。

运营系统构成

老年关怀网的运营系统的职责是负责具体关怀和照顾老年人，照顾的内容包括饮食起居、日常服务、医疗服务。照顾的方式包括家居照顾和集中照顾两种，照顾方式根据老年人的健康情况、行动能力和意识能力分成 5 个等级，运营服务人员的服务建立在服务设施基础上，运营设施以社区服务中心为基础，逐层增加相应的设施，运营服务系统的所有人员都按照老年关怀网的具体指令进行服务操作。老年关怀网运营系统的人员组成和业务发展情况如表 14－10 所示。

表 14－10　老年关怀网运营系统的人员组成和业务发展情况

单位：万元，人

时间＼项目	收入	被服务老年人	覆盖社区	运营人员总数	家庭服务人员	医疗人员	中心厨房人员	运输人员	建设管理人员
第一年	0	0		5	0	0	0	0	5

续表

项目 时间	收入	被服务老年人	覆盖社区	运营人员总数	家庭服务人员	医疗人员	中心厨房人员	运输人员	建设管理人员
第二年	4320	3000	6	192.5	120	30	15	7.5	20
第三年	14400	10000	20	610	400	100	50	25	35
第四年	28800	20000	40	1185	800	200	100	50	35
第五年	72000	50000	100	2975	2000	500	250	125	100
第六年	144000	100000	200	5900	4000	1000	500	250	150
第七年	288000	200000	400	11800	8000	2000	1000	500	300
第八年	504000	350000	700	20625	14000	3500	1750	875	500

服务人员是老年关怀网的主体，其职责是为老年人送餐和其他在老年关怀网购买的东西，以及打扫卫生；根据老年人的生活能力提高相应的便利服务，陪同老年人就医和照顾老年人住院。

医疗服务人员的主要任务是照顾老年人的健康，提供一些常用的药品和简单的医疗服务，对老年人的健康做出初步诊断，对老年人的状态做出判断和提出建议。

中心厨房人员的主要任务是为老年人制作一日三餐。

运输人员负责配送老年人的一日三餐和其他从老年关怀网购买的商品，同时接送老年人，包括接送老年人去医院和关怀中心。

建设管理人员负责运营系统的日常运营和管理，包括计划的确认和执行、服务和工作质量的监控及社区服务站、中心厨房、物流设施、关怀和关照中心的规划、设计和建设。

第15章　模板2：车联网公司

15.1　车联网运营机制

在这里描述了一个具有实体产品的企业，该企业同时提供产品和服务，产品来自相关的车载控制部件和相应服务，企业的核心优势是产品中所包含的技术，这些技术为本企业所拥有，整个企业围绕着这些技术优势开展各种业务活动，以保证企业的平稳运行。

基本情况

车联网公司是一个产品和技术型企业，企业的收入主要来自产品销售和技术销售，网络信息服务是辅助性的。车联网公司以车载电脑为支点，以车联网络平台为基础，逐步推进信息技术在车辆中的应用，企业的核心产品是车载电脑，是企业的主要收入来源，企业的核心技术是车联网技术，它能够实现车载系统、车载电脑、车辆服务平台之间的紧耦合互联，形成真正意义上的车联网的基础架构。

与网络服务型企业不同，车联网公司以企业的价值和生命力为核心，这种价值和生命力来自始终对于车联网技术的坚持，使其不断成熟和成长，整个企业的发展由易到难，稳步成长；具体产品和业务也是从后装起步，再逐步发展到前装。

无人驾驶和人工智能的应用是当前车企的发展重点，而车联网公司则继续坚持其既定的方向和道路，继续以车联网平台的发展为其努力的重点，因为无人驾驶和人工智能的实际应用还有很长一段路要走，所以目前并不把着力点放在这些时髦领域，在车联网平台的各项技术逐步成熟后，将会形成水到渠成的局面。因此，车联网公司目前不提供这些智能功能本身，而提供这些智能功能的支撑基础。

产品与业务

车联网公司的核心产品有：车载电脑、车辆信息服务、车载平台技术包；车载电脑是平板电脑的车载版，可以支持 Windows 操作系统，也可以支持安卓操作系统，由于车辆的环境需要经历冷、热、颠簸、震动，应用环境比普通的办公室环境恶劣得多，还要求有非常高的稳定性和可靠性，需要经过一系列的特殊处理和强化；车辆信息服务平台通过移动通信网络与车载电脑进行互联，提供联机车辆技术服务、功能下载、安全服务等服务，同时提供第三方服务平台的转接服务，由于车辆的特殊安全要求，车载电脑不允许直接使用各种网络资源，所有接入功能必须通过安全审查，也要向车联网公司支付一定的费用；为了能够让整车厂更好地使用车联网公司的车载电脑，车联网公司为整车厂提供车载平台技术包，包括车载网关和车辆适配器以及开发接口工具包，车辆连接平台，车辆连接平台与企业系统的互联适配器，这是一套完整的车联网解决方案，整车厂可以非常容易地实现与车辆的互联。

车联网公司的产品都包含着企业所拥有的核心技术，这些技术是软件中间件在汽车领域的应用，包括车内、车辆、外部网络的互联平台，车载电脑和应用技术，驱动控制和防范技术，这些技术是计算机的核心架构理论与汽车实际应用技术充分融合的结果，具有非常高的先进性和试用性，解决了许多实际问题，在业内保持领先。

车联网公司的发展目标是将计算机和信息技术领域中通过应用实践取得的各种积淀和成熟的技术在汽车领域中与汽车相关实践相结合，构建真正意义上的汽车信息化技术核心，然后再发展各种相关的应用，这是一条漫长的道路，不会一蹴而就，需要付出艰苦的努力，如果取得成功，则会取得丰硕的成果。

各个整车企业完全接受车联网平台需要一个过程，在此期间需要维持企业的运转，为此车联网公司逐步地将自己所拥有的核心技术融合到各个产品之中，逐步提升产品中的技术深度，车联网企业的主要业务收入来自后装车载电脑，也就是为现有的车辆加装车载电脑，并提供信息服务，是主要的收入来源；车联网公司的前装车载系统包括车载电脑和车辆信息服务平台套件，需要一个过程逐步地与整车厂的现有产品进行整合以逐步扩大规模，取得一定的收入；车联网公司还提供电动汽车控制套装，包括电动车的能源控制、驾驶控制、车辆防护等所有控制部件，降低了电动汽车的制造难度，也有一定的收入。

网络结构

车联网公司的网络由三部分组成：车载网络、车辆信息服务网络和业务运营网络，三者各自相对独立又相互联通，车载网络由车载电脑和车内电控系统组成，用于实现各种车辆信息化功能，车辆信息服务平台相对于车载系统是一个后端服务平台，它的职责是为车载系统提供网络化的功能和后台支持；业务运营网络是支撑车联网公司运营的业务系统，承担生产、销售、服务等各项管理职能。

整个网络的车载部分由车载电脑、车载网关、ECU 组成，ECU 是电控部件，在所有车辆中都已经普遍使用，是车辆行驶控制的主体，车载电脑是普通个人电脑或平板电脑的车载版使用 Windows 操作系统或安卓操作系统，毕竟车辆的使用环境比办公室严酷许多，所以在硬件和软件上都进行了一系列的加强，增加了相应的防护措施；车载网关用于连接车载电脑、各个 ECU 以及后端的车辆信息服务平台，车载部分提供的功能包括：车辆信息采集、信息提示、主动安全、风险预防、辅助驾驶、导航娱乐等。车联网总体结构如图 15－1 所示。

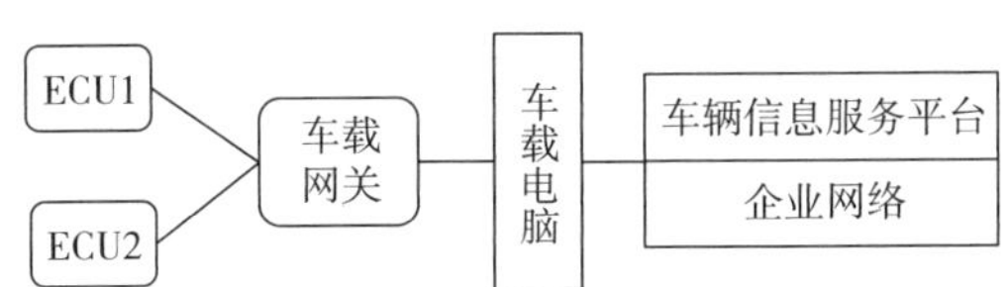

图 15－1　车联网总体结构

车辆信息服务平台是一个标准的网络平台，与大多数网络平台的区别在于它是 C/S 模式，而大多数网络平台是 B/S 模式。这是由于使用者个人电脑上的浏览器或手机上的 APP 使用服务平台的功能可以被直接使用，而车联网的车辆信息服务平台上的功能不能被直接使用，它是通过车载部分为使用者提供服务。车辆信息服务平台的硬件部分由广域网和服务器组成，提供的功能包括：车辆信息处理，车辆紧急情况处置、路况信息处理、车辆信息服务、车辆信息查询、车辆诊断等。

整个网络的互联技术是车联网公司的优势和核心所在，包含 3 个部分和 3 个层次，整个网络中的 3 个部分是车载系统、车载电脑和车辆信息服务平台，在网络设备层，车载网络使用 CAN 总线将车载网关与车内各 ECU 连接起来，车载网关与车辆信息服务平台之间采用移动通信网络，车载网关与车载电脑之间采用物理总线接口的方式进行连接。在中间件层，车载网络使用 AutoSAR 平台，车载电脑使用 MinCORBA，车辆信息服务平台使用 ESB 平台和应用服务器，在 AutoSAR 与 MinCORBA 之间，以及 MinCORBA 与 ESB 平台采用的是软件适配器技术，这样就形成了车载网络、车载电脑和车辆信息服务平台之间的无缝连接，安全和可靠对车辆来说极其重要，也是第一位需要考虑的问题，为了保证车辆的安全，在两个适配器中设有车辆安全和交互安全的防护功能，用于防止软硬件失效和损害车辆安全行驶的问题出现，同时要杜绝有风险的动作。车联网层次结构如图 15－2 所示。

图 15－2　车联网层次结构

这种结构化的互联有两个优势：一是采用三层结构，二是车辆互联的结构化。所谓层结构，就是设备层、平台层和功能组件层，由于采用三层结构可以使各个层次之间相互帮助而不产生干扰，功能组件层或设备层的变化不会对整个网络产生影响，大大强化了整个网络的可靠性和可扩展性；互联的结构化是指所有车辆的动作和网络服务动作可以通过中间件进行传输，前提是对这些动作进行规范化和结构处理，这样在设计无人驾驶和人工智能的时候就会容易许多。

业务运营平台是一个相对独立于车辆服务平台和车载系统的软件平台，负责车联网公司的计划、生产、销售、服务，其中包含 ERP、CRM 以及网络销售和服务功能，它与车辆信息服务平台之间有一定的互动关系，主要是销售、服务与车辆之间的关系，采用 WebService 技术实现互联。

支撑实体

车联网公司的收入主要来自实体产品和技术产品，因此其设施布局上以产品销售和技术支持服务为主，虽然加入了网络因素，但是由于直接客户是汽车修配店和整车厂，所以车联网公司的设施相对比较传统，但是运营还是依靠业务平台系统提供支撑。车联网设施的布局结构见图 15－3。

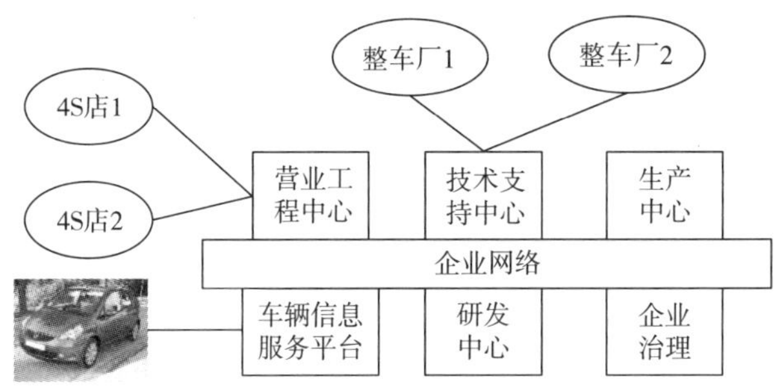

图 15-3 车联网设施布局结构

车联网的支撑设施包括：营业工程中心、技术支持中心以及生产中心。车联网最多的设施是营业工程中心，主要是为后装车辆服务的设施，它有两个任务，一个是销售车载电脑和部件，另一个是为客户的车辆安装车载电脑和部件，这是数量最多的设施。根据产品可能的销售规模进行布局，这些营业工程中心除自行销售和安装产品外，更多的是为汽车修配服务点供货和提供支持服务；技术支持中心主要用于支持整车厂应用产品的相关活动，也为营业工程中心提供支持；虽然主要的生产过程都是委托外加工，但是，车载产品对品质和可靠性的要求非常高，最后的组装和检验必须自己完成，所以必须建立车联网自己的生产加工中心，完成产品的最后工作。

车联网的物流和资金流管理都相对简单，由于是高价值、低数量类型的产品，所以物流和资金流的操作主要通过第三方物流和资金流系统进行。车联网公司自己主要是进行物流和资金流的管理，这些管理是通过业务运营平台进行的，物流主要是原材料采购和成品供货，资金主要是原材料付款和成品销售收款，虽然物流和资金流的具体操作委托第三方企业进行，但是操作的时机非常关键，主要目的是要在最大程度上降低资金的占用，加快资金的流动速度。

可行性策略

车联网公司最为重要的是保持和提升其应有的价值，这种价值是通过产品中的技术内涵实现的，而技术内涵的变现需要一个漫长和循序渐进的过程，这需要整个企业采取一种稳健的策略。首先需要一个循序渐进的价值塑造策略，价值的塑造通过不断在产品中将已经拥有的技术用恰当的功能体现出来，这种体现要恰如其分，与市场应用的节奏相符合；与此同时，需要保持产品中包含的基础的演进和成长，不断地加入一些时尚元素，保持技术的稳步成长；虽然最终客户是汽车购买和使用者，但是直接客户是整车厂和汽车修理店，同时，还有诸多的供应商和合作伙伴需要维持良好的关系，因此，需要恰当地处理与各方面的关系；面对各种错综复杂的管理，比较适合的运营管理就显得非常重要。

与网络服务的体验式价值不同，车联网公司的车载系统的应用体验只是其拥有的价值的很小部分，其价值的核心是对于所拥有的车联网平台技术的不断完善和提升。由于汽车的使用环境恶劣，温差变化大、震动剧烈，又处于高速运动中，车载设备对于车辆环境的适应和融合是第一位的，同时，又要保持足够的先进性，所以，车联网产品需要具有成熟、专业、稳健、与时俱进的特征，这需要拥有稳定的产品技术内核并不断地根据市场的变化推出新产品，这可以保证车联网产品在车内的优异表现，进而取得整车厂、各个汽车修理厂和最终使用客户的信任，而信任是汽车圈内最难取得的财富。现在很多企业都在投入无人驾驶和智能驾驶的研发，车联网的车载系统为这些后续的发展奠定了坚实的基础，对于车联网的产品而言，这些是应用功能的增加，发展代价很低。

保证产品的稳健和持续成长是车联网成功的关键，这包括车载网关、ECU 和车载系统的成长、车载电脑的成长、整个车联网平台的成长以及附加在平台上的各种功能模块的成长，这些成长可以是分开进行的，也可以是整体的成长，原则上应该是成长得越多越好，但是受到两个条件的制约：一是可靠性，可靠性在车载系统中是第一位的，必须保证推出的产品有足够的可靠性；二是企业的投入能力，车联网公司的产品技术成长是一场持久战，比的是耐力，需要一个缓慢而持续的过程，这也是保持优势的关键，因此，需要稳健和持续地投入。

车联网公司是整个汽车产业链中的一环，没有可能组建一个完全独立系统，所有的任务都在系统内完成，因此，需要与各个方面进行合作，扮演好自己的角色。首先，需要恰当地处理好与整车厂的关系，按照整车厂的要求调整任务，汽车的设计投产周期非常长，需要做好充分的准备；其次，需要与修车厂和服务商进行良好的合作，保护他们的利益，给他们充分的支持；在物流和资金方面的操作则可以利用第三方的服务平台，这样可以降低成本、提高效率。

车联网公司的控制与运营非常重要，这种自制能力是车联网公司生存的关键，主要是为了恰当地使用自己的技术和资金能力，以适应汽车产业的整体环境，具体操作包括尽可能延长产品的生命力和盈利能力，低价竞争完全没有必要，稳定可靠更为重要；还有就是良好的计划和组织，这需要进行充分准备，稳步推进产品线和设施布局成长，虽然需要保持公司产品的先进性和推出节奏，但是不用着急，要做到稳健，突出自己的优势，而不要随意模仿。

15.2　盈利设计

保证车联网的资金供应是企业生存的前提，这首先是企业的盈利能力和盈利的持续性，这是企业基本机制的组成部分，车联网的盈利基础来自其所拥有的核心技术，盈利能力来自于核心技术创造的相对比较高的市场价值，同时，为在企业中创造出这一价值需要支付相应的成本，并耗费一段比较长的时间。

价值布局设计是所有问题的关键，这一价值必须远高于企业的成本设计，为回收前期的投入和后续持续的技术改进保留足够的空间，在此基础上是整个资金流的设计，关键问题是前期投入阶段资金的来源和后续运营过程中运营资金的供给保证。

价值布局

车联网公司是一个产品型企业，虽然最终客户是驾驶人员和乘客，但是，直接客户是整车厂和修理厂等车辆服务企业，那么车联网公司的产品首先必须为整车厂和修理厂带来价值，这种价值在营业上的表现是明显的销售差价，也就是产品必须在车联网公司有足够的利润空间的基础上，要保证整车厂和修理厂在产品上获得足够的利润，而实现的方法就是高价值、高可信、高效率的产品策略。

高价值是车联网产品成功的关键所在，高价值来自产品的先进性。对于车联网产品而言，就是本身蕴含的价值优势在恰当的时机以恰当的方式释放出来，过早释放市场难以接受，过晚释放就会丧失先机，因此，时机的把握非常重要，对于车联网来说时机就是整车厂对于车辆信息化的推进认识和推进速度，另外就是最终客户对于车联网的认知程度以及各项相关技术设施的进展情况。

高可信是车联网产品在市场上能够生存的基础，也就是要取得各个整车厂和各个修理厂的充分信任，就一般企业而言，建立信任难度极大，成本极高，但是，失去信任则非常容易，一个小问题就会使企业丧失信任，汽车行业就更为突出，这要求车联网公司对产品极为小心谨慎，并进行充分的投入，采用各种手段保证车联网公司产品的信誉度，杜绝一切风险。

高效率是车联网公司产品能够适应整个市场的环境，做到高效率地运作，用另一种方式描述，就要使用有限的人力、设备、资金等资源，通过恰当的节奏控制，形成符合市场需要的产品，总体的方法就是小步快跑，而不求全责备，在尽可能保证车辆内硬件部分保持稳定的情况下，通过车辆信息服务平台提供的功能，对车内的软件平台和应用功能进行升级改造来提升客户的应用体验。

成本设计

控制车联网公司的成本难度极高，由于产品和技术投入巨大，而产品批量又相对有限，因此，成本很难分摊，如何有效地控制成本需要车联网公司下一番功夫。总体而言，需要精打细算，同时又要充分保证各项投入，以保证产品的先进性和可靠性，这首先需要在目标与投入之间保持一种高水平的平衡，还需要通过各种手段增收节支。

首先要在供给侧采取措施，车联网产品中的硬件来自各个不同供应商提供的部件，还需要代工企业进行加工，稳定部件和加工的价格是控制成本的关键，如果部件和加工的价格持续上涨将导致车联网公司出现灾难性的问题，解决的方法是通过供给侧的利益共享机制制定价格和降低风险，需要跟零部件供应商和加工企业建立一种长期和稳定的合作机制，建立密切和严谨的合作关系，这种合作着眼于长远，尽最大可能降低波动，以相互之间的信任为基础，不断深化各方的合作关系。

库存占用资金形成成本，由于产品过时形成损失是类似车载电脑和车载网络之类的产品经常会遇到的问题，而且这些产品的价值较高，所以形成的利息成本和报废成本也非常高，有效降低或彻底消除这部分的成本是优化整个车联网公司成本构成的有效途径之一。这需要借助业务平台来实现，也需要充分地与整车厂和修理厂合作，将资金的占用降到最低，库存数量保持在一个各方面都能接受的水准。

更为有效控制成本的手段是将研发和管理费用控制在合理比例，然而问题的关键在于车联网各类产品的技术难度高，可靠性要求高，这必然引起研发和管理费用的增长。因此，恰当的技术管理就显得非常重要，首先要保证研发和相应的技术管理费用控制在许可的范围内，绝对要避免超支，车联网产品是一种长周期产品，企业的耐力比爆发力更为重要，研发和技术发展的设计上必须从长远考虑，稳步控制工作的节奏。

资金流设计

车联网公司资金流的有效掌控需要从三个角度进行：①有序资金流动和最低

占用；②有效投资的数量和投入的风险；③设立质量保险基金。对于在汽车行业的企业来说，细水长流、源源不断是基本的生存之道，汽车行业的要求是投入大、风险大、回收周期长，因此，企业的耐力非常重要，这种耐力的基本来源就是有效的企业资金掌控。

车联网企业的资金流绝大部分属于流动资金，而流动资金的管理在很大程度上通过业务运营平台实现，虽然供货可以采取柔性的方式，最终产品组装也可以通过技术在最大程度上增加灵活性，以降低产品库存的资金占用，但是，原材料和热加工都受到最小采购批量的制约，很难将成本降到最低，而且库存过低会增加产品供应不上的问题。因此，需要业务运营平台提供精确的控制，在保证整个业务运营平稳顺畅的情况下，尽可能降低库存资金占用。

风险最大的是资金投入，包括产品和技术投入，以及设施建设投入。产品投入和设施建设投入都是投资于未来，未来存在着不可预测性，无论如何做功课都有失败的可能，但是，不进行相关的投入又不行，因为逆水行舟不进则退，这要求企业量力而行，严格控制投资规模和在总体资金中的比例，必须做到即使失败企业也不会受到致命的威胁，要严格控制企业爆发式成长的冲动，踏踏实实稳步求进。

汽车行业有一个非常大的风险就是召回，而整车厂一般要求部件供货厂商承担相关开支，这对于一般企业来说都是致命的，非常容易产生资金链断裂的情况，解决的方法就是建立企业的质量保证基金，从产品收益中提取一个数量保存起来，积少成多，逐步形成一笔用于处理质量风险的保障基金，以备不时之需。

15.3　关键要素设计

车联网的关键技术要素设计至关重要，是车联网产品和服务价值实现的关键，必须先行确定，并始终保持。这首先需要治理系统的治理核心在车联网企业的创建过程中，就将这些关键技术要素包含在企业的基本内核之中，对各种要素都进行考量，然后通过计划、预算、组织规划落实在具体的工作任务中，最后是产品系统和运营系统的具体实现。

车联网产品的关键技术要素包含了先进性和实用性两个方面的内容，必须使车联网的产品和服务具有比较高的附加值，同时，最终形成的产品和服务必须具有极强的针对性，被确定的客户群体接受，并形成良好的使用体验。

客户范围设定和特征设计

汽车市场上存在着各种各样的汽车，各自自成体系，德系、日系、韩系、美系，每个派系内部的不同整车厂又自成体系，这就形成了大同小异而又各不相同的局面。在这种格局下，零部件供应商一般都选择一个整车厂供应产品，而这又限制了零部件的产量，车联网则通过采用适应性技术解决这一问题。

在前装方面，车联网公司采用车型适配工具包和车联网企业互联适配接口的方法。由于技术的进步，在车载系统中 CAN 总线，OSEK 操作系统和 AutoSAR 已经普遍使用，所以各种车辆虽然有不同的差异，但是相似之处很多，通过适配工具进行桥接，可以大幅度降低车联网公司产品融入各种车型的难度；车联网企业互联适配器是企业网络端的桥接技术，其技术核心是软件适配器技术，通过软件工具构造相应的适配器非常简单地将车辆连接到整车厂的网络系统之中。

在后装方面，车联网公司采用分等级产品型号，这是一种细化产品分类的方法，后装方面由于没有办法与内部的车载系统进行互联改造，除加装一些传感器外和附属部件外，难以对车辆进行过多的改造。因此，采取产品细分的方法，如娱乐型、信息处理型、监控型等，可以适合不同客户的需要，提供针对性的车载电脑产品。

容错设计

防止意外和事故的发生对于汽车的重要性不言而喻，车联网要想生存和发展就必须面对和解决这些问题，否则会使车联网企业遭到灭顶之灾。车联网公司在车联网架构体系中采取高危险操作预防处理，设置紧急情况处理装置、多重备份以及失效防范设置来解决安全和风险防范相关的问题。

首先是高危险操作预防，由于车载网络的开放性特征，很难保证各个功能中没有产生对于车辆有危险的操作，如持续地对车辆进行加速，进行危险的转向等，为了防止危险的出现，必须在平台内设置关口防止相关问题的出现，理想的设置点是转接适配器，在适配器中需要把危险的动作降到安全程度，并拒绝执行某些危险的动作，以及未经充分授权的动作。

设备无论如何安全都有失灵的时候，因此，必须设置人工干预装置，在发现风险后加以排除。在车联网产品设置不同层次的紧急处理装置，可以将整个车辆瞬时进入安全状态，为驾驶人员提供处理问题的机会和可能性，也可以切断具有

高风险的部件，改成一种安全方式。车辆出现问题的时候可能处于各种状态，车中的任何部件或功能都可能出现问题，所以车内必须具备多种紧急处置方式，且安全易行。

失效是车辆的一个重大风险隐患，许多事故都是因为部件失效引起的，虽然概率非常低，但是，一旦发生就会致命。作为车中的核心控制部件，车载系统的防失效处理必须充分到位，虽然会让成本上升，但是出现问题的代价更大，对于其中的关键软件和硬件必须有防止失效处理功能，如备份或者自动进入安全状态等设计。

智能功能设计

汽车的自动驾驶和智能控制代表着汽车未来的发展方向，虽然离实际应用很远，但是，所有相关企业不得不有所动作，车联网公司根据自己企业的产品特点和优势，并没有在无人驾驶和智能驾驶本身进行相关工作，而为这些智能化的功能在平台层面进行支持，提供相关的工具包和接口。

车联网公司为各种智能功能的开发提供了无人驾驶基本动作包和开发工具，如智能操作适配器，以及动作分级处理接口。无人驾驶基本动作包是车载电脑中的无人驾驶开发平台，它提供了无人驾驶需要的各种基本动作，并提供安全防护和相关处理等保证；智能驾驶适配器分别在车载电脑和车辆信息服务平台提供接口，为开发各种车载和网络的智能控制功能提供支持；车联网还提供了分级动作处理接口，为开发更为高级和复杂的智能功能提供可能性，但是，这只对特定专业人士开发，并需要对开发结果进行审查和验证，以保证车辆的安全。

15.4 产品过程内容摘要

相对于老年关怀网，车联网的产品过程要复杂很多，这里包括车载部件的设计、车联网前后端软件的开发、车载部件的投产、车联网产品和服务的市场导入等内容，工作量和技术难度很高，这也是形成车联网附加值的关键。

这里仍然从发展过程、规划和设计实现三个角度描述车联网的产品过程，由于其复杂性和技术深度，不具备很深的专业知识难以看懂，所有这里进行了一些概念性的描述——生命周期模型和功能演进描述，展现了车联网产品和服务的发展轨迹，同时，提供了一个规划描述和设计描述，用于了解具体的产品过程内容。

生命周期模型

车联网产品的生命周期与许多关联元素有关，这造成了车联网产品和技术发展的一定程度上的被动性，必须跟随着外部因素的变化而变化，首先是车辆技术的发展，新能源、智能化、自动驾驶都是这一时期的热点，石化动力车的各项相关技术也在发展，作为汽车中的一部分，车载部分和服务平台必须适应这些发展趋势；硬件的发展也对车联网产品有至关重要的影响，由于处理能力、存储能力和显示技术的持续快速成长，车载网络和车载电脑与这些技术息息相关，所以必须保证所采用的硬件技术和部件的先进性，随着不同新技术的发展而发展。与此同时，通信技术也在不断发展，对车联网产品也有影响；除了需要跟随外部技术的变化而调整车联网的相关产品外，需要不断地对整个软件部分进行完善，改进各种不足，推出新的功能，让客户保持一种新鲜感。

由于车联网产品由硬件部件、内核、软件功能三部分组成，同时，受到汽车技术、硬件技术、通信技术等外界环境的影响，所以整个产品的生命周期的过程比较复杂，需要经过 4 个阶段、8 个环节。第一个环节是可行性建议，需要分析内外各种因素，在可行性建议之后需要进行总体规划，对各个方面的可行性建议进行整合，形成统一的意见，除技术方面的意见外，还包括资金和组织方面的意见，在总体规划确定之后，各个部分就可以开始进行更为细致的分项方案设计，之后需要整合各个方面的方案，形成总体方案，同时形成预算和开发计划，下面就可以开始硬件、核心、功能的分项设计，并进行分项测试，最后进行硬件、内核、服务功能的整体集成和集成测试完成整个产品的设计过程，然后还有投产、上市等环节，之后开始获得收益。车联网体系的规划设计过程如图 15 - 4 所示。

一次对整个车联网的所有部分同时进行彻底的更新，动作太大，难度太高，所以并不经常进行，更多的是对不同类型部件的版本更新，以硬件为基础的新型号产品的推出，以及核心内核的升级和服务功能的升级，由于是单项更新，所以要简单许多，主要环节是规划、设计、测试、投产、上市等，只要不对其他部分产生影响即可。

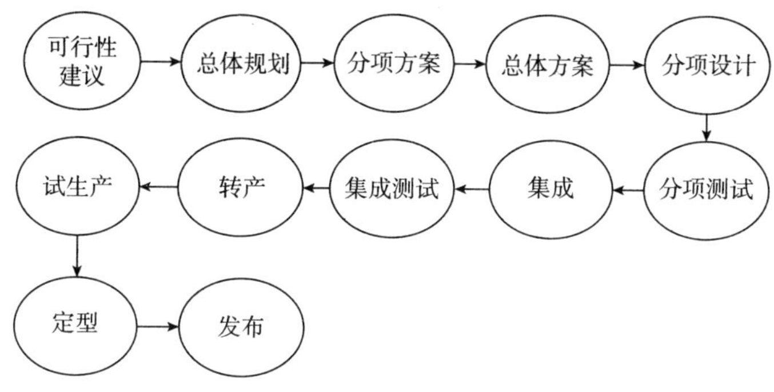

图 15－4　车联网体系的规划设计过程

车联网功能演进

车联网是为汽车服务的，更主要的是为提供更好的驾驶体验，在这个意义上，车联网的功能是将汽车技术、信息处理技术、通信技术综合作用于汽车领域，最终的结果是车辆驾驶的舒适性和驾驶的方便程度的提升，这些体验通过处理能力的演进、服务模式的演进、服务功能演进、安全性的演进实现。

车联网功能演进的基础是处理能力的演进，这源于信息处理技术和信息通信技术的发展，基于不同的处理能力，车联网的处理模式包括实时处理、网络化处理、智能化处理，实时处理是机电设备常用的方式，是人们进行操作，设备完成操作；网络化处理则包括了车内网络与车外网络的互动，共同完成一个功能，而智能化处理则是自动收集和分析数据，发现需要进行的服务。

车联网服务模式的演进是整个车联网的功能和能力演进的一个非常重要的方面。服务模式是指车联网的功能提供模式，独立模式是最初的形式，各种功能独立在车辆中完成，然后是语音模式，可以通过连接车辆信息服务平台的服务人员进行相关服务，发展方向是网络服务，这种服务除了包含驾驶过程中的服务外，还包括全方位的非驾驶过程服务，如车辆交易、维护服务等。

伴随着处理能力和服务模式的提升，车联网服务功能也在逐步演进，从简单功能开始，到复合功能、网络功能、自动功能，然后是智能功能，提供了越来越舒适方便的体验，使人们对车辆的驾驶和处置越来越简单容易，体验越来越好。

车联网的安全性演进是指车联网各项功能对于车辆驾驶安全和其他各项安全的相应功能方面逐步提升和改进，安全对于车辆来说是永恒的主题，也是主要的努力方向。因此，车联网必须在安全方面投入足够的力量，车辆安全的演进包括被动安全、主动安全、智能安全，这是车辆信息技术发展和在车辆安全方面的应用的结果，最终的效果是车辆越来越安全和可控。

新一代车联网基础平台发展计划

一、概述

（一）计划的目的

本计划用于启动公司下一代（第三代）产品的设计，首先是完成产品原型设计，并进行适度的产品化进行验证，主要的应用目标是电动车电控总成和智能应用/无人驾驶车辆的基本平台。

（二）文件背景描述

本文参考了上一代开发以来的各个版本计划和所有相关文档，并争取最大程度上保持与这些版本产品的兼容。

本文由产品管理部×××编写，×××审查。

在编写过程中本文以技术研究部、软件开发部、设备开发部、工程部以及运营本部提交的建议为基础，通过对各种资料分析归纳后形成，力图覆盖尽可能多的意见，同时保证未来的应用前景和价值。

本文和附件将上报公司计划部，经批准后生效。

（三）产品的组成

本产品包括：

1. 车辆信息服务平台3.0。
2. 车联网互联平台3.0。
3. z000车载电脑。
4. 电动车车载网套件原型（网关+ECU）。

二、计划的基础

（一）产品背景

1. 当前产品的市场地位

本公司的车载电脑和车辆信息服务平台在后装市场表现理想，在前装市场也站稳了脚跟，采用公司后装产品的修理厂和采用前装产品的整车厂都在成长。

2. 过往产品的市场占有率

在后装市场中公司产品表现理想，已经进入第一梯队；在前装市场只与一些中等的整车厂建立了合作关系；总体而言需要继续努力。

3. 销售收入展望（见表 15－1）

表 15－1 车联网销售收入展望

时间 \ 项目	收入（万元）	后装数量（件）	信息服务人数（人）	前装数量（件）	服务区域（块）	盈亏（万元）	毛利率（%）
第一年	0	0	0	0	0	－1378	
第二年	0	0	0	0	0	－1378	
第三年	0	0	0	0	0	－1820. 5	
第四年	1172	5000	1200	0	1	－1830. 02	－156. 15
第五年	1720	7000	3000	0	1	－1571. 3	－91. 35
第六年	4940	20000	9000	0	1	－635. 9	－12. 87
第七年	5720	23000	11000	0	2	－1320. 6	－23. 09
第八年	8330	27000	19000	5000	2	－335. 4	－4. 03
第九年	11070	35000	27000	7000	3	64. 2	0. 58
第十年	15900	50000	40000	10000	4	1547. 5	9. 73
第十一年	24250	65000	70000	23000	5	4596. 6	18. 96
第十二年	36350	100000	110000	31000	6	8996. 2	24. 75
第十三年	52400	130000	180000	52000	6	16440. 4	31. 37

4. 当前可以提供的用于产品发展的资源

本计划只进行新一代整体产品平台的原型开发和初步产品化验证，并基于过往的产品和技术积累，投入有限。

企业总部方面对此计划高度重视，承诺给予充足资源投入。

5. 盈利能力预测

见市场部的分析报告。

（二）策略

1. 本产品在整个公司发展战略中的当前位置

由于电动车和无人驾驶在全世界发展都非常迅速，虽然离完全的市场应用还有距离，但企业需要有所准备，本计划正是出于此目的。

2. 本产品在整个公司发展战略中的潜在位置

未来电动车和无人驾驶技术的发展路径和应用场景带有不确定性，车联网公司可以借助现有产品的地位，扩大涉及领域，争取更大的产品和技术覆盖范围。

（三）客户

1. 典型客户的描述

电动车整车厂。

智能功能开发商。

2. 产品应用分析

智能电动车电控总成。

3. 有关产品应用的统计资料

见市场部分析报告。

（四）竞争

1. 竞争分析

在现有的车辆市场上，车联网公司已经取得了明确的市场地位。

在现在和未来的发展过程中，车联网公司仍然以车载信息处理技术为核心，不断地充实和发展自己，在行业的细分中确定自己稳定的地位，伴随整个行业一起发展。

2. 潜在的新的技术及应用发展趋势

电动汽车已经初步形成明确的市场格局，虽然车辆的智能控制程度非常低，整个技术显得粗糙，但是发展趋势不可阻挡。

大量的企业在投入未来无人驾驶的市场，包括现有的整车厂和各个主要的互联网企业，但是，以车联网为主要目标的企业还没有。

3. 潜在的新的竞争者

尚不明确。

4. 本产品与竞争对手的产品的对比明细

见市场部分析报告。

（五）趋势

1. 潜在的趋势

在国家政策的引领下，电动车和无人驾驶正在迅速发展，整个汽车市场出现了整体性升级换代的趋势，只是时间点还不确定。

2. 潜在的机会

在新的发展趋势中，信息技术占有极其重要的地位，为车联网公司提供了机会，当前，发展还在初期，格局还不明朗，需要稳步前进。

三、平台规划

（一）总体描述

组成：电动车车载网络、车载电脑、平台内核、服务平台。

结构：如图所示（示意图）。

目标：包含电动车所有部件，支持智能驾驶和无人驾驶的全部功能，支持第三方开发功能，充分的安全和可靠性保证，兼容现有功能。

（二）平台内核

组成：车载系统内核（AutoSAR）、车载电脑内核（MinCORBA）、服务平台内核（企业级ESB）、转接器、负载均衡器、安全过滤器、风险过滤器、功能开发仿真器。

结构：如图所示（示意图）。

目标：适用电动车车载系统和车载电脑，车辆通信方式升级和自适应调整，安全过滤器和风险过滤器的优化和控制力度提升，电动车功能接口、智能驾驶功能接口和安全审核部件、无人驾驶功能接口和安全审核部件。

（三）实验系统

组成：电动车车载系统总成、车载系统。

结构：如图所示（示意图）。

目标：电动车控制、安全行驶功能接口、车内风险控制、受控功能加载。

（四）服务功能

组成：现有服务功能、扩展服务功能、第三方服务功能接口。

目标：现有功能的兼容性，扩展功能基础模板和示例。

四、产品化计划

（一）产品

样车一辆。

演示网络一个。

（二）进度安排

20个月。

（三）文件

管理和规划文件。

设计文件。

实验测试文件。

培训教材和应用指导文件。

（四）培训

内部培训：运营系统。

客户培训：整车厂、第三方开发机构。

五、后续工作设想

征求运营系统各个部门、整车厂、开发机构的意见，进行场地实验，为后续的开发和改进收集资料和要求。

六、附录

A. 产品规格/功能说明。

B. 相关文件清单。

车辆信息服务平台概要设计（摘要）

一、基本功能设计

（一）车辆服务

车辆服务是指车联网的车辆信息服务平台与车辆之间的互动，这是服务平台的基本任务，包括两种类型：一种是进行车辆服务，另一种是功能下载。车辆服务是车载电脑中的软件模块与服务平台中的软件模块，通过网络进行互动共同完成某些功能，如远程故障诊断、车辆风险预警等；功能下装是将已经开发完成且存放在服务平台的车载电脑的软件模块下传，并安装到车载电脑之中，以丰富车载电脑中的功能，替换旧的功能，也可以下载音乐等各种服务信息资料。

（二）人员服务

人员服务是车辆所有者通过手机或个人电脑等个人终端，实现车辆信息服务平台与这些终端互动，目的是进行相关的管理性和服务性操作，以便能够更好地享受服务平台对于车辆在行驶中或静止状态下的服务，包括两类功能：一类是车辆管理，用于设置车主、车辆的相关信息和功能，对相关功能和状况进行某些调整，以便使车辆信息服务更符合驾驶人员和乘客的需要；另一类是网上营销，用于购买相关的付费服务，以及车辆相关部件和产品，这是一种非常便捷的方式，而且具有非常强的针对性，通过车辆数据和驾驶历史数据可以判断想要购买的产品或服务的正确性，避免不必要的损失。

（三）企业内部互动

主要是与企业内部运营系统的互动，包括日常营业的互动以及可下装功能管理两个方面，日常营业管理主要是客户的付费结算和货物配送；下装功能管理主要是新版本或新功能软件包放入服务平台，供车辆下载，以及移除过时的功能软件包。

二、车联网总体结构

从软件角度来看，车联网由车辆信息服务平台、车载电脑、车载系统（车载网络）组成，这三部分都是独立的子系统，三者通过各自的核心互联模块与其他部分实现互联，构成一个整体，车辆信息服务平台是其中的一个独立子系统，车联网整体结构如图 15－5 所示。

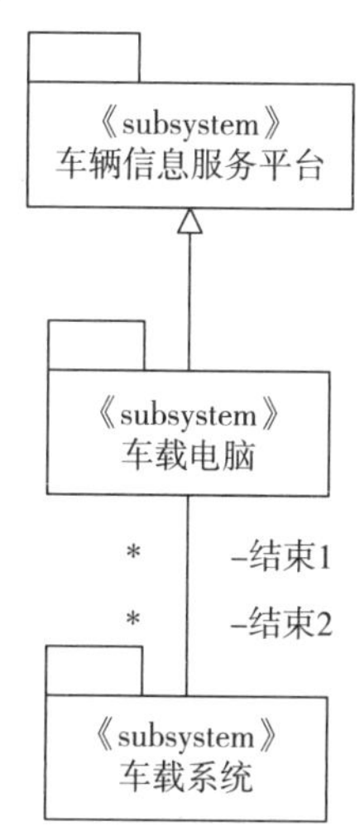

图 15－5　车联网整体结构示意图

三、服务平台结构

车辆信息服务平台是一个企业级信息处理系统，运行在企业级服务器之上，就应用软件部分而言，车辆信息服务平台包含 5 个部分，服务处理、核心平台、外接互联门户、企业互联接口以及人工服务，结构如图 15－6 所示。

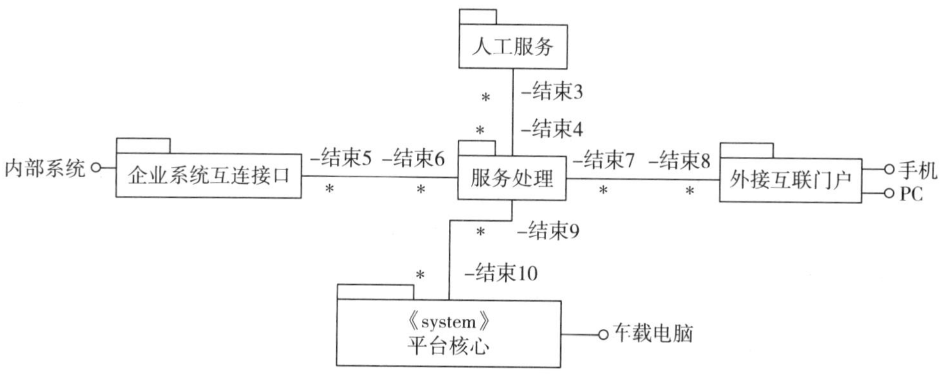

图 15－6　车联网服务平台结构示意图

服务处理部分用于处理各种服务请求，包括自身处理，或者转发到其他关联部分，是整个服务平台和核心部分，包括各种服务请求的解析，验证、转发、处理、执行过程监控、结束等环节；核心平台是一个 ESB 系统，也就是企业服务软总线，它一方面与车载电脑实现互联，同时与服务处理部分互联，实现二者的交互；外部互联门户用于与个人电脑或智能手机进行互联，采用浏览器模式（B/S 模式），或手机（APP）模式（C/S 模式）进行互联；企业系统互联接口用于与企业内部的 ERP 或 CRM 系统进行互联，以便实现相关业务的互动；服务平台提供了人工服务模块，客户可以通过车载电脑、个人电脑、手机等与服务人员进行交流，以便处理某些复杂的应用问题。

四、接口设计

（1）车载电脑接口：通过移动通信方式与车载电脑进行互联，实现互动。

（2）外部接口：连接 PC、手机。

（3）内部接口：企业业务系统。

五、系统数据逻辑结构设计要点

（1）车主数据：车辆和车主的相关资料和信息。

（2）行车数据：车辆行驶中产生的数据或者是对车辆进行诊断获得的数据，由车载电脑获取并上传到车辆信息服务平台。

（3）可下载内容：企业或第三方提供的，用于下载到车载电脑的软件模块包或者是其他资料信息。

15.5 计划内容摘要

车联网计划工作的难度比老年关怀网要高很多，因为需要比较强的预见性和非常丰富的专业知识，这是由于比较长的产品研发周期和比较大规模的运营系统建设周期所致，这使投入的回收期大幅度延后，而且具有比较高的风险和回收难度，由于车辆自身的高价值和高复杂性，回收难度变得非常高，这些都要反映到计划之中。

这里提供了一个规划描述和一个计划描述，用于反映出车联网的计划内容。由于车联网车载产品和车联网的复杂性，在这里只能描述结果性的内容，阐述和推导等说明性内容就不在这里描述了，然后，阅读时必须想到，这些计划内容是

通过一个复杂和详细的推导过程形成的，不是通过拍脑袋得出来的。

车联网公司生存优势设计

车联网公司的生存优势是一体化软件平台、高可靠性车载硬件设计、持续化的功能升级三者融合后形成的核心技术内核，高可靠性硬件设计是车辆产品能够长期稳定运行的基础，一体化软件平台使车载网络、车载电脑和车辆信息服务平台三者融为一体，而持续化功能升级以车载硬件和软件平台为基础，充分发挥出潜在的优势，保持应用功能的先进性的同时，将现有成果充分兑现。

车联网公司的生存优势的核心是在最终客户的现实需求和各种车辆企业需求之间形成了某种平衡，客户可以从车联网产品中得到良好的应用体验，例如，安全、实用、可靠。同时，车联网公司也充分考虑了前装的整车厂和后装的修理厂的体验，这就是车联网产品在价值、移植便利性和稳定性方面的出色表现。

车联网公司发展规划

一、发展策略

车联网公司的发展策略是：以内在技术为核心，以高质量和高可靠的产品为基础，保持与市场和应用同步。

二、产品技术发展

车联网公司的产品技术发展任务由技术研究任务、产品研发任务和应用推广任务三部分组成。

技术研究任务的目标是不断对车联网公司的核心技术进行创新和升级，以便保持技术上的领先，包括车载硬件、软件平台和关键应用功能模块的研究，包括智能驾驶和无人驾驶。

产品研发任务的主要目的是为整车厂提供前装的车联网产品和服务平台接口与适配器，为后装的各个修理厂提供车载电脑产品，这是企业当前主要营业收入来源所在；当前，新能源车和纯电动车的浪潮正在兴起，车联网公司正在研发电动车控制系统套装，包括电源控制、驱动控制、驾驶控制以及各种支撑部件，形成一个完整的电动车智能系统套件；除此之外，必须为车载系统提供足够的应用功能，需要在基础平台的基础研究一些实用化的功能，以提升最终客户的应用体验。

由于车联网公司并不提供完成的车辆，只提供车辆中的信息和控制系统，所以与整车厂的车辆整合，以及通过修理厂与客户现有的整合就成了产品工作的一个环节。为此，需要对产品进行适应性的调整，以适合不同车辆的需求，与车辆进行匹配，进行产品的实用化处理。

三、网络与服务发展规划

车联网公司深刻体会到网络的价值，这种价值是车联网公司存在的基础，也是车联网公司产品和技术的优势所在，车联网公司正是把网络做深、做精，才有了立足之地，这是整个公司需要始终坚持的方向，所有的工作只能不断强化这一优势。

车联网公司有三个网络，分别是车载网络、车辆信息服务网、业务运营网。车联网公司首先需要不断加强和提升车载网络，以产品的形式不断覆盖更多的车辆；其次需要扩大车辆信息服务网络的使用者数量，加强业务运营网络的功能，并探讨与车辆信息服务网络进行整合的可能性和方法。

整个车联网公司需要不断强化网络在整个企业中的地位，逐步将所有通过前装和后装使用车联网公司车载网络和电脑产品的客户纳入车辆信息服务网，这需要对车辆信息服务网进行进一步的改进和升级，增加网络对于使用者的黏性。同时随着业务的发展，也要不断改进和提升业务运营网，要对网络进行扩容，并通过第三方提供的资源吸纳更多的客户，使网络成为公司主要的扩大用户规模的手段，增加公司在最终客户中的影响力。

整个网络的建设分成若干个阶段，在成立的第四年开始车辆信息服务网络的试运营，第八年形成初步规模，正式投入服务，然后逐步扩大规模；第六年开始业务运营网的试运营，各种业务逐步由人工操作转移到网络操作，之后逐步正规化，最终完全实现所有业务的线上操作。

四、发展阶段的划分

整个车联网公司的发展分成三个阶段。

阶段一：主要任务是产品和技术研发，时间是第 1 ~ 3 年。

阶段二：开拓后装市场，并形成初步的规模，时间是第 4 ~ 7 年。

阶段三：全面发展，关键标志是成功进入后装市场，时间是第 8 ~ 13 年。

五、任务和目标

车联网公司各年度主要指标如表 15 – 2 所示。

表 15 – 2　车联网公司各年度主要指标

项目 时间	收入（万元）	后装数量（件）	信息服务人数（人）	前装数量（件）	服务区域（块）	人员总数（人）	盈亏（万元）	毛利率（%）	总成本（万元）	产品费用（万元）
第一年	0	0	0	0	0	33	–1378		13780	1003

续表

项目 / 时间	收入（万元）	后装数量（件）	信息服务人数（人）	前装数量（件）	服务区域（块）	人员总数（人）	盈亏（万元）	毛利率（%）	总成本（万元）	产品费用（万元）
第二年	0	0	0	0	0	33	-1378		1378	1003
第三年	0	0	0	0	0	53	-1820.5		1820	10030
第四年	1172	5000	1200	0	1	65	-1830.02	-156.15	3002	1343
第五年	1720	7000	3000	0	1	65	-1571.3	-91.35	3291.3	1343
第六年	4940	20000	9000	0	1	74	-635.9	-12.87	5575.9	1802
第七年	57200	23000	11000	0	2	115	-1320.6	-23.09	7040.6	2142
第八年	83300	27000	19000	5000	2	126	-335.4	-4.03	8665.4	2142
第九年	11070	35000	27000	7000	3	184	64.2	0.58	11005.8	2301
第十年	15900	50000	40000	10000	4	206	1547.5	9.73	14352.5	2418
第十一年	24250	65000	70000	23000	5	250	4596.6	18.96	19653.4	2743
第十二年	36350	100000	110000	31000	6	313	8996.2	24.75	27353.8	3003
第十三年	52400	130000	180000	52000	6	342	16440.4	31.37	35959.6	3705

车联网公司年度计划（第十一年）

一、后装市场运营任务

任务描述：向全国推进，各省会城市 + 东部地级城市。

目标：6 万台。

完成指标：营业额：1.2 亿元，人员：49 人（销售 21 人，技术服务 28 人）。

条件：有足够的宣传和推广力度，有更具有吸引力的产品和服务加入销售。

风险系数：80% 的可能性完成任务。

二、前装市场运营任务

任务描述：第一个整车厂的第二个产品供货，开辟第二个整车厂。

目标：2 万台。

完成指标：营业额：0.45 亿元，人员：28 人（销售 11 人，技术服务 17 人）。

条件：产品系统对销售和技术服务提供足够的支持，根据整车厂的要求改进产品，提高产品的可靠性和使用寿命。

风险系数：75% 的可能性完成任务。

三、网络建设任务

整个车联网公司的网络建设任务的目标是以产品销售为中心，为产品的销售数量的成长和最终客户对于产品持续使用提供最大便利和支撑，为此需要对车辆信息服务平台进行升级，丰富和增加新的应用功能，向网站化的方向发展；业务运营网络则要直接面向用户发展，使后装销售由修理厂为中心逐步转向由网上销售为中心，修理厂提供技术服务的模式。

网络任务 1：车辆信息服务平台新版本。

对现有的车辆信息服务功能进行整合，构建一个网站式的界面，提供符合最终客户个性化需要的内容，增加新闻性和信息性的服务功能。

完成指标：开发完成，进行内部测试和指定客户试用。

条件：提供新的网络环境，选择试用客户，提供足够的人员和经费。

风险系数：95% 的可能性完成任务。

网络任务 2：业务运营平台的网络销售接口。

实现与大型电子商务网站系统和第三方支付系统的互联，并相应地调整整个业务运营系统中的各个流程，实现批发式运营和新型的网络化运营并行的格局。

完成指标：开发完成，征求运营系统的意见。

条件：得到电子商务网站和第三方支付系统的互联接口，并得到它们的技术支持，足够的人员和经费。

风险系数：80% 的可能性完成任务。

四、产品技术任务

产品技术工作的任务是与时俱进，在保证企业正常运营和持续稳健发展的前提下，对社会上的热点和趋势性的需求进行回应，尽早进行准备，首先要解决可行性和发展路径的问题，为产品的正式上市提供条件。

产品任务 1：电动车车载套装。

研发电动车整个车载系统套装，可以适应未来电动车发展的主要类型，进行初步的可靠性验证和实用性验证。

完成指标：完成第一阶段可靠性试验，征求电动车厂商的意见。

条件：搭建新的更为接近实际应用的实验环境。

风险系数：70% 的可能性完成任务。

产品任务 2：车载电脑新型号。

根据市场的整体环境的变化和前一阶段客户使用情况，研发后装车载电脑型号四，主要是选用的新核心芯片，重新设计主板。

完成指标：正式投产，小批量试销。

条件：主芯片厂商可以进行正式的批量供货。

风险系数：80% 的可能性完成任务。

研究任务：整体车联网技术架构的未来模型。

为适应市场上对于智能驾驶和自动驾驶的需求，研究新一代车联网技术架构的基本原型，在整个体系架构上进行调整，提供可能的支持，并将一些公共的功能加入整体技术架构。

完成指标：原理模型 1 的初步验证原型。

条件：适当的人员和经费。

风险系数：60% 的可能性完成任务。

15.6 资本内容摘要

资本的运作在车联网中难度很高，这是资金回收周期长和不可控因素比较多的原因。因此，企业必须保证资金的持续有效供给，首先是融资；其次是收入、支出和资产的设计，把三者之间的关系和比例调整到一个最合理的状态。

这里提供了两个关于车联网的资本内容文件，一个是资本规划，描述出车联网的整体资本变化情况；另一个是某一年的企业预算，用于描述车联网，很显然，其中具体的收支安排的数字没有老年关怀网那样好看。

车联网公司资本规划

就资本的表现而言，车联网公司虽然最终能够达到预期的目的，但是过程漫长，需要保持足够的耐心，在企业资产、所有者权益、现金流方面虽然都控制在允许范围内，但是成长缓慢。车联网公司的优势在于企业的毛利率水平高，收入稳定。

车联网公司是一个轻资产公司，所拥有的设备由于其先进性特征，都会快速折旧，企业最为核心的资产是其持续提供先进可靠的车联网产品的能力，以及车联网产品在整车厂、修理厂和使用者心中的地位，这些需要通过整个企业的良好运转实现，需要通过整个企业稳定的组织运营状况体现。在企业层面，整个企业的价值在于持续稳定地产生盈利，通过企业规模不断地成长，企业的盈利也不断地成长，虽然，由于技术的复杂性，企业取得盈利的周期比较长，但是，企业抗干扰能力强，未来的收益稳定，车联网公司资产成长情况如表 15－3 所示。

表 15－3　车联网公司资产成长情况　　单位：万元

项目 时间	本期新增资产	累计资产	期初现金	期末现金	期末资产合计
第一年	1003	1003		8722	9725
第二年	1003	1805.4	8722	7344	10804.15
第三年	1091.5	2535.82	7344	5523.5	9723.12
第四年	1431.5	3460.15	5523.5	3693.48	8943.67
第五年	1431.5	4199.62	3693.48	2122.18	8647.33
第六年	1890.5	5250.19	2122.18	1486.28	9091.4
第七年	2325	6525.15	1486.28	20165.68	28940.78
第八年	2385	7605.12	20165.68	19830.28	29746.86
第九年	2691	8775.1	20165.68	20229.88	29004.98
第十年	2896.5	9916.58	20204.2	21751.7	31668.28
第十一年	3385.0	11318.26	21132.7	25729.3	37047.56
第十二年	3819	12873.6	23890.66	32886.86	45760.47
第十三年	4560	14858.88	29288.38	45728.78	60587.66

（1）所有者权益。

对于资本投资者而言，车联网项目不是一个好项目，从企业成立开始，到第 9 年才能实现收支平衡，实现投资价值要到第 13 年，最终的回报是不错的，但是，回报周期较长。除了创业者的原始股本外，企业经过两轮融资，第一轮 1 亿元，第二轮 2 亿元，从第 13 年开始，只要企业运营正常，投资者的收益是不错的。车联网公司所有者权益相关数据如表 15－4 所示。

表 15－4　车联网公司所有者权益相关数据　　单位：万元，%

项目 时间	盈亏	累计资产	当前实现价值	融资股本	原始股本	期初资本现值	期末资本现值	创业者股权比例	投资者股权比例
第一年	－1378	1003		10000	100	10100	9725	80	20
第二年	－1378	1805.4				8752.5	8377.5		

续表

项目 时间	盈亏	累计资产	当前实现价值	融资股本	原始股本	期初资本现值	期末资本现值	创业者股权比例	投资者股权比例
第三年	-1820.5	2535.82				7539.75	6810.75		
第四年	-1830.02	3460.15				6129.67	5731.15		
第五年	-1571.3	4199.62				5158.03	5018.23		
第六年	-635.9	5250.19	0			4516.41	5771.01		
第七年	-1320.6	6525.15	0	20000		5193.91	26198.31	67.50	32.50
第八年	-335.4	7605.12	0			23578.48	25628.08		
第九年	64.2	8775.1	963			23578.4	26333.6		
第十年	1547.5	9916.5	23212.5			23674.6	28118.6		
第十一年	4596.6	11318.26	68949			24687.77	32669.37		
第十二年	8996.2	12873.61	134943			27563.79	40378.99		
第十三年	16440.4	14858.88	246606			32742.61	53743.01		

（2）资金使用。

车联网公司的资金围绕着两个主题使用，一个是产品和技术工作，主要是产品开发和技术创新研究；另一个是日常运营，包括前装和后装市场，基本使命就是稳健地推进业务规模的扩大，无论是产品技术投入和运营投入都是以稳健和持续性地推进为原则的。整个企业不存在爆发性的增长，所以资金的投入也是循序渐进的，车联网公司的资金使用情况如表 15 -5 所示。

表 15 -5　车联网公司的资金使用情况　　单位：万元，%

项目 时间	资金总需求	现金流状况	备用金	备用金占比	运营资金	运营资金占比	设施投入	设施占比	产品费用	产品占比	管理费用	管理占比
第一年	1722.5	-1722.5	344.5	20	0	0	0	0	1003	58.23	375	21.77
第二年	1722.5	6999.5	344.5	20.00	0	0	0	0	1003	58.23	375	21.77
第三年	1951.12	5392.87	425.62	21.81	59	3.02	88.5	4.54	1003	51.41	375	19.22
第四年	2763.62	2759.87	648.12	23.45	159	5.75	88.5	3.20	1343	48.60	525	19.00
第五年	2843.62	849.85	688.12	24.20	199	7.00	88.5	3.11	1343	47.23	525	18.46
第六年	3937.37	-1815.19	1062.87	26.99	459	11.66	88.5	2.25	1802	45.77	525	13.33
第七年	5007.75	-3521.47	1350.75	26.97	582	11.62	183	3.65	2142	42.77	750	14.98
第八年	5522.75	14642.93	1585.75	28.71	802	14.52	243	4.40	2142	38.79	750	13.58

续表

项目 时间	资金总需求	现金流状况	备用金	备用金占比	运营资金	运营资金占比	设施投入	设施占比	产品费用	产品占比	管理费用	管理占比
第九年	6501.25	13664.43	1960.25	30.15	1100	16.92	390	6.00	2301	35.39	750	11.54
第十年	7846.12	12358.07	2480	31.62	1519	19.36	478	6.10	2418	30.82	950	12.11
第十一年	9794.75	11337.95	3271.75	33.40	2188	22.34	642	6.55	2743	28.00	950	9.70
第十二年	12664.25	11226.41	4431.25	34.99	3164	24.98	816	6.44	3003	23.71	1250	9.87
第十三年	15682.5	13605.88	5662.5	36.11	4210	26.85	855	5.45	3705	23.63	1250	7.97

车联网公司企业业务运营设计

车联网公司的基本特征是稳步发展，因此，整个预算制定也遵循稳健审慎的原则，首先不能期望回报的速度很快，这是汽车市场的特征所决定的。在此背景下，投入就需要谨慎和稳健，各种资金的投入需要本着目标可控的原则进行，不能有冒险的投资行为，因为这是一条漫长的路，需要用钱的地方很多，钱要省着花，车联网公司总体业务设计如表 15－6 所示。

表 15－6　车联网公司总体业务设计

项目 时间	收入	后装（件）	信息服务人数（人）	前装（件）	服务区域（块）	人员总数（人）	盈亏（万元）	毛利率（%）	总成本（万元）
第一年	0	0	0	0	0	33	－1378		1378
第二年	0	0	0	0	0	33	－1378		1378
第三年	0	0	0	0	0	53	－1820.5		1820.5
第四年	1172	5000	1200	0	1	65	－1830.02	－156.15	3002.0
第五年	1720	7000	3000	0	1	65	－1571.3	－91.35	3291.3
第六年	4940	20000	9000	0	1	74	－635.9	－12.87	5575.9
第七年	5720	23000	11000	0	2	115	－1320.6	－23.09	7040.6
第八年	8330	27000	19000	5000	2	126	－335.4	－4.03	8665.4
第九年	11070	35000	27000	7000	3	184	64.2	0.58	11005.8
第十年	15900	50000	40000	10000	4	206	1547.5	9.73	14352.5
第十一年	24250	65000	70000	23000	5	250	4596.6	18.96	19653.4
第十二年	36350	100000	110000	31000	6	313	8996.2	24.75	27353.8
第十三年	52400	130000	180000	52000	6	342	16440.4	31.37	35959.6

表 15－6 中的总成本及其构成如表 15－7 所示。

表 15－7　总成本及其构成　　单位：万元

时间＼项目	总成本	可变成本	运营固定成本	运营开支	设施投入	产品费用	管理费用
第一年	1378	0	0	0	0	1003	375
第二年	1378	0	0	0	0	1003	375
第三年	1820. 5	0	442. 5	354	88. 5	1003	375
第四年	3002. 0	600	442. 5	354	88. 5	1343	525
第五年	3291. 3	840	442. 5	354	88. 5	1343	525
第六年	5575. 9	2400	442. 5	354	88. 5	1802	525
第七年	7040. 6	2760	915. 0	732	183	2142	750
第八年	8665. 4	3840	1215	972	243	2142	750
第九年	11005. 8	5040	1950	1560	390	2301	750
第十年	14352. 5	7200	2392. 5	1914	478. 5	2418	950
第十一年	19653. 4	10560	3210	2568	642	2743	950
第十二年	27353. 8	15720	4080	3264	816	3003	1250
第十三年	35959. 6	21840	4275	3420	855	3705	1250

15.7　组织内容摘要

车联网的组织工作难度很大，原因是企业中的员工全部是“高手”，个性极强，不服从管教。同时，流动性高，人才短缺，招聘难度大，更为致命的是一个员工从入岗到融入整个操作体系需要非常长的时间和难度很高的培养过程，然而非常高的流动性使这些付出的辛劳在顷刻之间化为乌有。

这里描述了车联网的治理系统、产品系统和运营系统组织的分布关系和变化情况，需要说明的是，所有人员都具有比较高的专业能力，一般的普通员工很少。

治理系统构成

车联网公司的治理系统由公司的总裁和总裁办公室、资本管理部门、计划管理部门、组织管理部门组成，负责公司的整体运作和治理，制订中长期计划，为计划配置人员、资金、设施等资源，并检查监督计划的执行情况。由于产品技术的复杂性，带来了运营和产品各项工作的复杂性，除了通过业务运营系统的信息化手段外，需要增加相应的人员参与其中，以便治理系统可以掌握更多的运营和产品工作的细节，保证整个企业的顺利运行。车联网公司治理系统的人员情况如表 15 – 8 所示。

表 15 – 8 车联网公司治理系统的人员情况 单位：万元，块，人

项目 时间	收入	服务区域	治理人员总数	总裁办	资金	计划	组织
第一年	0	0	5	1	2	1	1
第四年	1172	1	7	2	2	2	1
第七年	5720	2	10	3	3	2	2
第九年	11070	3	15	5	4	3	3
第十年	15900	4	19	5	7	4	3
第十二年	36350	6	25	7	7	6	5

产品系统构成

产品系统负责车联网公司的产品研制和开发，是整个车联网公司的核心和发展动力源泉。产品系统任务繁重，整个车联网公司的技术架构由车载系统、车载电脑和车辆信息服务系统组成。按类型分成前装和后装两种，每种类型又根据车辆分成不同型号，这些使车联网公司采用基于核心平台的产品型号研发体制，加上车载产品本身技术复杂、要求很高，所以，整个产品系统以技术研究为核心，产品设计开发为基础，面向实际汽车应用市场。车联网公司产品系统的构成和发展如表 15 – 9 所示。

表 15 – 9 车联网公司产品系统的构成和发展

项目 时间	收入（万元）	后装数量（件）	信息服务人数（人）	前装数量（件）	产品人员总数（人）	开发人员（人）	产品/研究人员（人）
第一年	0	0	0	0	28	25	3
第二年	0	0	0	0	28	25	3

续表

项目 时间	收入（万元）	后装数量（件）	信息服务人数（人）	前装数量（件）	产品人员总数（人）	开发人员（人）	产品/研究人员（人）
第三年	0	0	0	0	28	25	3
第四年	1172	5000	1200	0	38	35	3
第五年	1720	7000	3000	0	38	35	3
第六年	4940	20000	9000	0	47	35	12
第七年	5720	23000	11000	0	57	45	12
第八年	8330	27000	19000	5000	57	45	12
第九年	11070	35000	27000	7000	79	60	19
第十年	15900	50000	40000	10000	82	60	22
第十一年	24250	65000	70000	23000	92	65	27
第十二年	36350	100000	110000	31000	102	75	27
第十三年	52400	130000	180000	52000	125	90	35

开发人员在产品系统中占大多数，他们负责车联网公司的产品开发，具体分为车载系统开发，车载电脑硬件开发，跨越车载系统、车载电脑、车辆信息服务平台互联平台的开发，以及各种应用功能的开发。这些开发工作完成后还需要进行两项工作：一项是所有软硬件的整合和集成；另一项是可靠性验证和测试，最终需要达到车辆使用要求时才能完成。

所有的产品开发都是基于核心系统完成的，核心系统由研究团队负责完成，研究团队负责研制车联网公司所有产品的技术核心，形成技术原型，然后由各个产品团队研发相应的工程样机和实用产品，所以，技术研究是产品系统所有产品得以成长和发展的基本力量源泉。

这样复杂的产品技术架构是在产品管理机制下进行分工合作逐步推进的，这显示出产品管理的关键性作用。产品管理的依据是两个：一个是技术研究的结果，另一个是市场的需求，也就是根据市场的实际需求将技术研究的成果逐步释放到市场，这样技术研究就可以用更快的速度前进，不必受到市场条件的限制，并使整个车联网公司的技术架构保持领先。

运营系统构成

由于车联网产品的设计和开发周期比较长，所以，到企业成立的第三年才开始组建车联网公司的运营系统，车联网公司的运营系统负责产品的生产、销售和技术服务。由于车辆网络的特殊性，车联网公司车辆信息服务网和业务运营网是两个相对独立的网络，车联网公司的日常运营主要由业务运营网络支撑，车联网公司的业务运营采用线上管控、线下操作的方式，生产、销售、技术服务等各项工作都围绕着业务平台进行，按照业务平台的信息进行各自相应的操作。车联网运营系统的发展和人员构成情况如表 15 – 10 所示。

表 15 – 10　车联网运营系统的发展和人员构成情况

项目 时间	收入（万元）	后装数量（件）	信息服务人数（人）	前装数量（件）	服务区域（块）	运营人数（人）	销售人数（人）	技术支持人数（人）	生产人数（人）	建设管理人数（人）
第三年	0	0	0	0	0	20	3	4	10	3
第四年	1172	5000	1200	0	1	20	3	4	10	3
第五年	1720	7000	3000	0	1	20	3	4	10	3
第六年	4940	20000	9000	0	1	20	3	4	10	3
第七年	5720	23000	11000	0	2	48	8	5	30	5
第八年	8330	27000	19000	5000	2	59	12	12	30	5
第九年	11070	35000	27000	7000	3	90	20	22	40	8
第十年	15900	50000	40000	10000	4	105	25	30	40	10
第十一年	24250	65000	70000	23000	5	139	32	45	50	12
第十二年	36350	100000	110000	31000	6	186	40	50	80	16
第十三年	52400	130000	180000	52000	6	192	40	55	80	17

车联网公司运营系统的营销工作的策略是后装带动前装，前装支撑后装，通过后装逐步向前装渗透，后装的营销策略是网络宣传、门店推广、人工布局。由于车载电脑必须由专业人员安装，所以，车载电脑的营销重点是汽车修理厂，但是，宣传和推广的重心则是网络，包括网络广告和网上商店的形式。客户决定购买后，开车到相应的修理厂完成产品的交付，对于还没有指定代理商的客户采用附近人员上门安装交付的方式，修理厂通过业务运营网从车联网公司进货，相应的型号在每个修理厂保存最低数量，每销售一台就从车联网公司补货一台，车联网公司负责后装业务的人员的主要工作是管理代理公司产品的修理厂，例如，保证这些修理厂对于车联网车载电脑的顺利销售，以及布局新代理商，对整车厂的

营销是车载电脑进入前装的关键，由于汽车的设计过程漫长，因此，整个营销过程也很漫长，这是一个持续性的工作，未来的希望则是以后巨大的销量，为此需要持续努力。

技术服务是车联网公司运营系统的经常性工作，车联网公司提供的技术支持有三方面：首先是支持整车厂将车载电脑融入型号，最终进入前装；其次是新产品推出后，辅导各个修理厂导入新产品，进行培训和技术指导；最后是日常的产品维护和服务，由于产品本身的技术复杂，并且不是面对普通消费者，所以对技术服务人员的要求就基本上与产品系统的技术人员相同，技术服务人员需要平时面对各种情况，所以工作难度比产品系统还要高一些。

虽然车联网产品的生产过程是通过外加工完成的，可是最后环节和关键环节仍然需要本企业自行完成，这就是检验、加装软件、拷机和最终包装，以保证整个产品最终的质量和可靠性。为此，车联网公司仍然需要建立自己的生产团队和相应设施，为了降低成本，已经将相关环节压缩到最小，汽车产品对于质量的高可靠性的要求，使企业不能放松对于关键环节的把关，同时，也可以按照业务运营网的相关信息快速生产和供货。

第 16 章　让企业沿着正确的方向前进

16.1　让企业获得成功

只要企业存在，就必须做出成绩，要想做正确的事并不容易，改革开放之初，国营企业全身都是“毛病”，民营企业发展迅猛，然而时至今日，在许多行业中，国有企业占据了主导地位，民营企业却问题越来越多，值得人们深入思考。

出色的企业生存优势

企业生存和发展依靠企业的销售额和利润，特别是利润，越高越好，销售额和利润的产生途径是把企业产品或服务提供给客户，那么从客户的角度看，企业必须给客户一个理由，让客户必须选择本企业的产品或服务，这个理由就是企业生存优势，这个优势的黏性需要足够高，让客户无法离开企业；这个优势需要有足够大的覆盖面，以便企业创造足够大的发展空间；这个优势需要足够强大，任何企业都无法模仿和替代。

从成功的案例看，企业的生存和发展与企业的生存优势有很大的关系，同仁堂的“品味虽贵，必不敢减物力；炮制虽繁，必不敢省人工”的基本原则奠定了同仁堂在这个行业中的地位，让人们对它绝对信任，类似的案例还有很多。企业如果出现问题也是从此获得生存优势开始。

从失败的案例看，企业生存优势丧失是企业失败的最根本原因，以四通集团为例，其产品中文文字处理机曾经独霸整个中国，并创造了非常高的利润，但是，其中的关键技术被其他企业掌握，并且用鼓励盗版的方式把四通打垮，从此四通集团再没能有所建树。

企业的生存优势如何形成要根据企业自身的情况而定，可以是有独特优势的产品，也可以是极高的产品质量，还可以是非常温馨的服务，这一优势是企业存在的基础，需要用全企业的力量去极力营造和细心呵护，并不断扩大其中的优势。

恰当地配置和使用资本

企业资本由企业的固定资产和流动资产组成，以货币单位计算，是企业价值的基本体现，企业的资本可以通过三种方式获得：第一种是传承，如在国营企业或大型企业积累一定的资源，或者接手父辈的资产；第二种是自我创造，建立一个企业，通过自有资金滚动发展；第三种取自于金融市场，如从银行贷款，或者获得股权投资。

不管企业资本的来源方式如何，资本对于企业的要求是相同的，这就是企业必须通过自身对于资本的使用使资本获得成长，这种成长必须是持续不断的，成长的速度越快越好。国有企业要求企业资产保值增值，从父辈继承的财产需要发扬光大，自己创业的资产是自己的血汗，会格外珍惜，资本市场对于企业的回报要求就更为明确。

企业需要谨慎看待资本，关键是资本的持续性和成长特征，首先需要保证资本的稳定状态，也就是资本的保值增值；其次是资本的有效成长，资本必须应用于企业的业务，否则，资本就会失去意义；再次是资本使用的效果，需要保证可以得到足够的回报，综合而言就是要充分使用资本，让资本获得理想的回报；最后是需要合理地使用资本，不能对资本的周转形成过大压力，要保持相当冗余。

稳健地推进

在企业生存优势明确和企业资本充裕的情况下，需要对企业进行完整和详细的设计，包括企业具体的产品或服务内容、企业的功能布局、企业的发展策略、企业的核心内核（创业团队），这些企业的基本设计需要力求完美，想象与现实会有一定的差距，如果想象都不完美，则实际运作的问题会更大。

在企业的基本设计机制完成后需要进行验证，以便确认整个设计是完整和有效的，包括形成产品的原型，在一定的范围内进行市场实验，检验企业的功能设计是否符合实际情况，这样实验的目的是检验最初的设计是否有问题，并及时修改相应的设计，直至企业的设计完美和有效。

在企业设计有效的情况下，可以开始企业的推进，推进的方法是企业产品和运营设施的逐步建设，推进的第一个里程碑是企业到达盈利规模，然后确定下一步目标，进一步在产品与设施方面进行投入，直到实现理想的目标。

16.2 建设有战斗力的企业

在理想的情况下，理论上应该在预定的时间，以预定的资源，完成预定的任务。在现实中却难以实现，因为员工是否能够与企业的目标进行有效的配合带有非常大的不确定性，这需要企业在执行能力的建设上下功夫。

企业氛围

“你想干就好好干，不想干就走人”，随着社会的发展，一个企业实际控制人能说这句话的机会越来越少，企业的高流失率成了企业生存与发展的重大障碍。随着创新程度的提升和技术复杂性的提升，企业对员工技能的依赖逐步提升，这要求企业塑造一种和谐的氛围，以缩小员工与企业利益间的鸿沟。

人才是可以自由流动的，这对企业构成了巨大的挑战。优势行业对人才构成了巨大的虹吸效应，如大型金融机构、大型能源企业等，这些行业收入和发展都很稳定，优秀的毕业生都首先考虑加入这些行业，其他大型企业再吸纳一部分人才，一般企业只能面对一般人才，这就形成了出色的企业越来越出色，一般企业越来越一般的格局，如果员工再难以在企业稳定，就形成了深度困局。

一般企业能够采用的对策就是在企业中刻意塑造一种和谐的气氛，塑造一种回家的感觉，尽可能稳定员工的情绪，协调好企业与员工之间的关系，帮助员工适应企业的环境，逐步使员工与企业融为一体。

企业治理原则和治理目标

正确的价值观是企业能够稳健发展的基础，是企业必须跨越的门槛。企业为什么会犯错误，关键的原因是进行决策的时候的价值取向出现问题，也就是心存邪念。在许多民营企业中，个人的价值观往往会被带入企业，这会引起企业内部的冲突和矛盾，也会超出企业应该的发展轨迹，这是企业在关键时间犯关键性错误的根本原因。

为了解决这一问题，企业需要建立正确的共识，这就是企业的治理原则和治

理目标，企业治理原则就是企业的基本价值观，符合这一价值观的就是正确的，应该去贯彻和执行，不符合这一价值观的就是错误的，需要纠正。治理目标是对应于治理原则的指标体系，用于检查治理原则的实际落实和执行情况。

习惯成自然，治理原则和治理目标能够实施的关键在于被企业的全体成员从内心完全彻底接受，并成为企业的自觉行动，这是一项难度非常高的使命，决定企业的生死命运。在企业初创阶段需要企业的创始人积极地推动，在企业的发展过程中，需要在关键时候掌握方向，进行调整。通过各种更为具体的企业规则约束企业的行为，逐步成为企业的正常行为。

企业组织方针

企业是由员工组成的，每个员工都有自己的想法，如果要想把企业建设成为一个有实力的实体，正确的组织建设方针必不可少。

管理基线是企业组织建设的基础，是企业给予企业中绝大多数普通员工的工作待遇，最为核心的是薪酬，同时还有工作任务、工作环境、工作待遇等，企业根据自己的实际情况来确定基线的定位，更为关键的是员工对于这一基线的体验，如果低于员工的预期，或者员工感到难以接受则员工会表现出抵抗的行为，企业难以治理；如果高于员工的预期，或者员工感到受到尊重，则员工会表现出一种积极的态度；如果介于二者之间，员工则会用平常的心态去接受，具体如何设计企业的管理基线，关系到整个企业的组织状况，如果管理基线出现问题，则会动摇整个企业组织。

企业组织建设方针的第一个关键因素是企业治理的松紧度的问题。在企业中，每个员工都受到各种各样企业规定的约束，这是保证企业朝着确定的方向稳步发展的关键要素之一，由于企业与员工之间是双向自愿选择，这些规则必须在员工的接受范围之内，如果非常宽松，员工会觉得非常舒适，但企业会因此无法有效控制企业，如果过于严格，员工会觉得非常难受，也影响企业的稳定。因此，企业的管理松紧度应该适当，这需要企业与员工相互磨合，不断完善和调整。

凝聚力建设是企业更高层次组织建设，它是管理基线和其他基础组织建设都达到非常高的水平之后，才能采取的一种组织措施，其目的是让员工感到企业的关怀和温暖，从而增加企业的向心力，它是一支缓冲剂，可以在很大程度上消除员工对于企业的敌意，使企业更加容易推行自己的管理主张。

让员工融入企业

员工不能融入企业，形成了企业非常高的流失率，给企业造成了很大困扰，产生这种问题的原因是企业与员工之间的价值取向的冲突，更多的原因在于企业的组织建设只停留在浅层次上，没有让员工更为积极地融入企业，对于技术难度不断增大的今天，员工的高流失率会使企业难以进行实质性的技术积累和企业能力建设，为了解决这类问题，企业需要采取更为积极的员工管理政策，有意识地让员工彻底地融入企业，这是一个相互建立信任的过程，信任是世界上最重要的财富。

员工融入企业需要经过审视、接纳、融合三个阶段，这是一个相互了解和相互接纳的过程，首先是审视，包括企业审视员工，也包括员工审视企业，企业能做的是为增进双方的理解创造条件；在双方能够接受对方以后，就可以进入接纳的过程，这时需要企业为员工安排一系列员工能够充分胜任的工作，企业也可以通过这些工作充分了解员工的工作能力；在充分接纳过程完成后，员工就真正地成为企业的一员了，这不只是形式上建立的手续，而是员工与企业融为一体，成为企业整个有机体的组成部分。

不是所有的员工都能最终融入企业，现在这一工作非常困难，即使融入企业，企业与员工之间的融合程度也会有所不同，企业需要珍视双方之间建立的关系，这是企业极为重要的组成部分。企业需要在员工对于自己岗位掌握，员工对于企业各种规则的接受等员工融入企业方面下力气，更为重要的是，让员工对于企业价值观和经营理念充分理解和接受。

16.3 建设一个好企业

企业与社会是无法分割的，必须与社会保持协调，这种协调包括企业的产品和服务、企业的行为，以及企业必须承担的社会责任，企业与社会保持协调不但不能直接获得好处，反而要付出相应的成本，但是，如果企业与社会发生不协调，甚至是冲突，则企业付出的代价可能是非常沉重和巨大的，有时甚至可能掉入万劫不复的深渊。社会是一个有机体，对于对自身有害的东西，社会自然会产生抗体，与之对抗，要清除它，以保证社会自身的健康，因为社会是由人组成

的，任何人都会与危害自身利益的现象作斗争，所以，企业不能通过损害他人的利益来使自己获益，这样做迟早会受到社会的惩罚，千万不能抱有侥幸心理，一时没事不等于永远没事，事情积累到一定程度一定会爆发的，如果企业对社会危害很大，必定要受到惩罚。

遵纪守法

企业必须遵纪守法，需要遵循的有法律法规、社会公德、行业规范、技术标准，无论企业是否自愿，遵纪守法必须去做，有三股力量迫使企业必须遵纪守法，严格约束自己的行为：首先是国家的权力，如果企业犯法就会对企业和法定代表人进行惩罚，以维护整个社会的秩序；其次是社会舆论，如果企业不遵纪守法会受到舆论的谴责，对企业构成舆论压力，损害企业的形象；最后是市场和客户的压力，会使企业直接受到经济上的损失。由于这些压力，企业必须摆正自己在社会上的位置，顺应社会的趋势和要求。国家法律法规有两种类型，一种是强制性的，另一种是引导性的。强制性的法规通过国家机器强制企业执行，而引导性的法规鼓励企业去执行，二者共同构成了国家的法制环境；社会公德是由大多数民众的是非标准和道德准则组成，如果企业与这些公德相符合，企业的形象是正面的，否则就是负面的，对于企业而言，塑造正面的社会形象很困难，但是毁坏却很容易，稍有差池就会一世英名毁于一旦；行业规范和技术标准是行业圈内的自我约束，一般由行业领袖制定，其他企业跟随，如果违反就不能在这个行业中立足。

鉴于企业遵纪守法的重要性，企业必须将其纳入日常活动，具体做法包括：首先，建立相应规章制度，并督促企业所有成员严格执行，这样可以明确地表明企业严格遵纪守法的决心；其次，企业治理核心和治理系统的各个部门以身作则，做遵纪守法的典范；最后，对全体员工进行教育引导，使企业员工自觉遵纪守法。

风清气正

风清气正是指在企业中树立一种正面的氛围，如诚实守信和光明磊落。所谓“诚实”，就是说老实话、办老实事，不弄虚作假，不隐瞒欺骗，不自欺欺人，表里如一。所谓“守信”，就是要“讲信用”“守诺言”，也就是要“言而有信”“诚实不欺”，等等。光明磊落，形容人的行为正直坦白。

在企业中树立正面的氛围是企业的自觉行为，无任何强制性约束，除非触犯法律，如犯诈骗罪等，除此之外再无任何强制性约束。就企业行为而言，形成负面的氛围对企业有害无益，因此必须做到“己所不欲，勿施于人”，如果不希望自己受到不良行为的损失，应该从自己做起，否则就会形成恶性循环，使企业积极向上和正面形象受损。

在企业中树立正面的氛围，首先，要从企业行为开始，在企业自己处理各种事务的时候要做到诚实守信和光明磊落，不能欺骗和坑害同行，不能有损人利己的行为；其次，企业对员工也需要诚实守信和光明磊落，要言而有信、说到做到，不能故意坑害员工；最后，约束员工的行为，及时纠正各种不正确的行为。

搞好邻里关系

企业如何处理邻里关系要根据企业的业务特征和布局，如果只有一个设施则相对简单，如果分布很广，涉及不同的文化和地域就变得比较复杂，出现问题的可能性就会比较大，虽然邻里关系问题对企业造成的不利影响比较有限，但是，也有一定的麻烦，远亲不如近邻，企业需要树立清晰的邻里意识，首先不能对周边产生干扰，最好能够对邻里和所在社区有积极和有益的贡献。

16.4 企业保护原则

“害人之心不可有，防人之心不可无”。企业发展的前提是充分有效地保护自己，为此，企业需要建立经常性的机制，进行积极有效的防护，在最大程度上削减风险和危险，将不可预见的损失降至最低。

“知彼知己，百战不殆”是《孙子兵法》谋攻篇中的一句话，是《孙子兵法》中对于敌我态势的处置原则的描述，意为如果对敌我双方的情况都能了解透彻，打起仗来百战就不会有危险，企业也是一样，必须随时掌握内外各种信息和情况，才能做出最正确的决定，这需要建立一种预警机制，从内外两个角度及时发现问题，采取恰当的对策。对企业内部，从计划、资金、组织三个方面及时地了解各种信息和情况，对企业外部，从市场和产品两个角度及时了解各种信息和情况，了解信息和情况的目的是为了发现问题，为此需要划定不同层次的警戒线，以区别问题的严重性和紧迫性，以便采取针对性的措施加以解决和处理，防止引起更大的问题和风险，准确地掌握内外各种动态。

积极稳妥是企业有效保护自己的重要手段，所谓积极，是指以积极的态度推进各项业务；所谓稳妥，是指凡事留有余地，这就要将企业各项业务保持在一个特定的程度，超过这个程度的上限会使企业产生过大的压力，超过下限会使企业业务不饱满，企业的计划、资金、组织都需要设计在这个度的范围之内，以便有缓冲的余地。

防微杜渐是指不让小问题变成大问题，许多大问题和大麻烦都是由于问题没有及时解决和处理形成的。为了防止这种情况的出现，企业需要建立优化机制，这一机制首要目标是及时发现小问题，这些问题可能存在于产品、生产、物流、计划、决算、财务等各个方面。无论在什么地方都要及时发现，找出原因，加以解决，同时要快速解决问题，发现问题后需要及时加以解决，不要拖拉和推诿，另外，尽可能将问题简单化，要持续不断地缩小和减少问题，而不能把问题扩大化和复杂化。有时候可能会虚惊一场，问题并不存在，这时需要平息各方的不满，尽可能做到有则改之，无则加勉。

有备无患是企业对待各种问题和风险需要采取的一种积极的态度，企业不希望问题和风险发生，但是由于各种预料之外的因素和社会上的不可抗力，问题、风险甚至灾难都不可避免，为此，企业需要从最坏的情况出发，在企业能力和资源的许可范围内尽可能地做好防御工作，事先做好相应的预案并进行适当的预演，同时要储备相应的资源，以备不时之需。

一个企业如同在大海中行驶的一条小船，相对于无垠的大海，船再大都是渺小的，需要小心驾驶。同时，未来和前途也是不可预测的，因为只有未知的世界才有等待开发的新大陆和巨大的财富，这是这条船的基本使命——只有上下一条心，同心协力地在船中的各项资源耗尽之前到达理想的彼岸。

祝大家好运！

后　记

在企业中，每年初都要总结过去一年的业绩，制订下一年的计划，国家也会召开两会来总结过去、部署未来。我从 1978 年开始学习软件到 2018 年 40 年了，现在已经办理完了所有的退休手续，开始完全无压力地生活，咖啡、音乐、摄影、读书将是我未来的主要任务，到目前为止，这种体验还是非常美好的。有始有终是一种美德，在这里我借本书对我的职业生涯做一个完结。

在我的职业生涯中，主要有四项工作：①运行计算机；②软件产品开发；③担任总裁助理；④撰写本书。其中有 18 年做总裁助理，辅助过两位总裁。在整个职业生涯中，不如意的阶段十之八九，大多数想法和希望都没有实现，因此，特别希望借本书搞清楚。我认真地学习过西方的管理理论，也试图在具体的实践中使用，但结果却是完全无效，这种情况在企业的规模和能力都非常有限的情况下尤为突出，因为市场份额是工作的目标和结果，不是企业当前最需要解决的问题，只要企业能够顺利地生存和发展，市场份额有限也无所谓。流程和规则很重要，但是，并不是企业中最为本质的问题，企业需要规矩，不同类型的企业和不同阶段的企业需要不同的规矩。企业最重要的是它的存在价值，就是本书中始终强调的"企业生存优势"，还有就是全体员工对于企业价值观的认同，这种认同的具体承载体就是本书强调的"企业治理原则和治理目标"，企业的各种流程和规则是这些核心原则和目标的延伸和具体化。企业的组织和分工是经常困扰企业的一个老大难问题，在本书中提出了"由 3 个系统、12 个功能组成的企业逻辑结构"，企业可以根据具体的情况与现实情况对应。总之，我想提出一套中国企业使用起来"舒服"的企业管理理论，希望对目前和今后的企业能够有所帮助。

在这里我需要进行以下特别说明：

第一，关于本书中的定义和术语的内容。本书为了精确地阐述某些内容，使用了一些技术性定义和术语，这些定义和术语均引用于百度搜索中的内容，本人认为正确，但这些定义和术语的具体内容可能与它们在其他环境和状况下的解释有所差异，这里并不强调本书中相关内容的绝对正确。

第二，关于引用资料。本书为首次撰写，使用了某些本人积累的资料，由于这些资料经过反反复复的修改和整合，所以已经无法分辨具体的出处，但本人绝对没有抄袭和侵权的意思，只是为了更加准确地描述本书中的相关主题，在此特别说明。

第三，关于本书中的案例。为了更具体和形象地说明相关的观点，也便于大家对于本书内容的理解，设计了两个模板，“老年关怀网”和“车联网”，二者源自本人曾经从事的具体工作，但是，为了与本人过去的工作有所区别，也为了更符合本书的需要，二者均为本人杜撰，现实中并不存在，现实中可能与某个企业的情况相似，在本人撰写本书的时候并不知道有这样的企业存在。

第四，关于本书的观点。本书提出的企业柔性治理架构为本人自己提出，目的是提供一种新的思路，各个企业需要根据自身情况采取相应的企业治理方法，如果本书中的内容能够对具体的企业治理实践有所帮助，我将非常荣幸。

本来原稿下卷的第一章第二节中讲述了一个苹果园的故事，因篇幅的原因没能收录在本书中，在这里呈现给大家，作为本书全部内容的结束。

在很久以前，到处长满了苹果树，那时候，人们并不知道苹果是非常好吃的水果，看着苹果树开花、长大、成熟、落在地上、腐烂，苹果树以及树上的苹果就这样循环往复，因为大家都认为苹果是有毒的，谁都不敢吃苹果。有一天，一个人因为又饿又渴，不得已吃了一个苹果，第二天发现自己并没有中毒，于是又吃了一个，还是没事。之后，这个人就经常吃苹果，其他人看到这个人吃苹果的体验非常好，也开始试着吃苹果，结果尝到了苹果的美味，这样人们逐步知道了苹果好吃，苹果就成了一种大家都吃的美味水果。

可是随着人们吃掉的苹果越来越多，现有的苹果很快就被吃光了，这时有人发现可以种苹果树，种了苹果树以后，可以提供的苹果数量大幅度增加，人们就又有苹果吃了，于是，许多人开始种苹果树，很快，能种苹果树的土地都种上了苹果树。随着大家经常吃苹果，苹果又不够吃了，这时人们发现可以开垦土地种苹果树，只要把不能种苹果树的土地开垦成可以种苹果树的土地就可以得到新的苹果树，然后得到苹果，这样人们开始大量开垦土地种苹果树，不久以后，能开垦的土地都被开垦了，人们又开始寻找能开垦的土地，过了一段时间，能找到的土地都找完了，实在找不到新的土地了，这时有人发现玉米做熟了以后，并不需要像苹果吃那么多，只要吃一点就可以饱，于是人们又开始了种玉米和吃玉米的循环。

李钢
2019 年 7 月